# 國家圖書館藏
# 民族文字古籍叢書
一

陳紅彥 薩仁高娃 主编
全桂花 執行主编

北京大學出版社
PEKING UNIVERSITY PRESS

国家出版基金项目
NATIONAL PUBLICATION FOUNDATION

國家出版基金項目

# 目録

# ◆ 蒙古文

1204年，成吉思汗打敗乃蠻部落，命該部掌印官畏兀兒人塔塔統阿創製文字。塔塔統阿借用回鶻文字母創製回鶻式蒙古文，行用至17世紀初。1260年忽必烈即位，命國師八思巴創製新字，即以藏文字母爲基礎的八思巴文，於至元六年（1269）頒行。八思巴文作爲元朝官方文字，譯寫過多種語言文獻，行用110餘年。元亡後，漸被廢棄。17世紀後，蒙古文經多次改革，發生了明顯變化。1648年，札雅班第達在回鶻式蒙古文的基礎上創造了適合衛拉特方言的托忒蒙古文。通行於其他地區的回鶻式蒙古文也逐漸形成了現行的老蒙古文。回鶻式蒙古文及八思巴文文獻原件保存至今者甚少，多爲碑銘、印章和符牌，還有少量圖書和信函。托忒蒙古文及老蒙古文文獻則數量較多，内容十分豐富。

# ◇ 回鶻式蒙古文

## 高昌館課

漢文、回鶻式蒙古文對照。明抄本，28.8 釐米 ×19.5 釐米。館藏號：10508。

明朝政府爲了加强民族和外交事務的翻譯管理，永樂五年（1407）開設四夷館，專門從事外國和國内少數民族語文的翻譯工作，高昌館是其下所設八館之一。四夷館的各館編著了多種民族語言與漢語對照的分類詞語彙編，並把相關地區的奏摺等文書保存於館中。《高昌館課》是較有代表性的回鶻文公文，共四册。前三册以漢文、回鶻文兩種文字對照，第四册則爲漢文與回鶻式蒙古文對照的公文範本，反映了明代西域與内地在政治、經濟上的密切聯繫。入選第一批《國家珍貴古籍名録》，名録號02387。

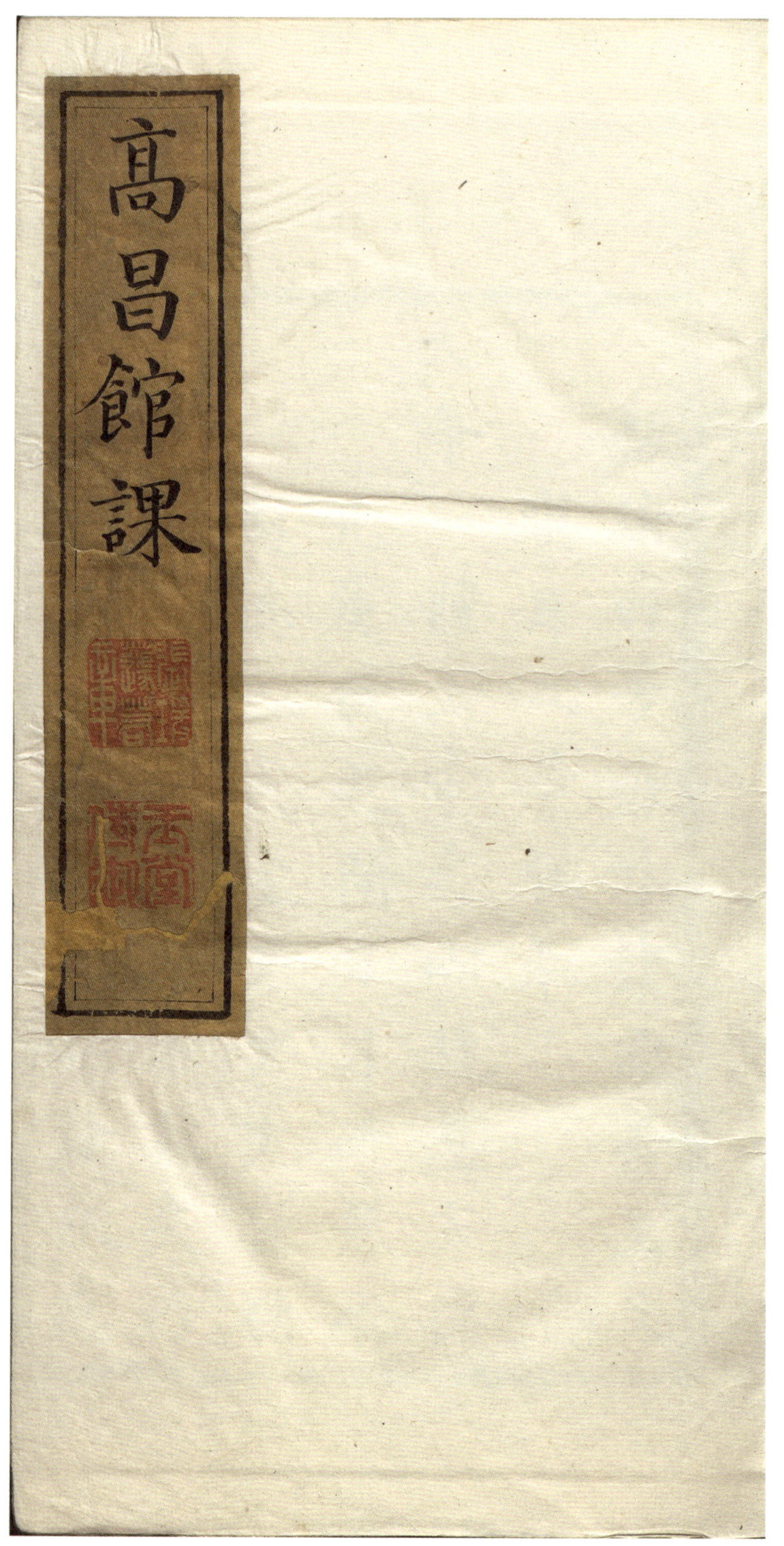
高昌館課

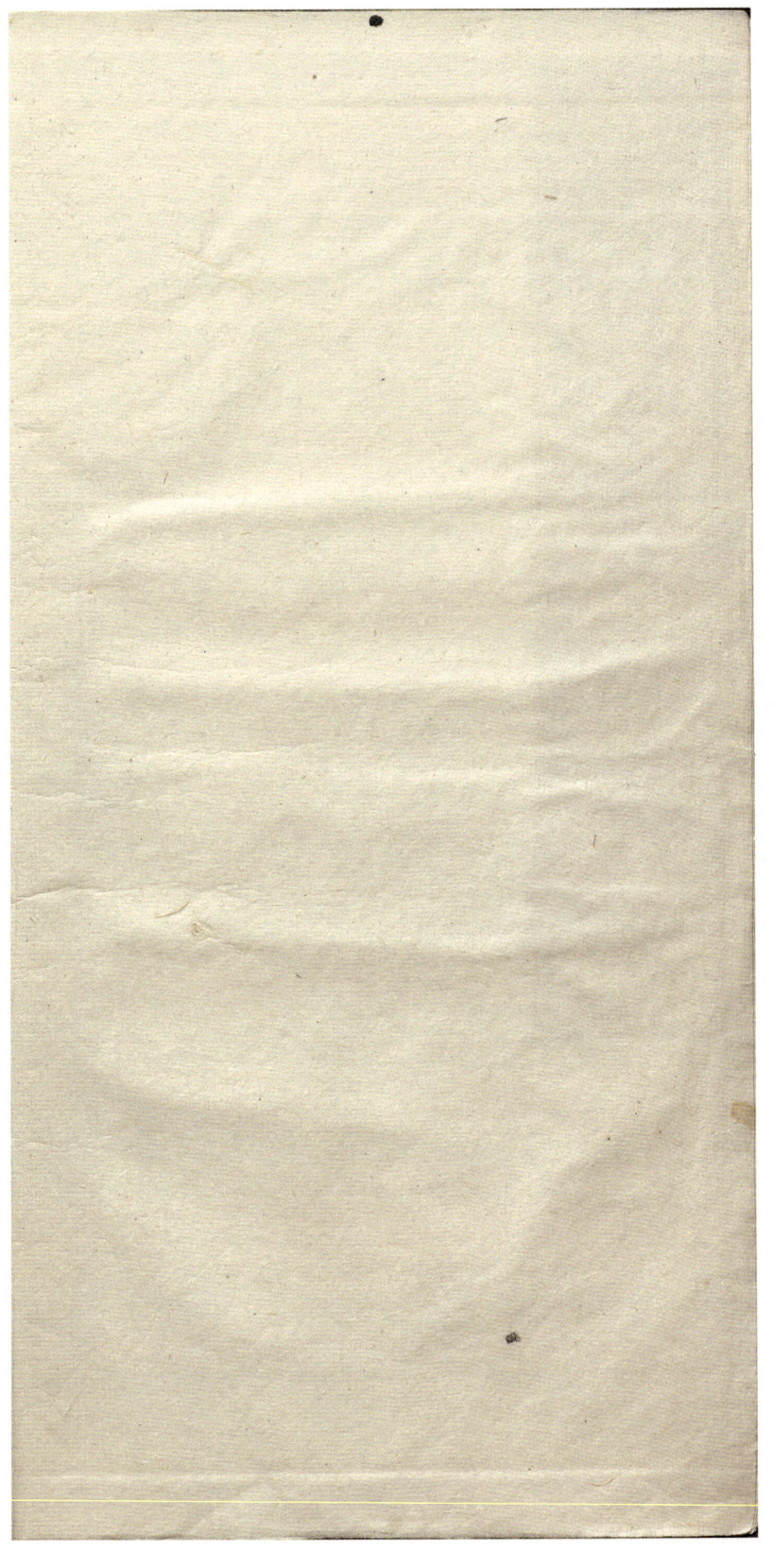

勑諭四方海外諸國番王及

頭目人等朕奉

天命一體上帝之心施恩布德

凡覆載之間日月所照之

處其人民老老少少皆欲

使之遂其生育不致失所

今特遣使賫勑普諭朕意

循理安分勿有違越不可

欺寡不可凌弱若攄誠来

朝咸賜官賞故玆勑諭都

使聞知

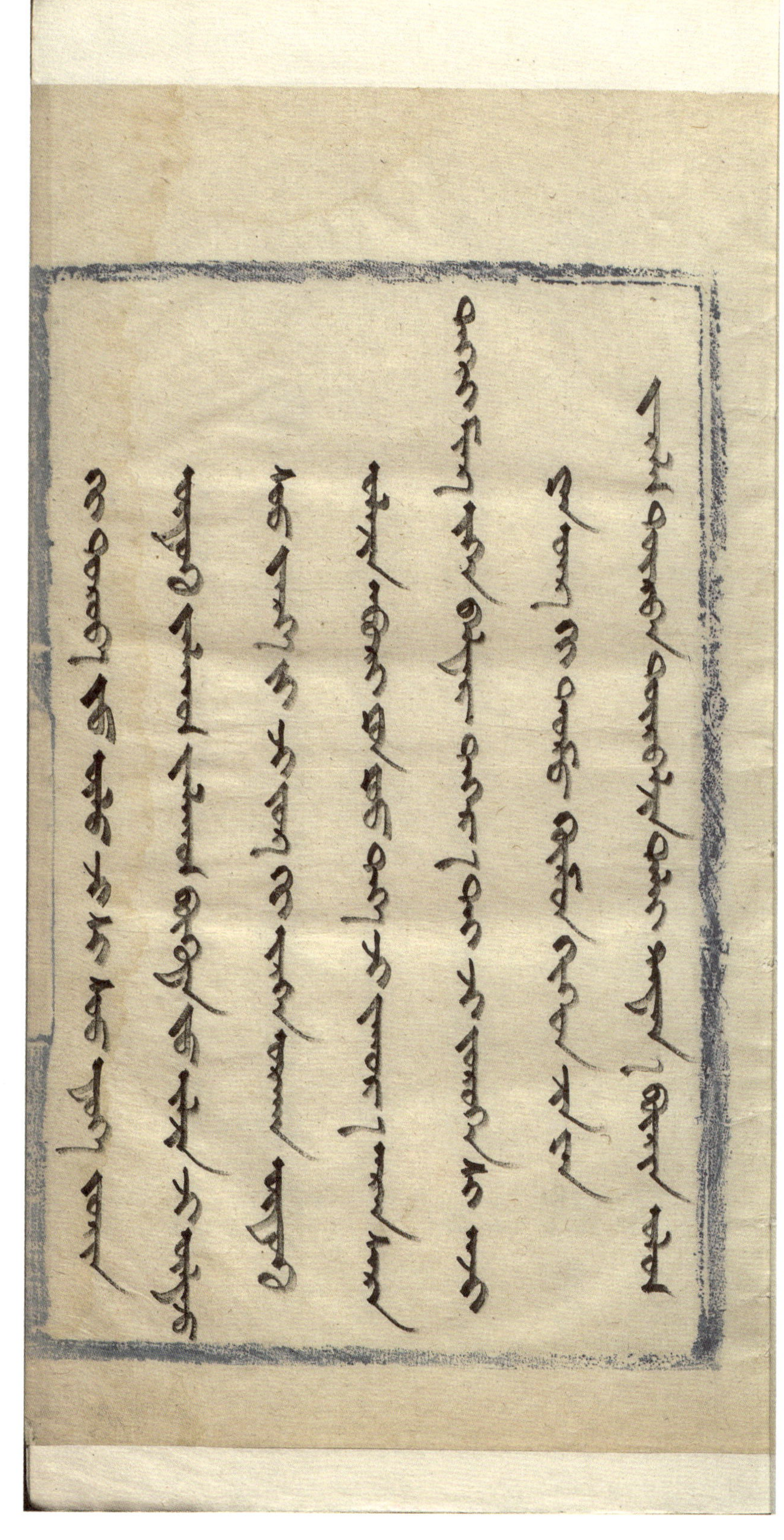

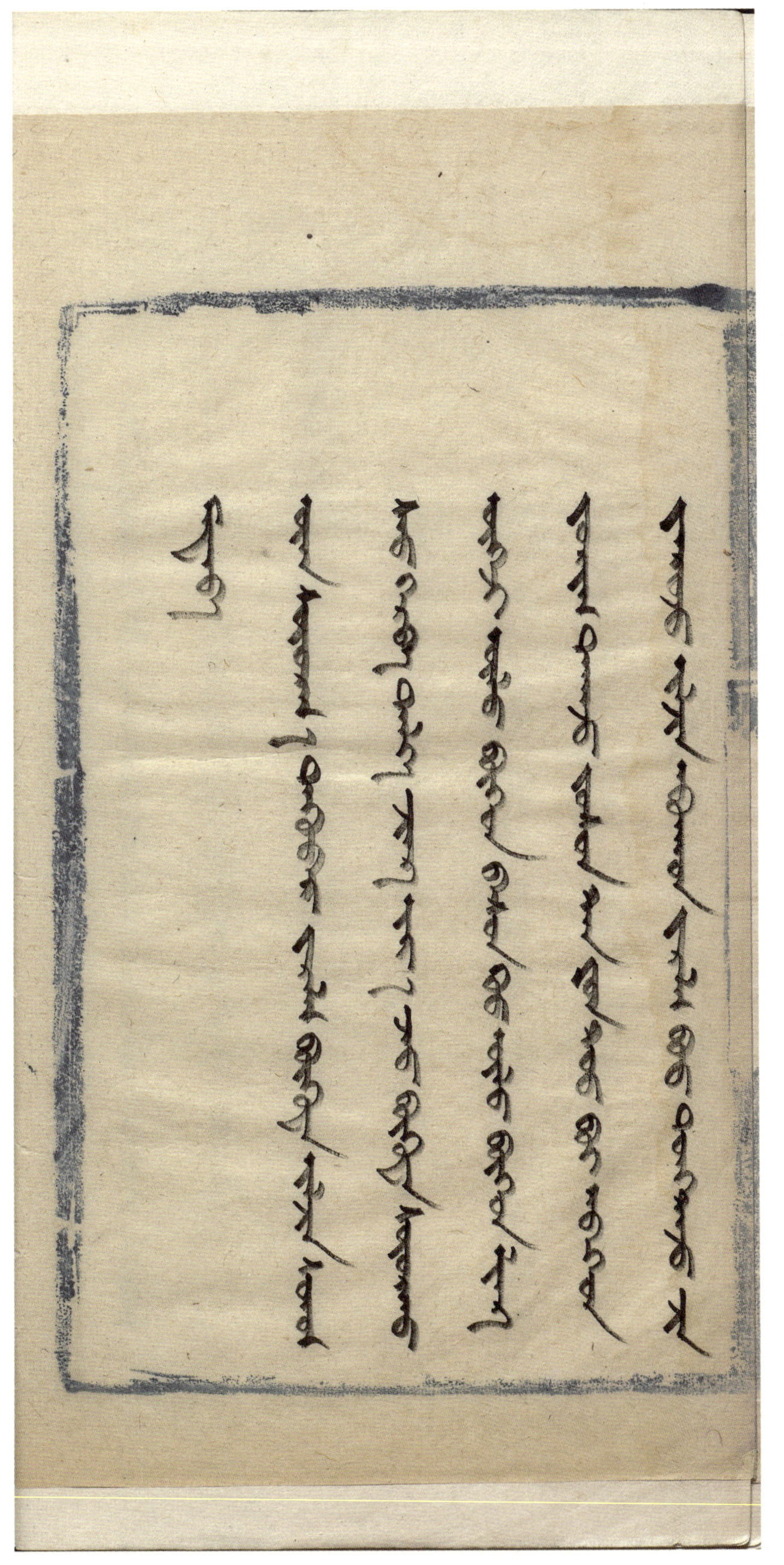

勑麓川平緬軍民宣慰使思
任發等尓以象馬方物来
貢賜與尓及妻綵叚表裏
尓宜恪遵
朝廷法度以副朕意故諭

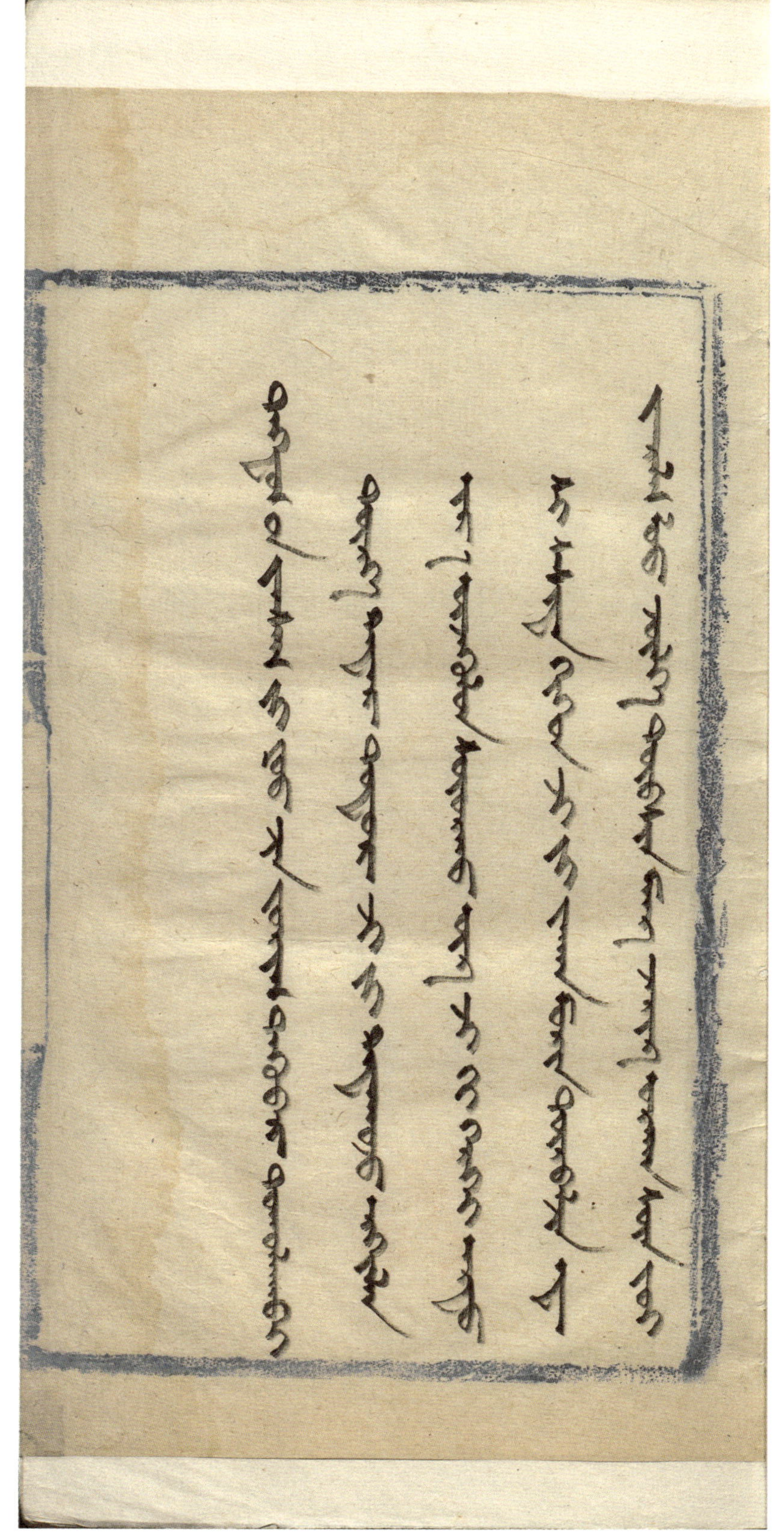

勅

大同總兵官都督楊信原

迤北搶去漢人今不時走

回俱從彼處入關来京多

有帶来達馬特勅尓楊信

今後如有似前帶来馬匹

不可人馬同来其馬以致

瘦損無力須喂養十日半

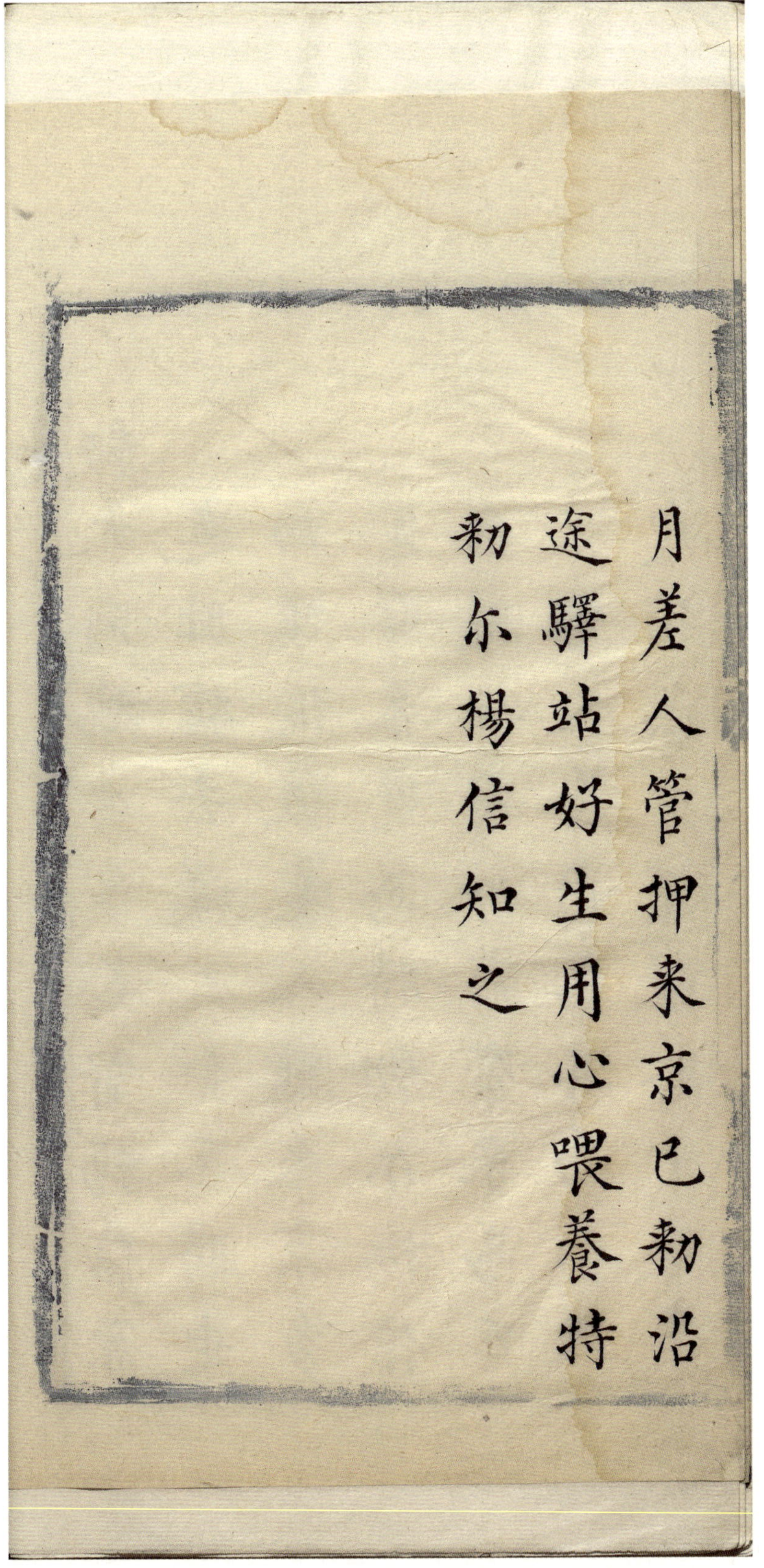
月差人管押来京已勅沿
途驛站好生用心喂養特
勅尔楊信知之

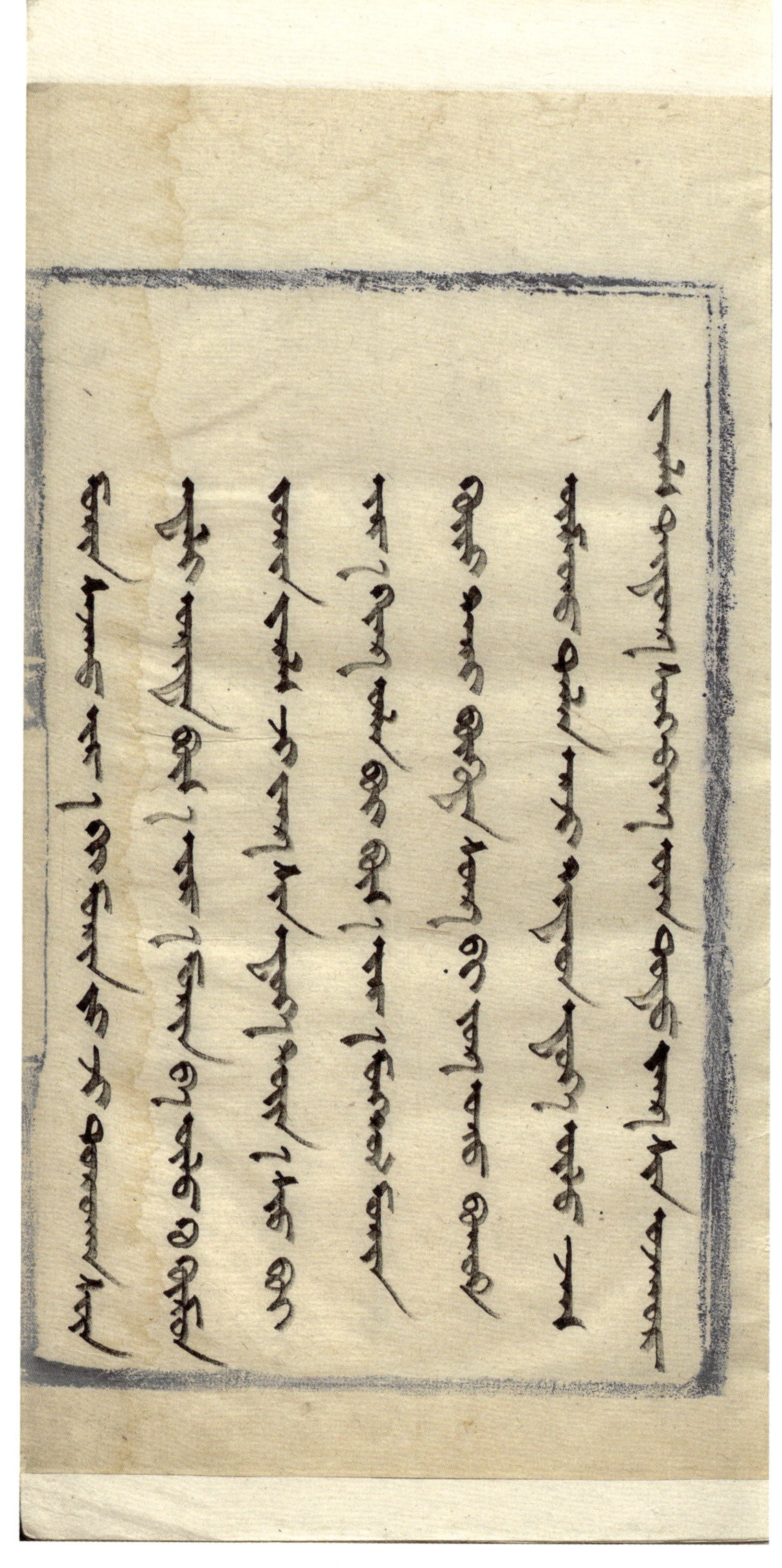

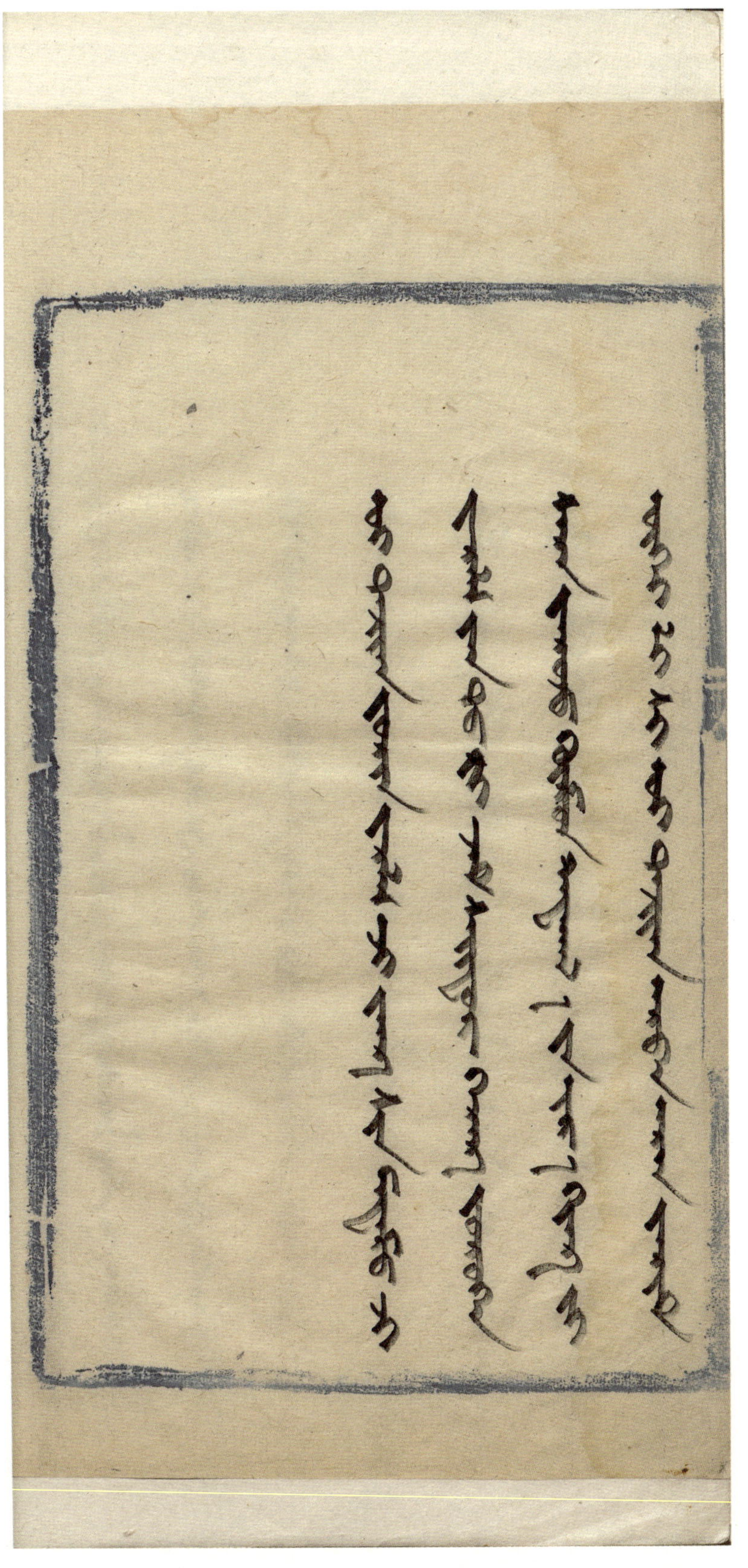

勑總兵官文書説與各邊衛
分頭目每知道
朝
廷天地大恩與邊外開衛
門除授你每官職着管束
部下之人各守本分如今
時常不守法度搶掠人民
財物被害之人多有来告

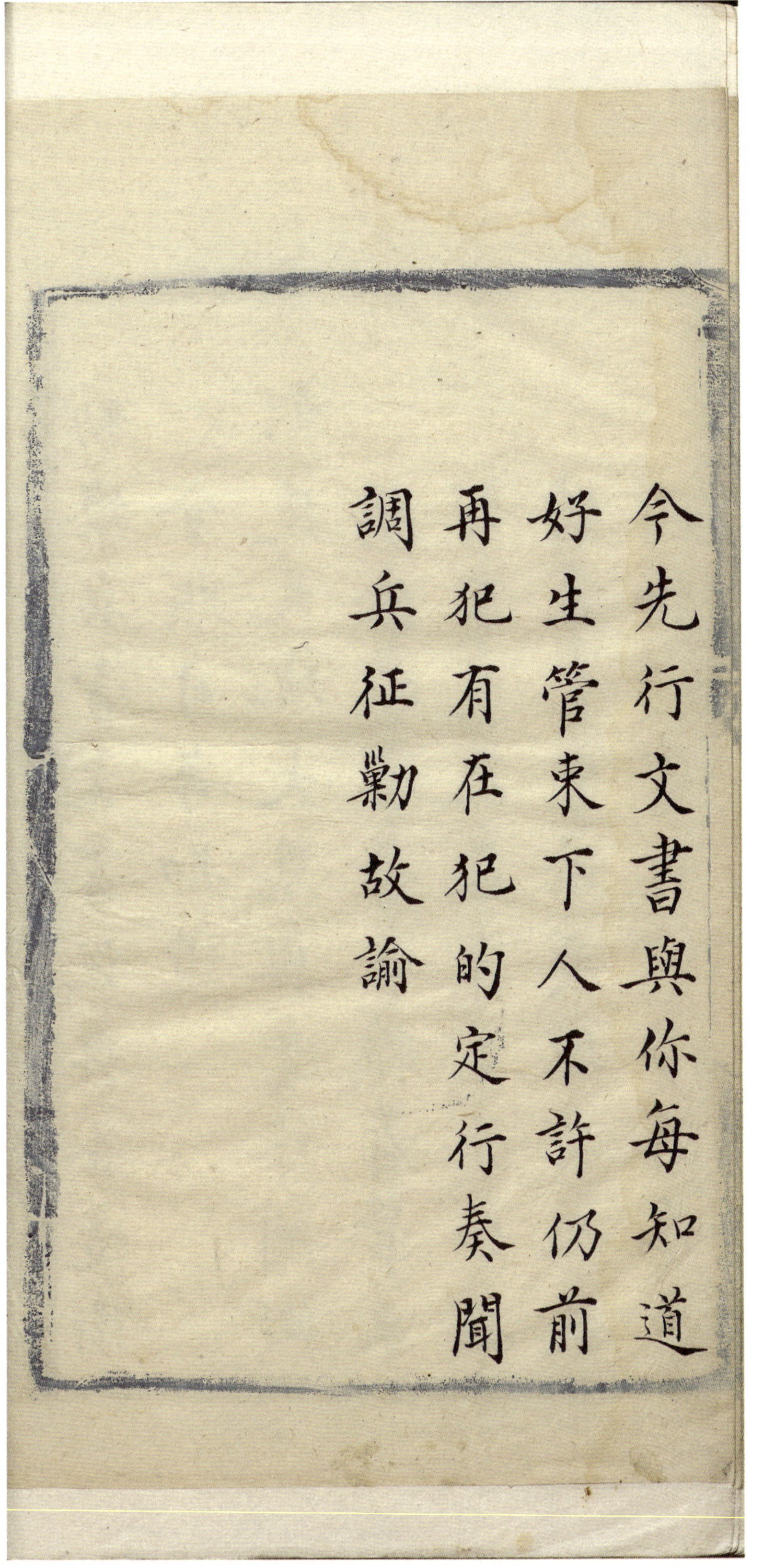
今先行文書與你每知道
好生管束下人不許仍前
再犯有在犯的定行奏聞
調兵征勦故諭

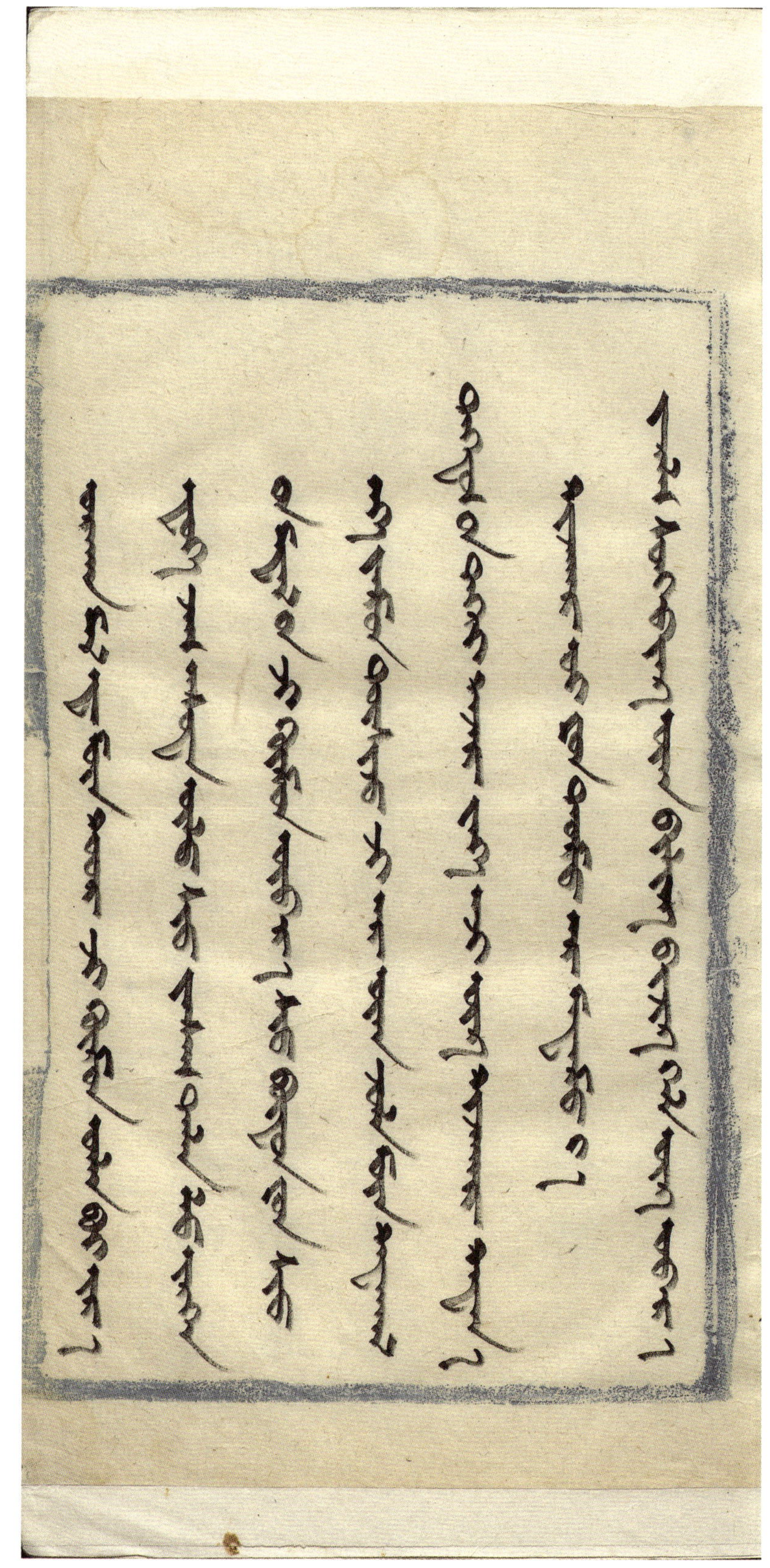

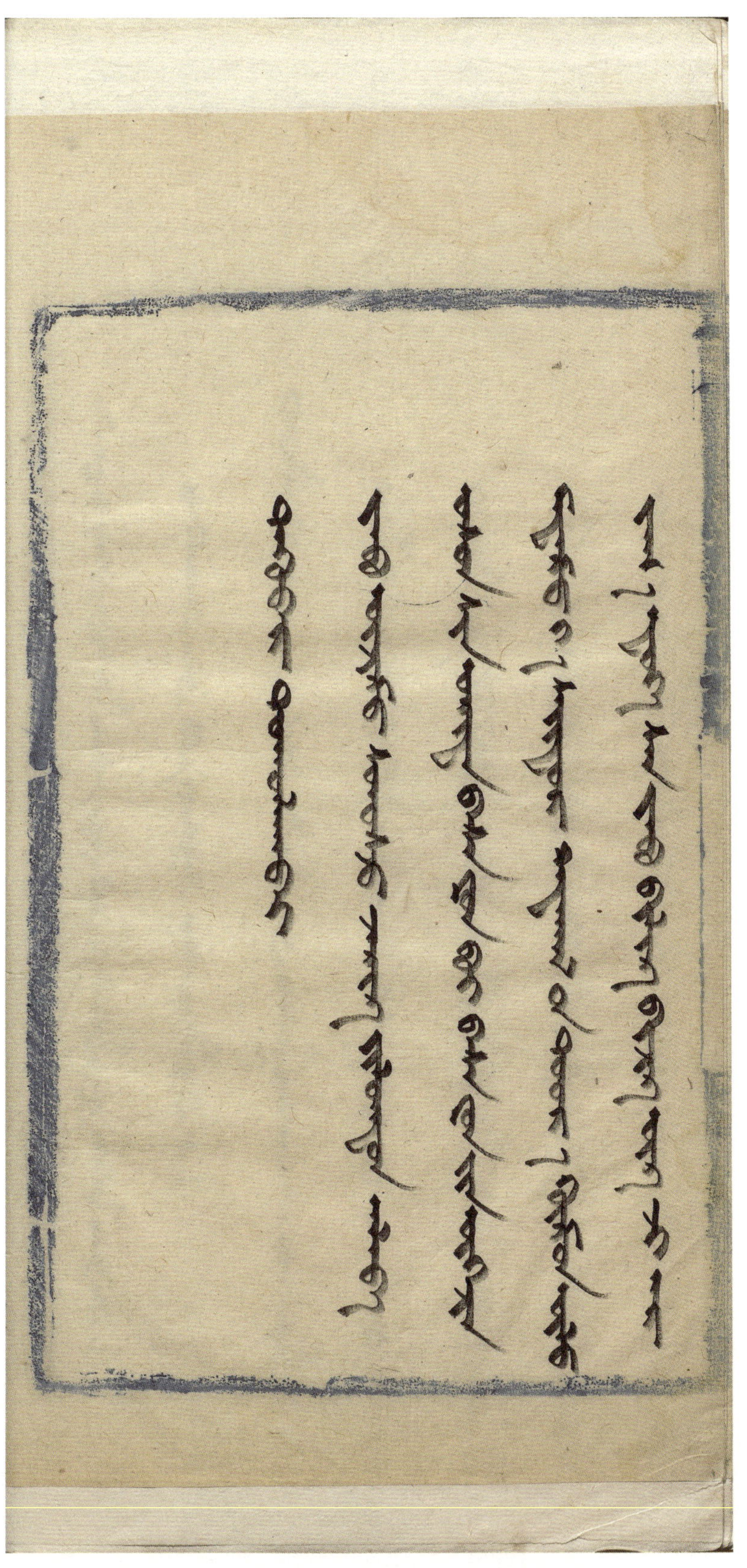

勑亦里把里地面火者王頭

目馬哈木等尓能敬順

天道尊事

朝廷遣使以阿魯骨馬来進

誠意可嘉特賜尓綵叚表

裏尓宜益堅臣節永効勤

誠以副朕望故諭

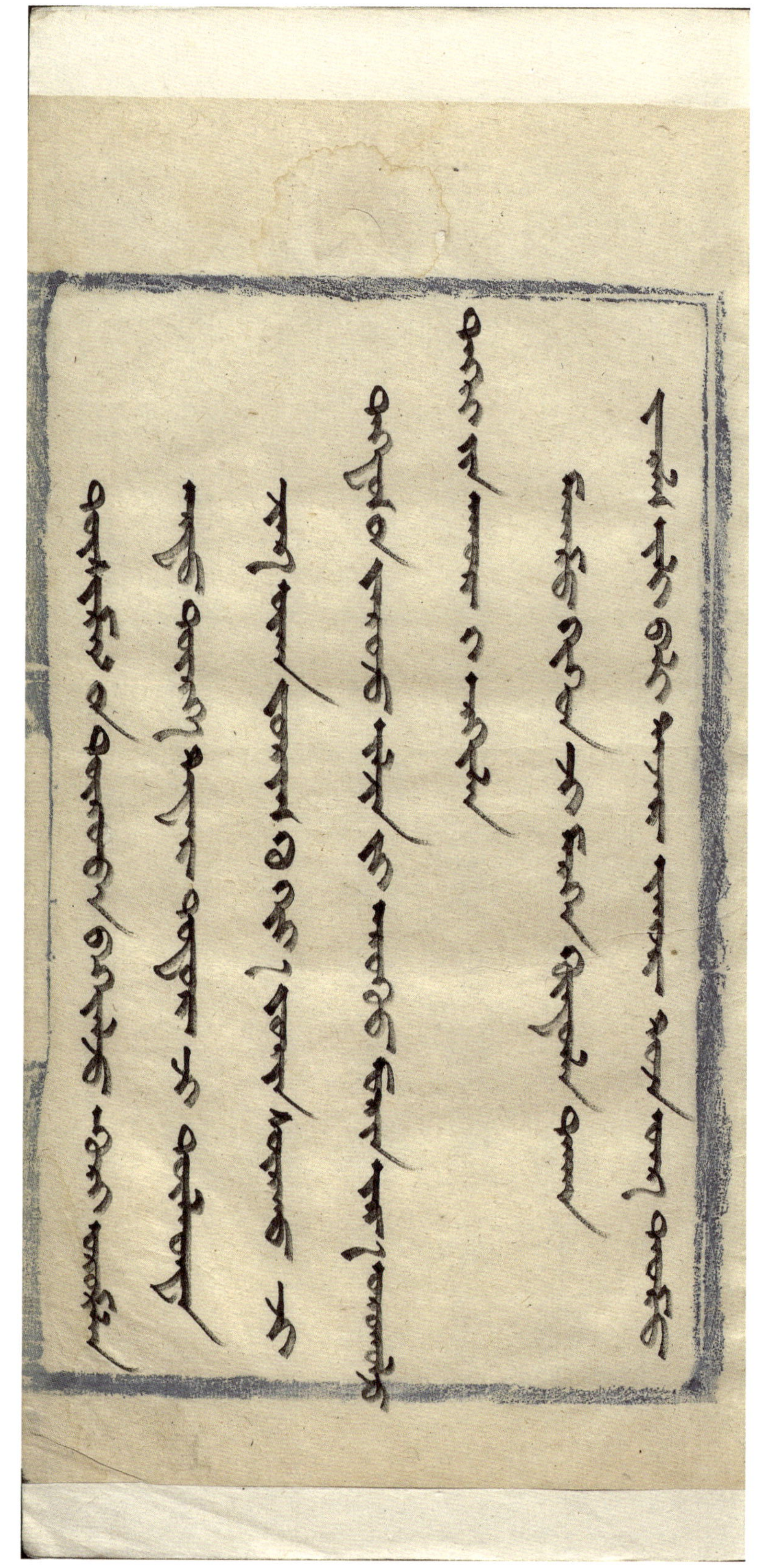

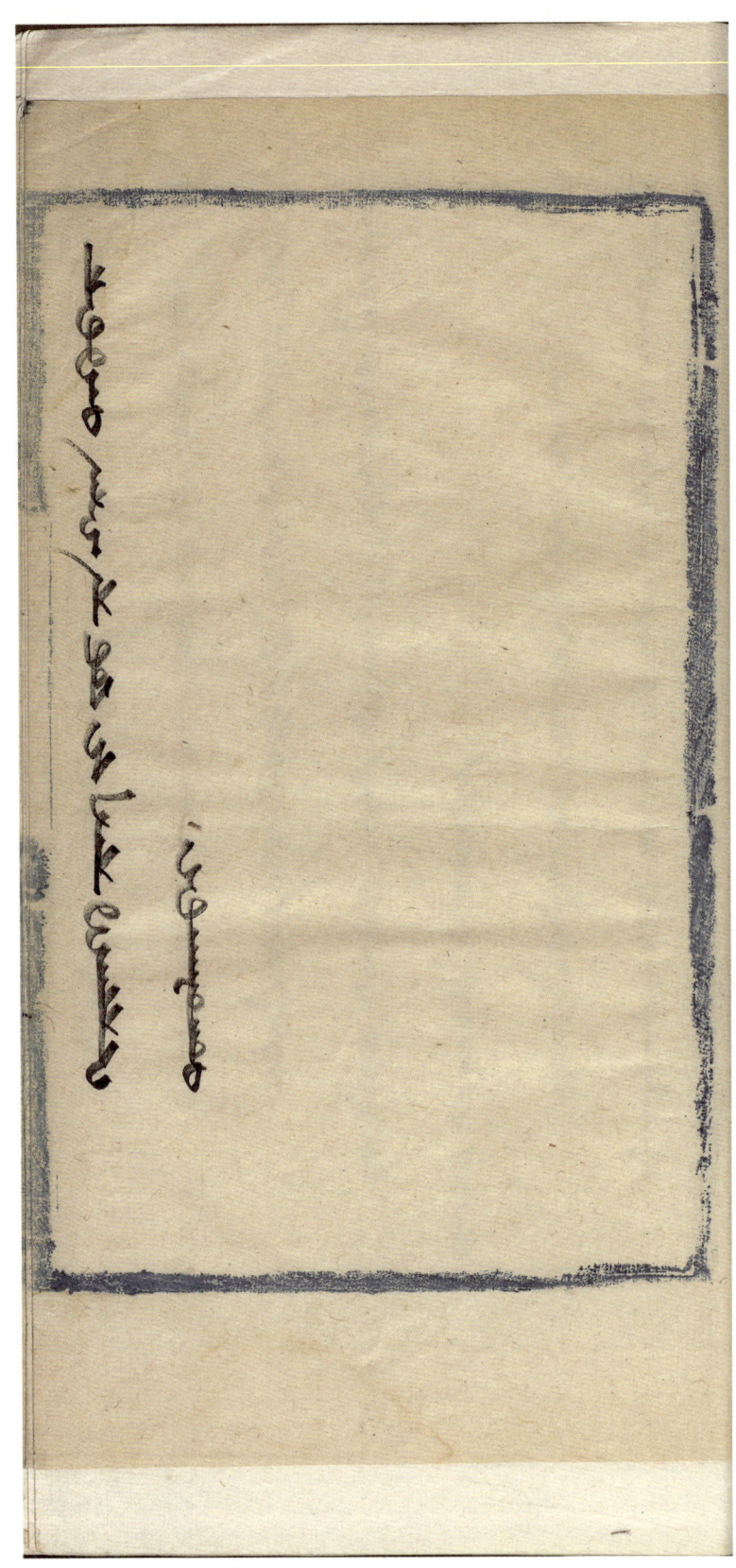

海西都督等官奏有我每
十人五日一次送的下程
酒肉不足五日喫用有會
同館把門的館夫牌子每
商量將送來的下程酒肉
等物都奪去了令望
朝廷憐憫着一箇官人送來

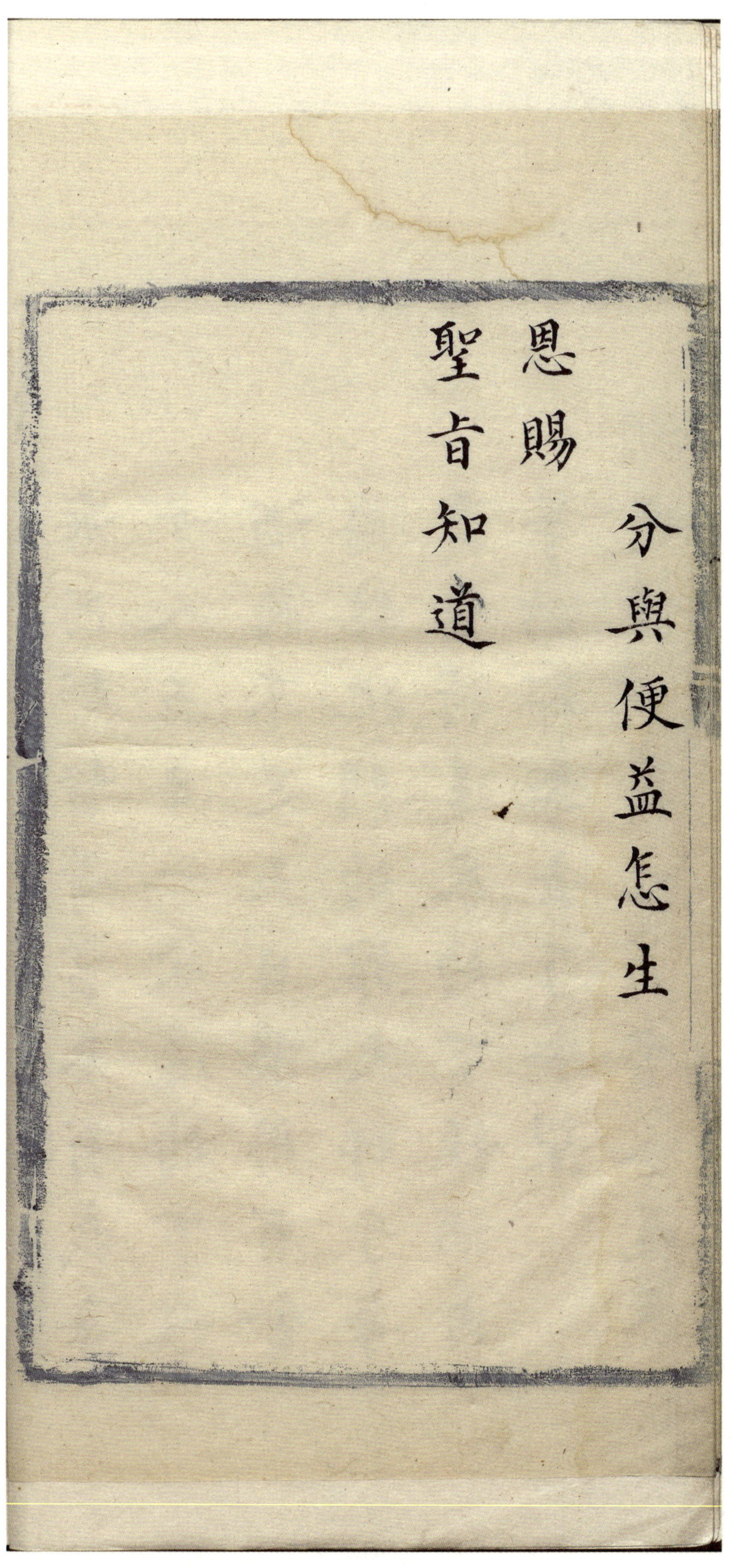
分與便益怎生
恩賜
聖旨知道

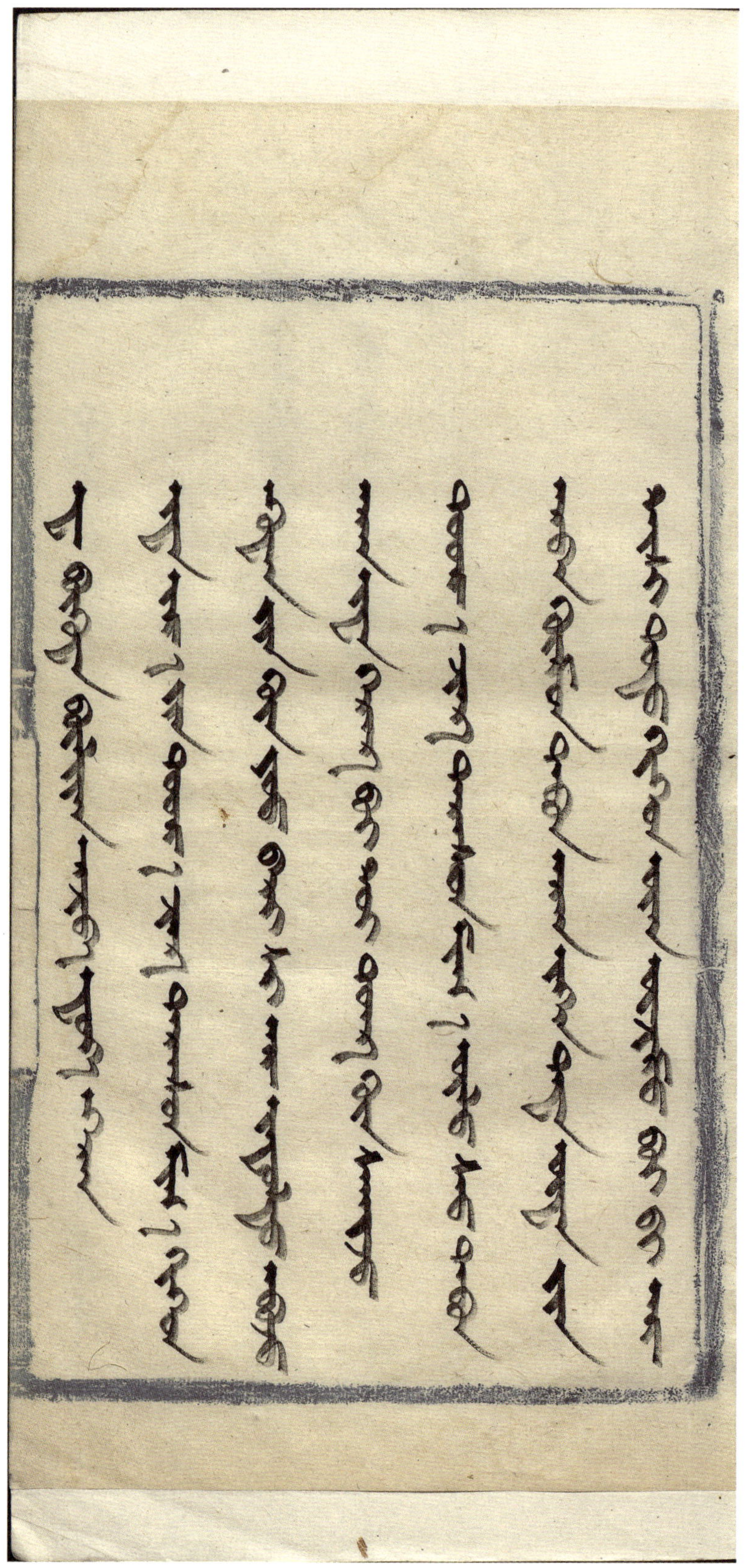

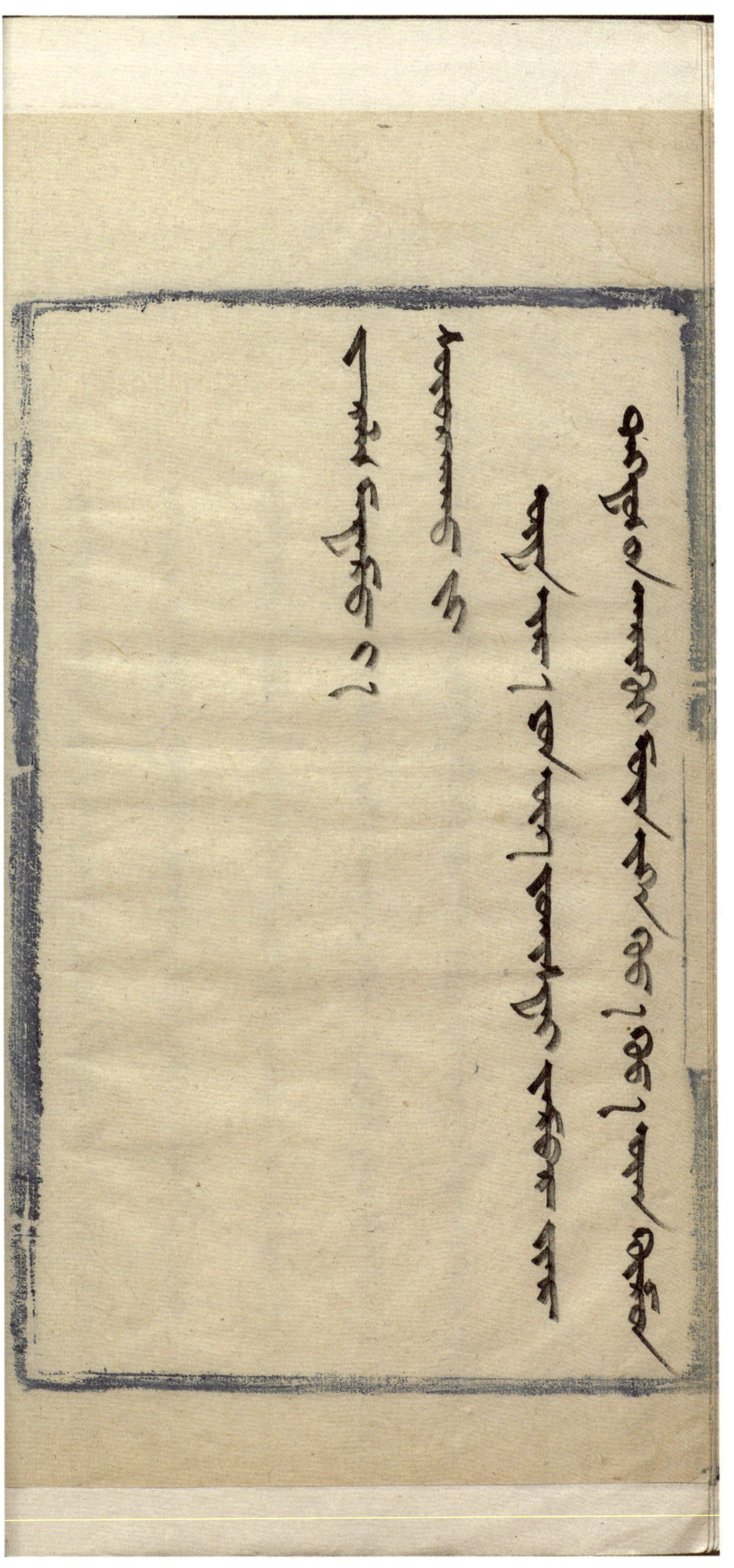

朶顔衛指揮同知脫忽赤
男撒哈塔奏有我的父十
二月十六日在東邊外將
原授職的
勑書失落了奴婢令要求討
新
勑書奏得

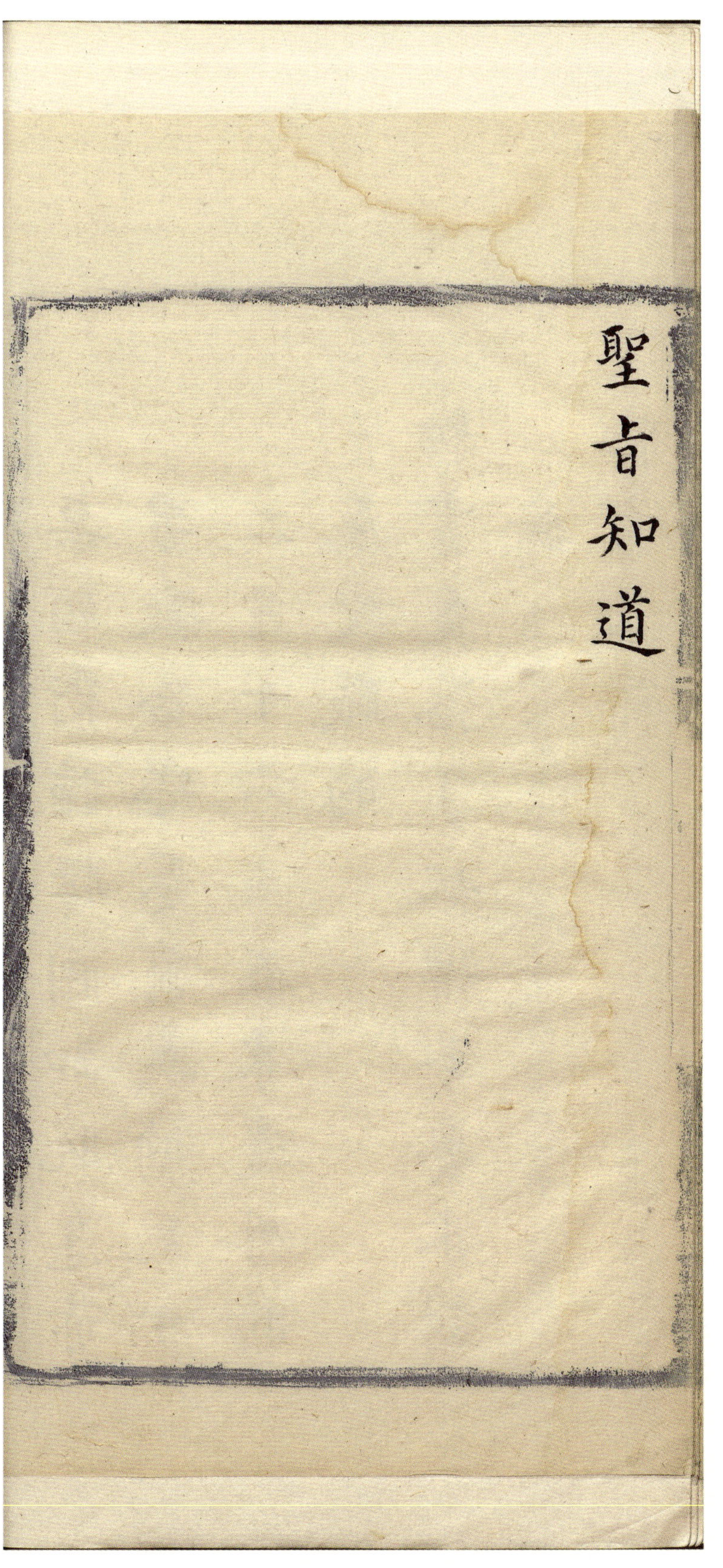
聖旨知道

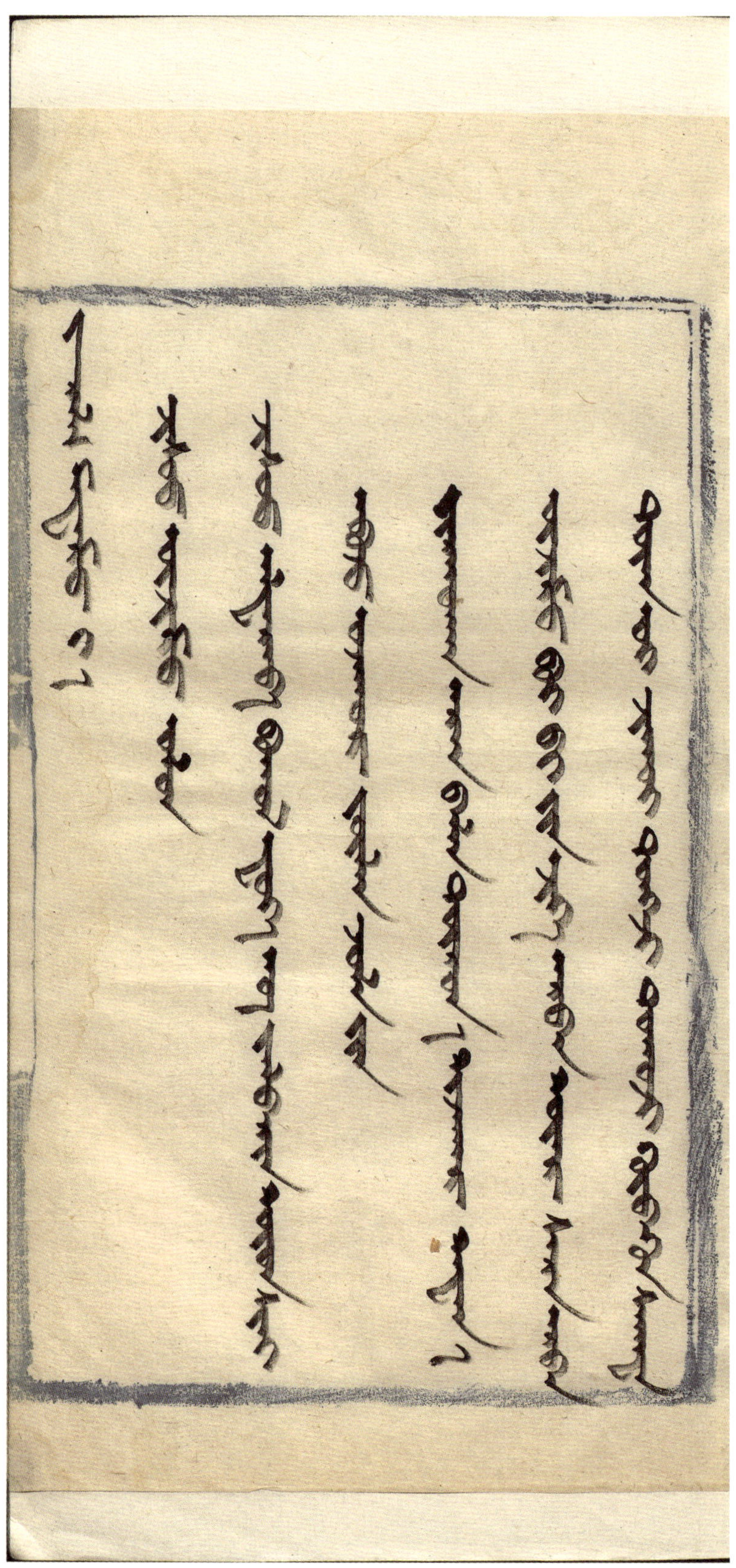

皇帝洪福前　建州右衛都督
察哈塔并毛憐衛大小人
等奏今我每比照今年来
進貢海西的人賞賜都賞
與銀兩我每照例奏討銀
兩便益怎生
恩賜

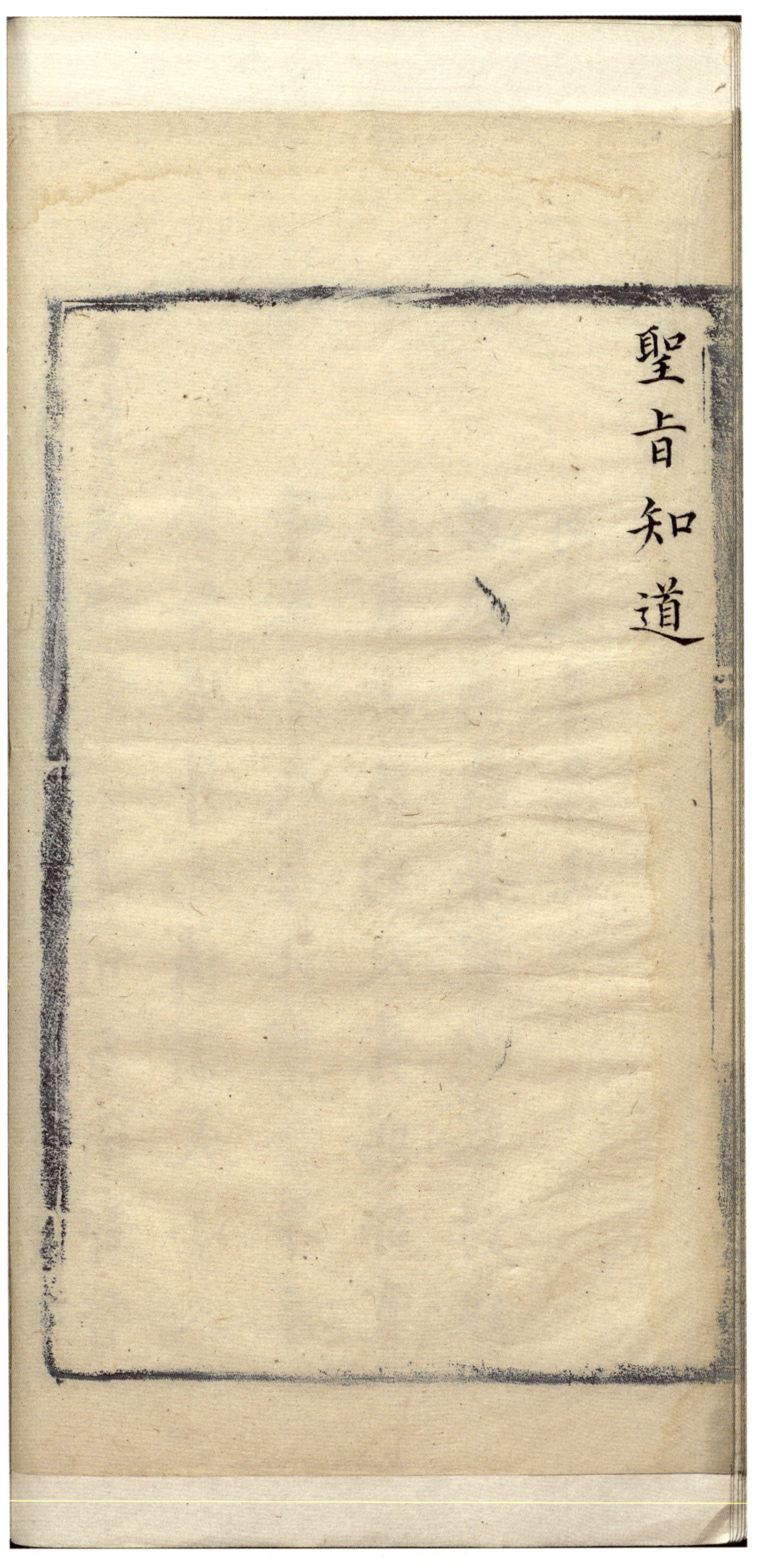
聖旨知道

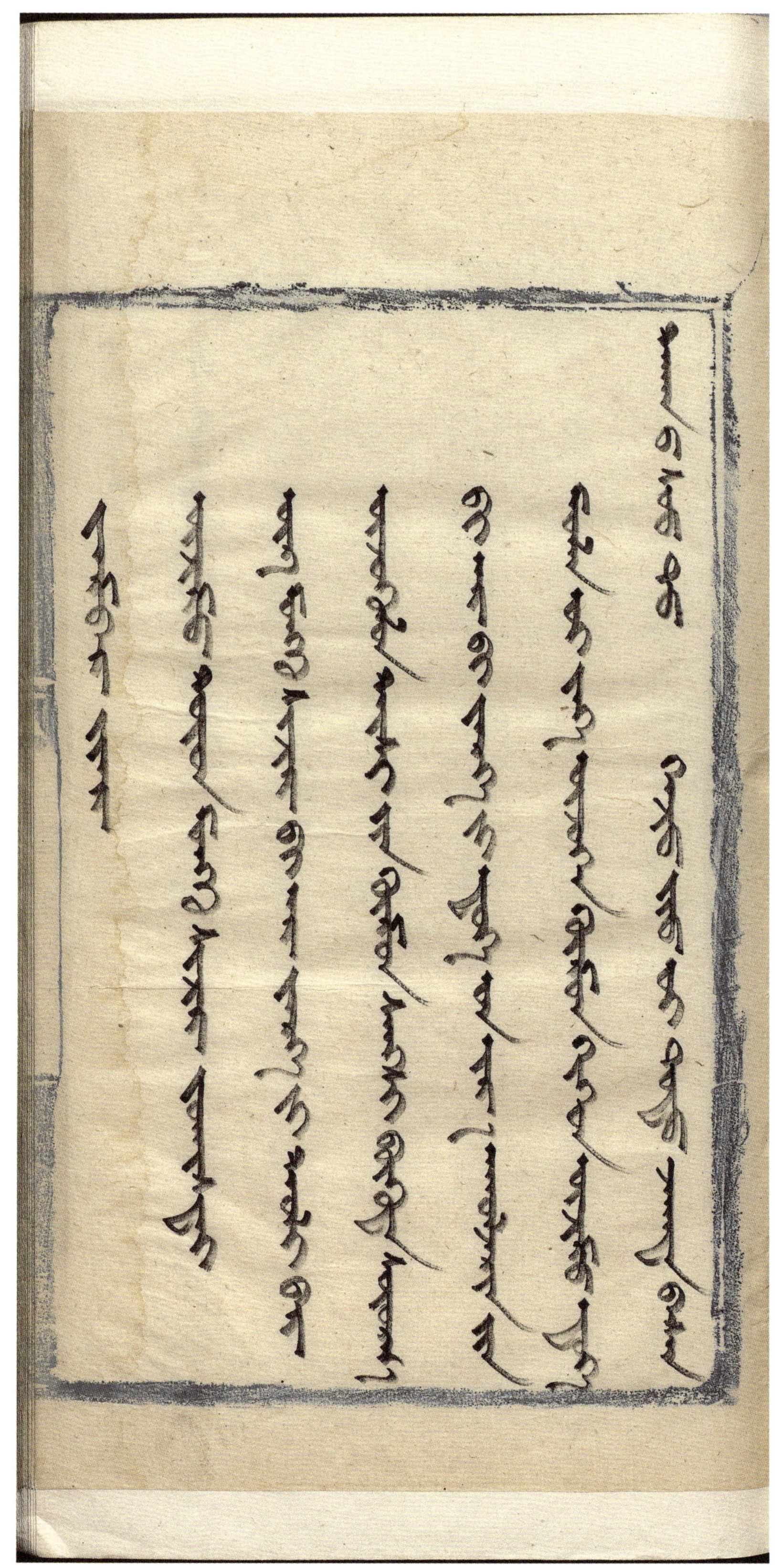

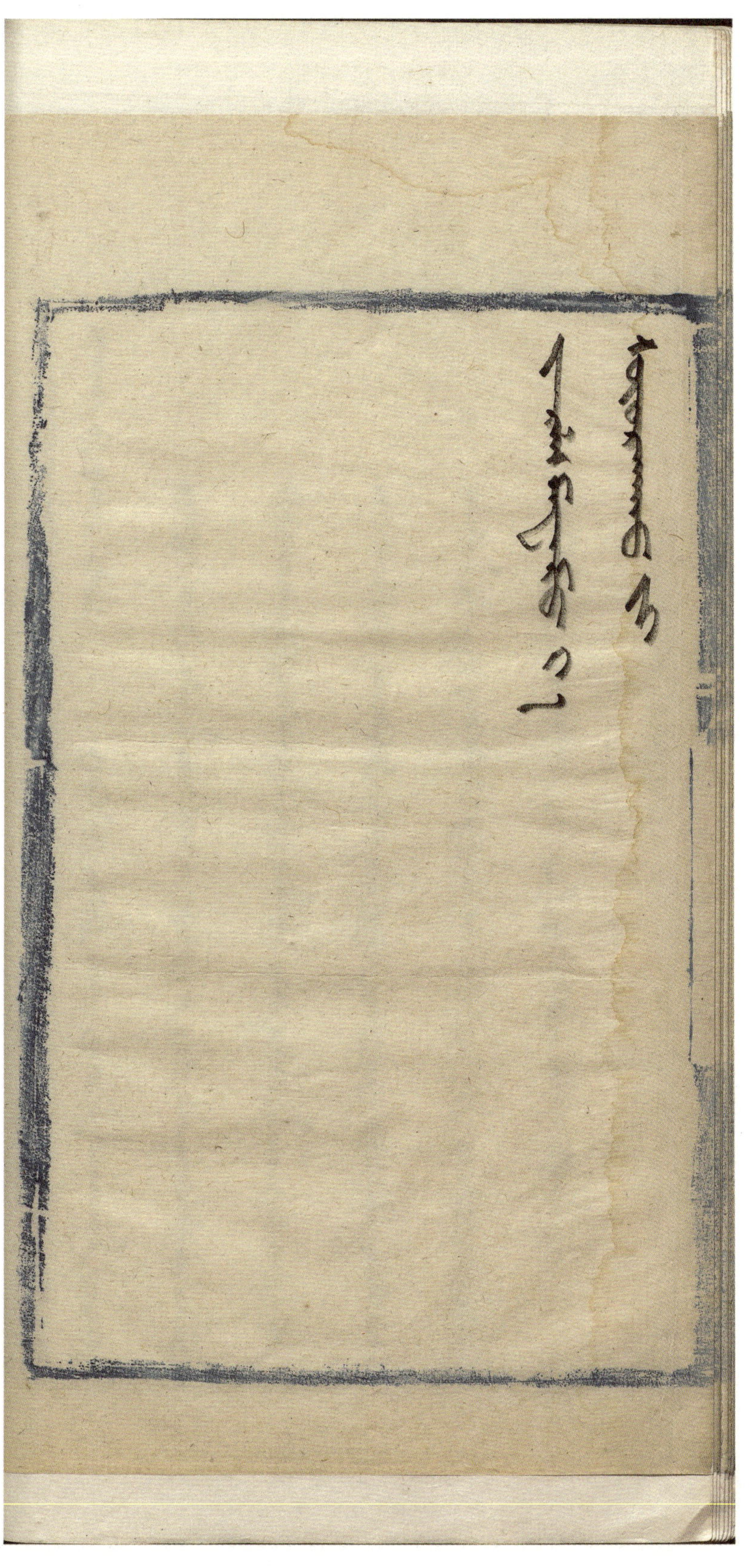

毛憐衛指揮使塔出奏比
先成化二十三年有我祖
撒魯正直好人同兀黑納
被遼東韓總兵領軍馬出
邊外時將我的祖殺了這
等苦楚今奴婢求討陞職
奏得

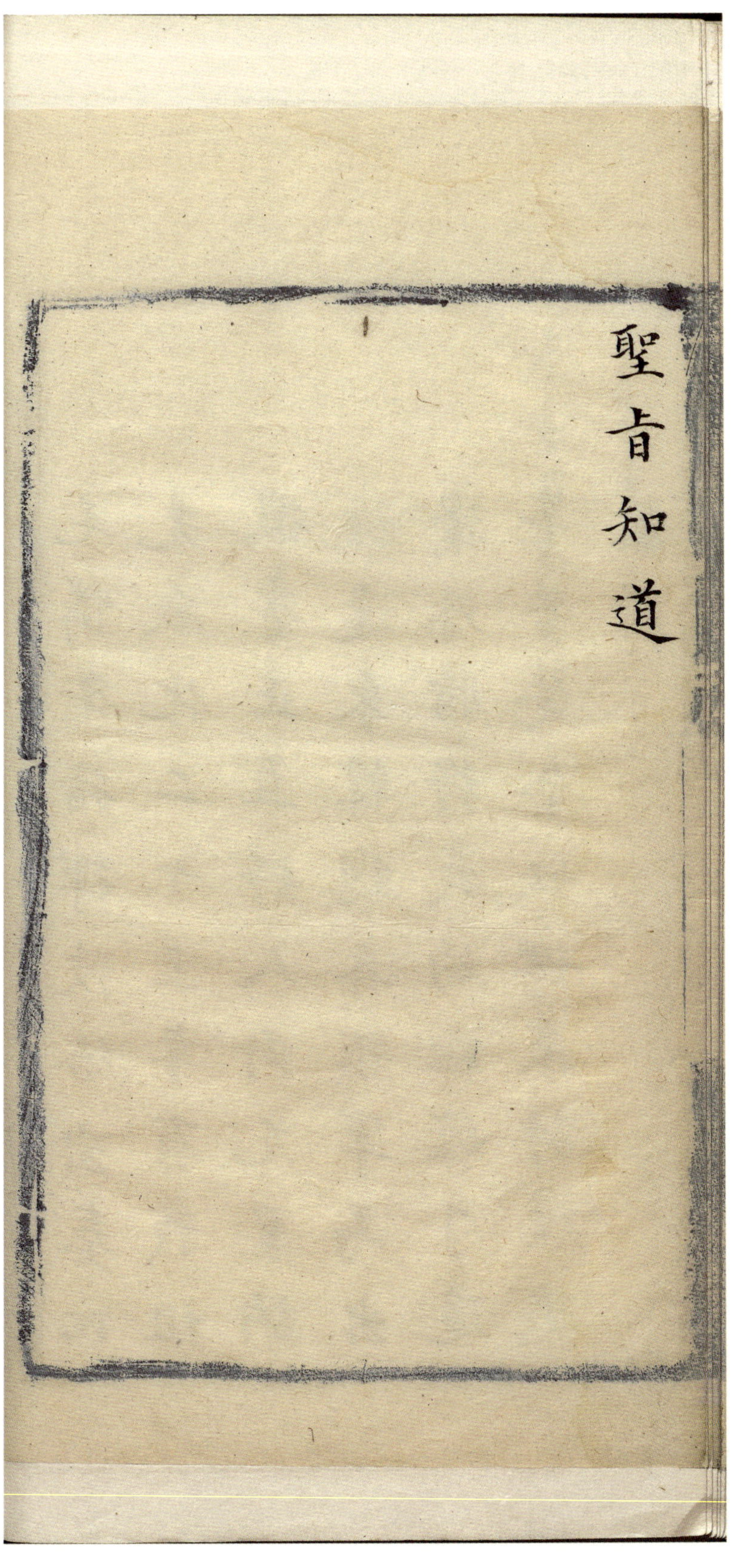
聖旨知道

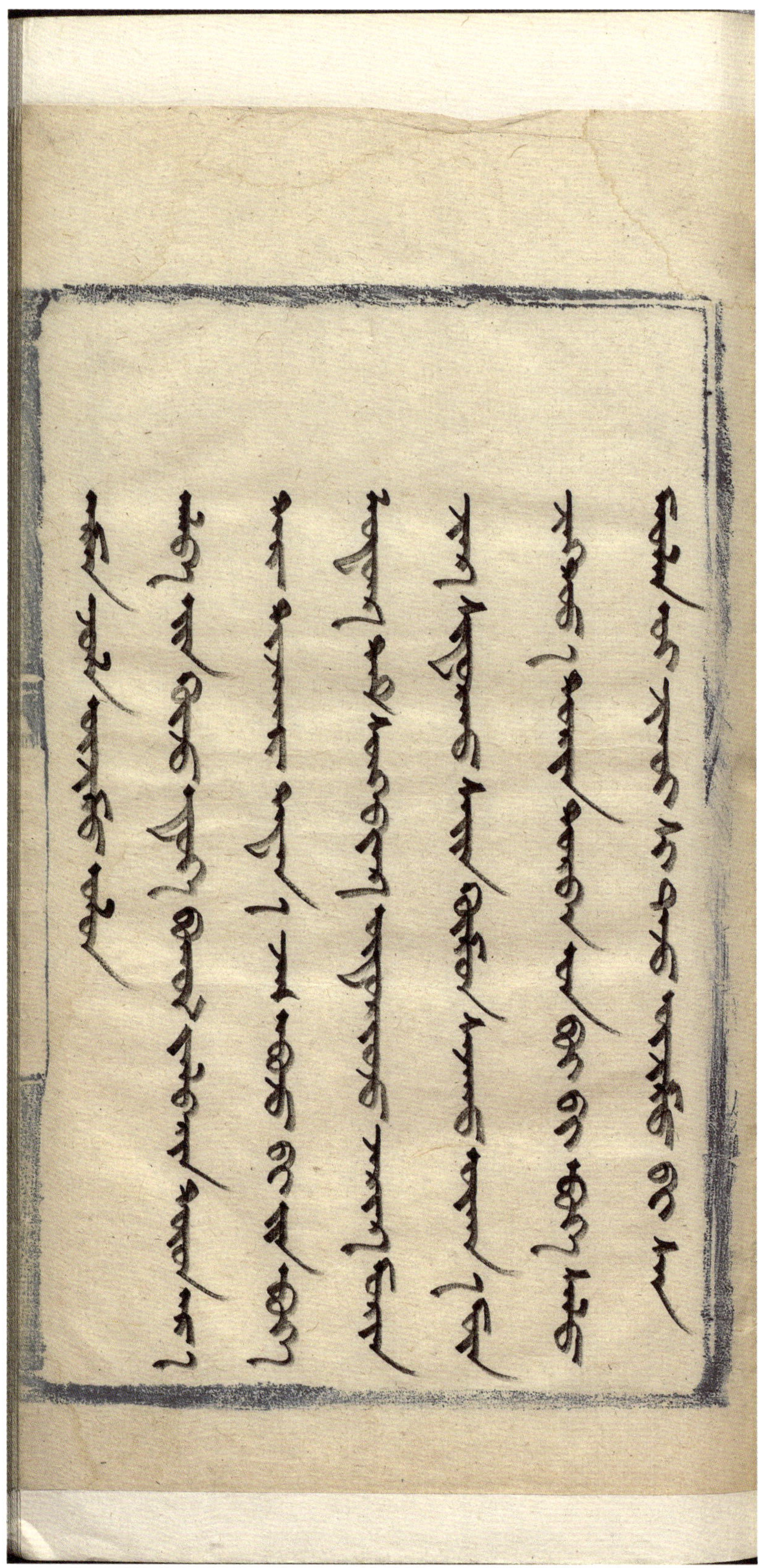

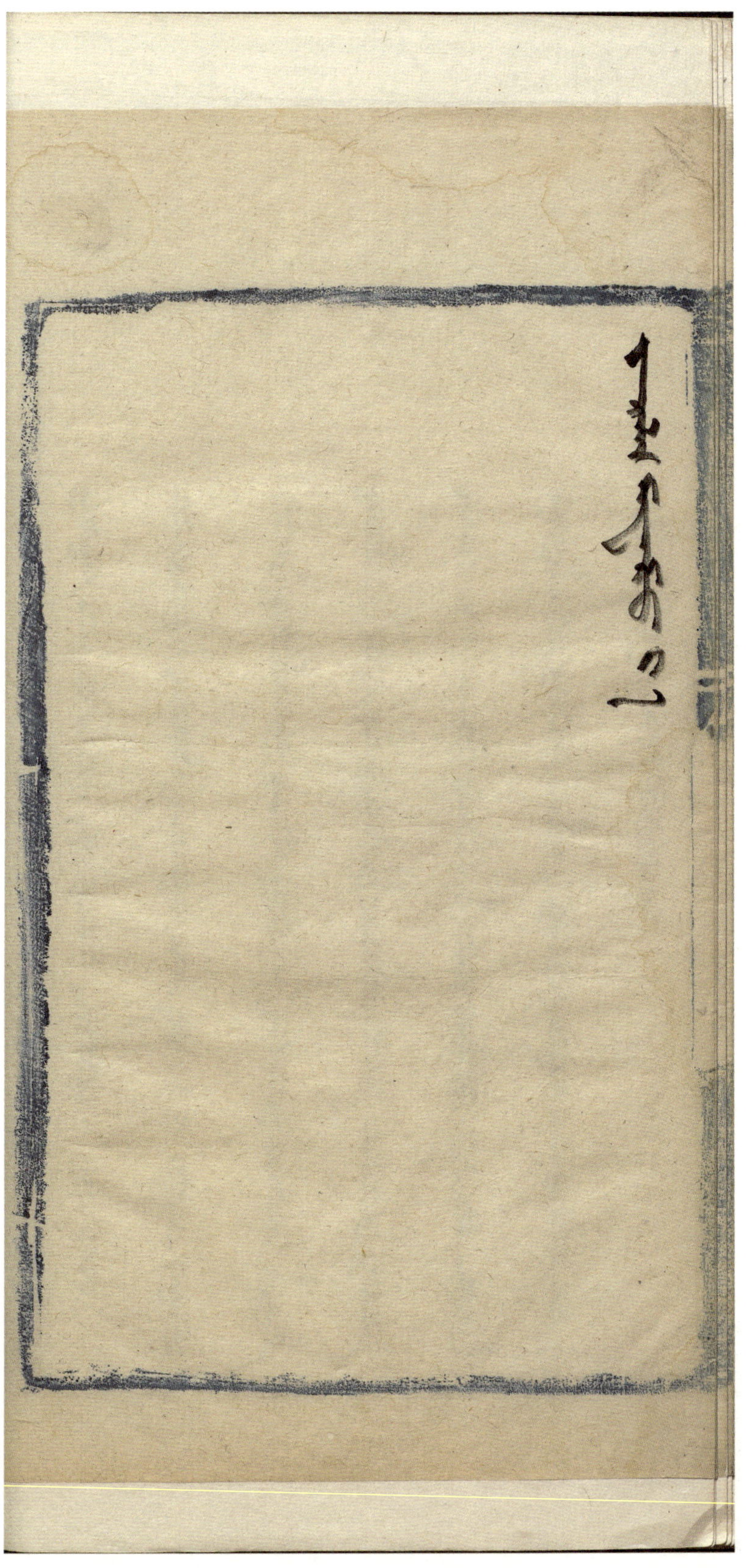

皇帝洪福前　考郎兀衛都督
同知撒哈塔孫男失勒得
奏有我的祖故了弘治四
年二月初七日除授前職
今我求討父祖的職事怎
生
恩賜

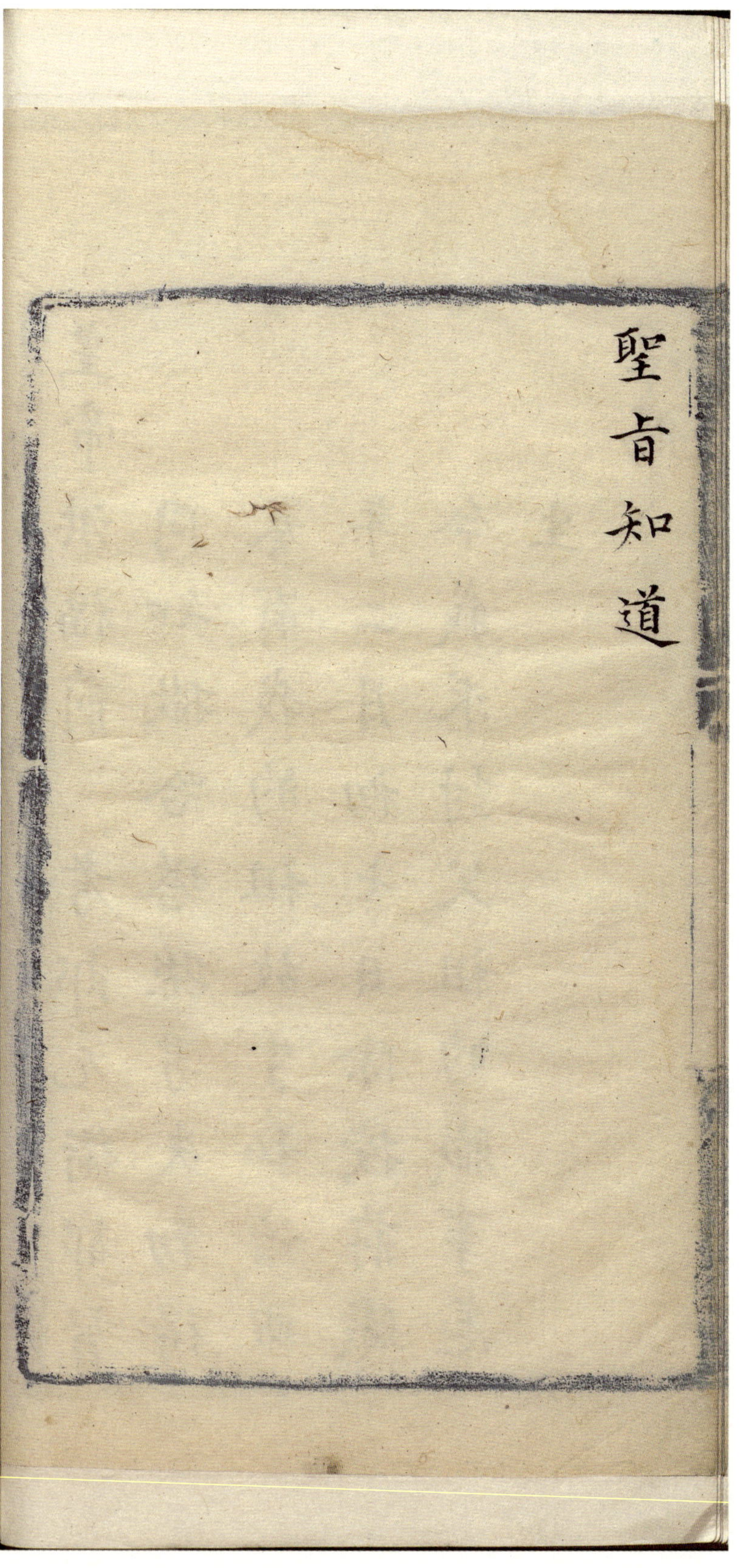
聖旨知道

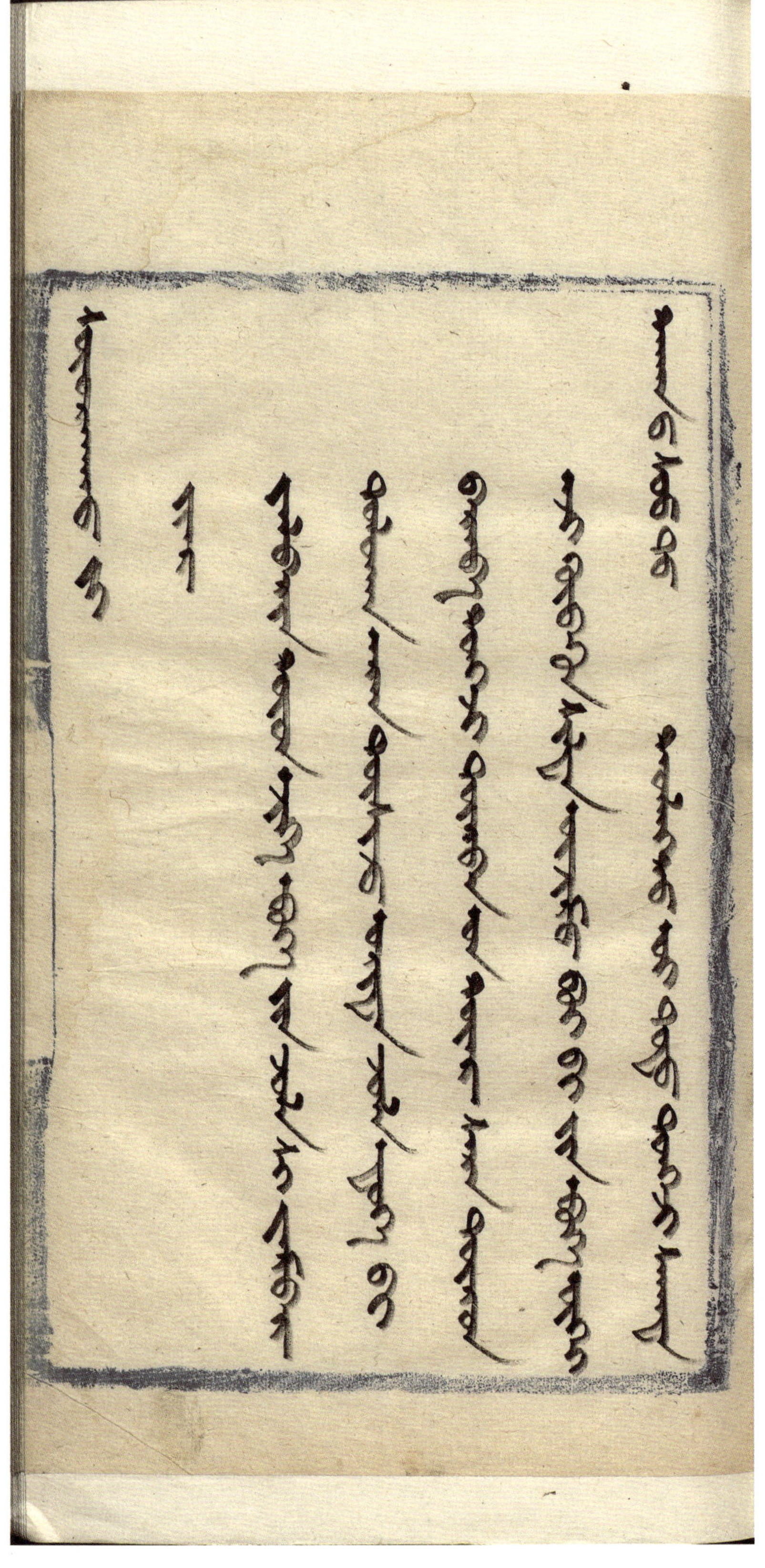

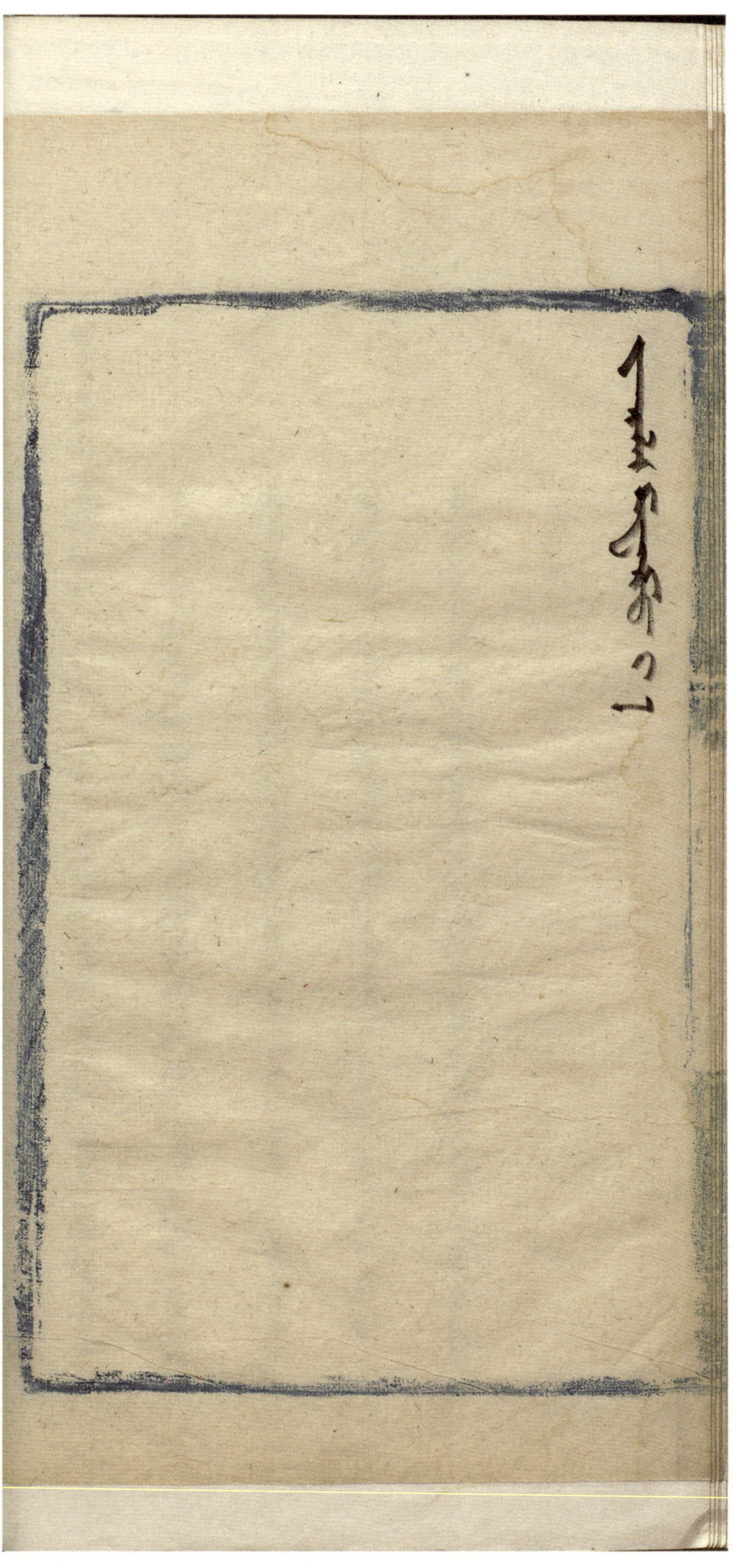

皇帝洪福前　阿真河衛指揮
僉事阿桑哈男歹孫奏有
我的父成化十五年二月
初九日除授前職今我求
討父職怎生
恩賜
聖旨知道

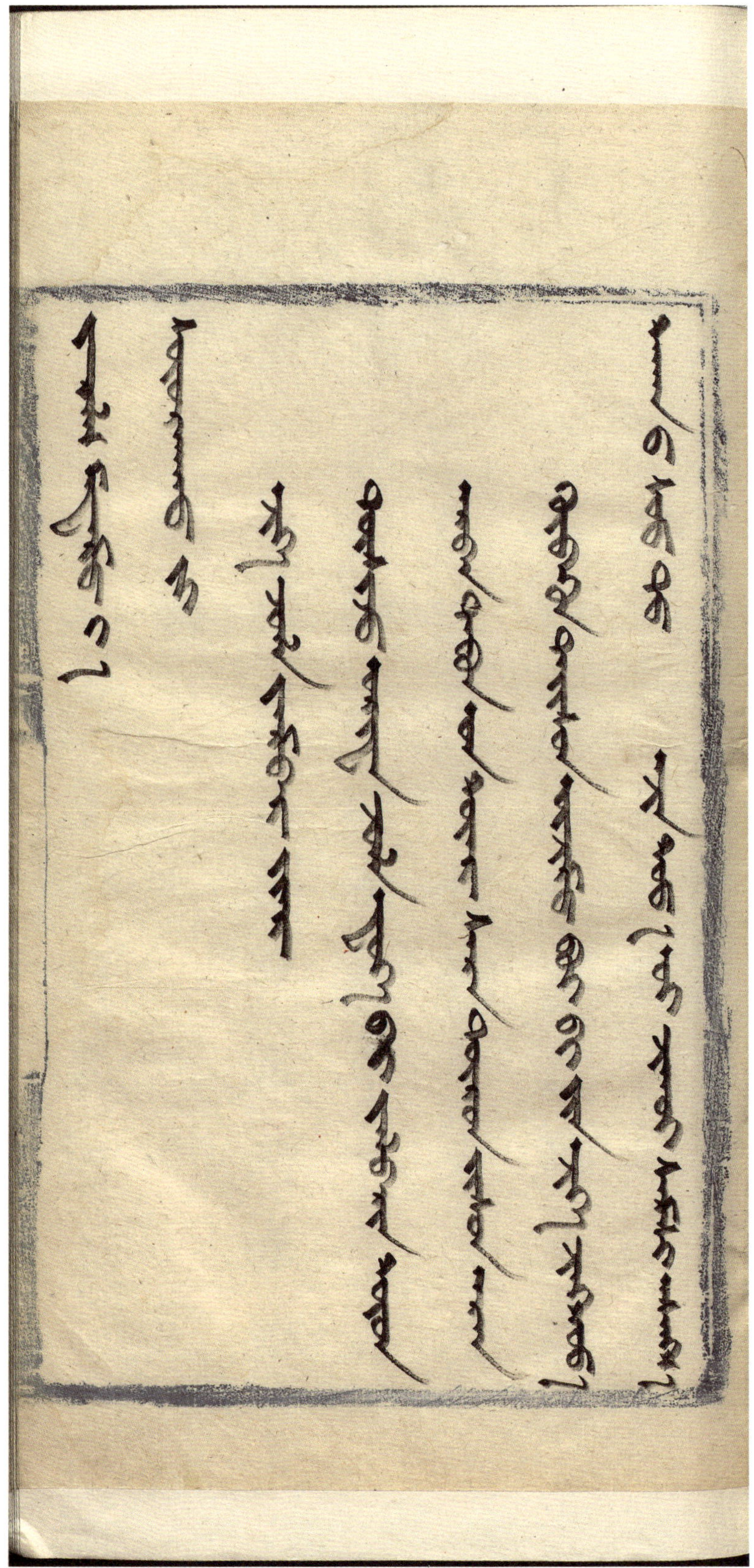

納剌河衛指揮同知撒哈

男額赤格奏有我的父成

化三年三月初七日除授

前職正德十四年十一月

十四日在開原城將原授

職的

勅書失落了今我求討

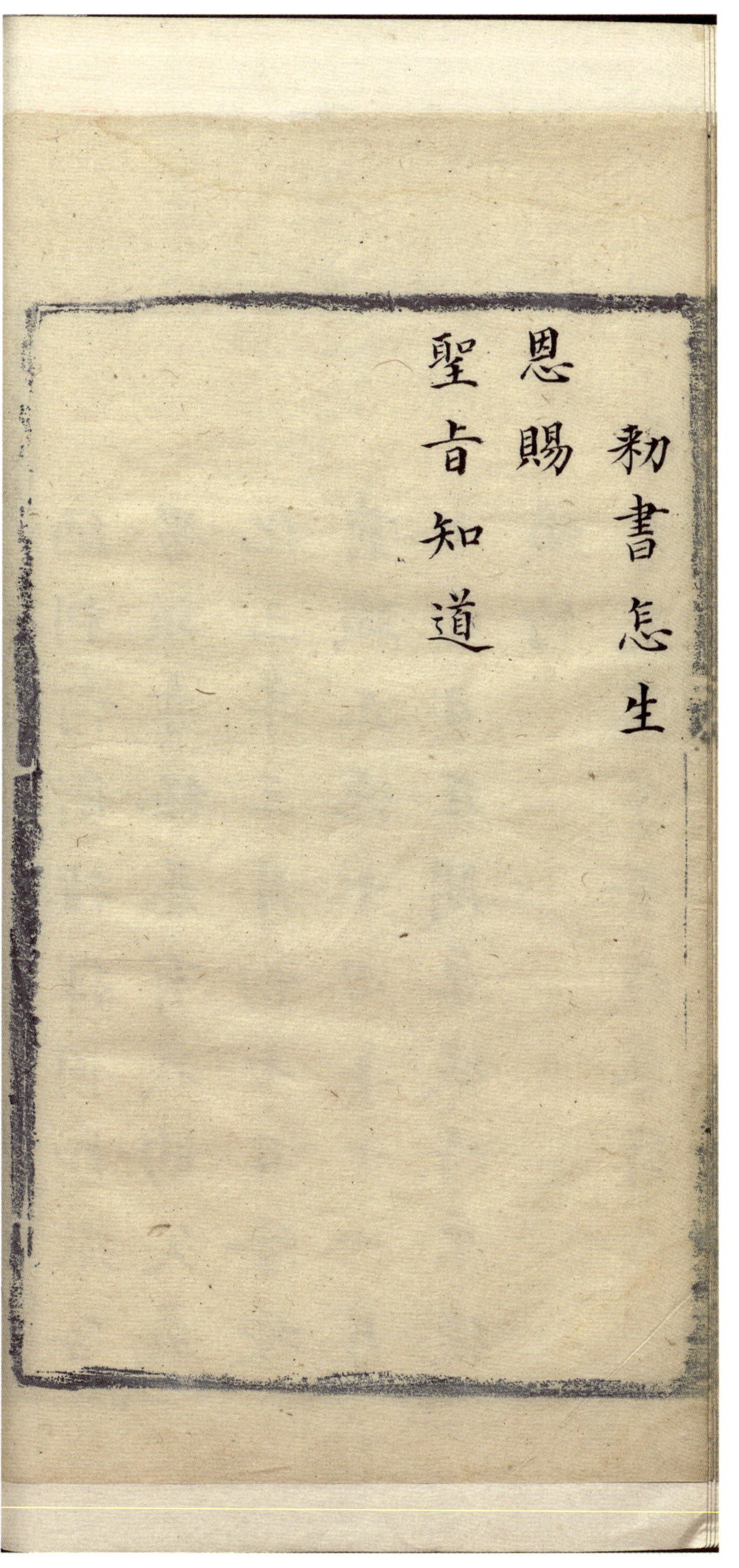


勑書怎生
恩賜
聖旨知道

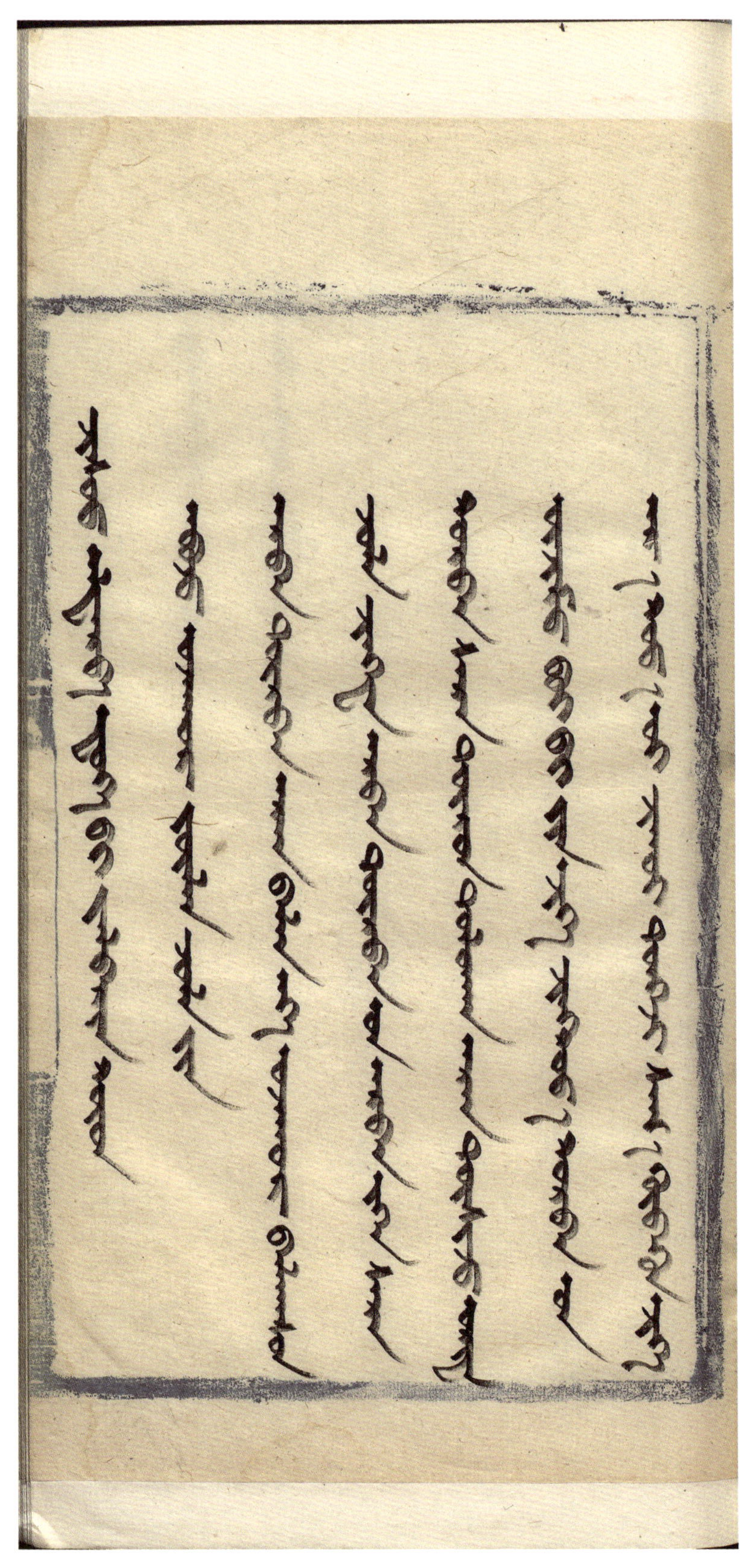

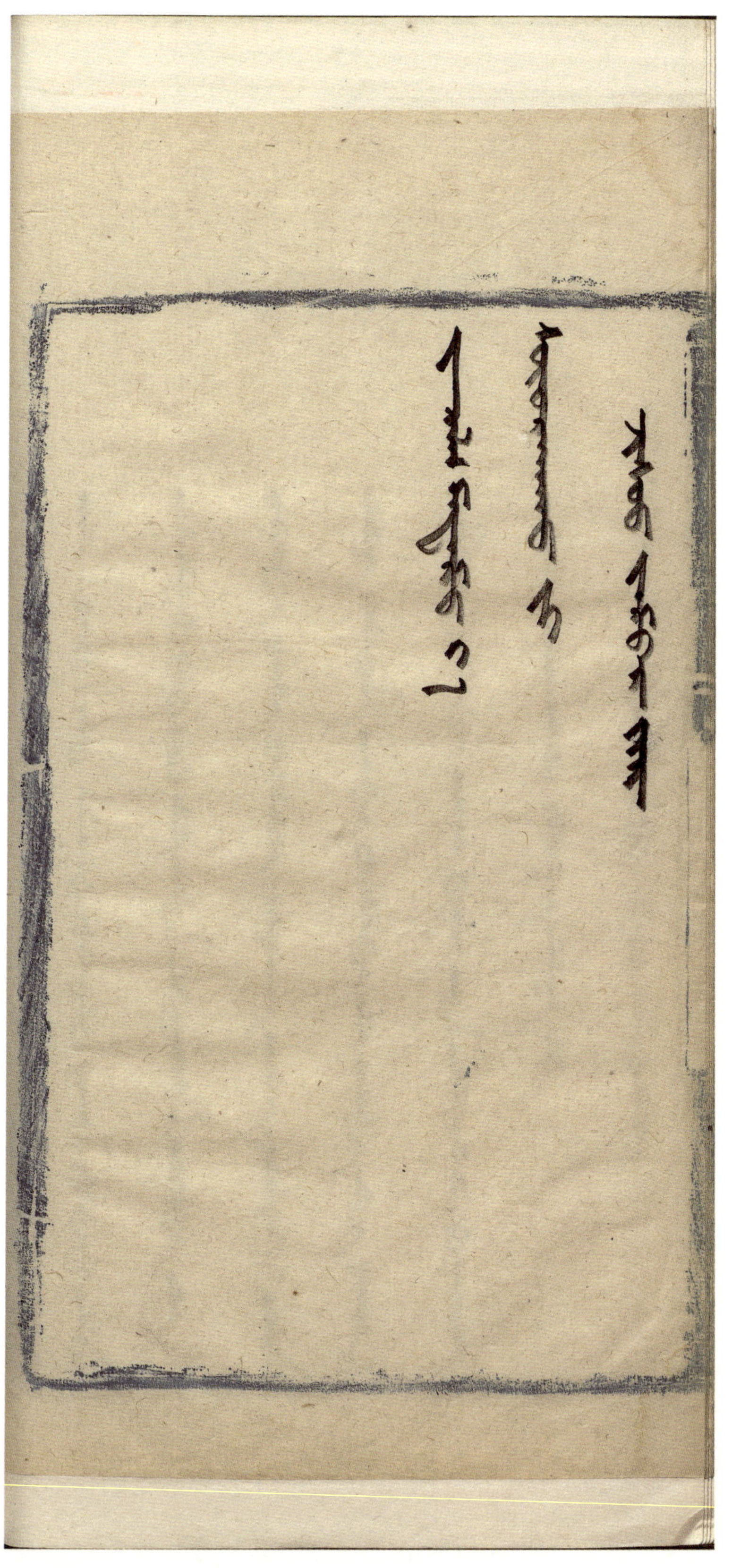

皇帝洪福前　乞者左衛指揮
僉事哈里哈男撒魯格奏
有的父成化十年二月十
七日除授前職今奴婢求
討父職怎生
恩賜
聖旨知道

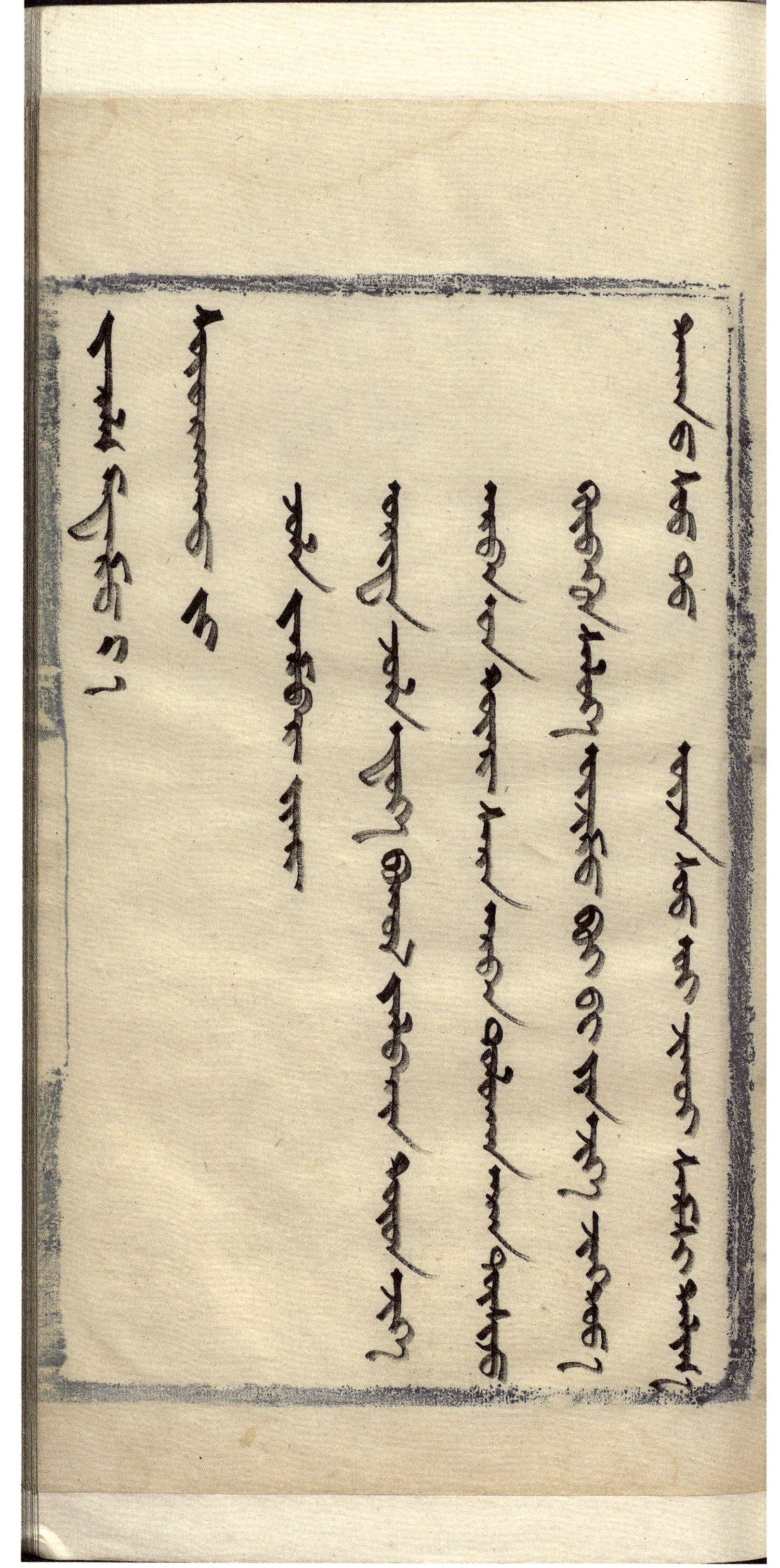

朶倫衛指揮同知脱忽赤

男亦納哈奏有我父在開

原城将授職的

勅書失落了這失落了的

勅書在乜河衛的人手裏今

奴婢求討父的

勅書奏得

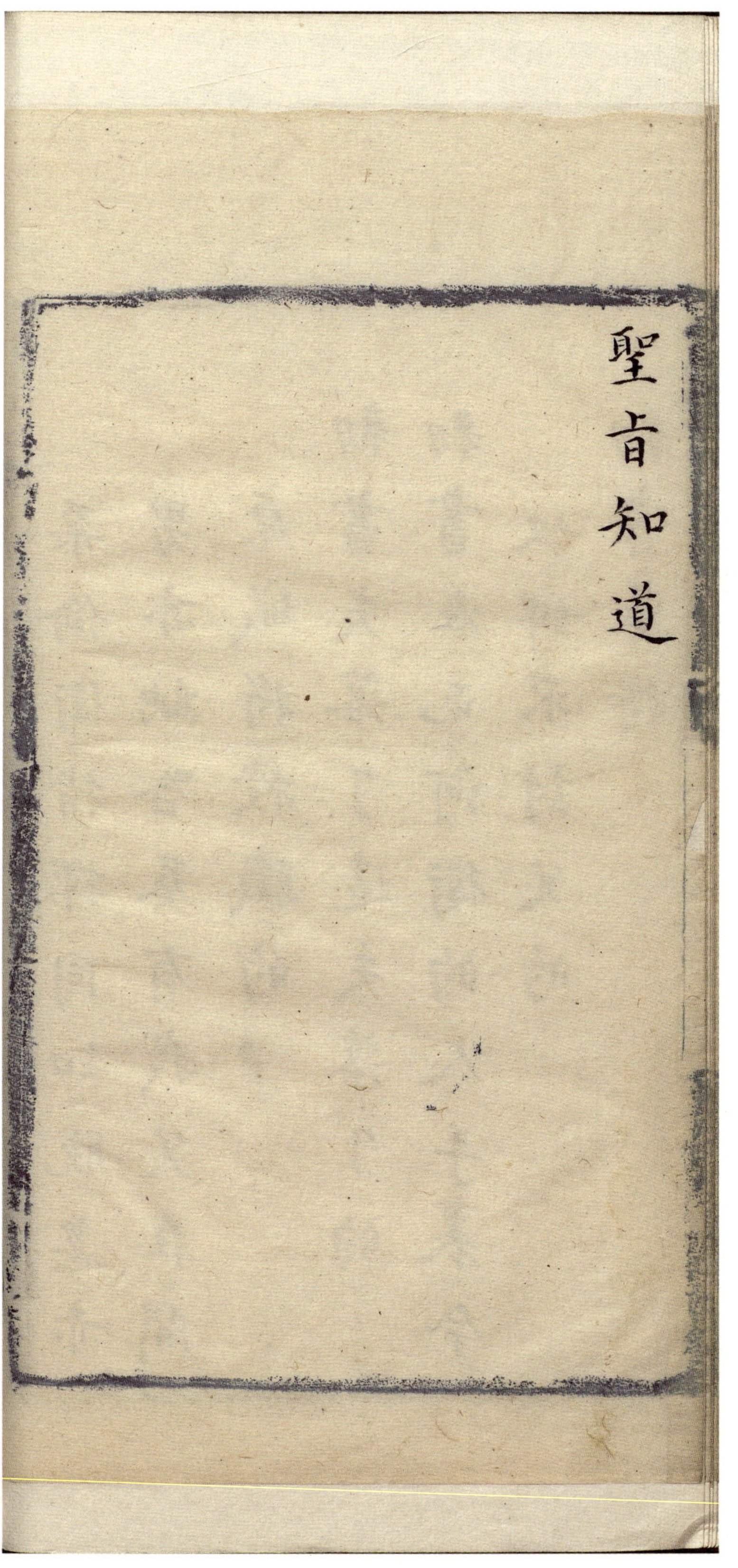
聖旨知道

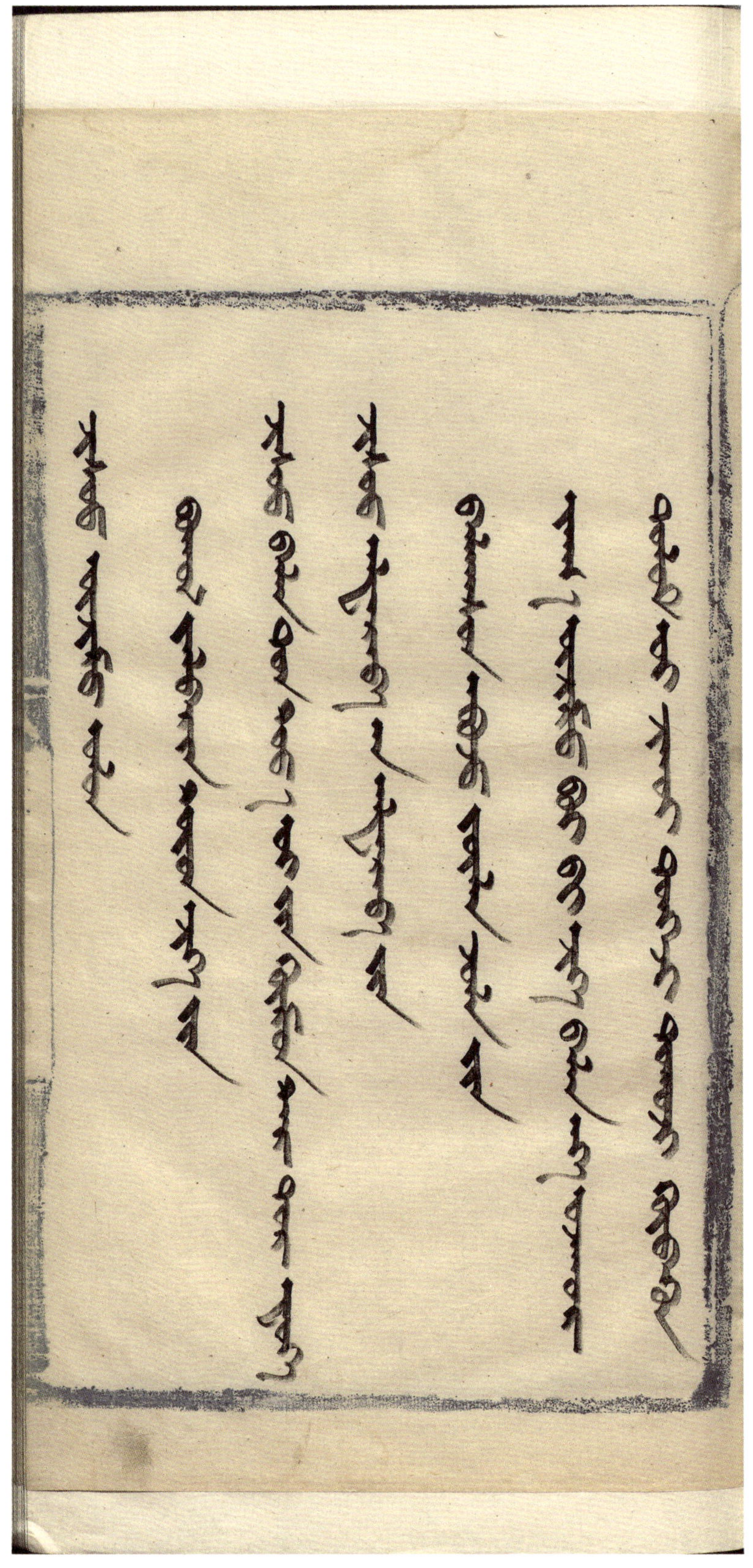

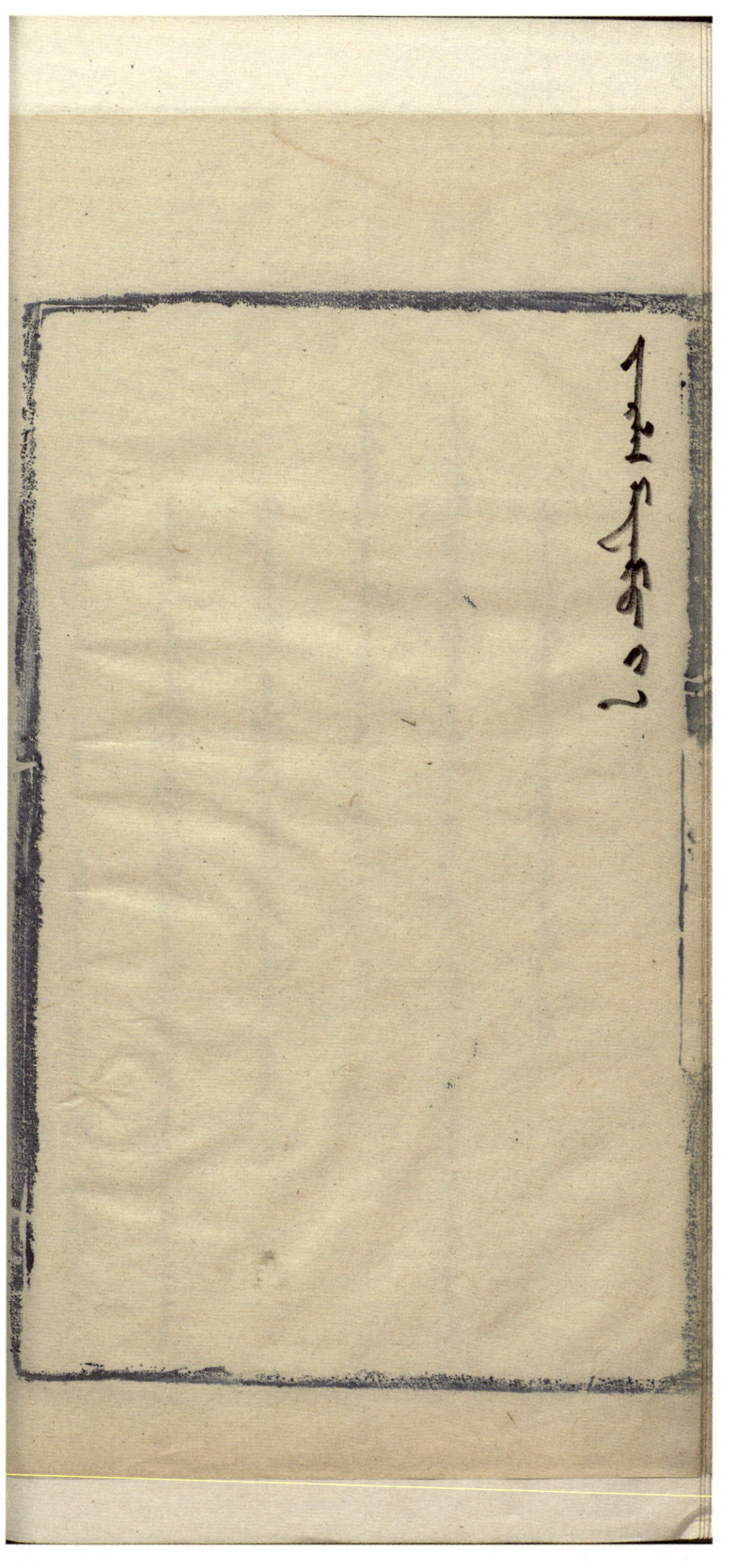

皇帝洪福前　兀者衛都督也
克懼怕奏今奴婢求討金
帶大帽子怎生
恩賜
聖旨知道

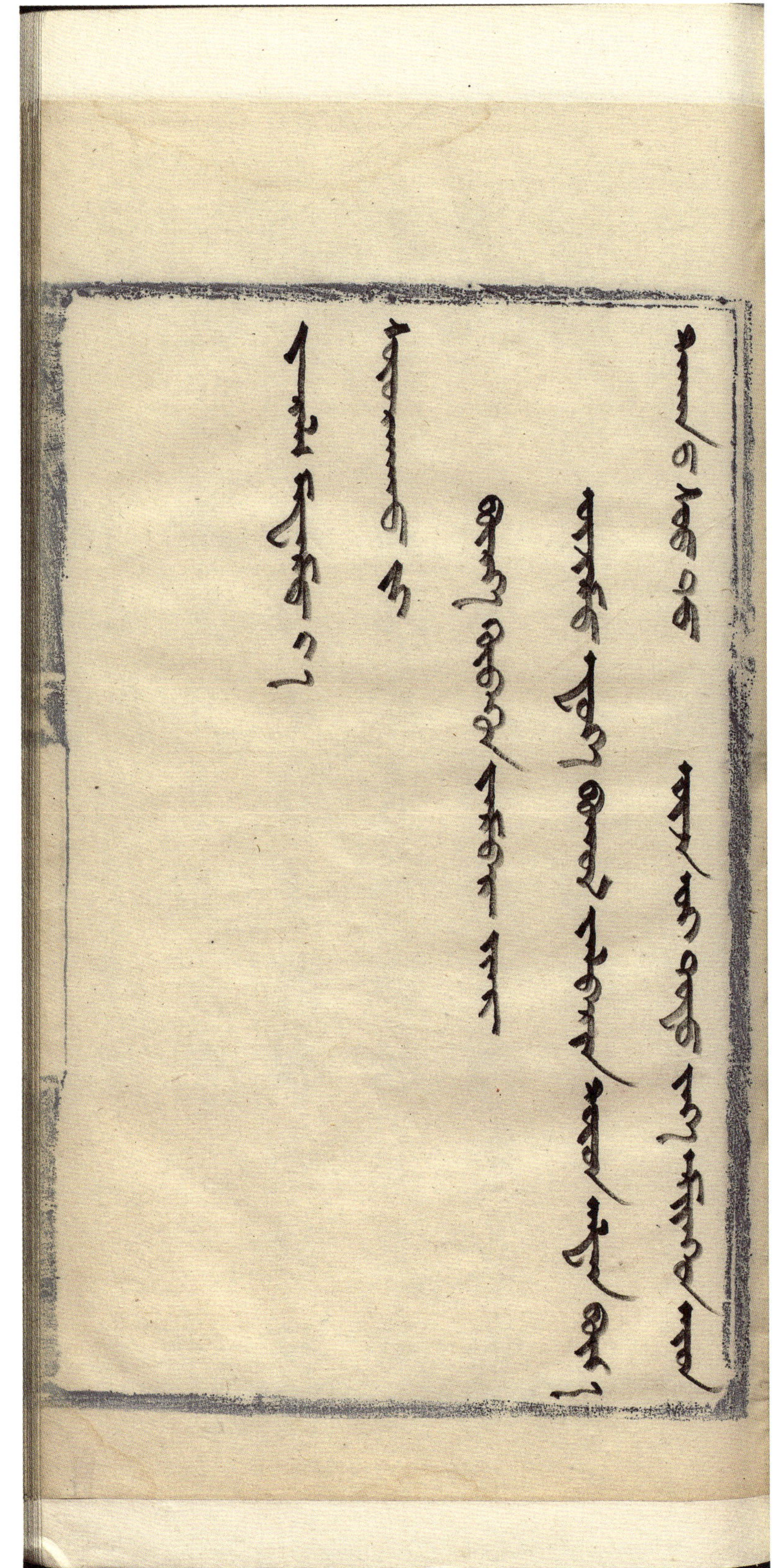

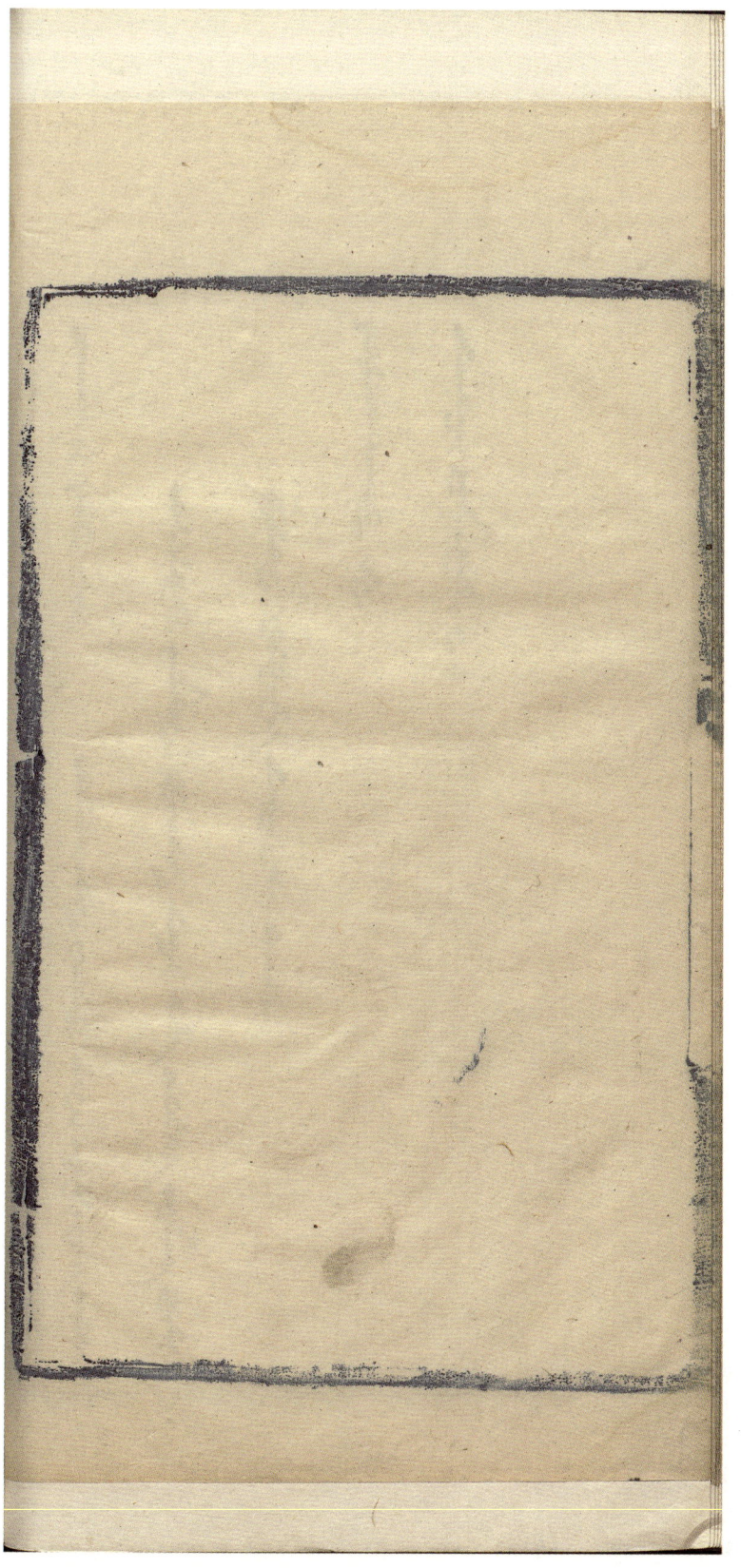

皇
帝洪福前　建州衛都督完
者帖木兒懼怕奏奴婢今
年在東邉地方射獵尋得
白爪海青一對䏻擒天鵞
奴婢不敢自用專差指揮
撒里赴京進貢望
朝廷憐憫收了怎生

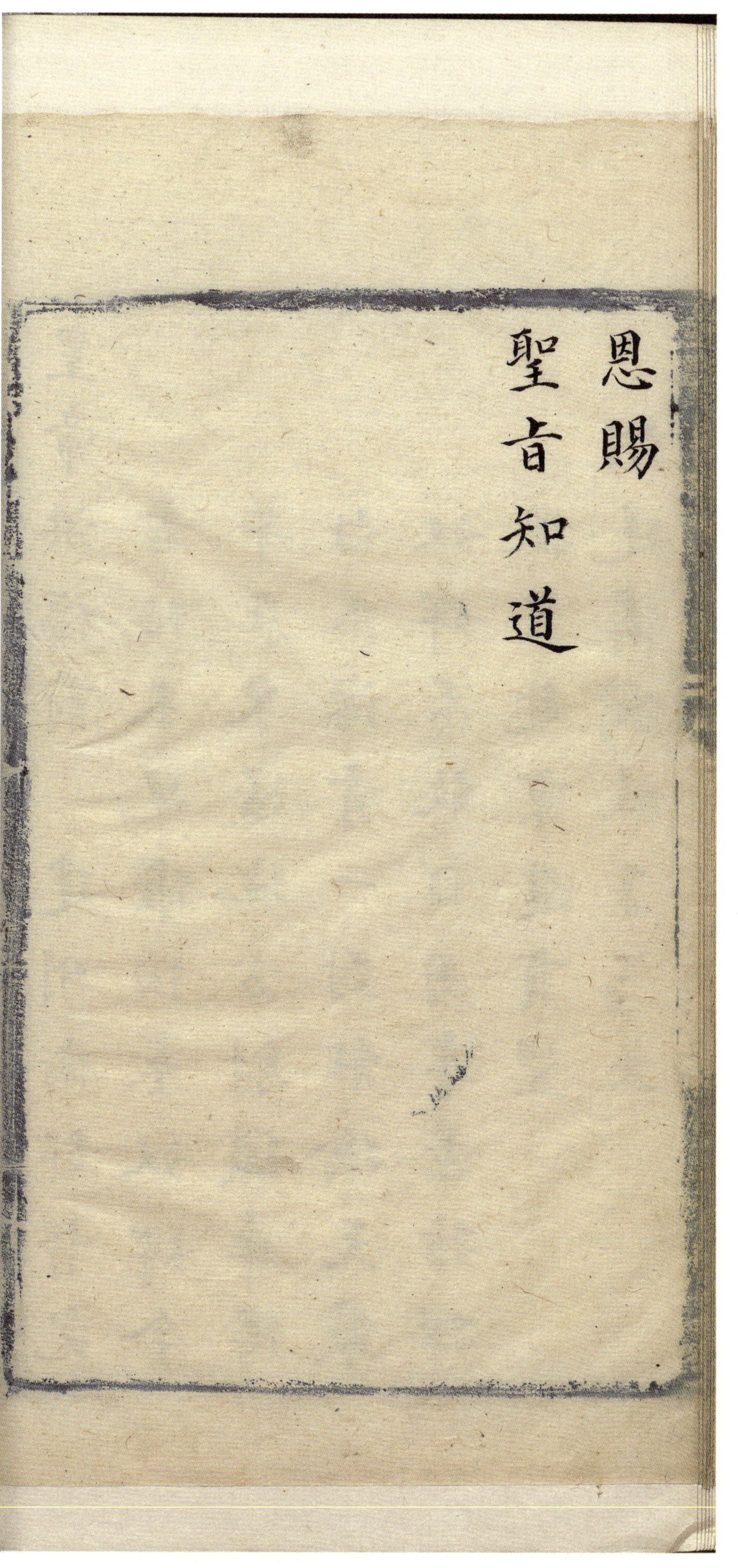
恩賜
聖旨知道

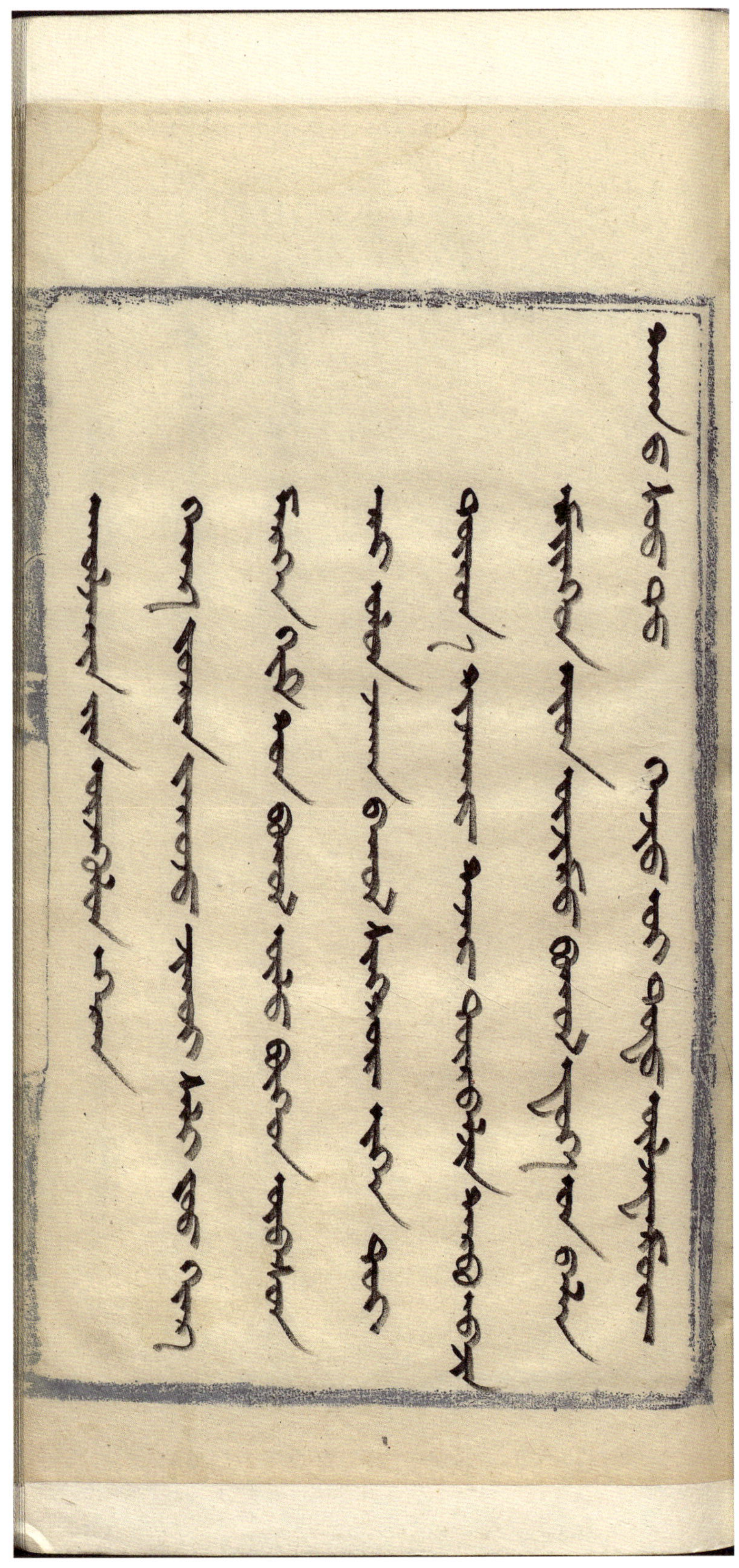

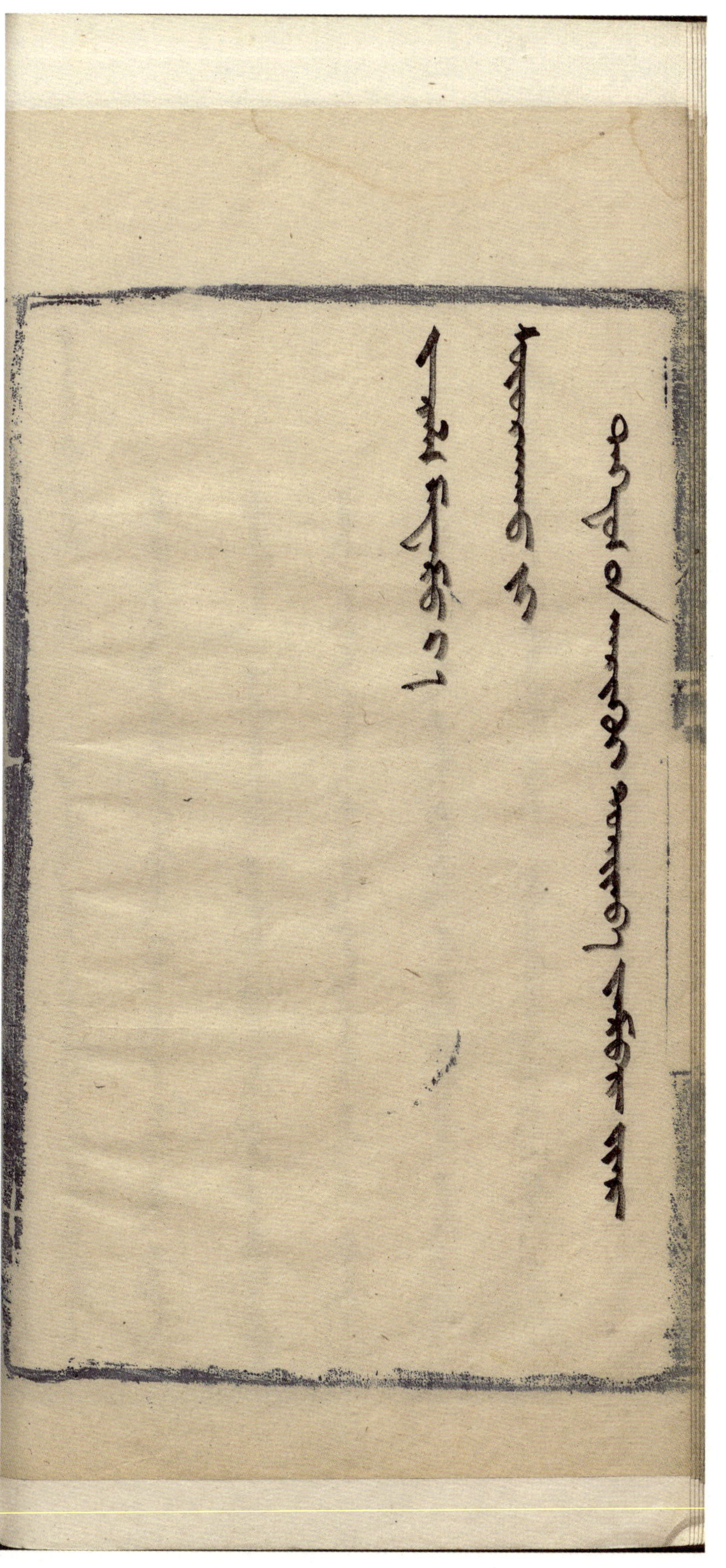

皇
帝洪福前　建州左衛都督
僉事脫羅干保奏有本衛
都指揮僉事牙速成化四
年七月十一日除授前職
今故了有他男亦剌哈要
襲父職又有指揮同知阿
剌哈弘治二年三月十二

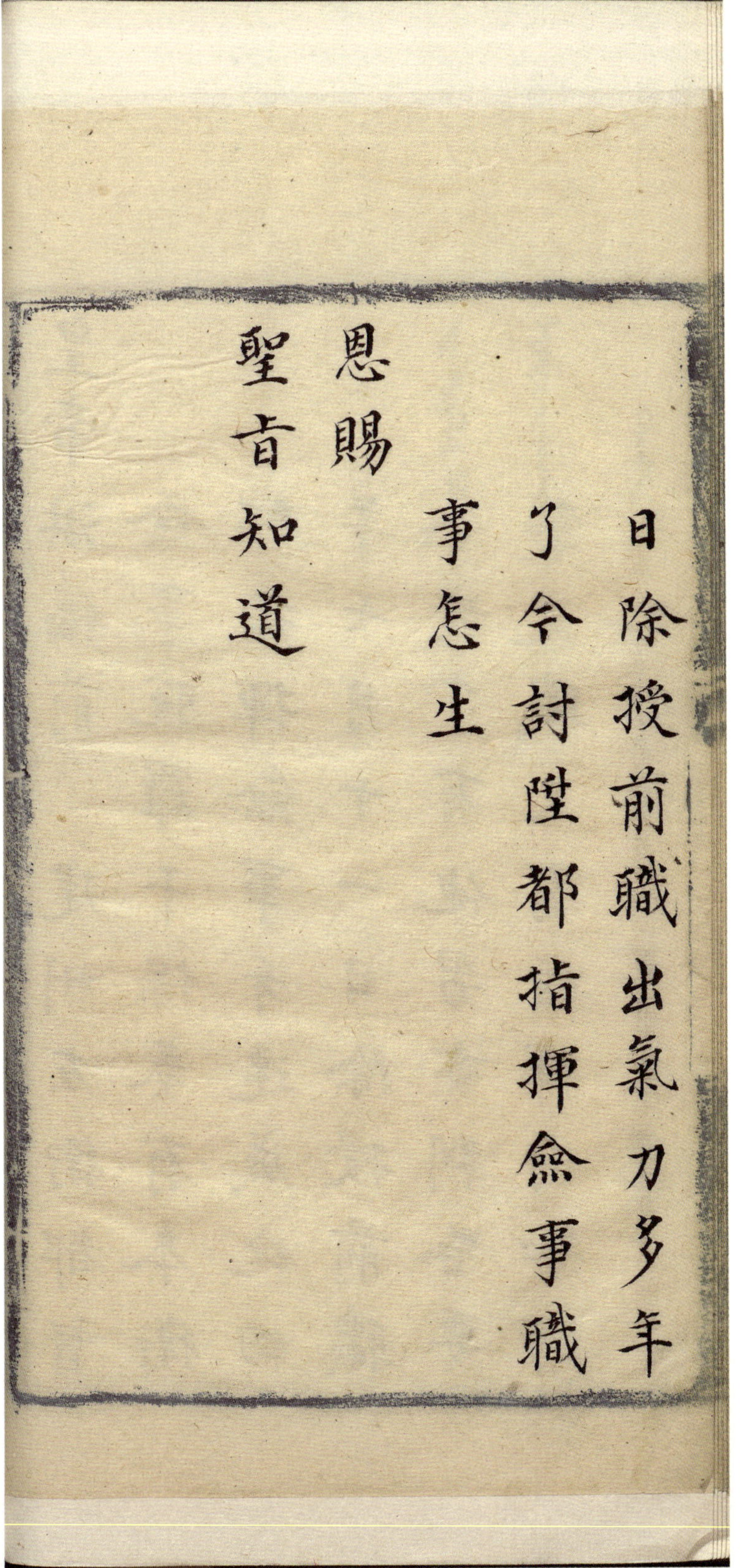
日除授前職出氣力多年

了令討陞都指揮僉事職

事怎生

恩賜

聖旨知道

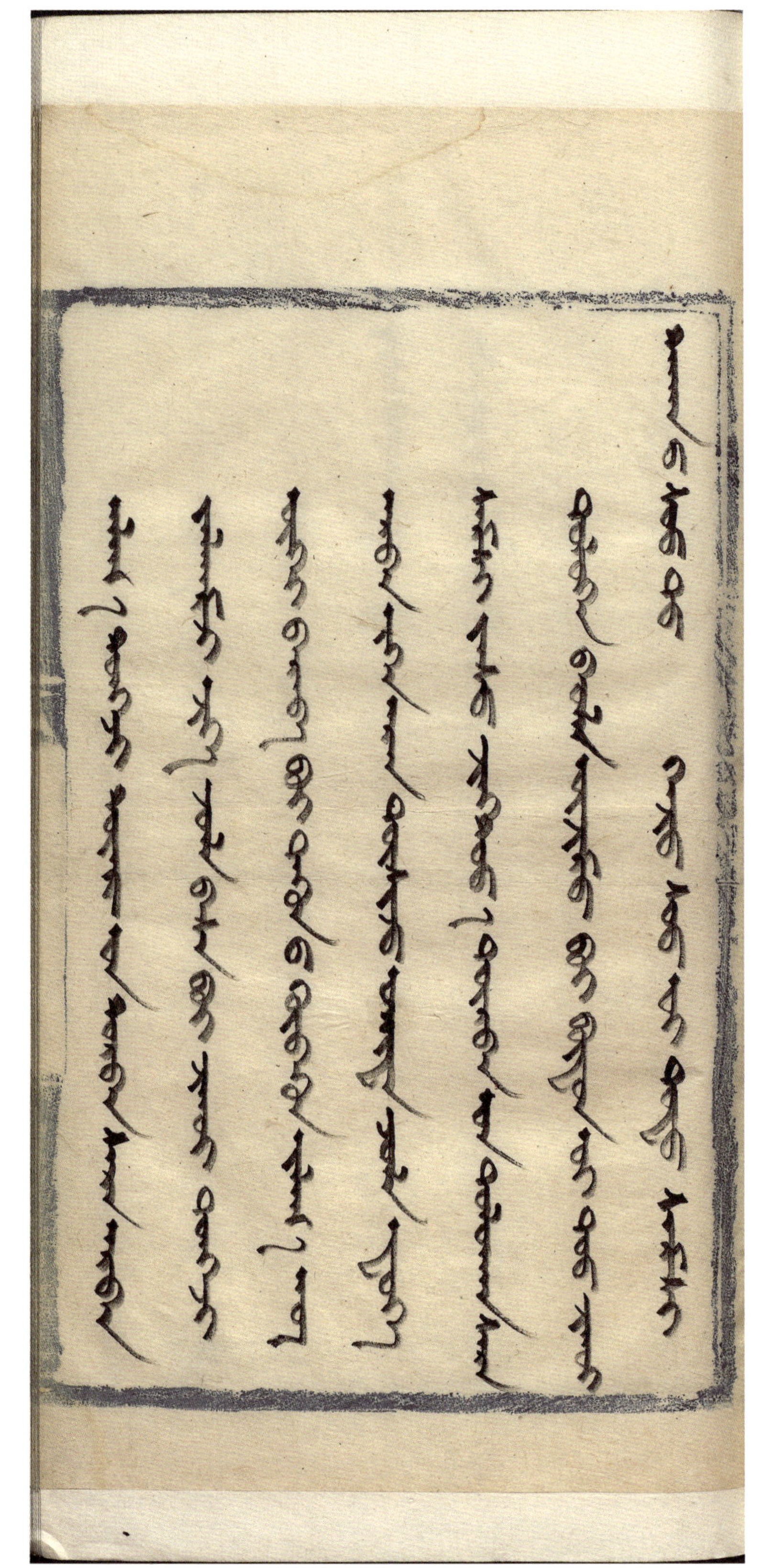

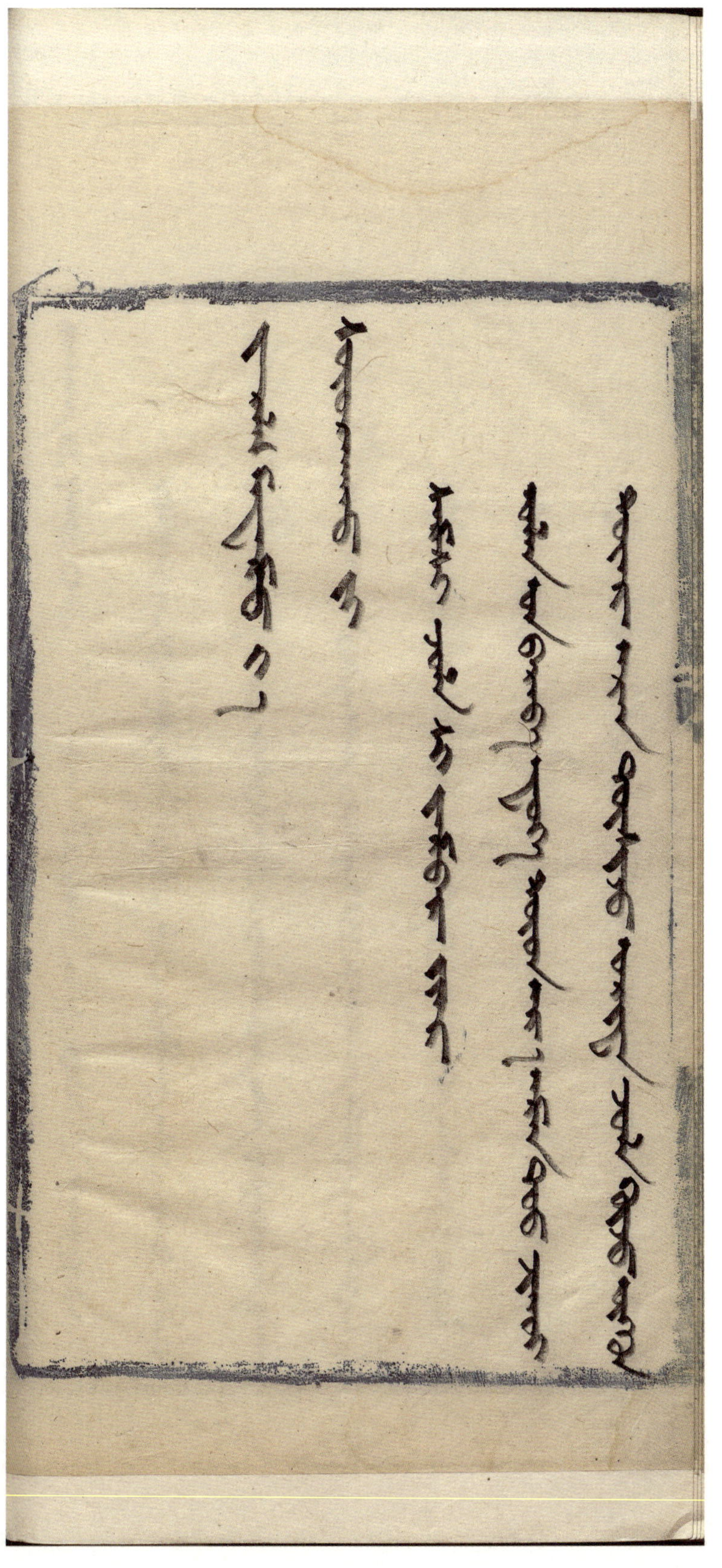

皇帝洪福前　建州衛都督完
者禿奏先前奴婢本衛一
百十五人進貢来時有都
指揮使苦魯名字人有珠
子二箇賣與大市倪佐名
字人說定與布一百疋後
不曾與今望

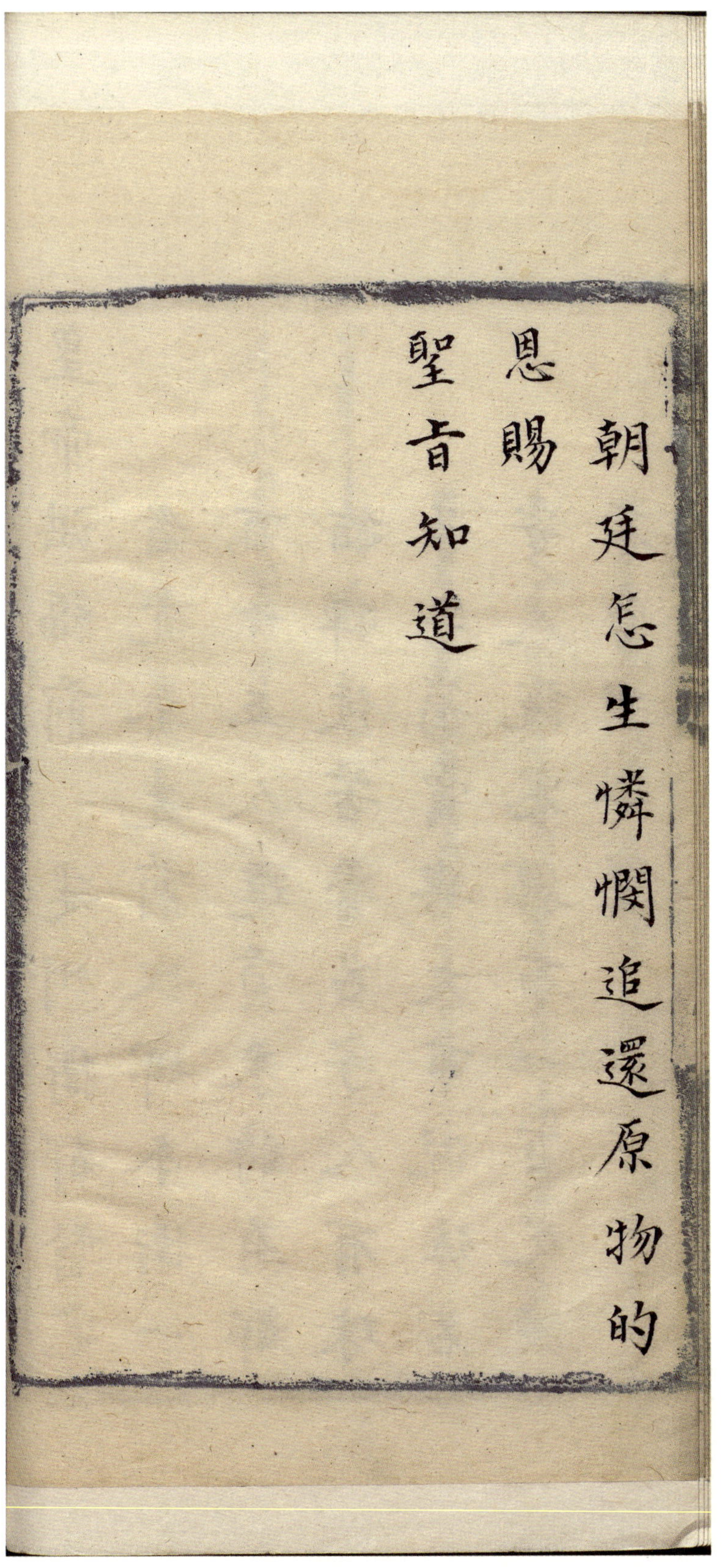

朝廷怎生憐憫追還原物的

恩賜

聖旨知道

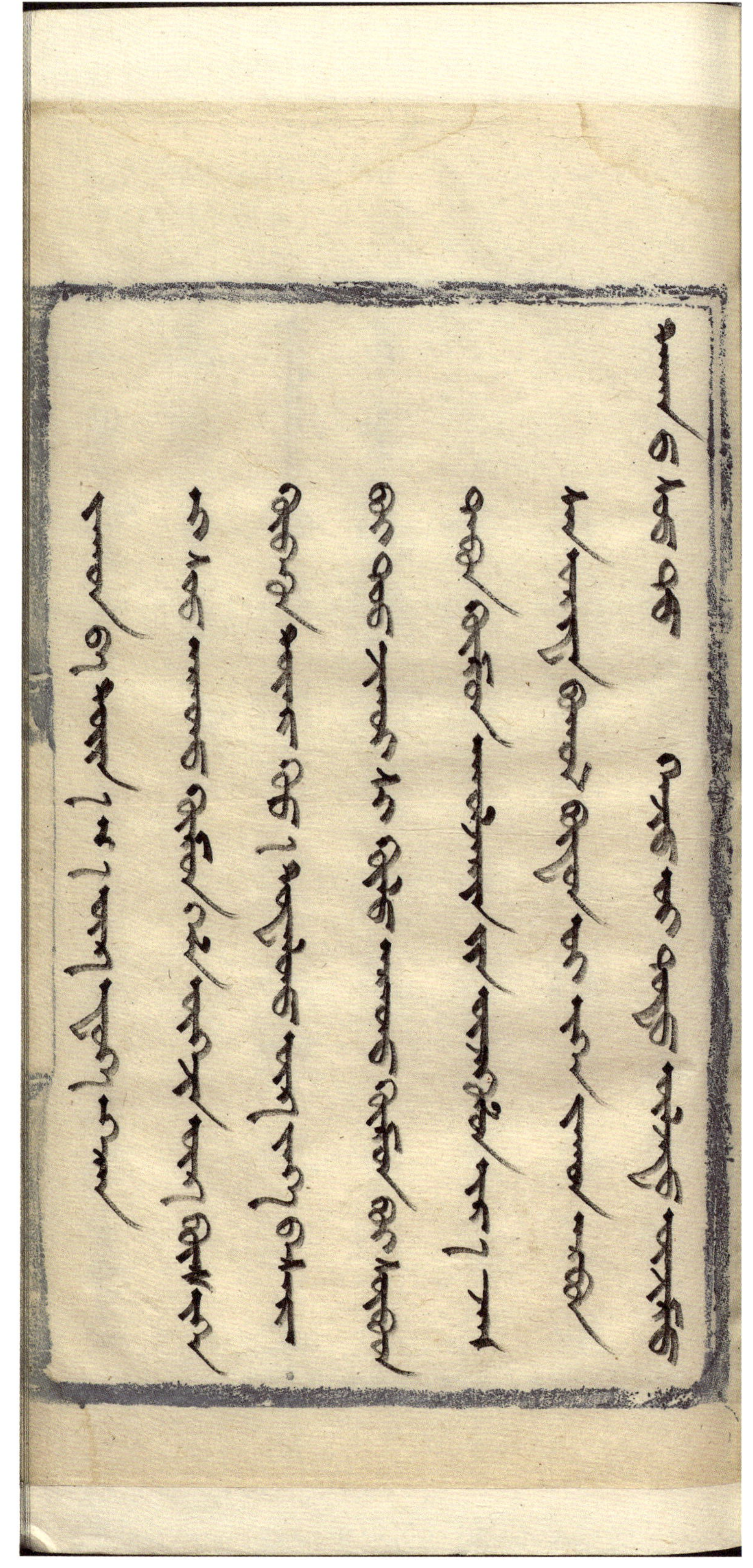

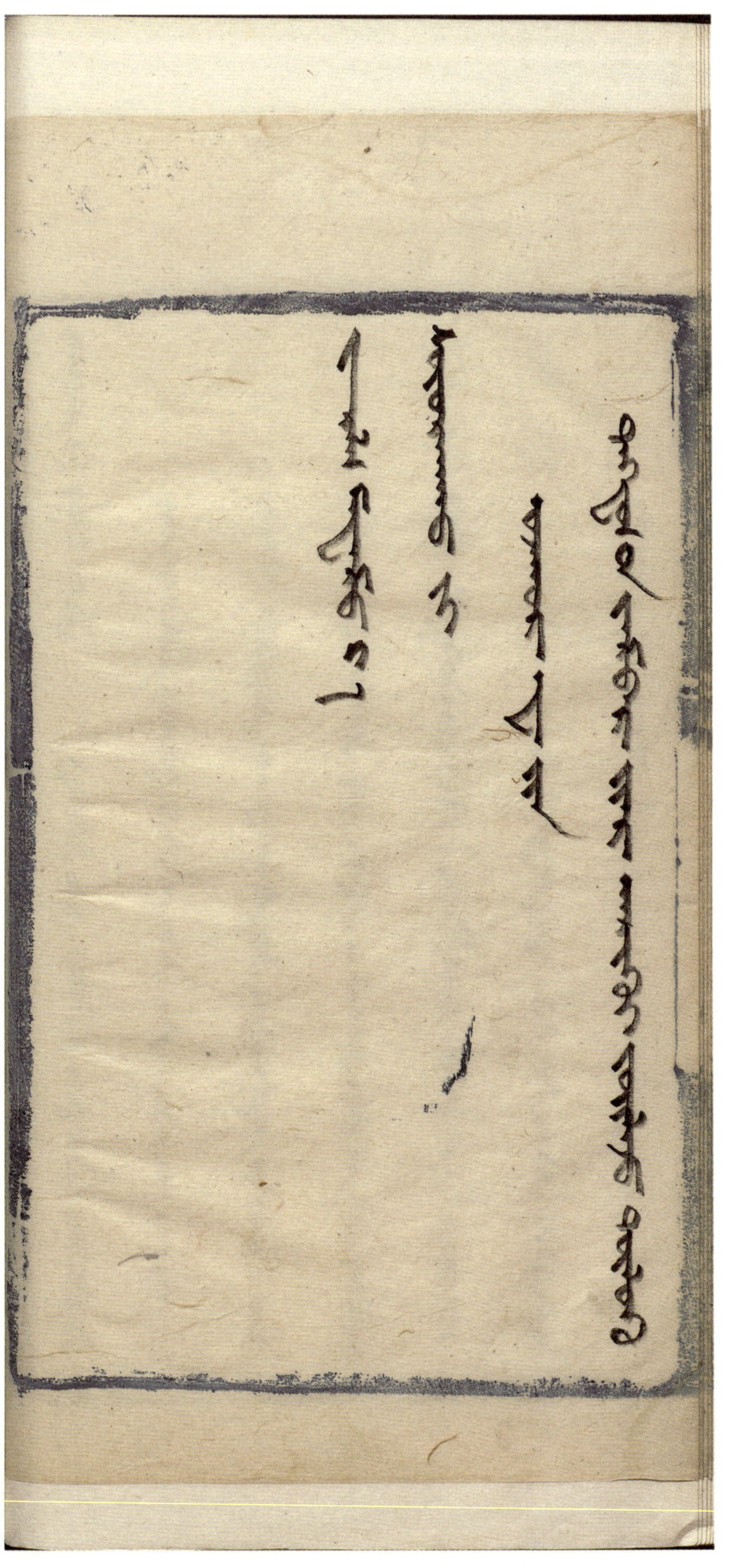

皇帝洪福前　童寬山衛指揮
同知帖魯格懼怕奏天順
七年十二月初三日除授
前職奴婢出氣力年遠了
今照例討陞指揮使怎生
恩賜
聖旨知道

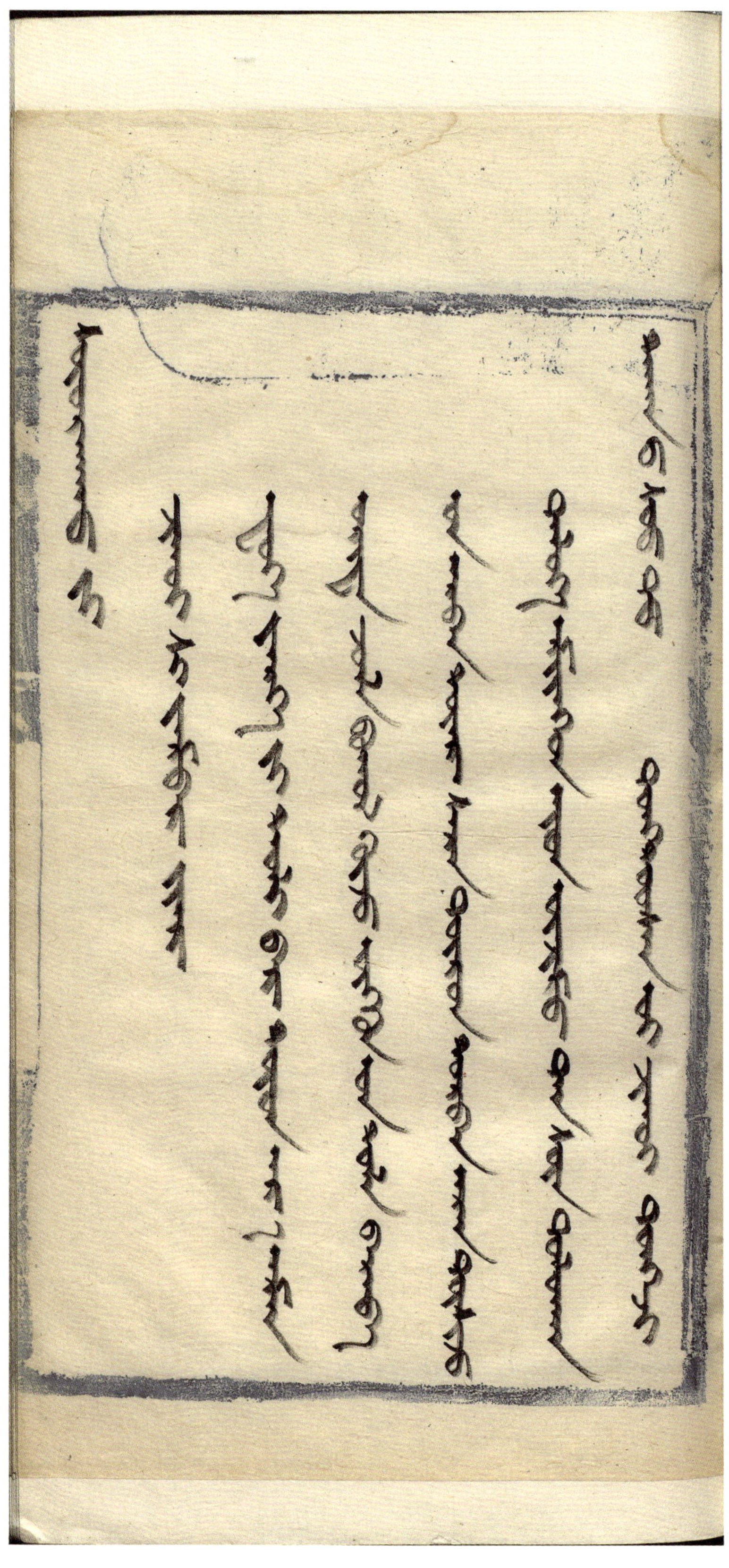

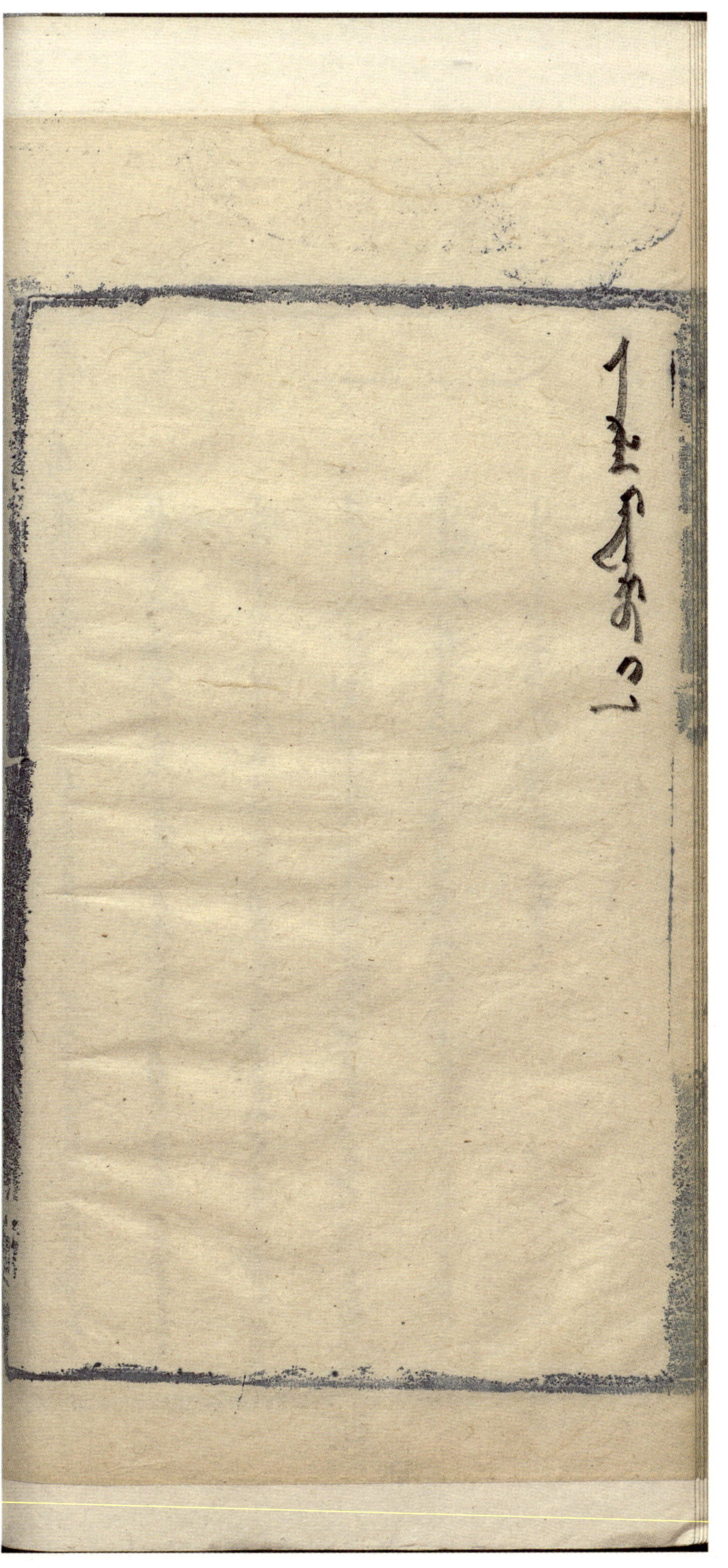

皇
帝洪福前 建州右衛都督
賞哈懼怕奏有本衛都督
僉事剌哈成化十四年十
月初三日除授前職弘治
五年十二月十二日故了
令保他男老察襲他父都
督僉事便益怎生

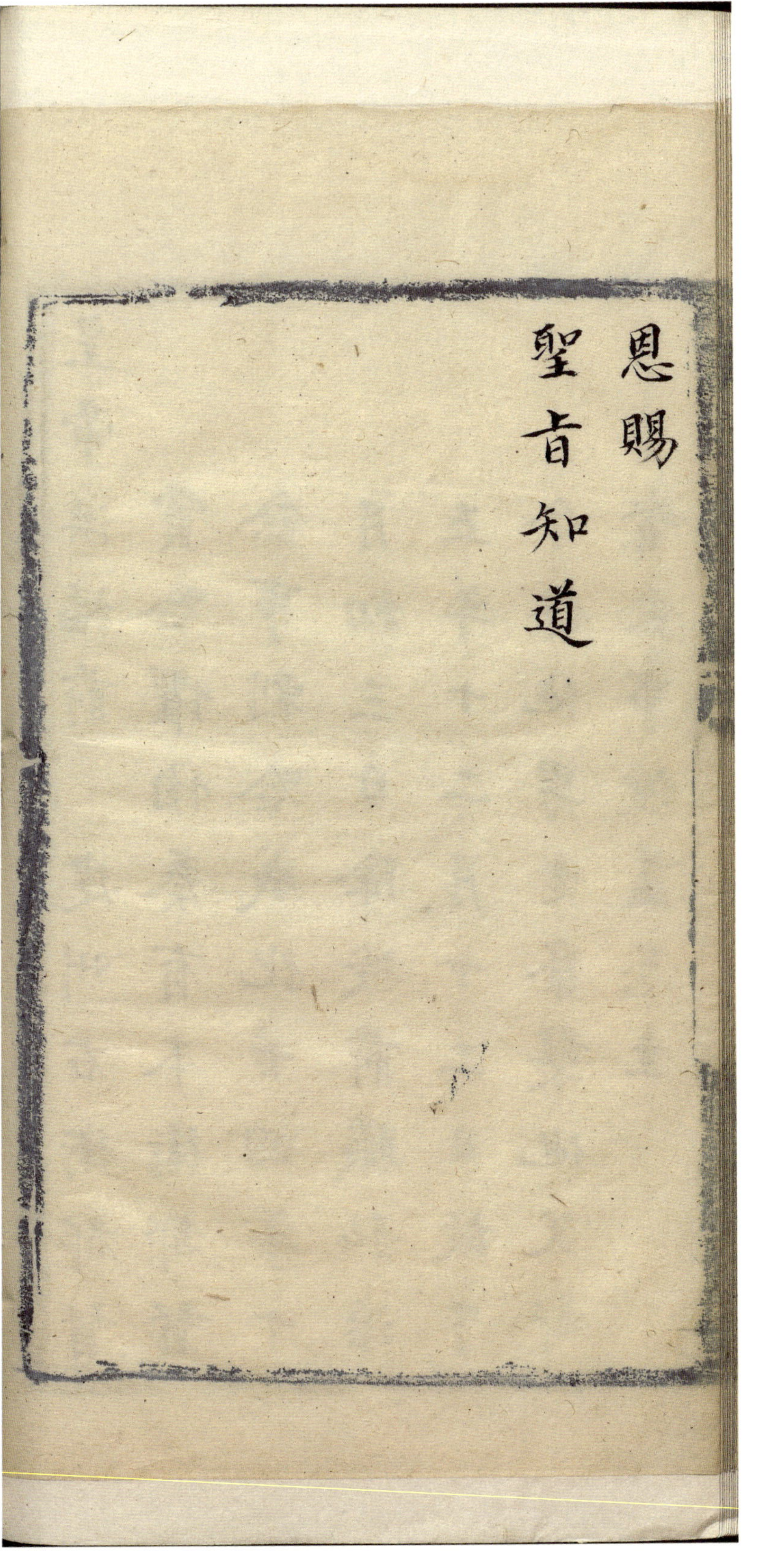
恩賜
聖旨知道

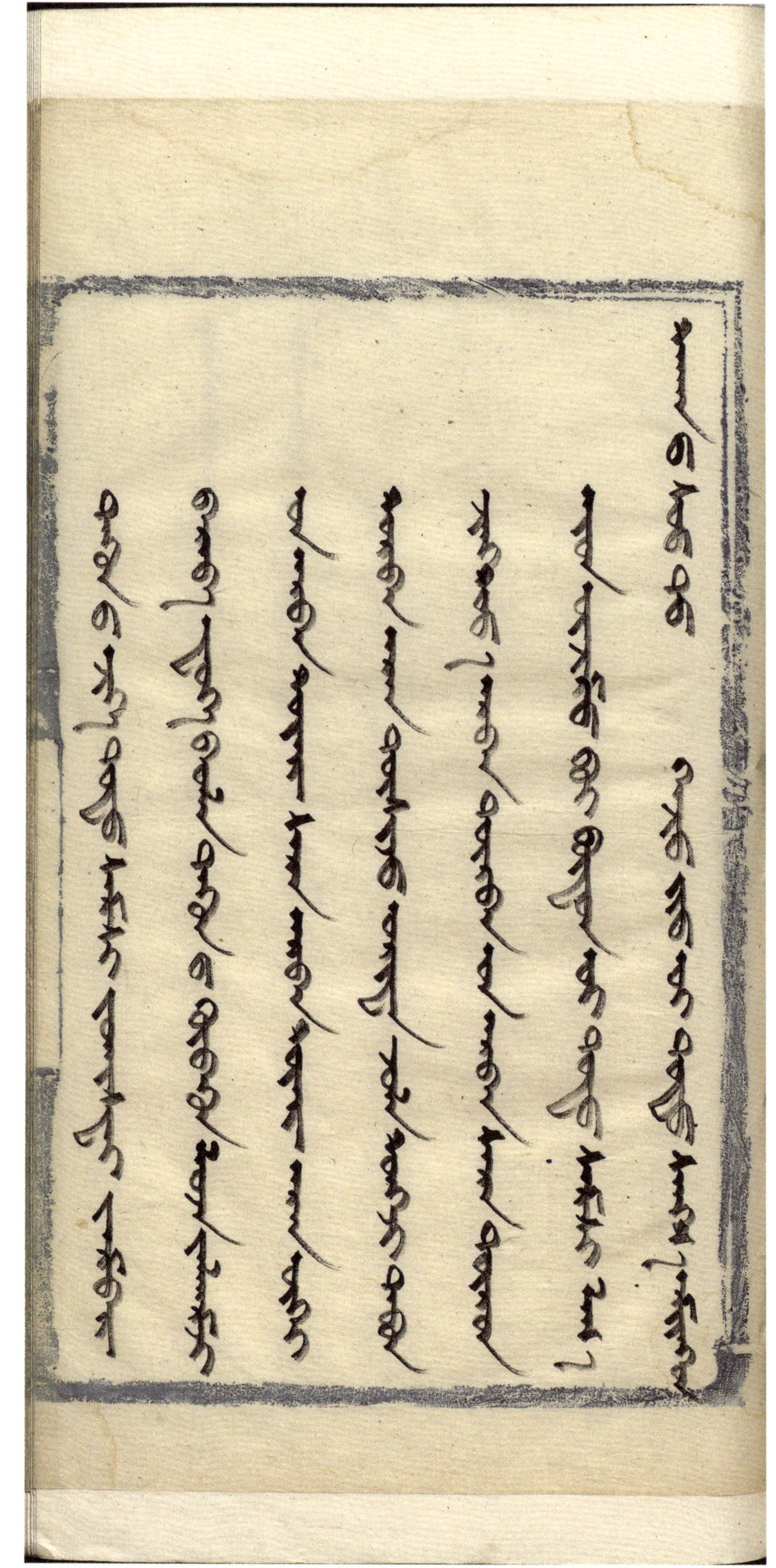

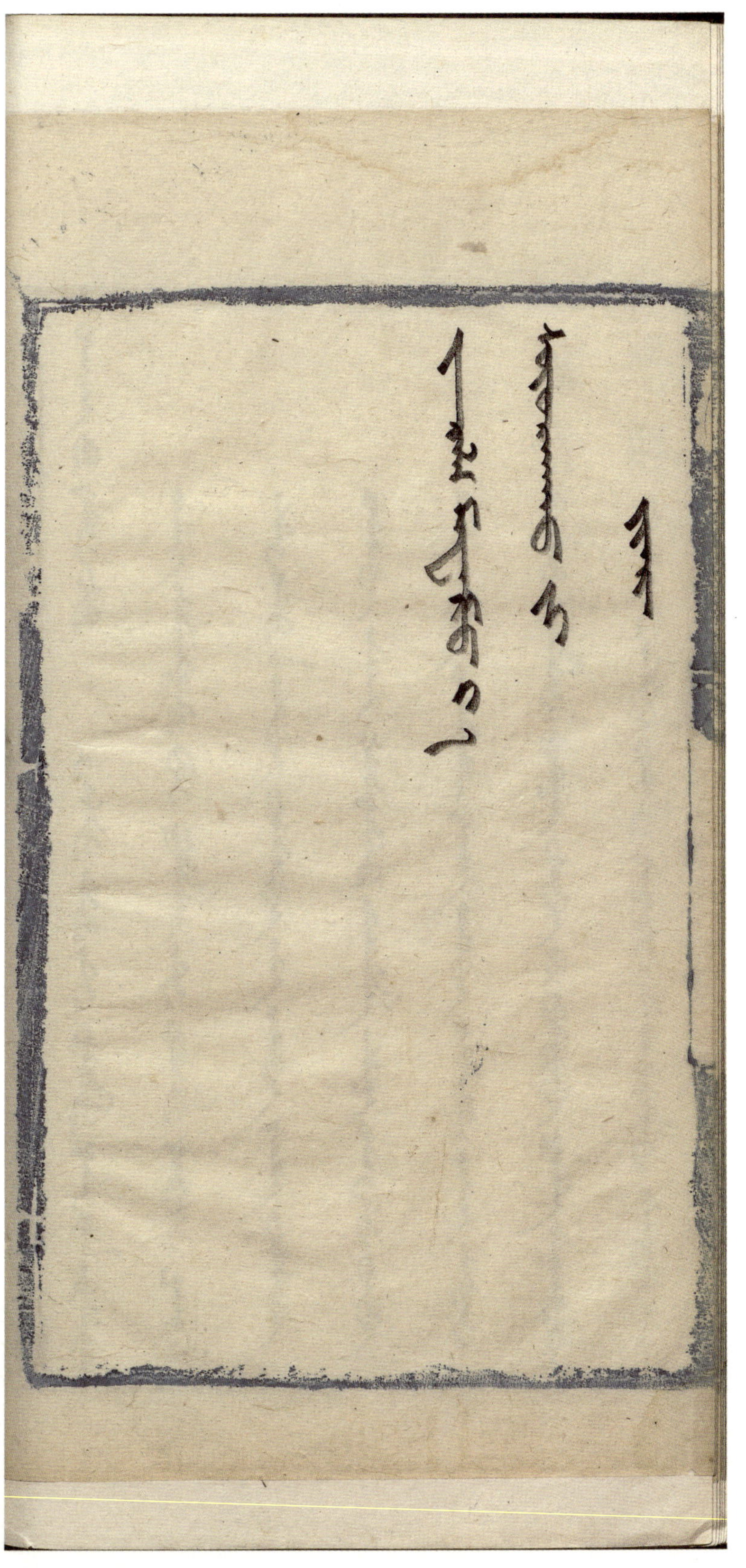

皇
帝洪福前　建州左衛都督
脫羅㩇怕奏天順八年正
月十八日除授馬木敦做
都指揮成化元年搶去邊
上十九人馬十匹甲八副
將這馬木敦送到廣寧城
收了這馬木敦多出氣力

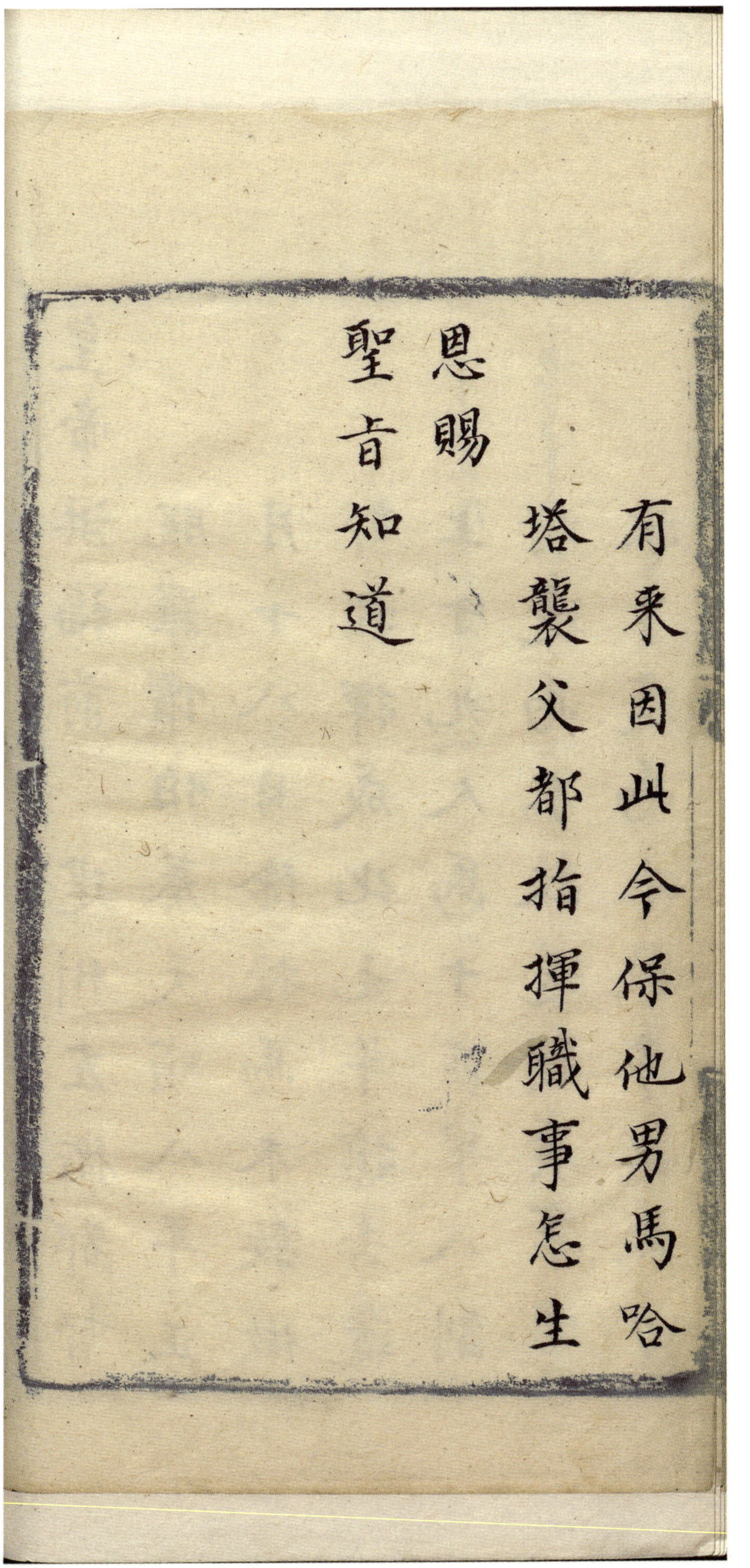
有来因此令保他男馬哈
塔襲父都指揮職事怎生
恩賜
聖旨知道

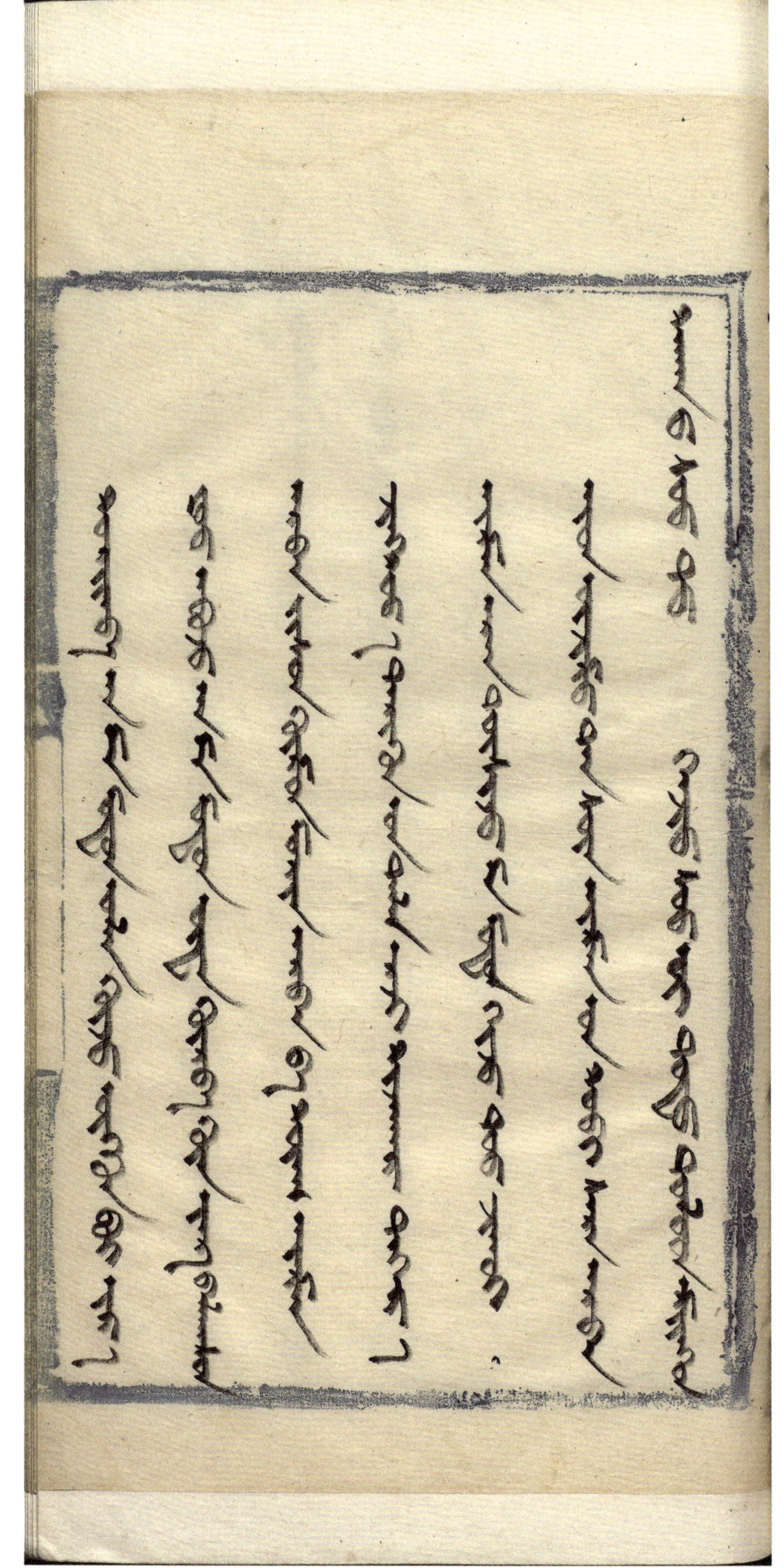

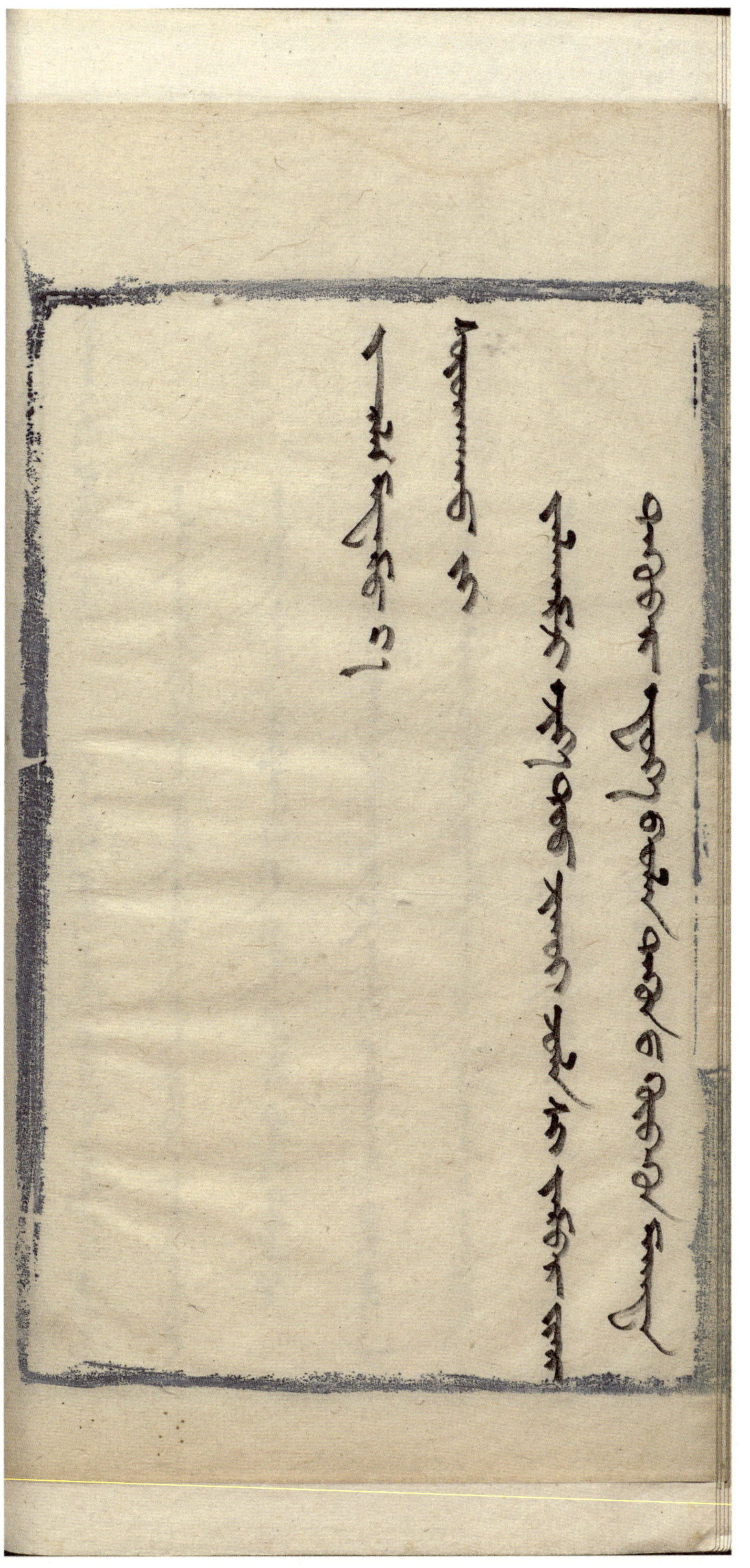

皇帝洪福前　阿者迷河衛都
督只克懼怕奏有都督答
吉祿剌哈都蒙
朝廷賜與大帽金帶有來今
奴婢照例奏討大帽金帶
怎生
恩賜

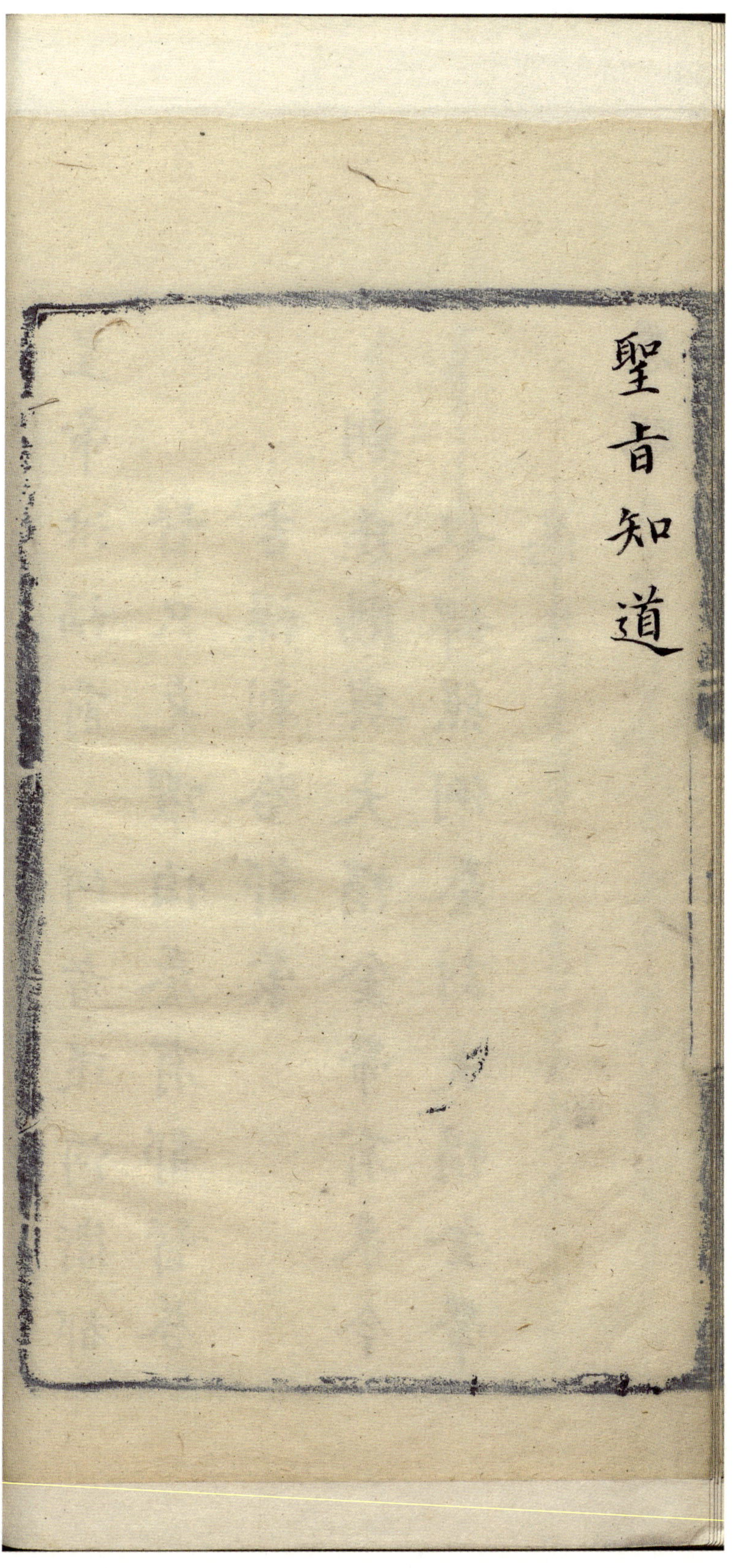
聖旨知道

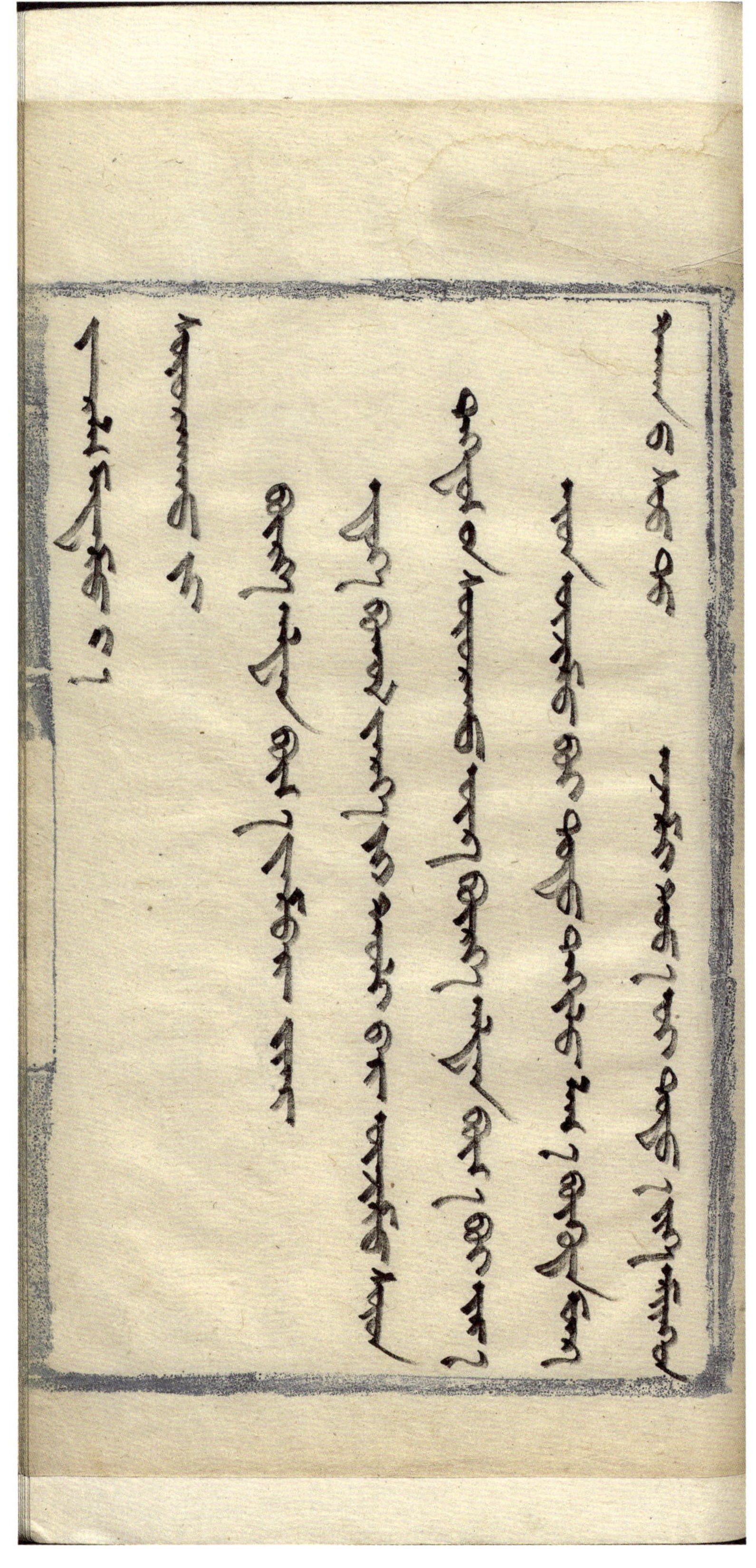

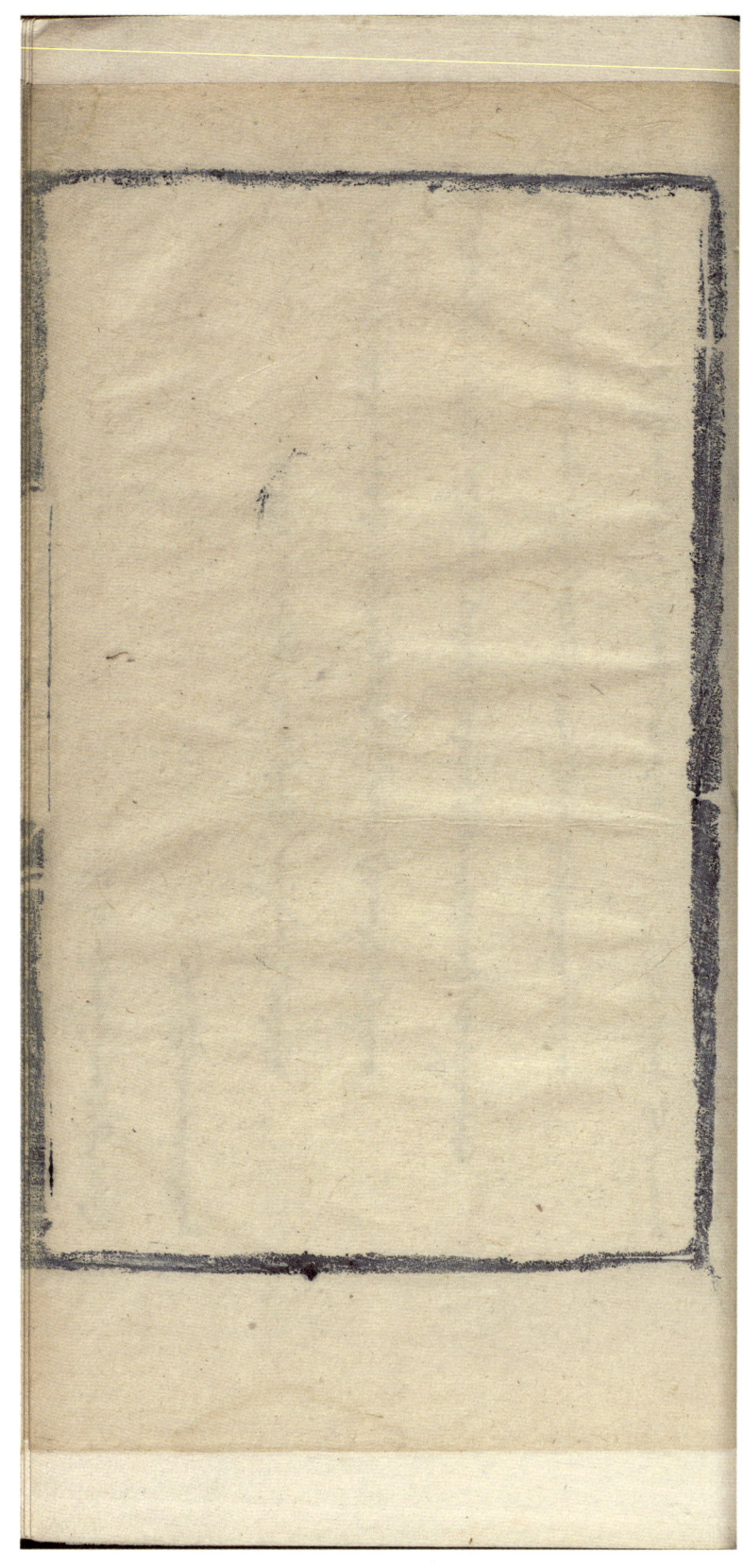

皇帝洪福前　建州右衛都督
人等保奏成化十五年三
月十六日除授阿剌哈做
都指揮僉事有陞官的
勑書被大軍馬搶了令保他
男忽塔哈襲父前職成化
十五年三月十六日除授

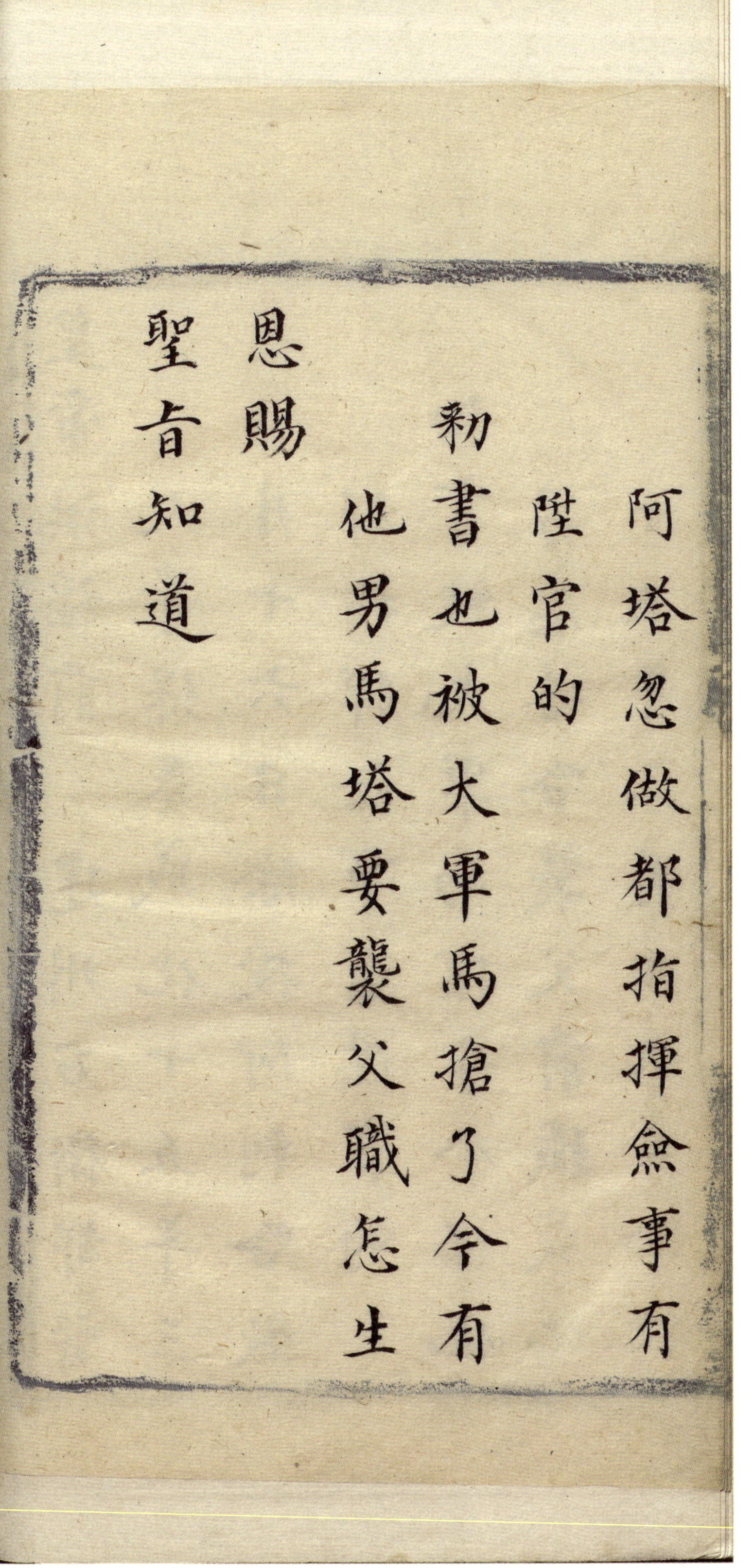
阿塔忽做都指揮僉事有
陞官的
勑書也被大軍馬搶了今有
他男馬塔要襲父職怎生
恩賜
聖旨知道

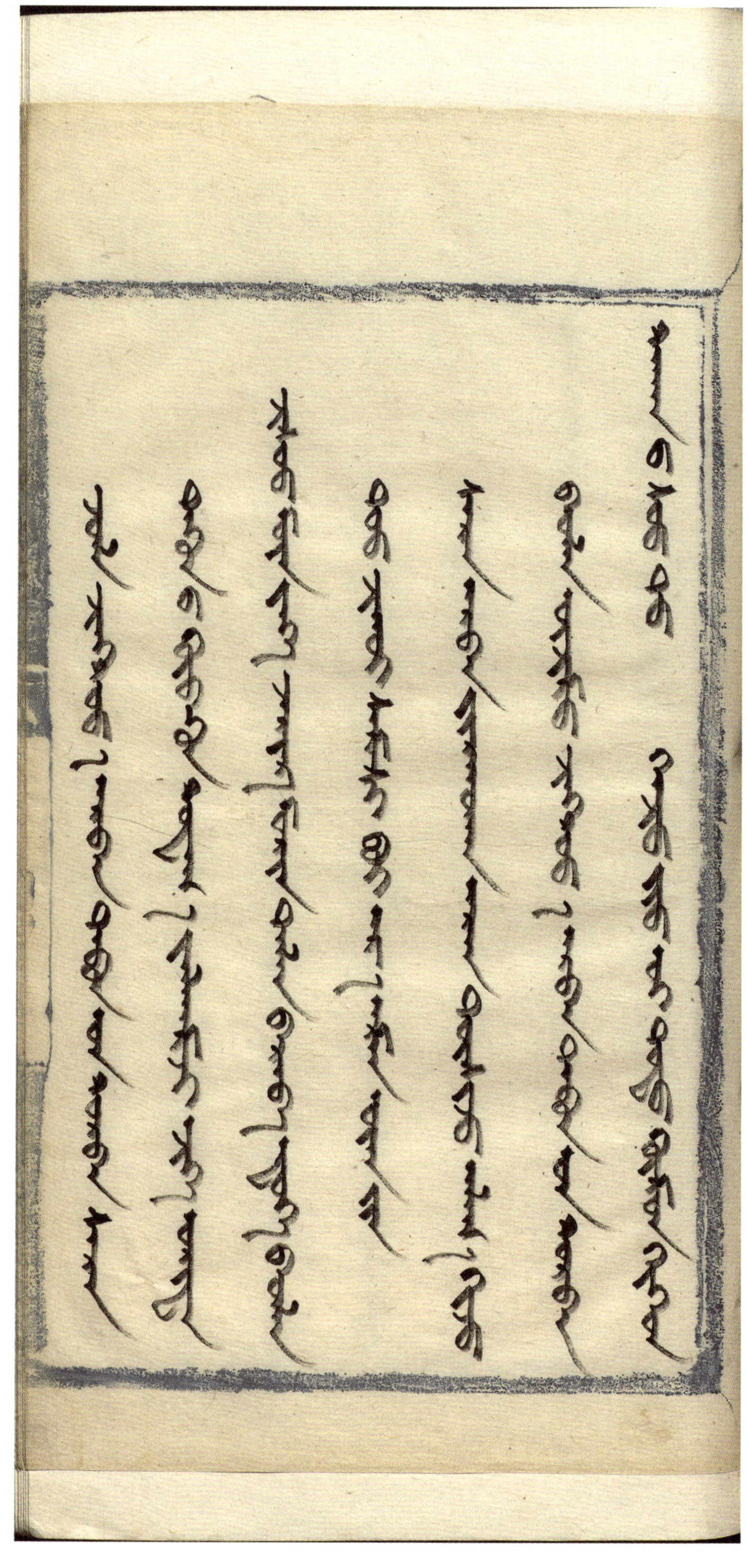

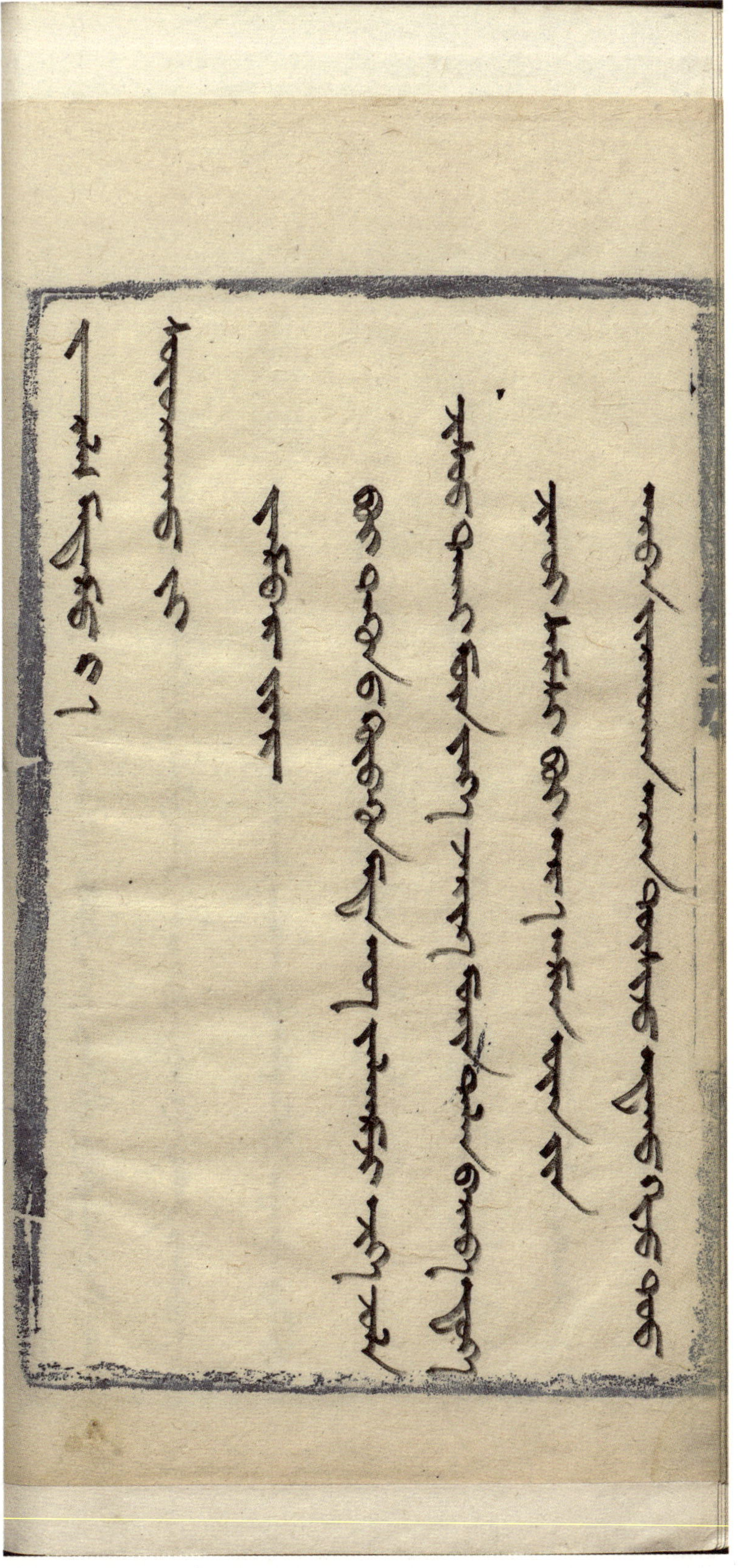

皇帝洪福前
乜者前衛都督
卜哈懼怕奏有本衛都督
脫里景泰元年十月十一
日除授前職誠心出氣力
行間後天順二年被迤北
達子做賊將這都督脫里
搶去了有他男乜哈禿天

順三年進貢時襲了他父
都督僉事職事出氣力行
間故了今有他男納哈出
襲父都督僉事怎生

恩賜

聖旨知道

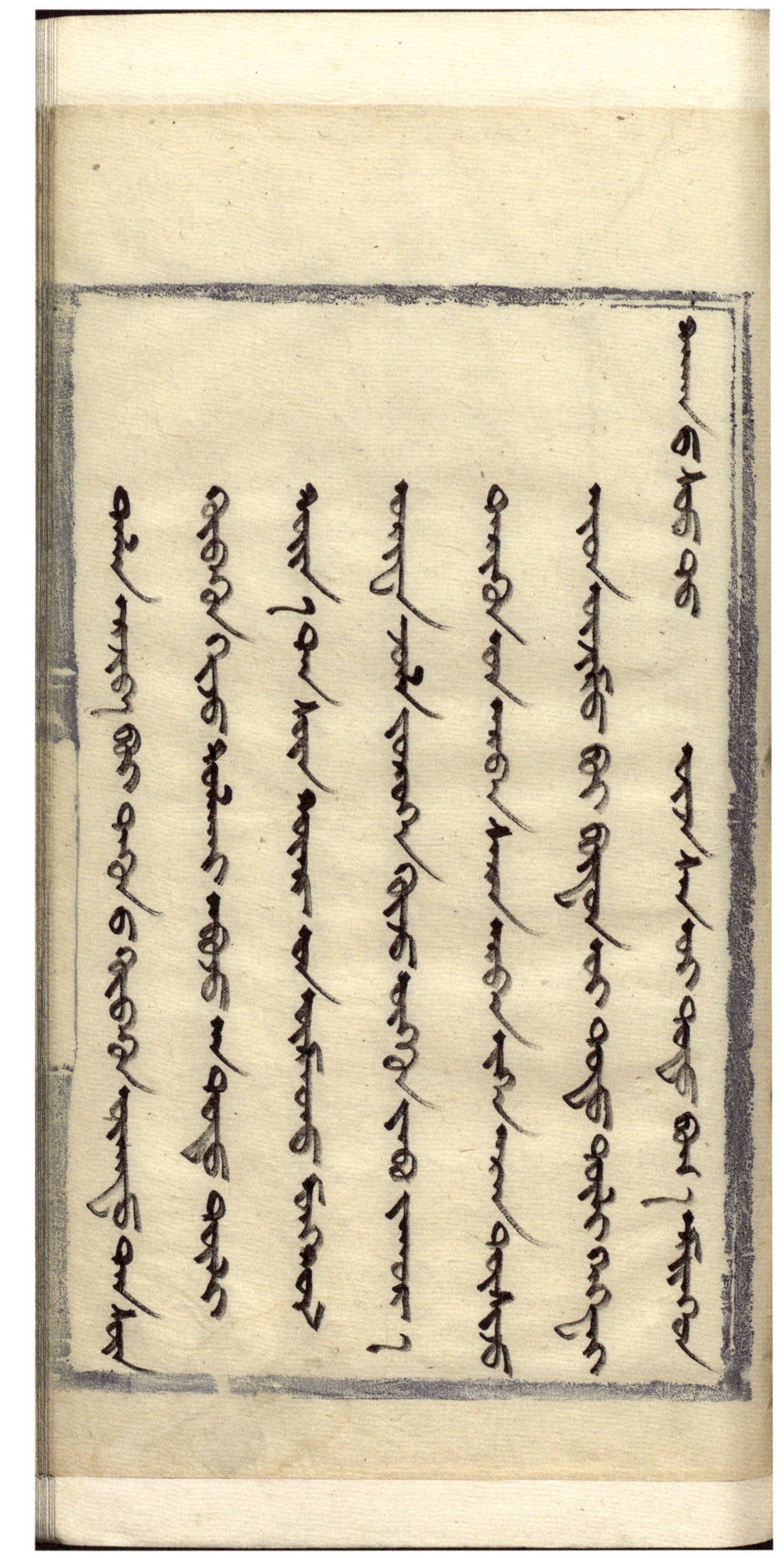

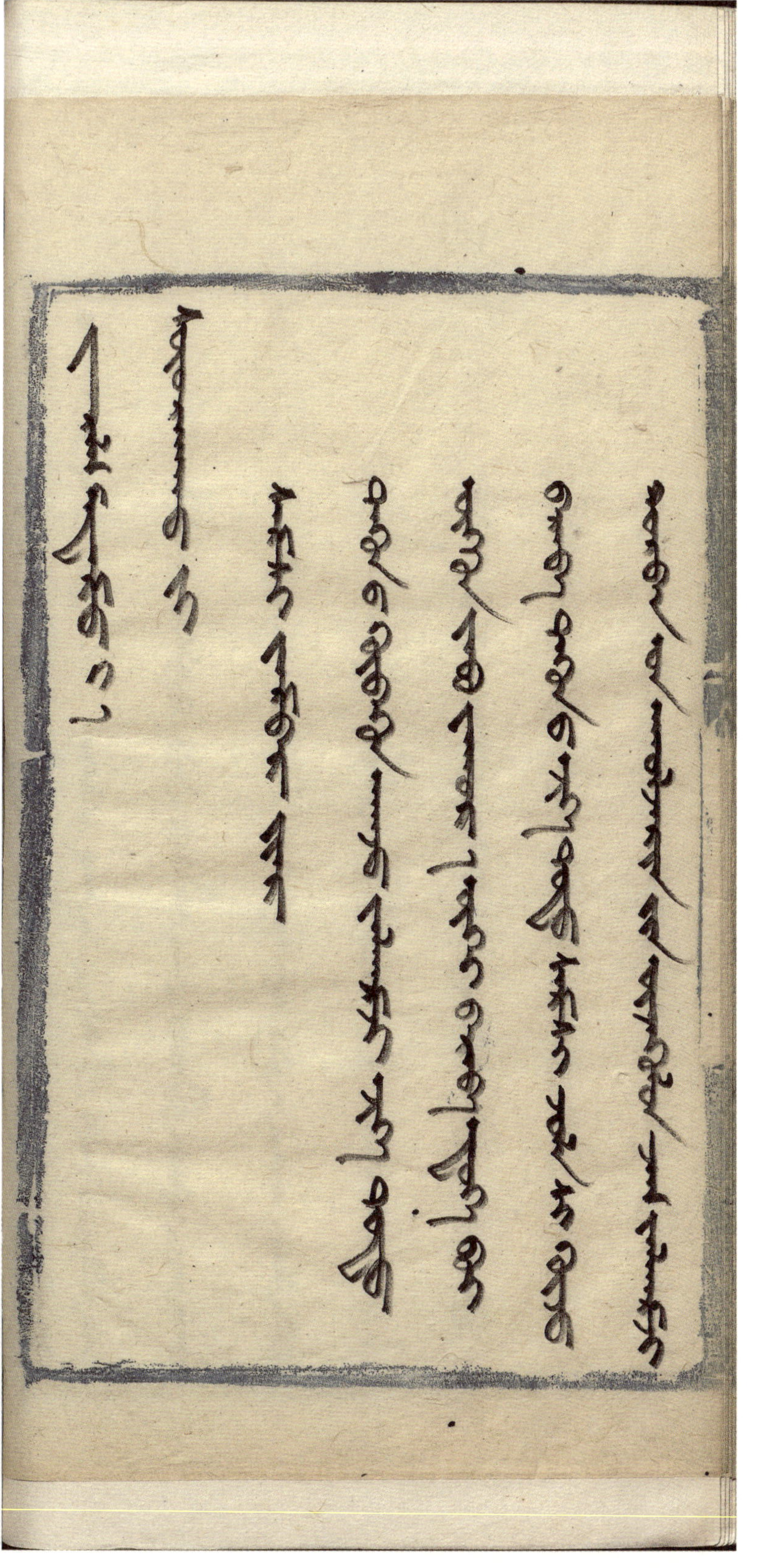

皇帝洪福前 兀列河衛指揮
使塔必納懼怕奏比先有
奴婢祖阿哈塔在邊多出
氣力陞了指揮使出力行
間故了後奴婢父襲了祖
職事故了天順五年四月
十二日奴婢塔必納襲了

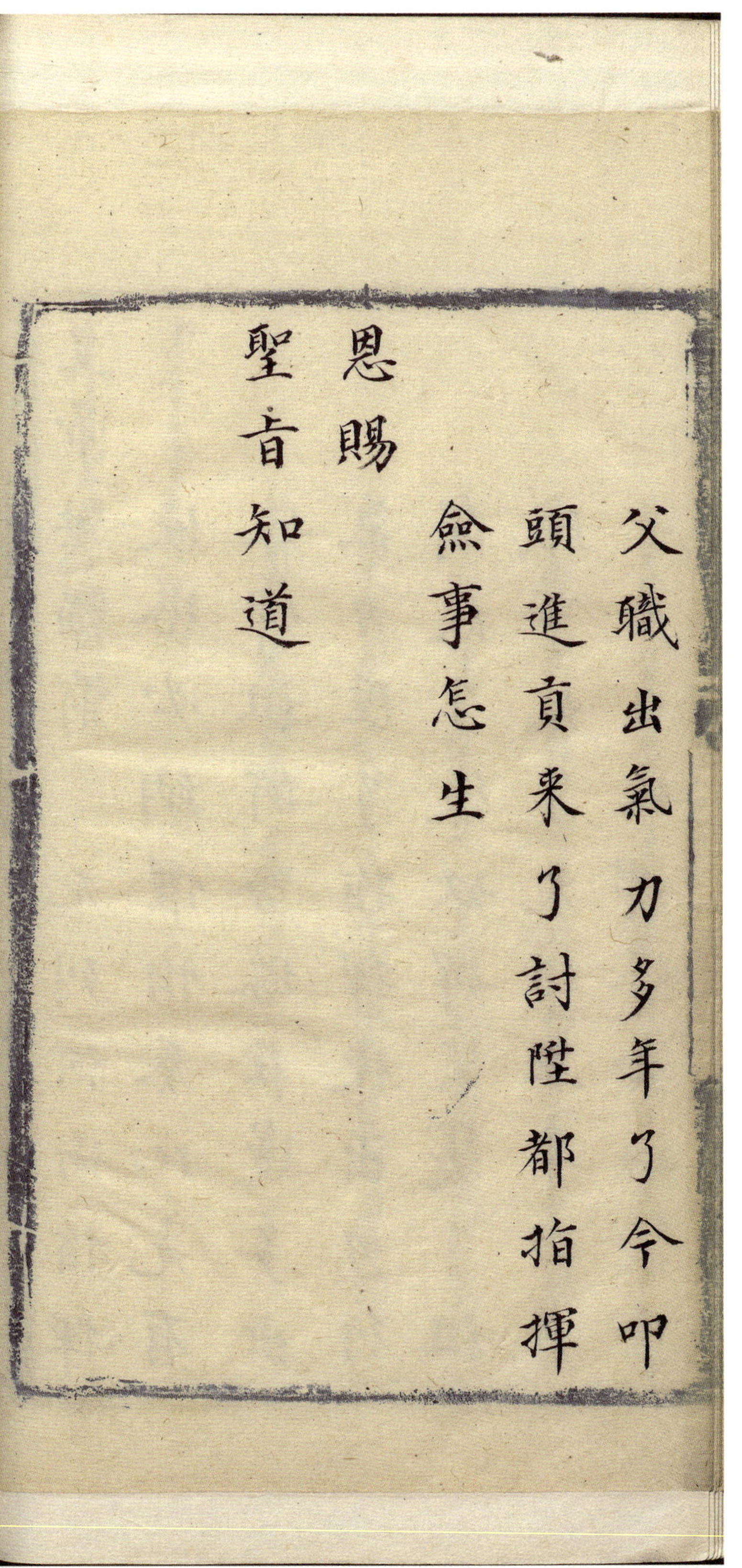

父職出氣力多年了令叩
頭進貢来了討陞都指揮
僉事怎生
恩賜
聖旨知道

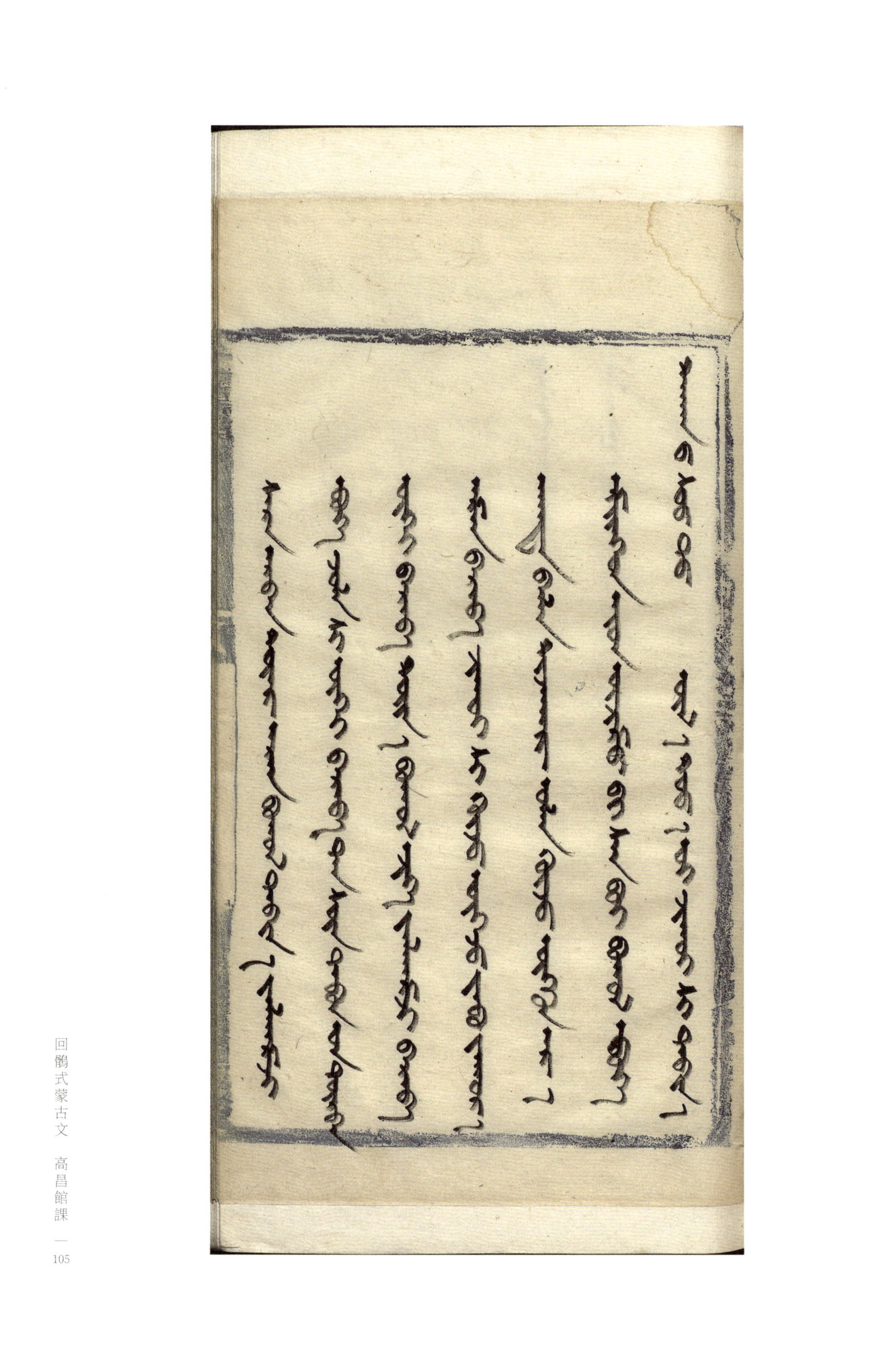

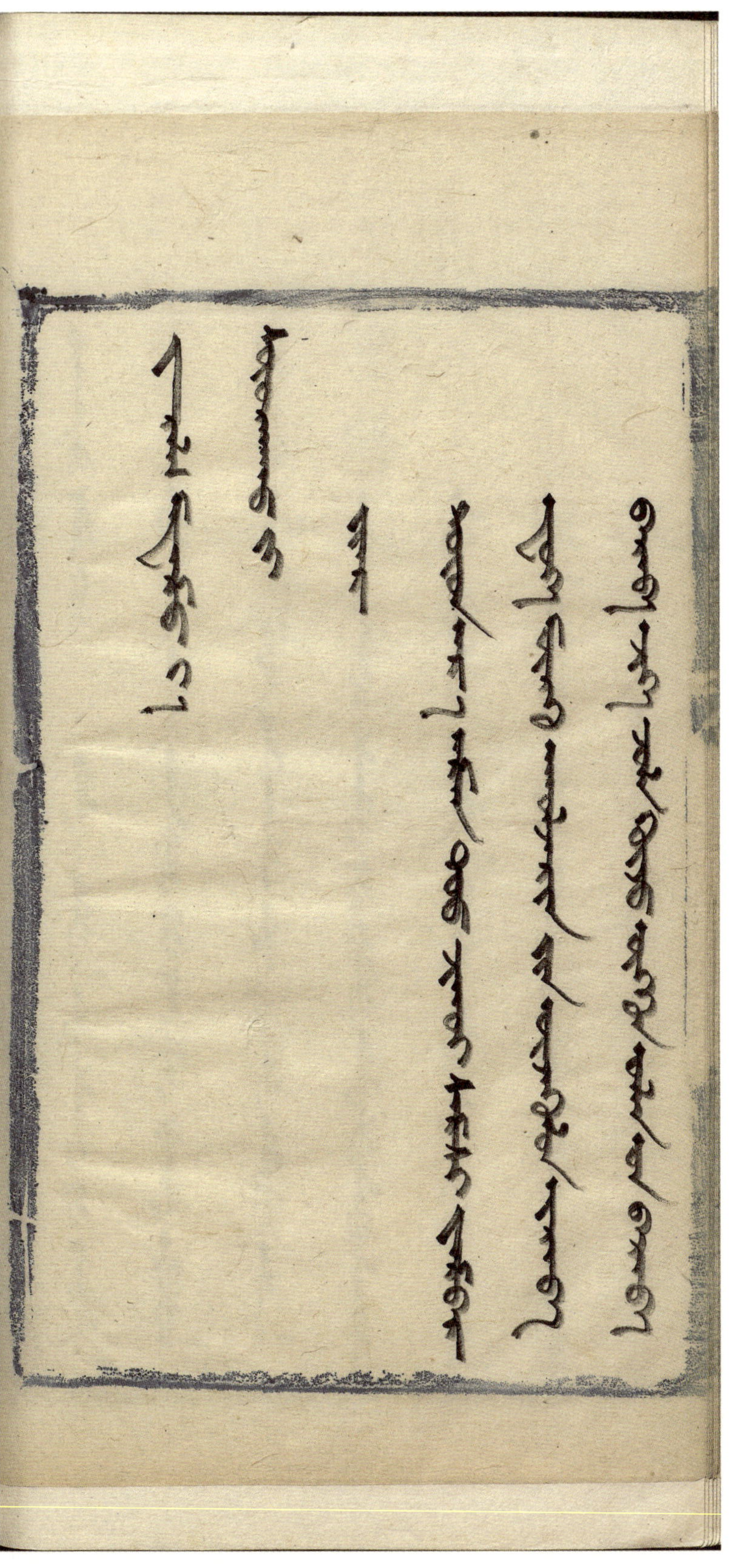

皇帝洪福前　建州右衛都督

賞哈懼怕奏成化十四年

除授猛可做都指揮同知

後被撫順所官人殺了有

陛官的

勑書失落了令保他男伯孫

襲父都指揮同知怎生

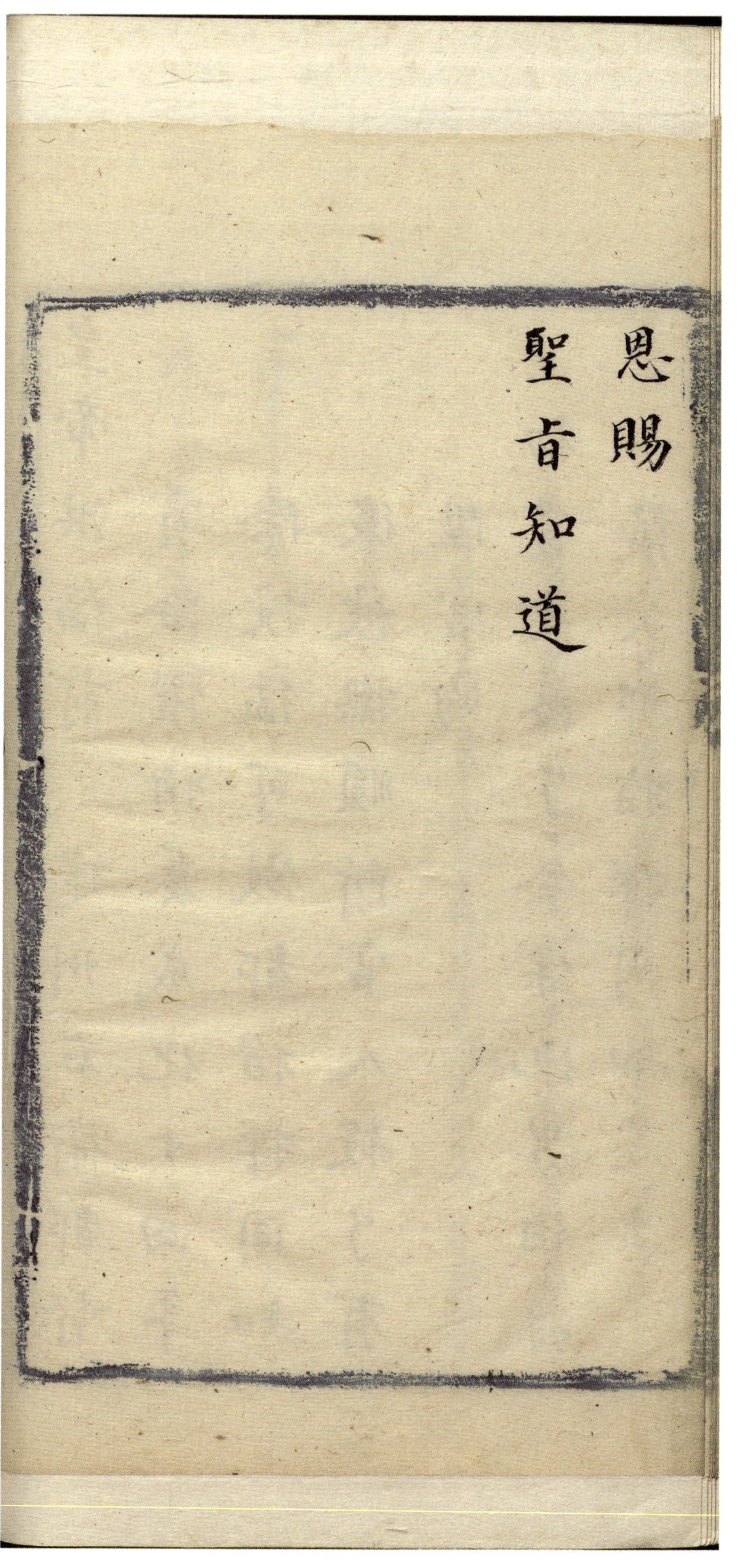
恩賜
聖旨知道

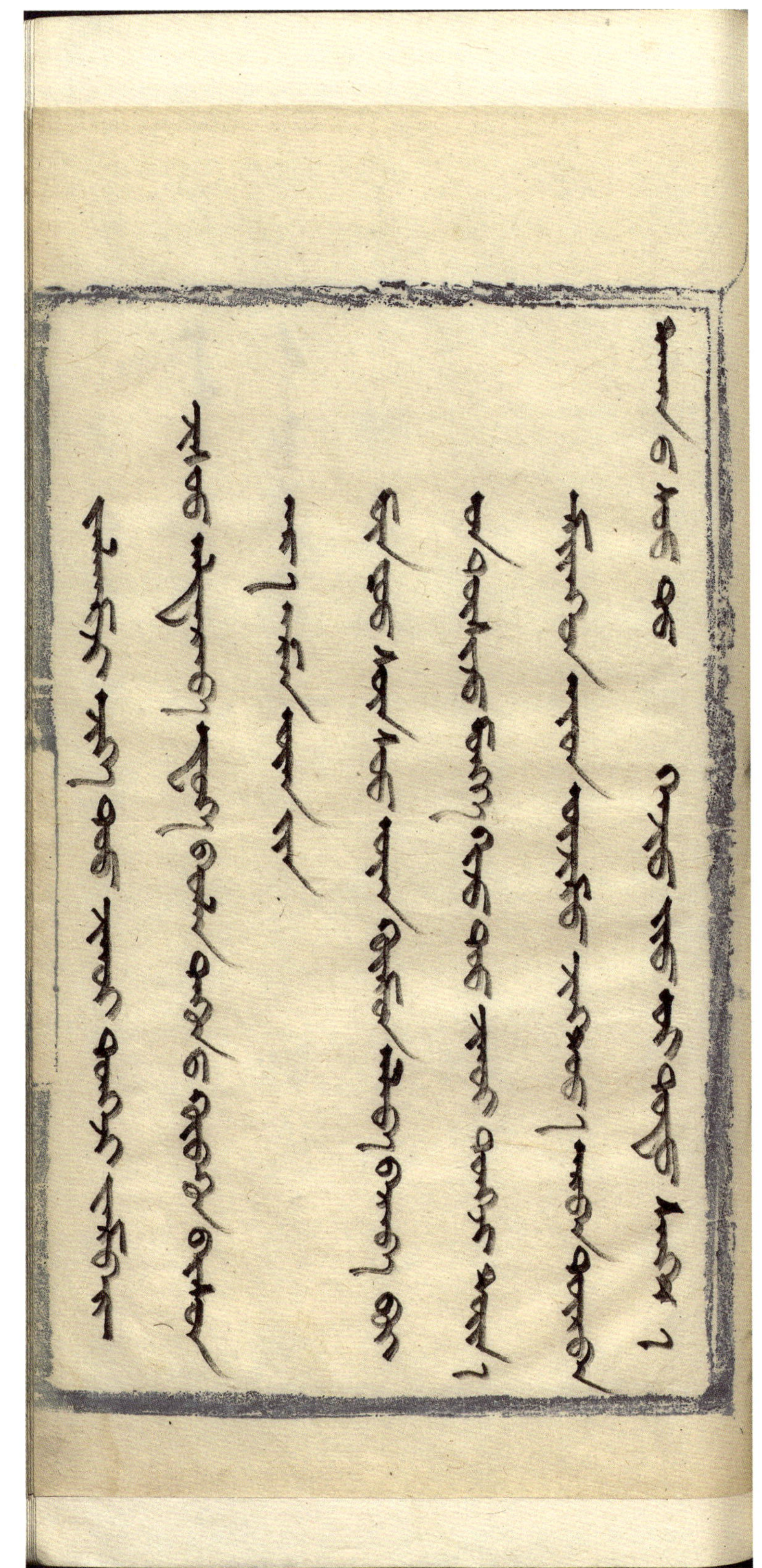

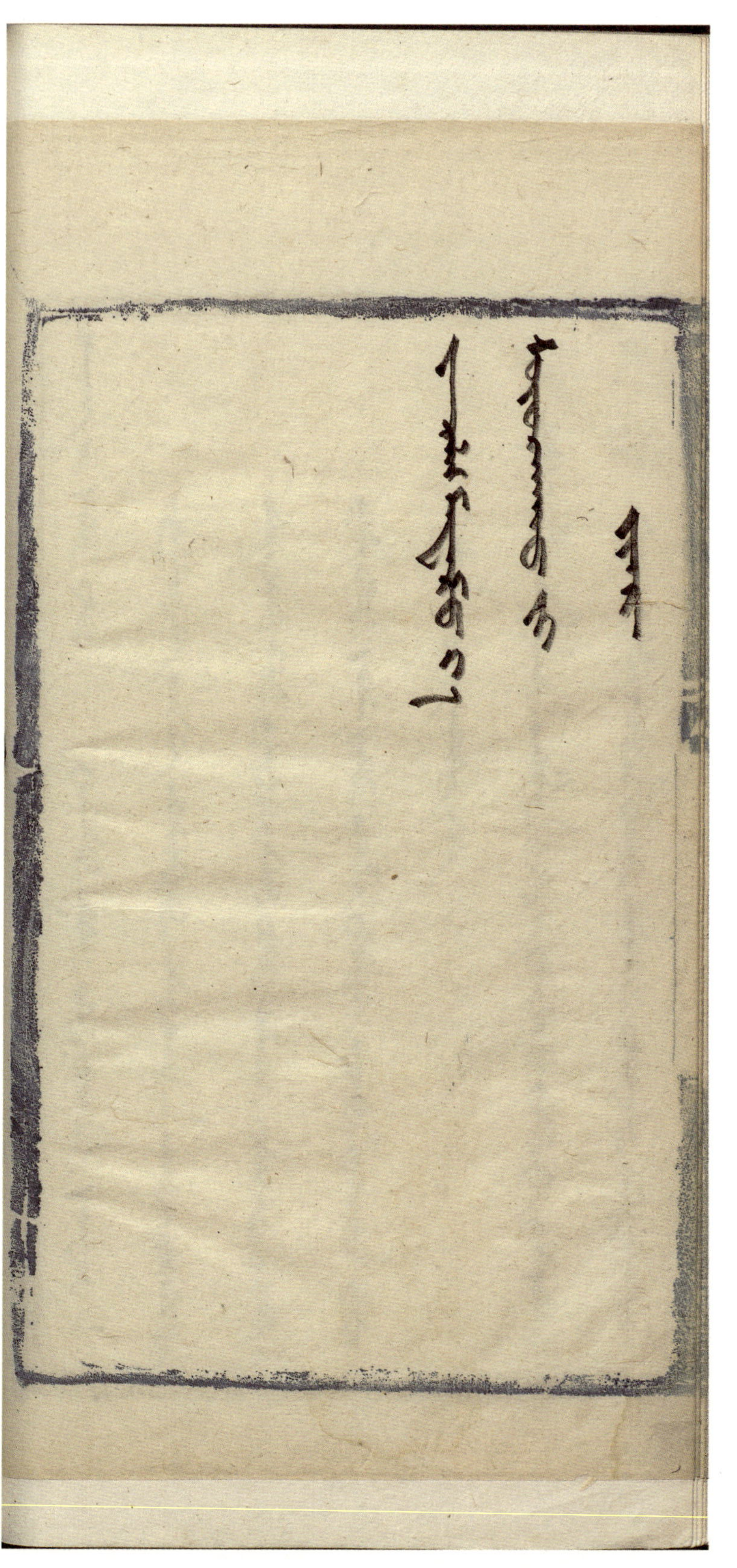

皇帝洪福前　乞者衛都指揮

僉事馬塔哈男撒禿哈奏

比先奴婢襲父職事有

勑書被歹人搶去了比先有

馬侍郎大人去招附時奴

婢隨他出氣力

主人前叩頭來了衆人都陞

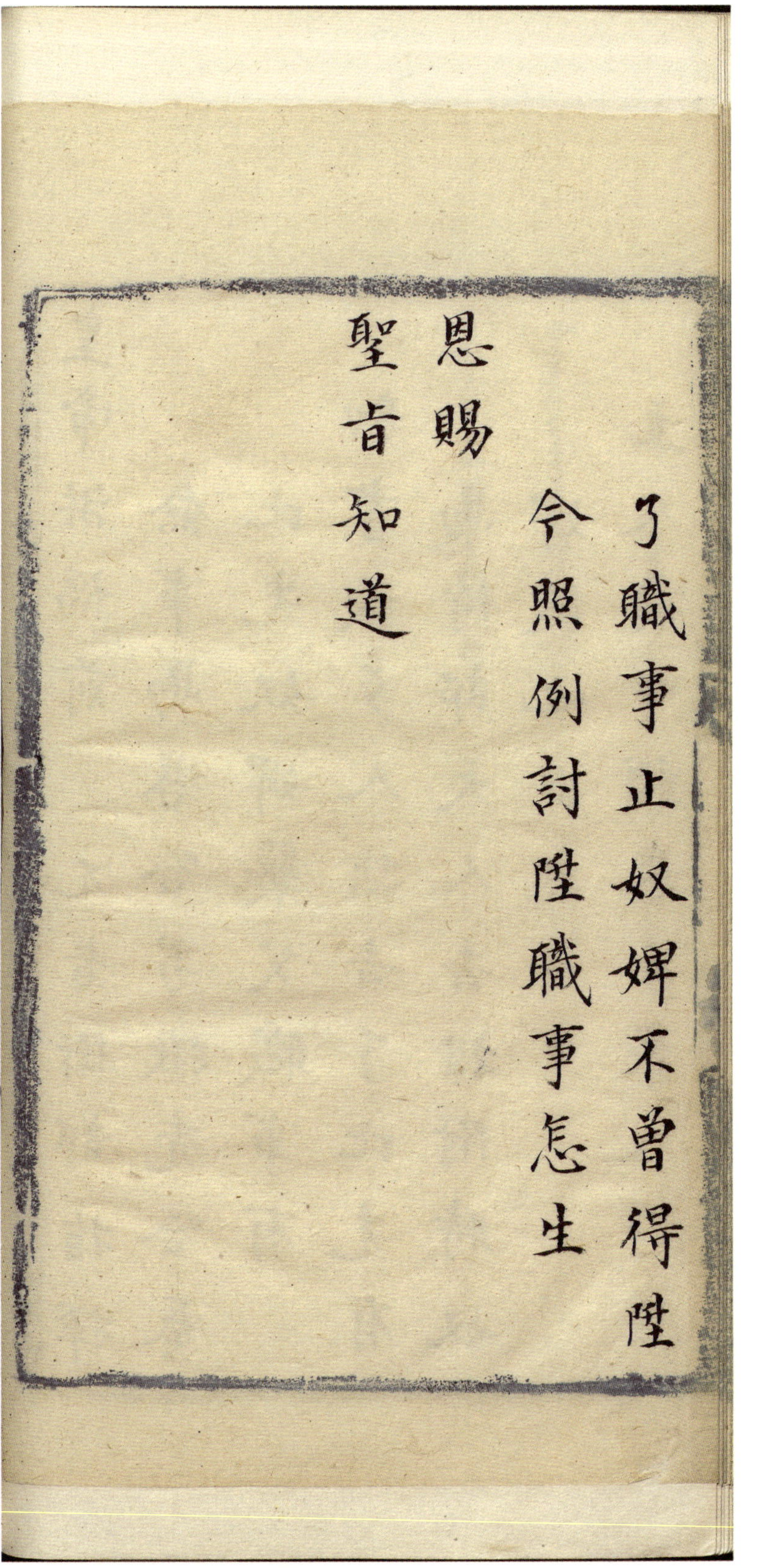

了職事止奴婢不曾得陞
令照例討陞職事怎生
恩賜
聖旨知道

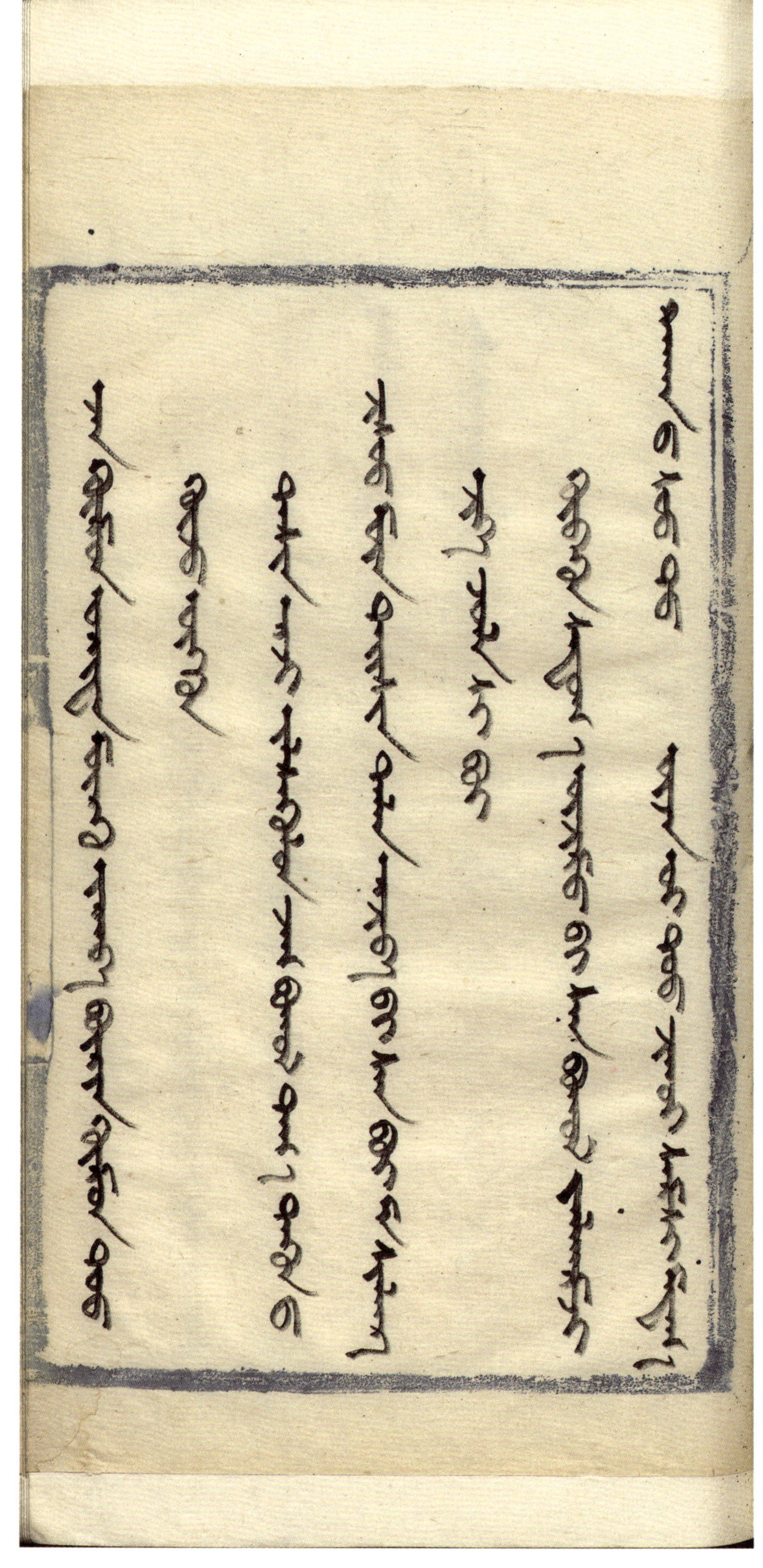

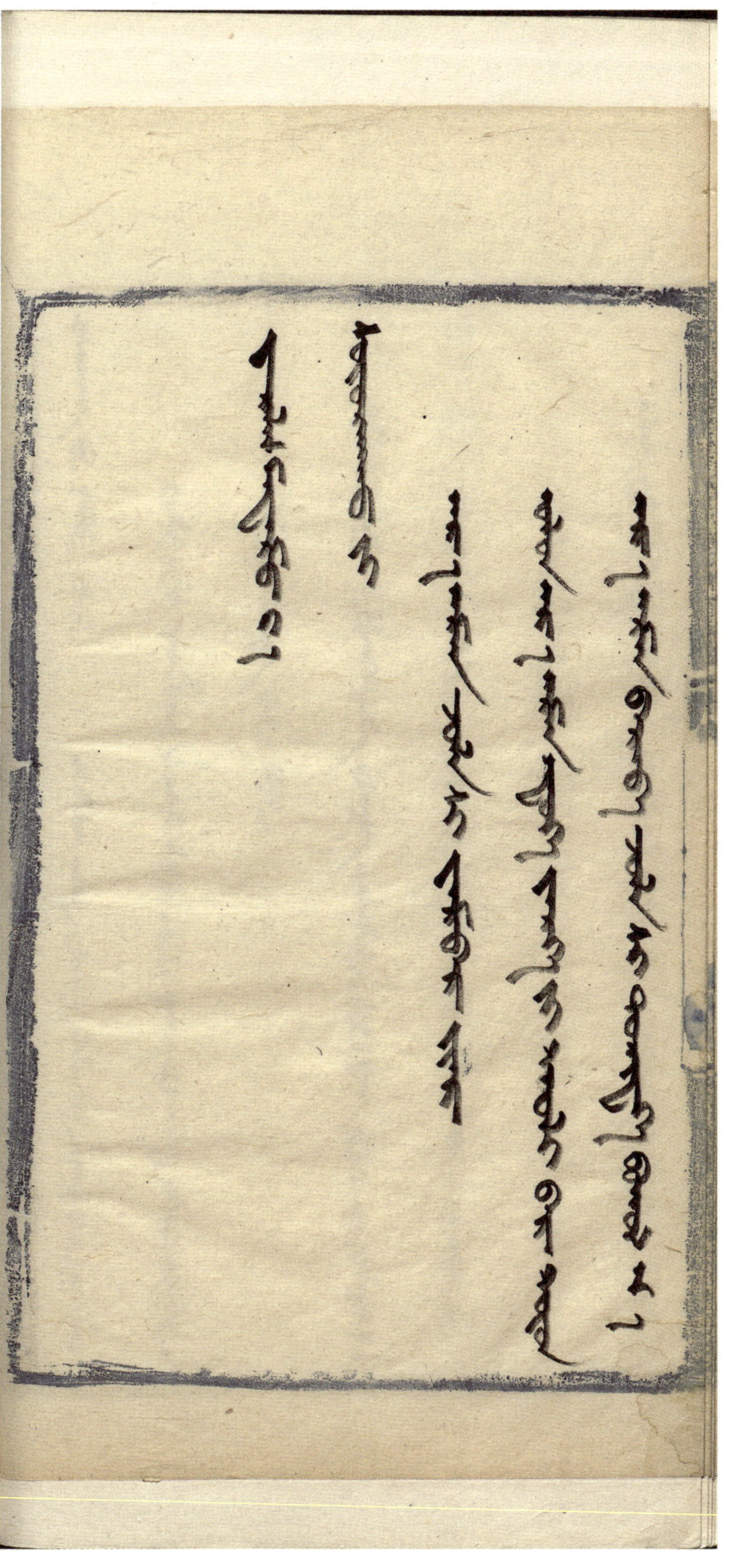

皇帝洪福前
建州衛指揮使
童撒哈懼怕奏天順六年
除授前職令進貢馬匹叩
頭来了討陞都指揮僉事
又有指揮僉事撒哈塔天
順八年襲了父職年遠了
令討陞都指揮同知又有

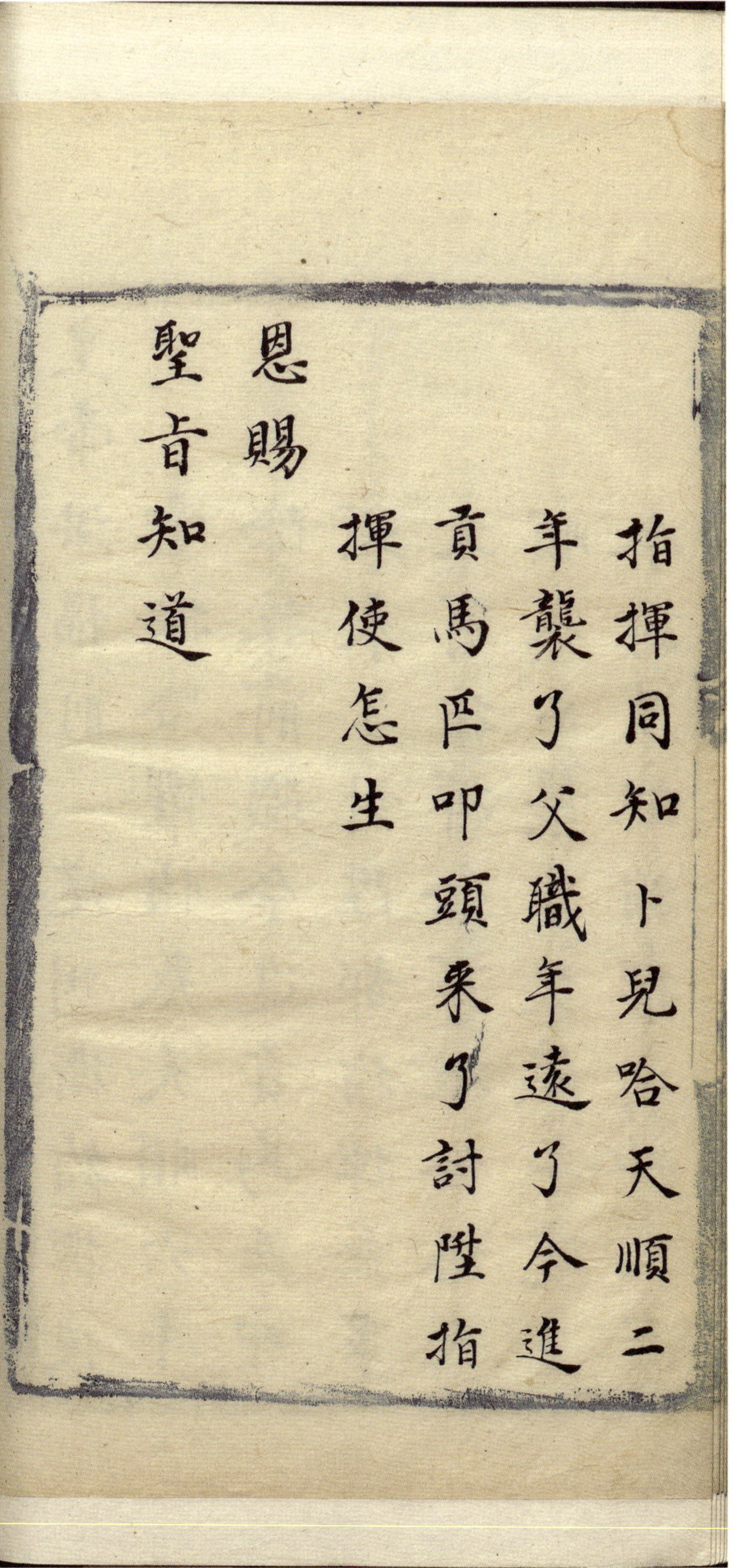

指揮同知卜兒哈天順二
年襲了父職年遠了今進
貢馬匹叩頭來了討陞指
揮使怎生
恩賜
聖旨知道

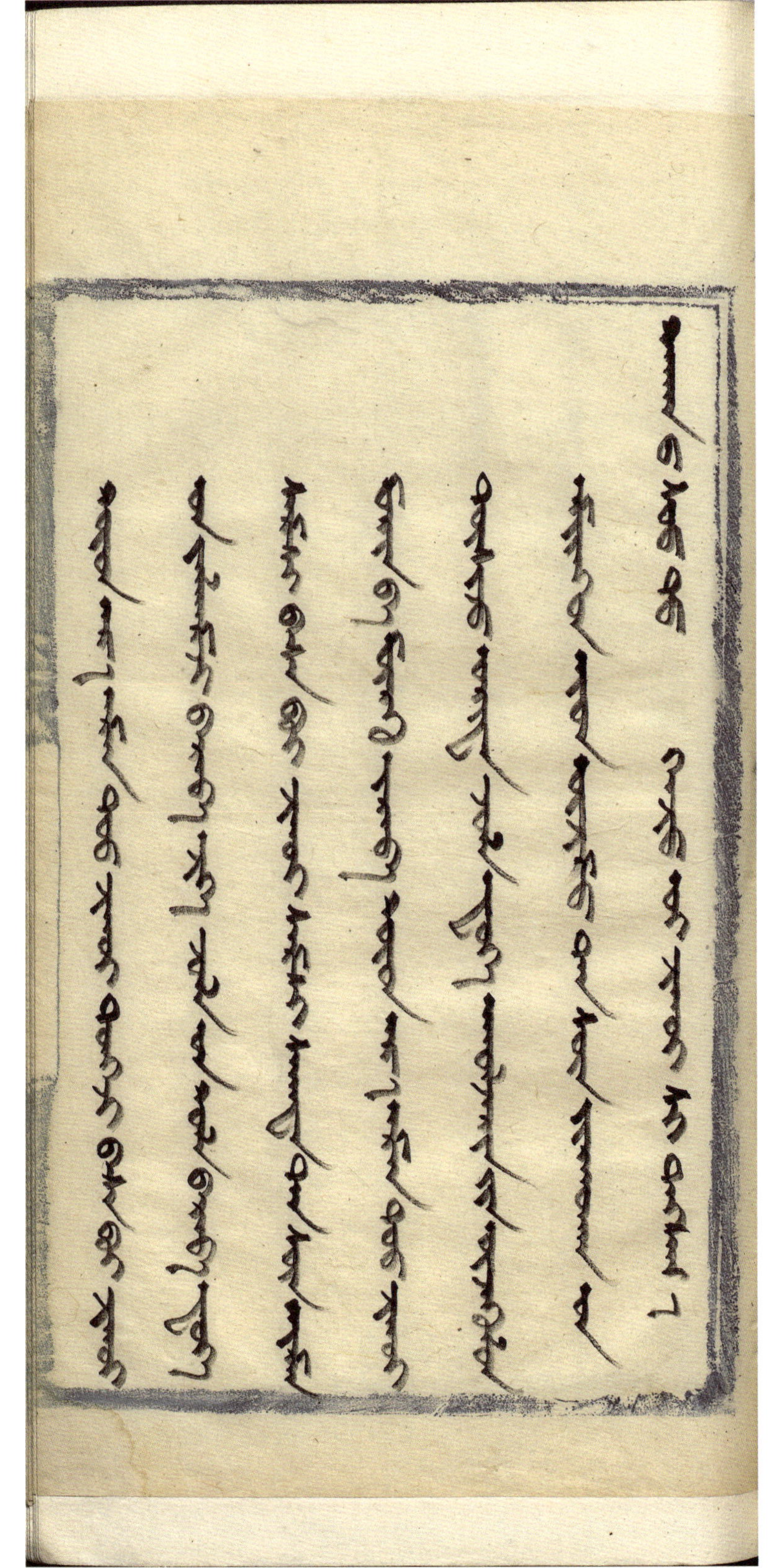

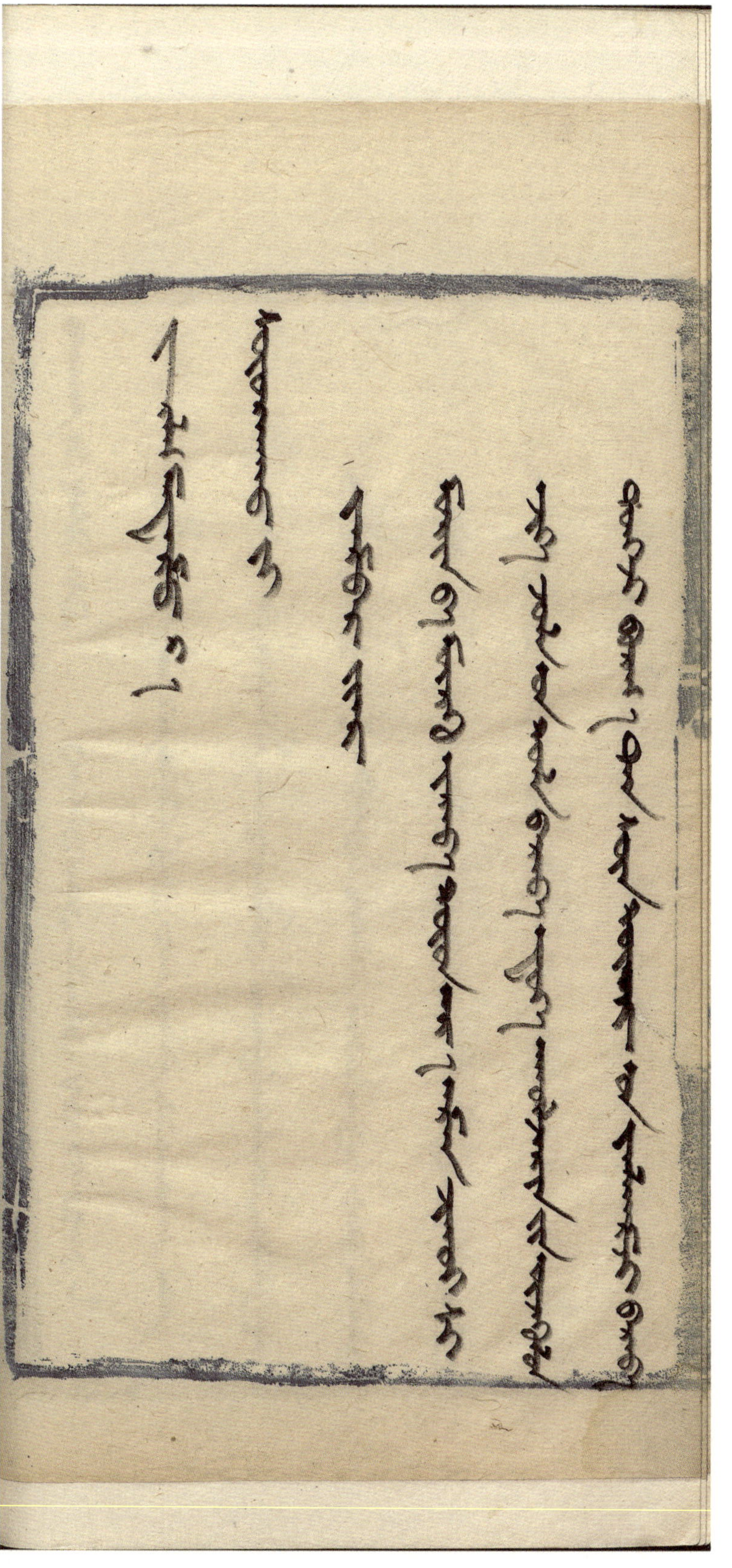

皇
帝洪福前　建州左衛都督
脫羅懼怕保奏成化四年
七月十一日除授牙速做
都指揮僉事令故了有他
男亦剌哈要襲父職又有
指揮同知馬哈木天順二
年三月十九日除授前職

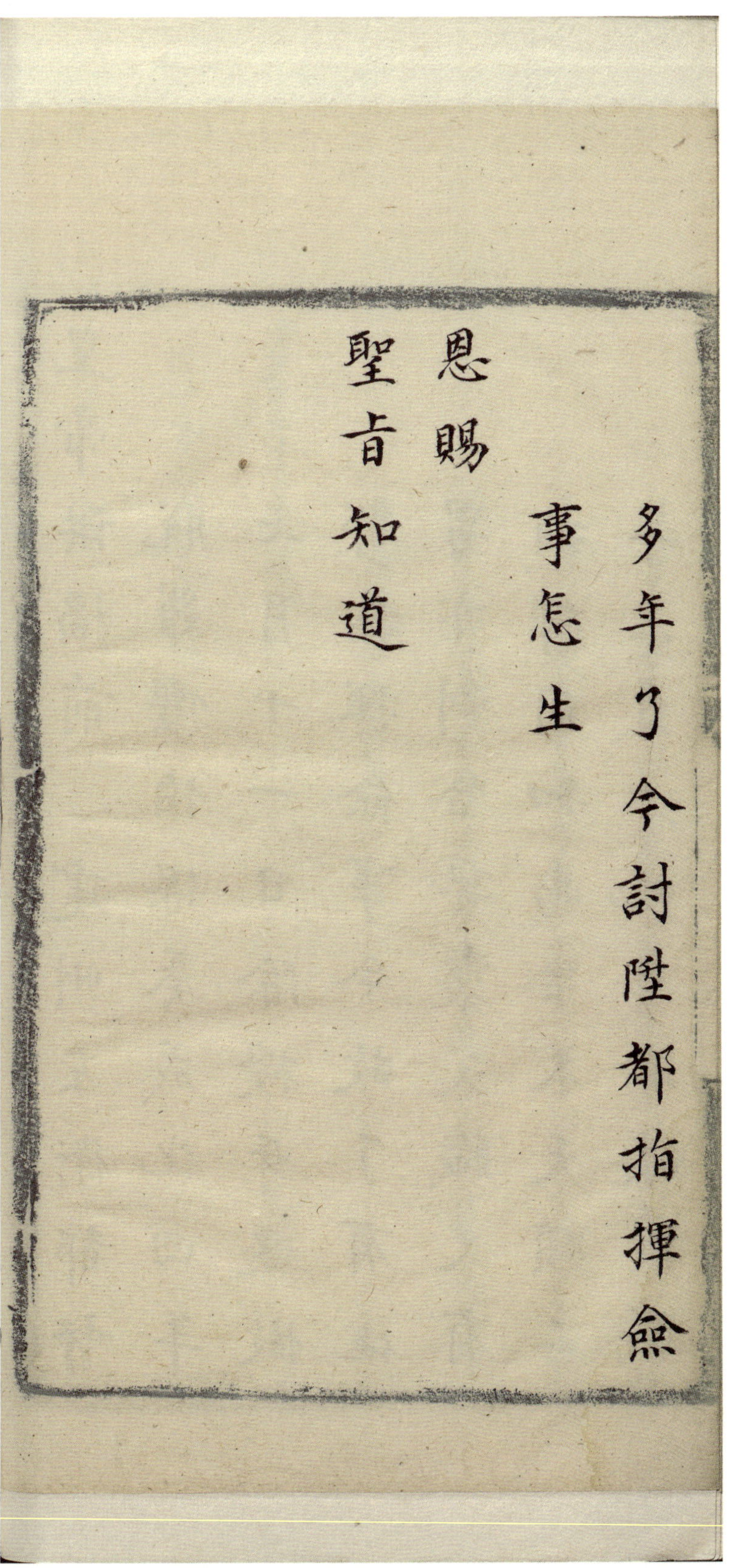

多年了今討陞都指揮僉
事怎生
恩賜
聖旨知道

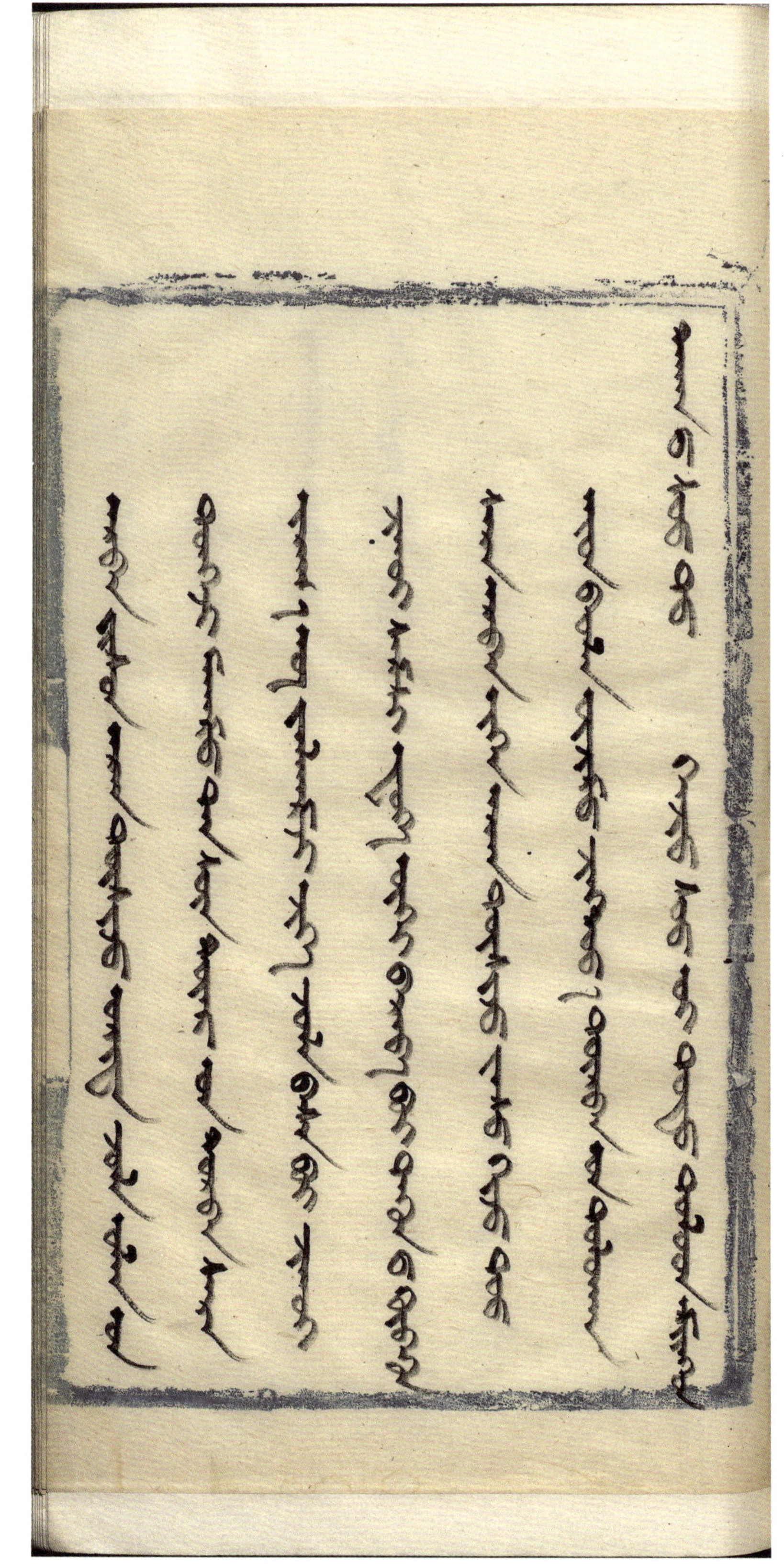

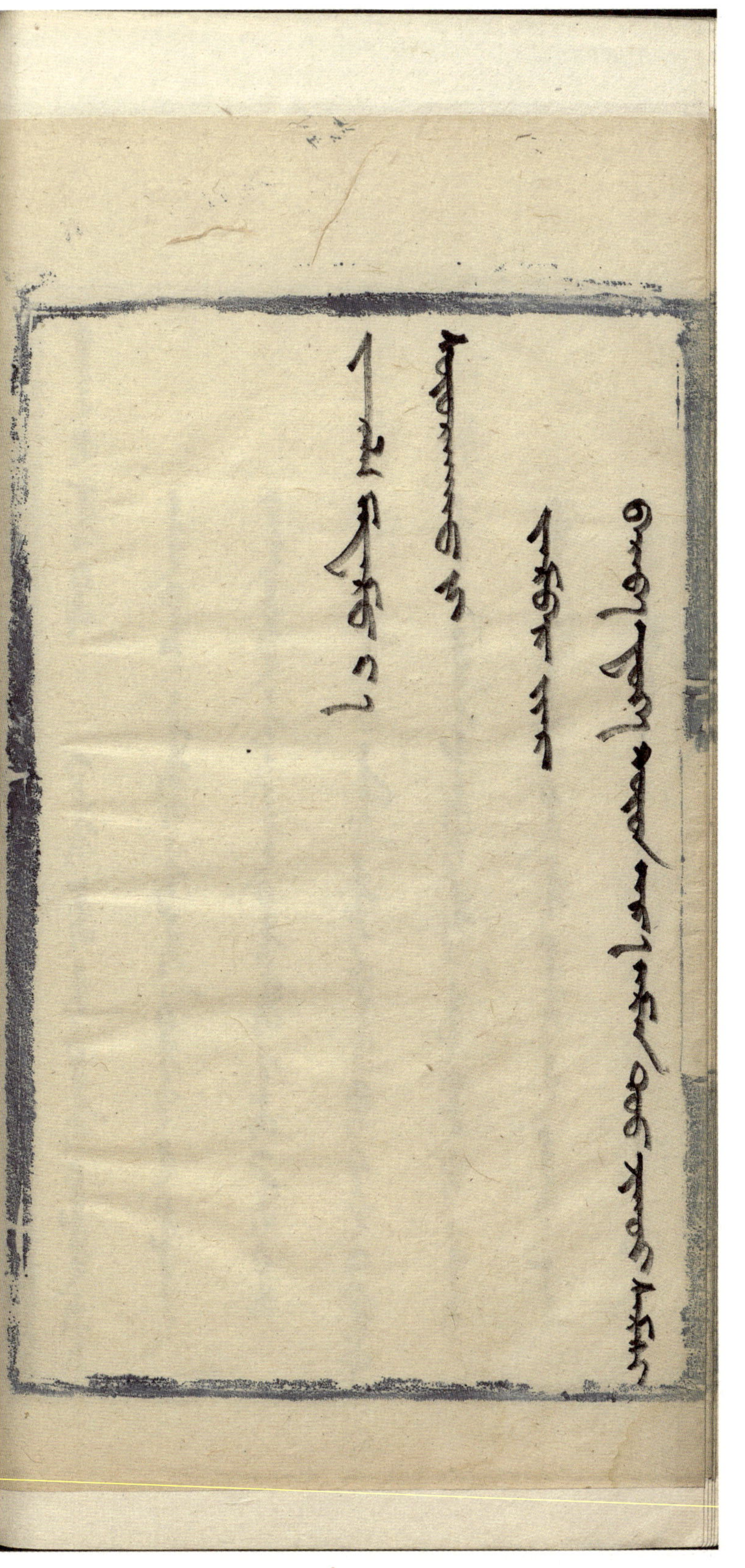

皇帝洪福前　撒魯河衛指揮
同知脫塔奏叱先招附奴
兒干人民有功陞與指揮
同知又有弗提衛指揮同
知亦塔哈奏奴婢出力多
年了都討陞賞怎生
恩賜

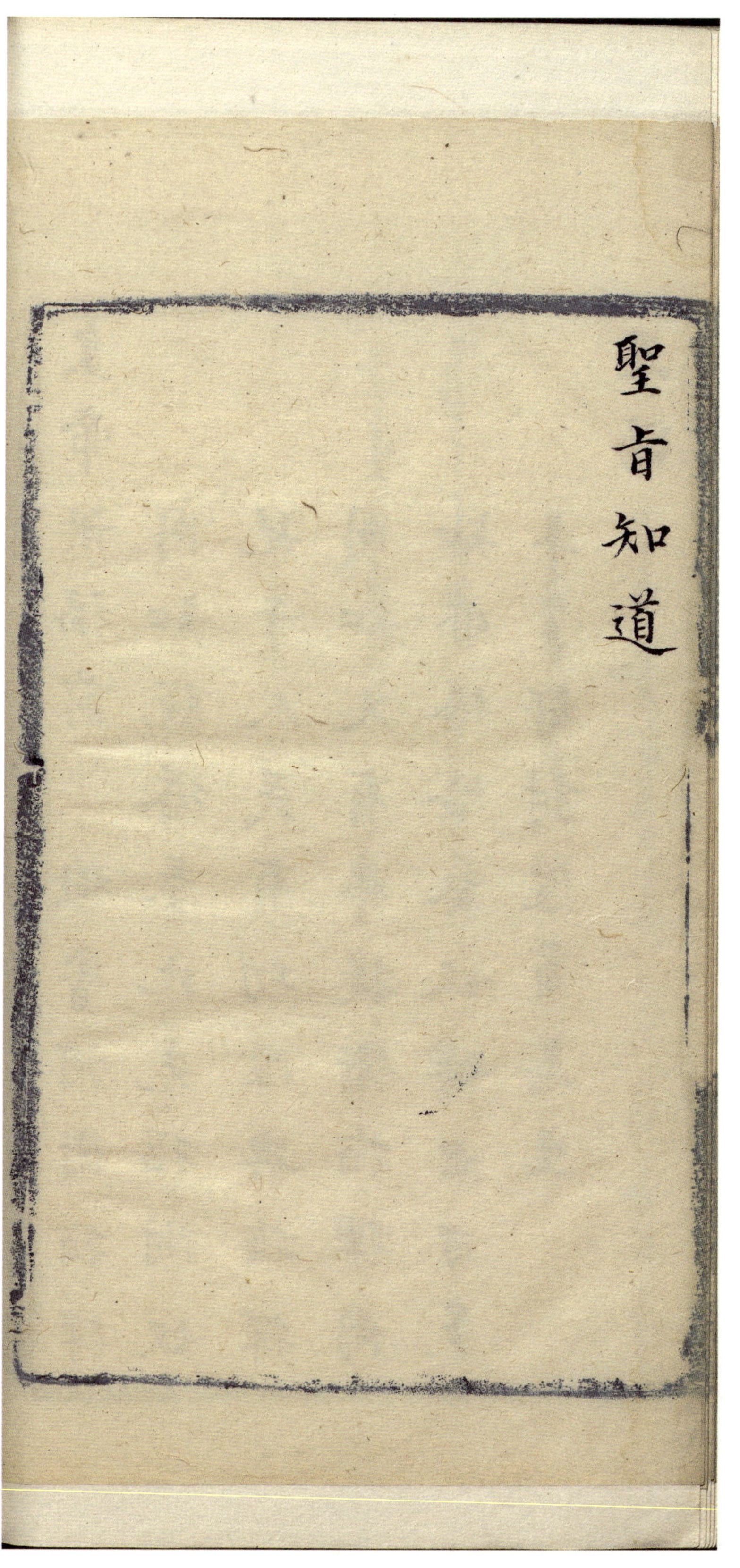
聖旨知道

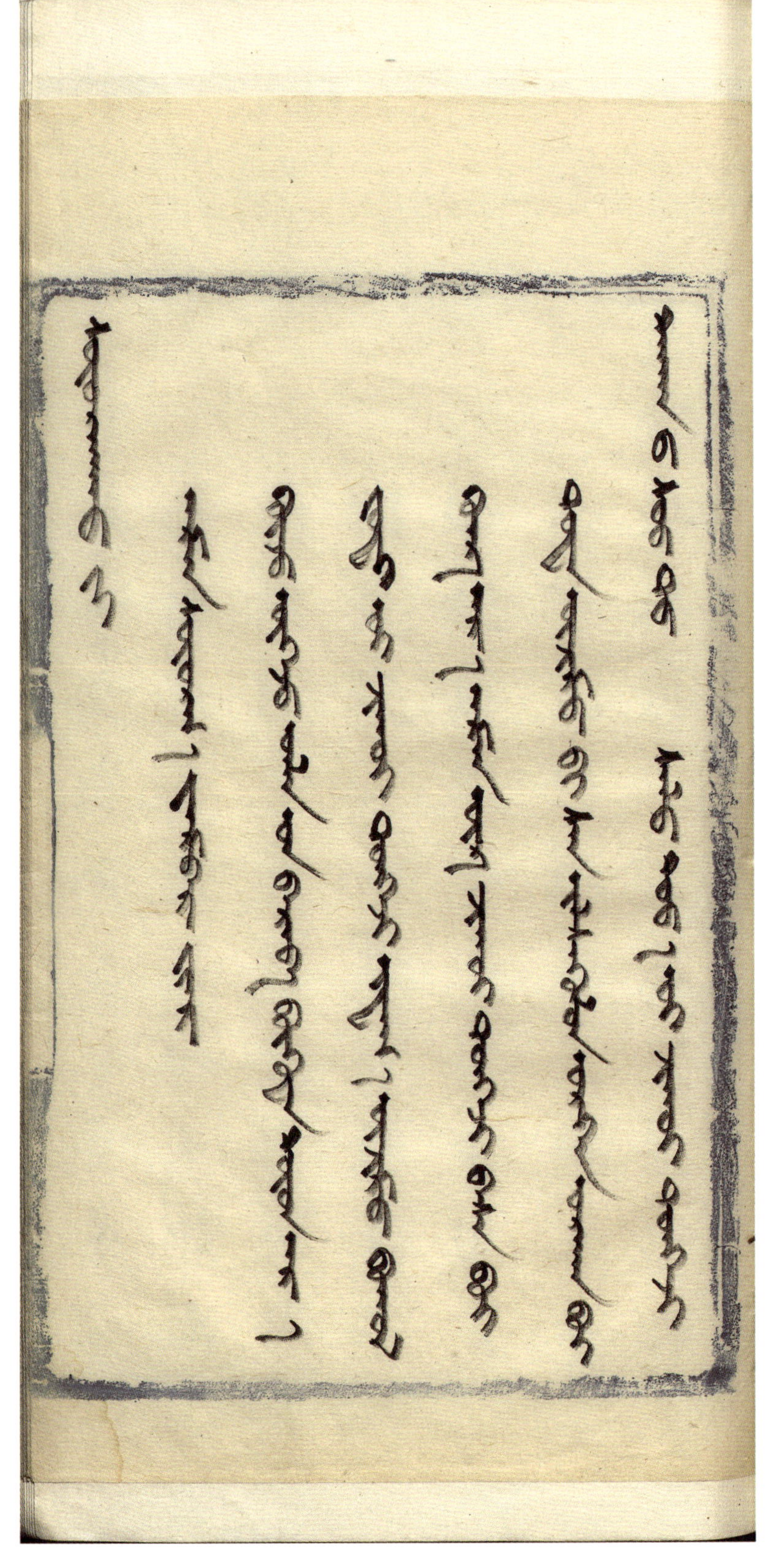

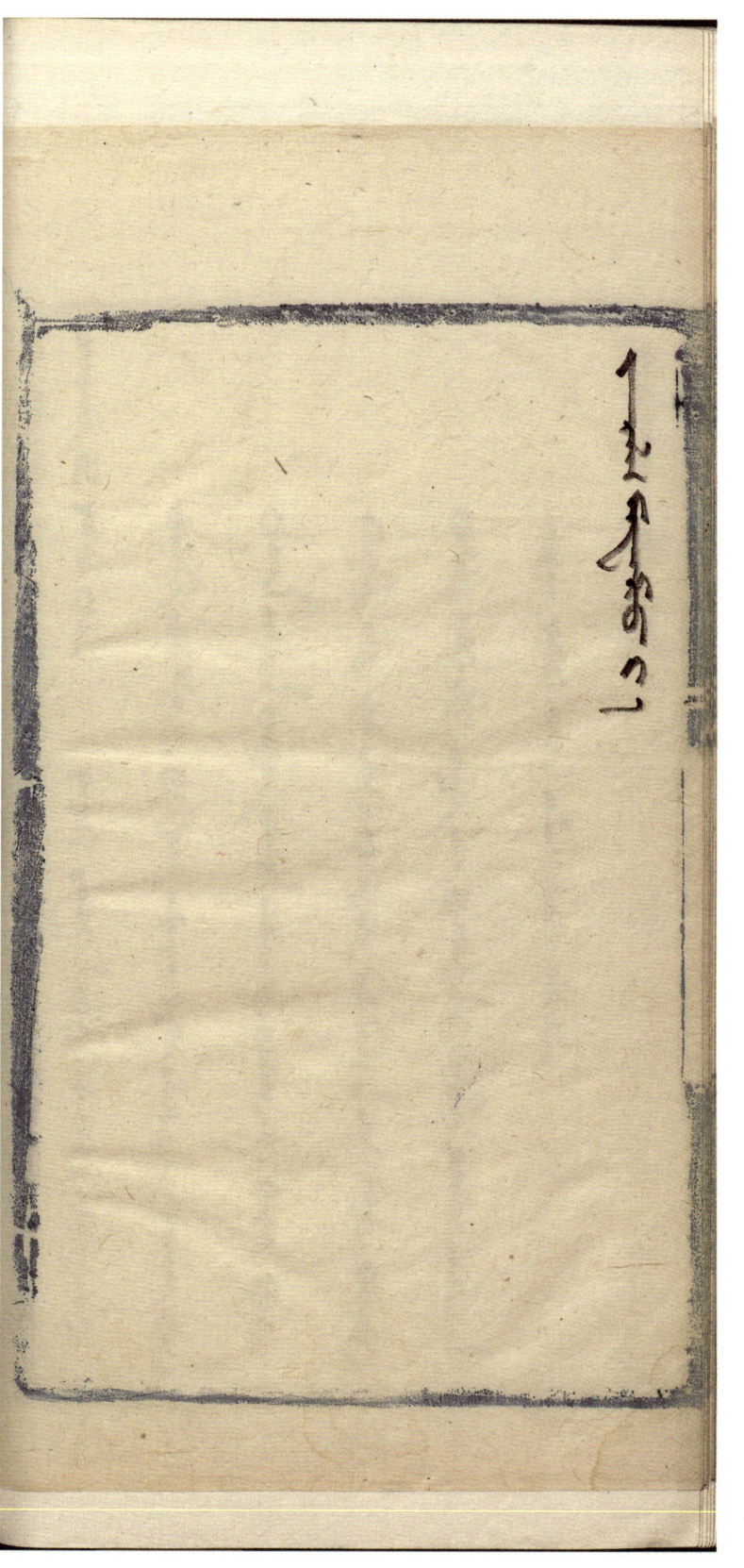

皇帝洪福前卜忽里衛指揮
僉事乙列格奏天順五年
除授前職今遠地方進貢
貂鼠皮二十張叩頭来了
討陞職事又有乞塔河衛
指揮僉事里三格天順五
年除授前職出力多年了

今討陞賞又有弗提衛指
揮同知牙速童寬山衛指
揮僉事影克撒里衛副千
戶阿哈等今奴婢每遠地
方進貢來了都討陞賞怎
生
恩賜
聖旨知道

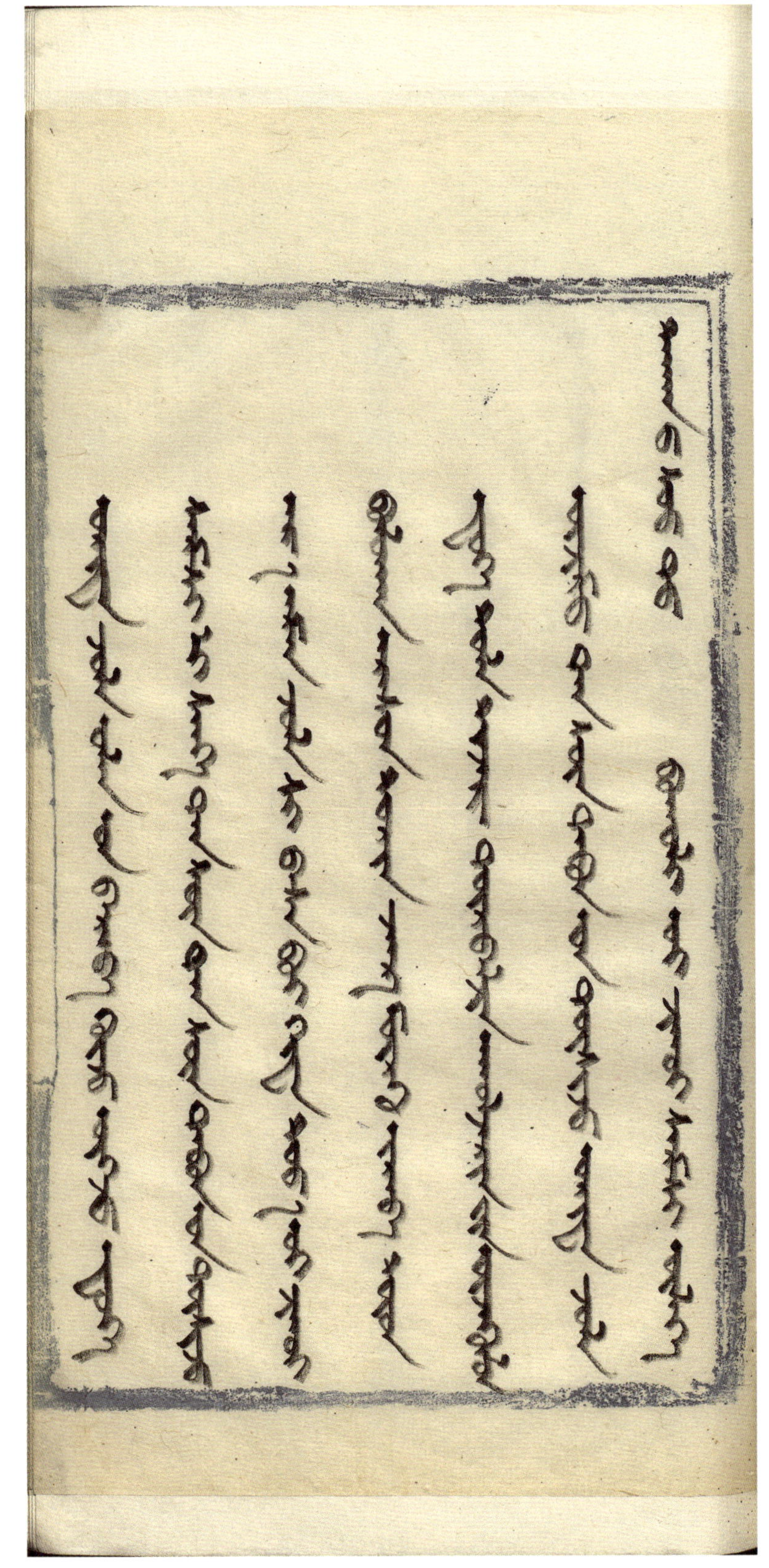

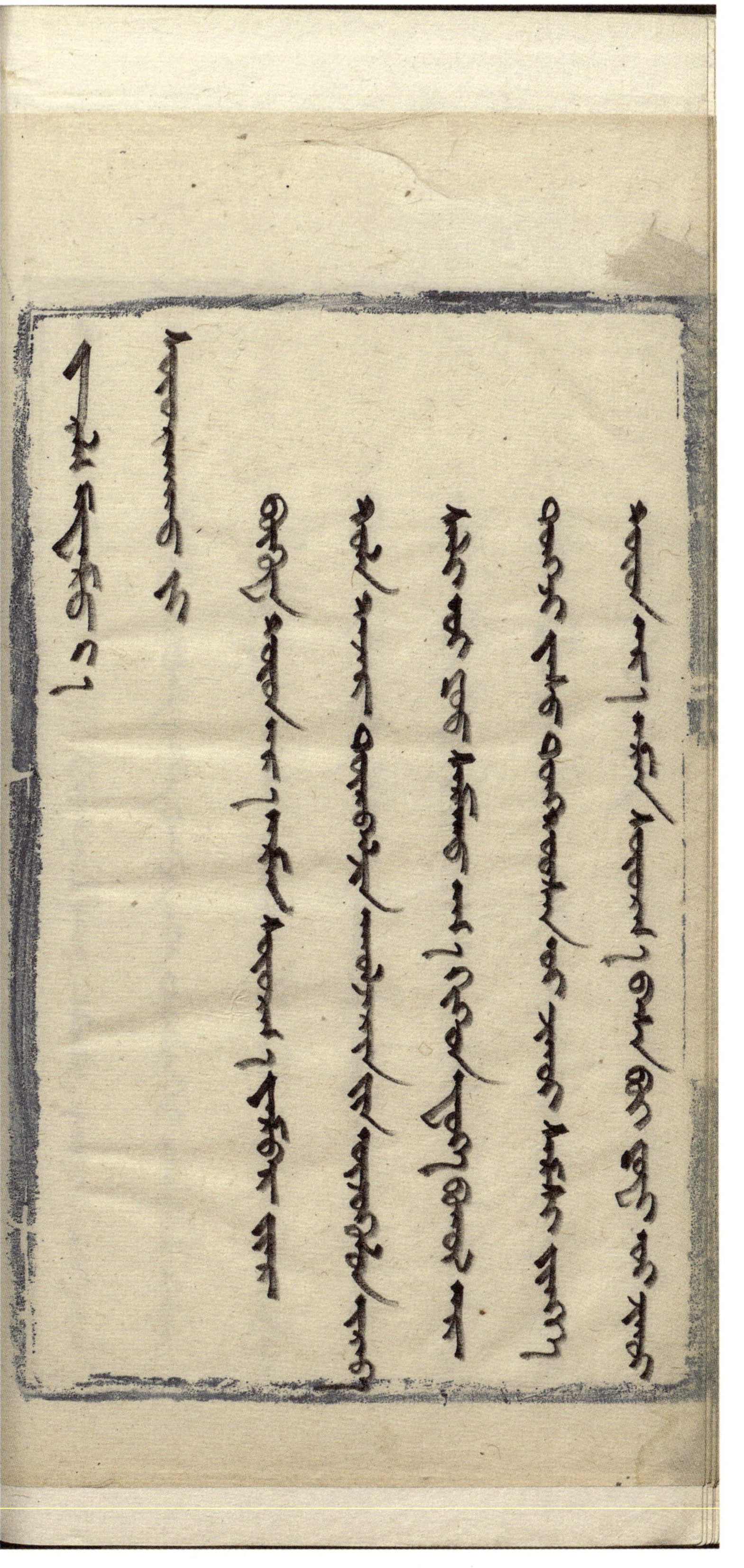

皇帝洪福前　泰寧等三衛達
子忽里赤等三百人進貢
到京今遇
萬壽聖節都進貢騸馬一匹怎
生
恩賜
聖旨知道

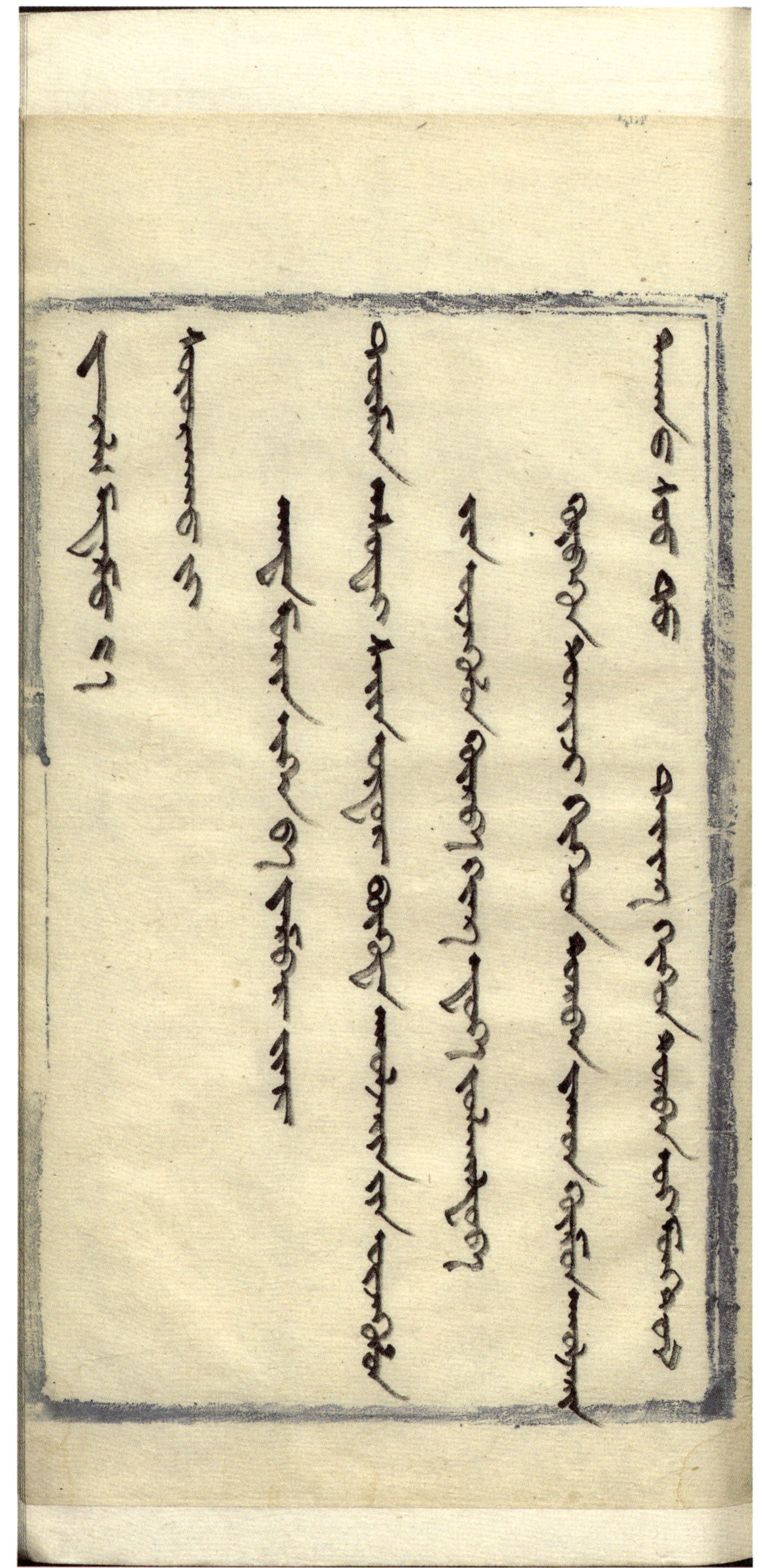

皇帝洪福前　建州右衛都督
賞哈懼怕奏有都指揮向
剌哈家下妻子九口人被
陳都堂殺了有陞官的
勅書被人搶去了先前失落
了
勅書的人後都給與了令奴

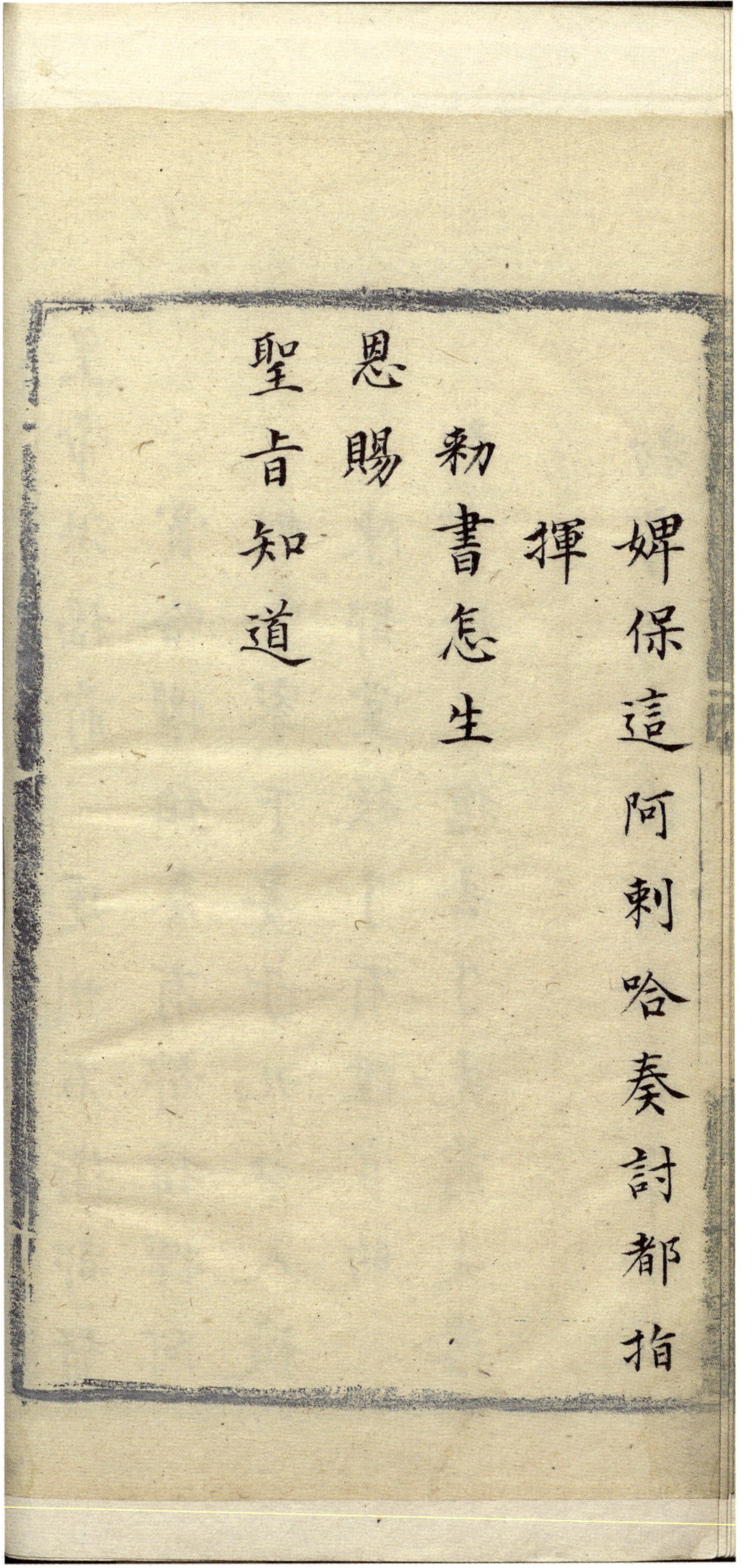
婢保這阿剌哈奏討都指
揮
勑書怎生
恩賜
聖旨知道

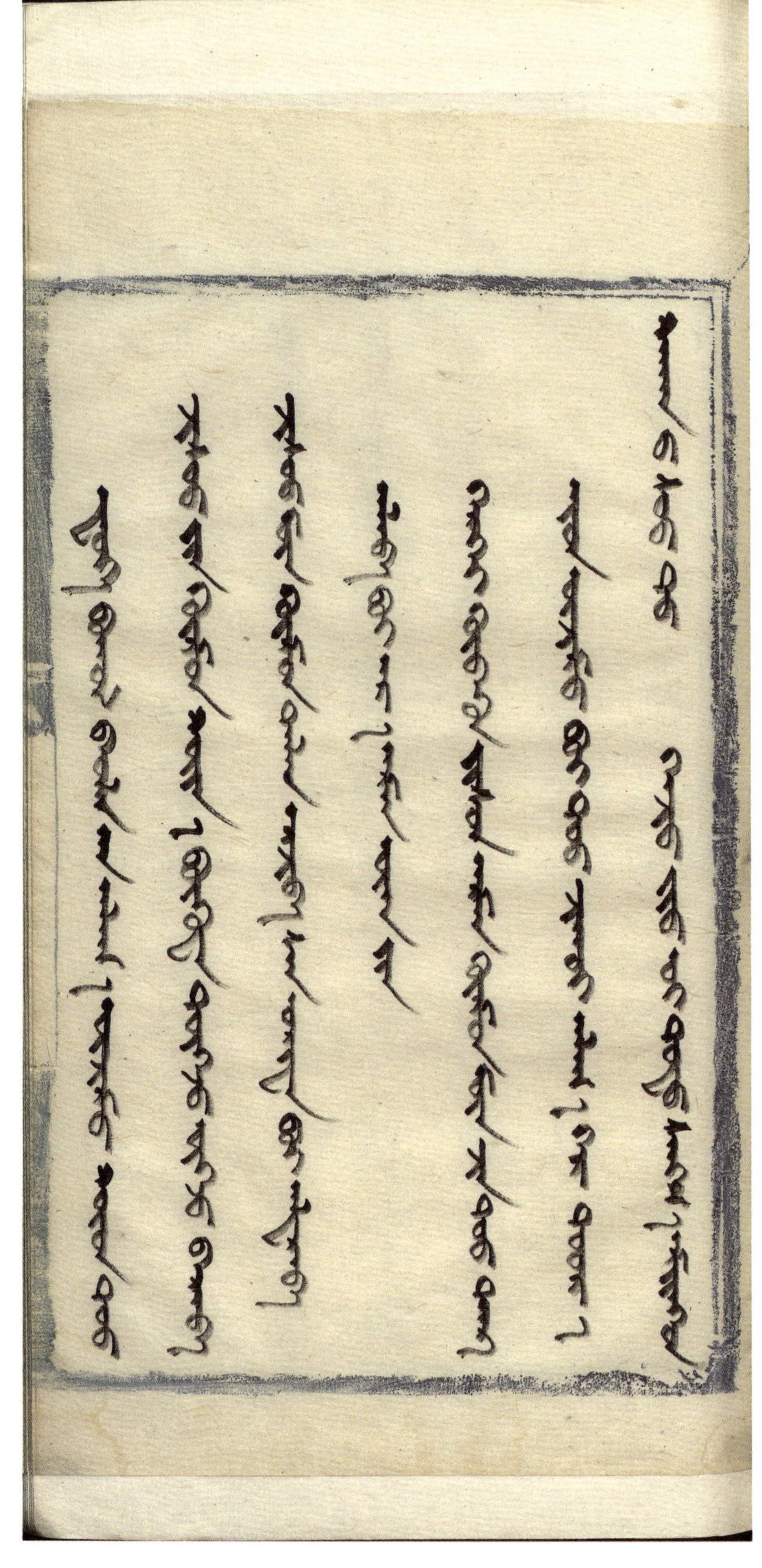

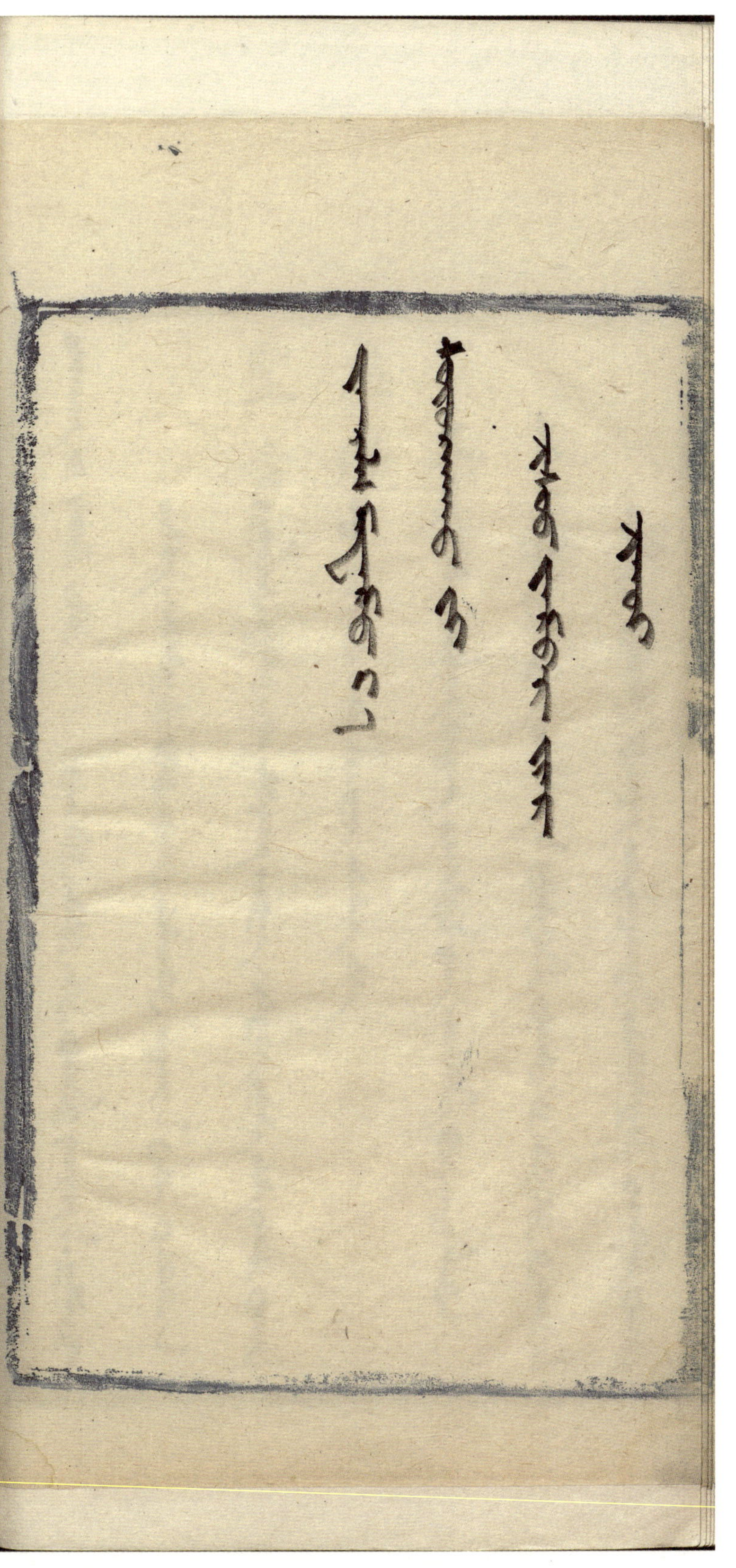

皇帝洪福前 建州左衛都督

脫羅懼怕奏天順四年十

二月十二日除授脫你赤

做都指揮僉事令保他做

都指揮同知成化元年二

月十九日除授歹罕做指

揮同知令保他做都指揮

使成化十四年十月初三
日除授掃察做都指揮僉
事今故了保他男昂克温
襲父前職怎生

恩賜

聖旨知道

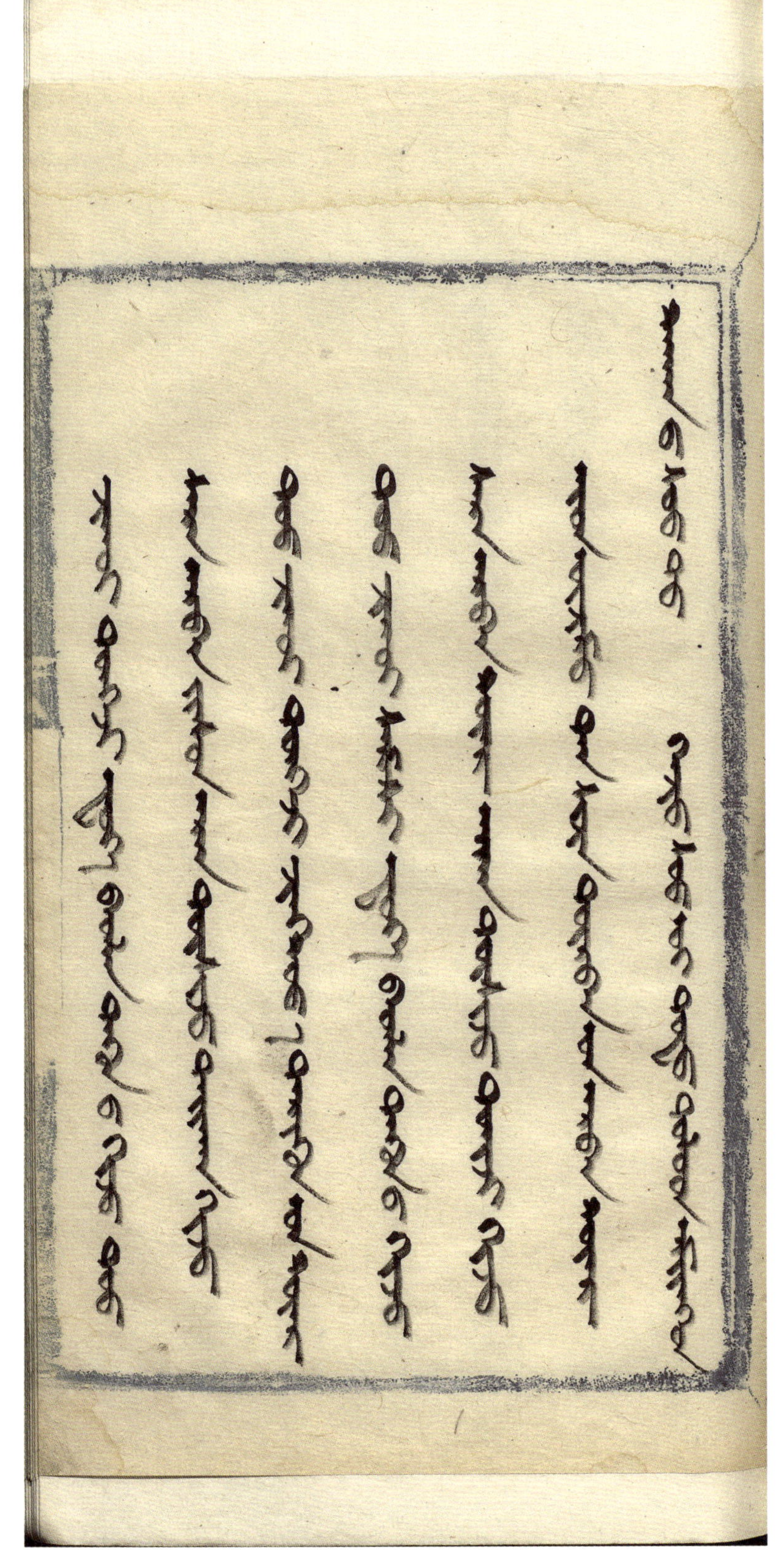

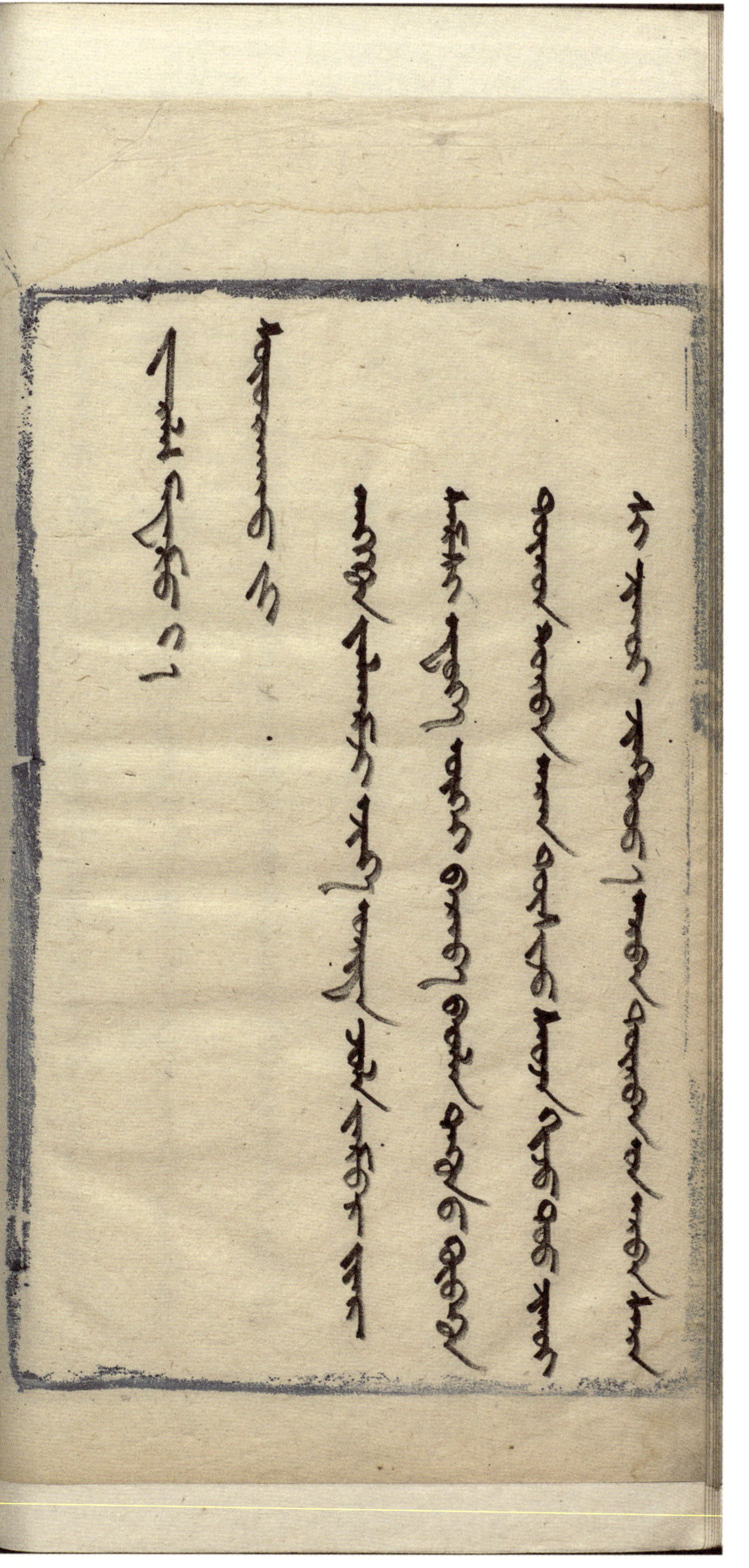

皇帝洪福前　朶顏衛都指揮
猛可帖木兒懼怕奏比先
有我父祖管大職事有来
多出氣力輩輩進貢到京
今遇
萬壽聖節進貢騸馬專差指揮
乃剌台叩頭去了奏討青

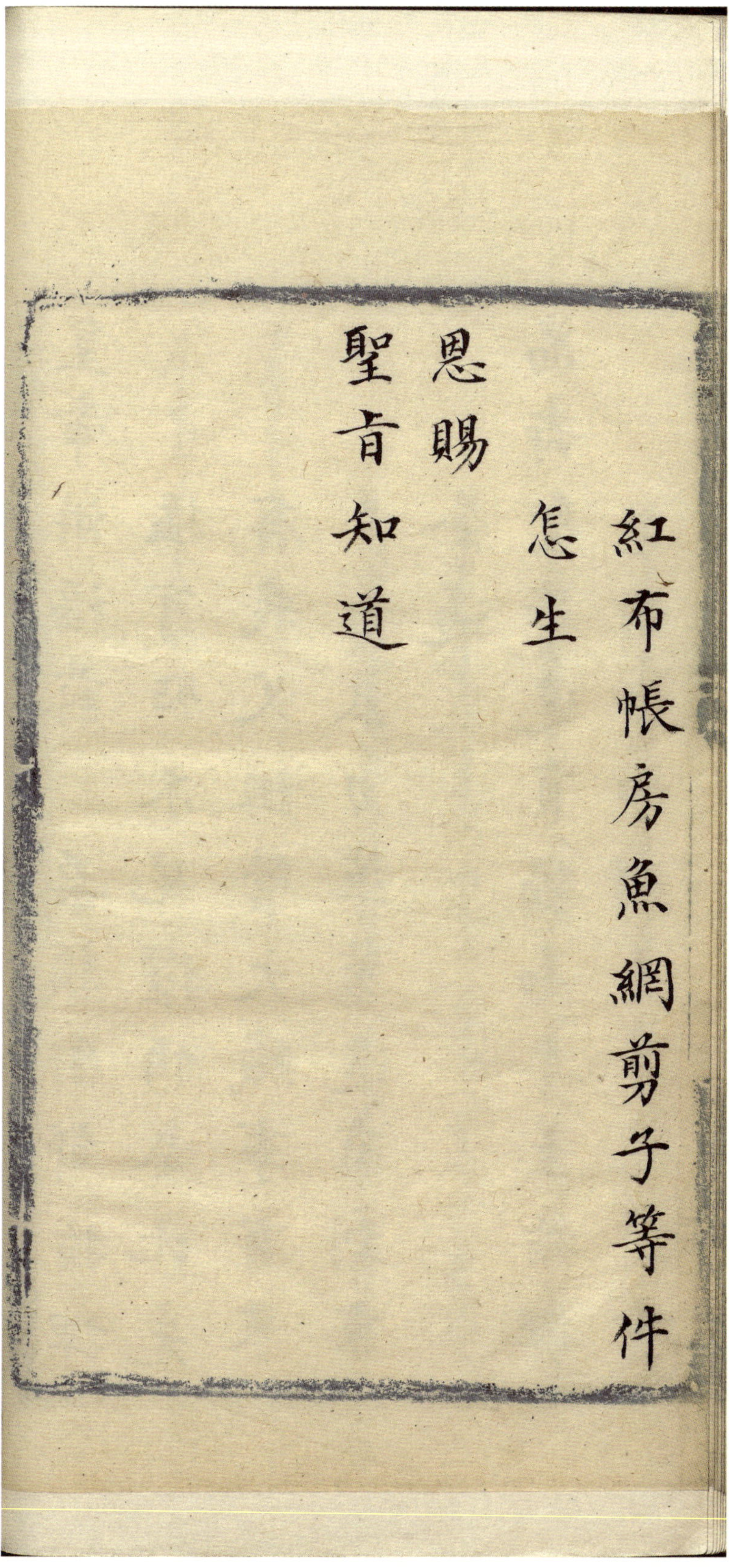

紅布帳房魚網剪子等件

怎生

恩賜

聖旨知道

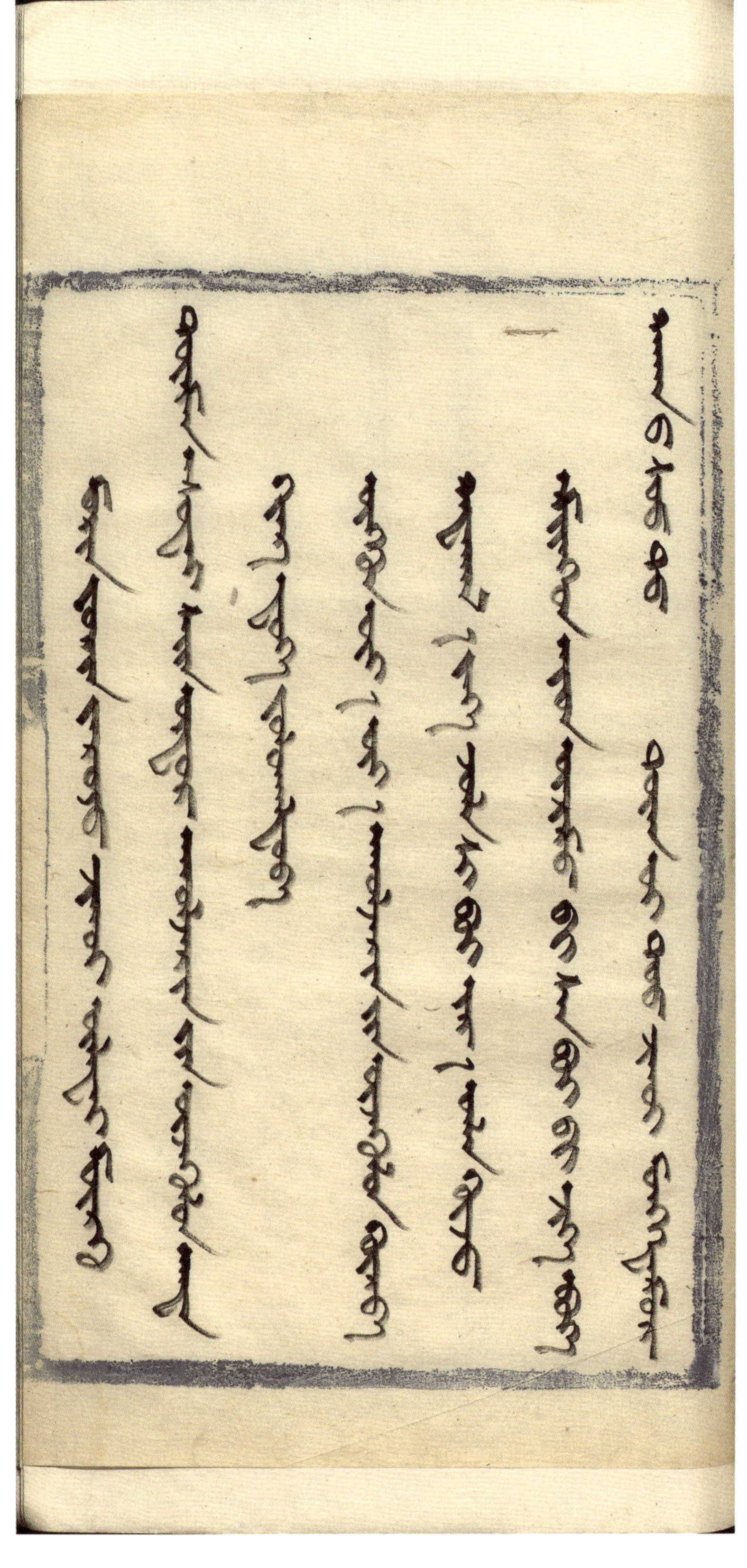

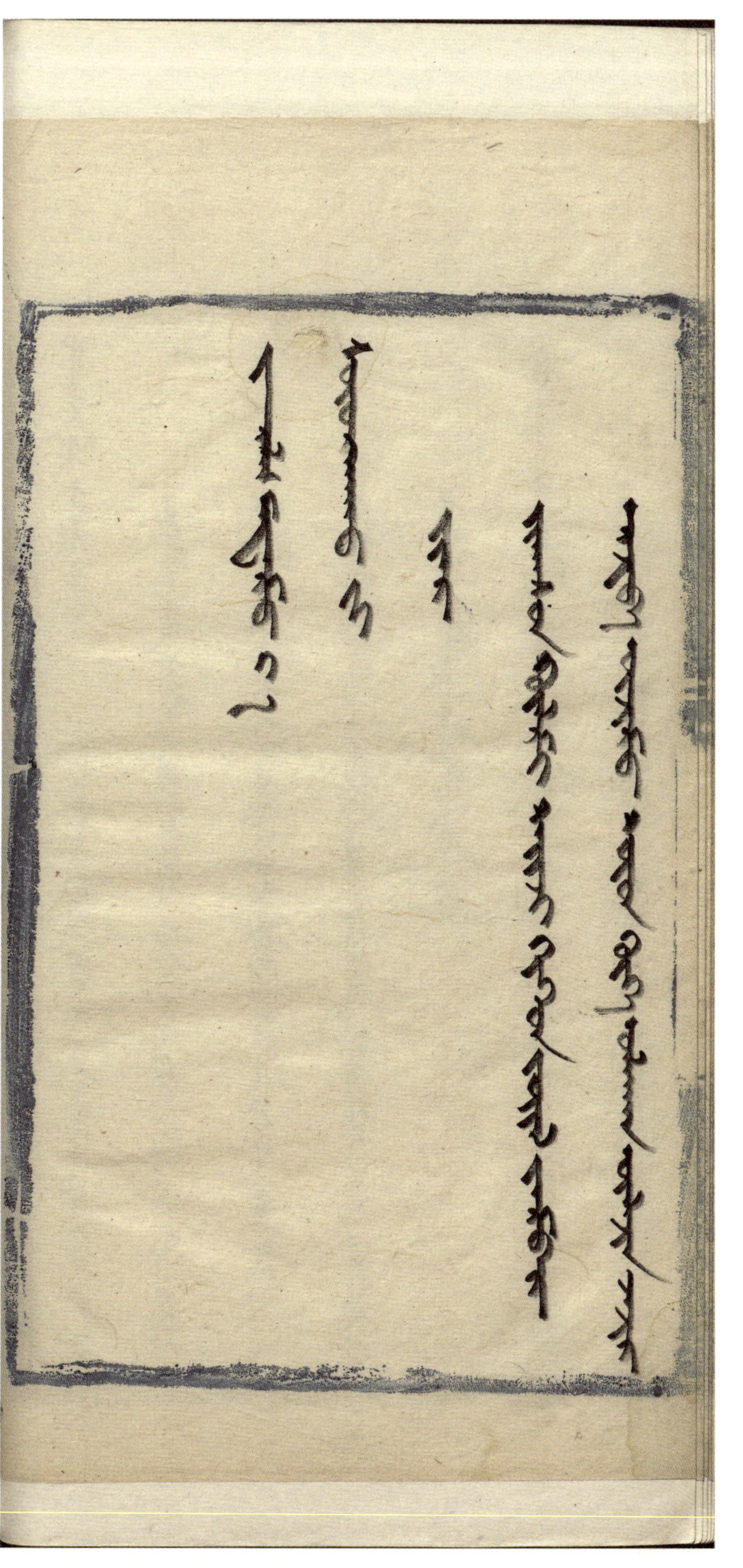

皇帝洪福前　罕東左衛都督
只克奏奴婢每在邊外地
方出氣力有千戶阿見乞
納在地方有緊事差他領
人馬提防他多有功勞因
此令奴婢保陞他職事望
朝廷怎生憐憫陞與他職事

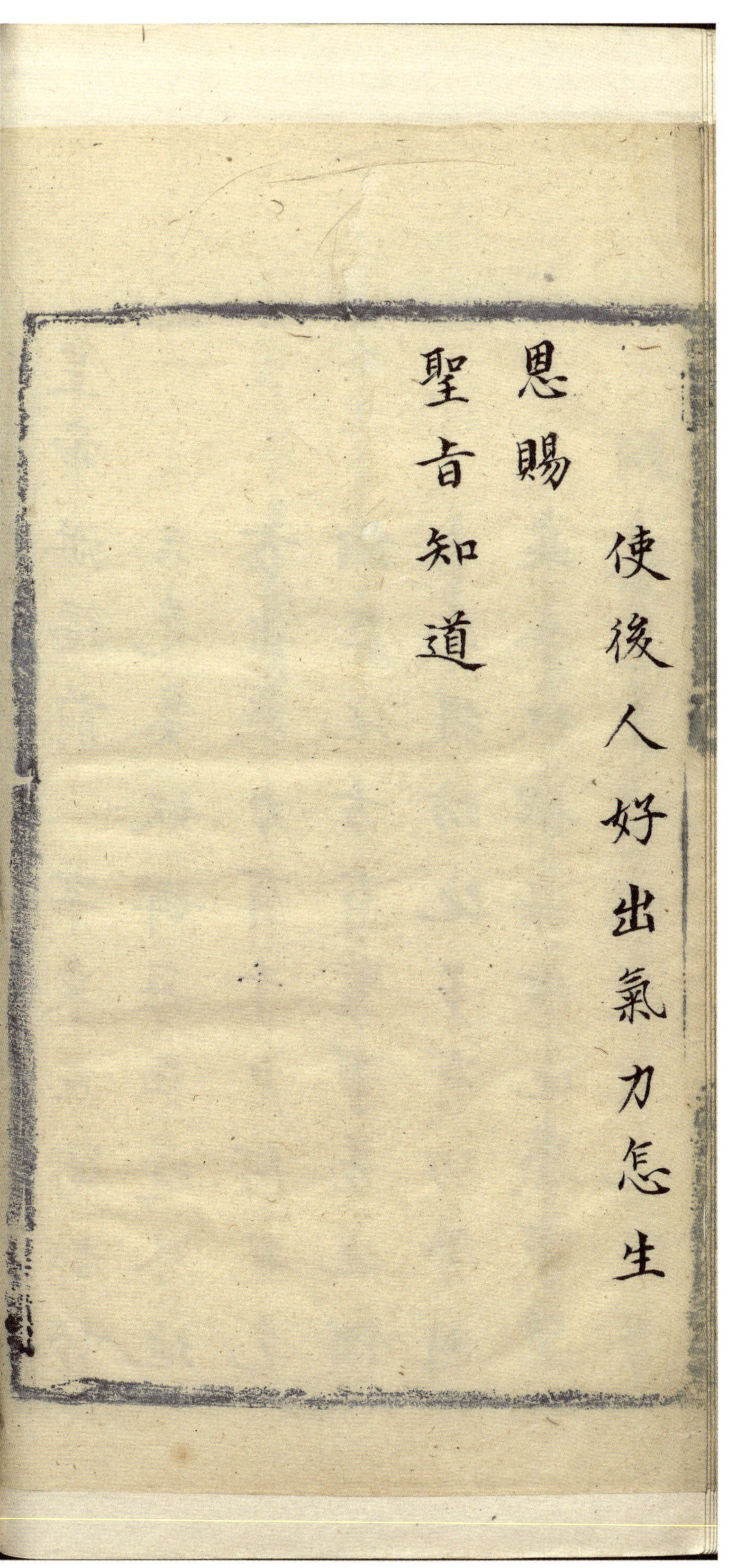

使後人好出氣力怎生

恩賜

聖旨知道

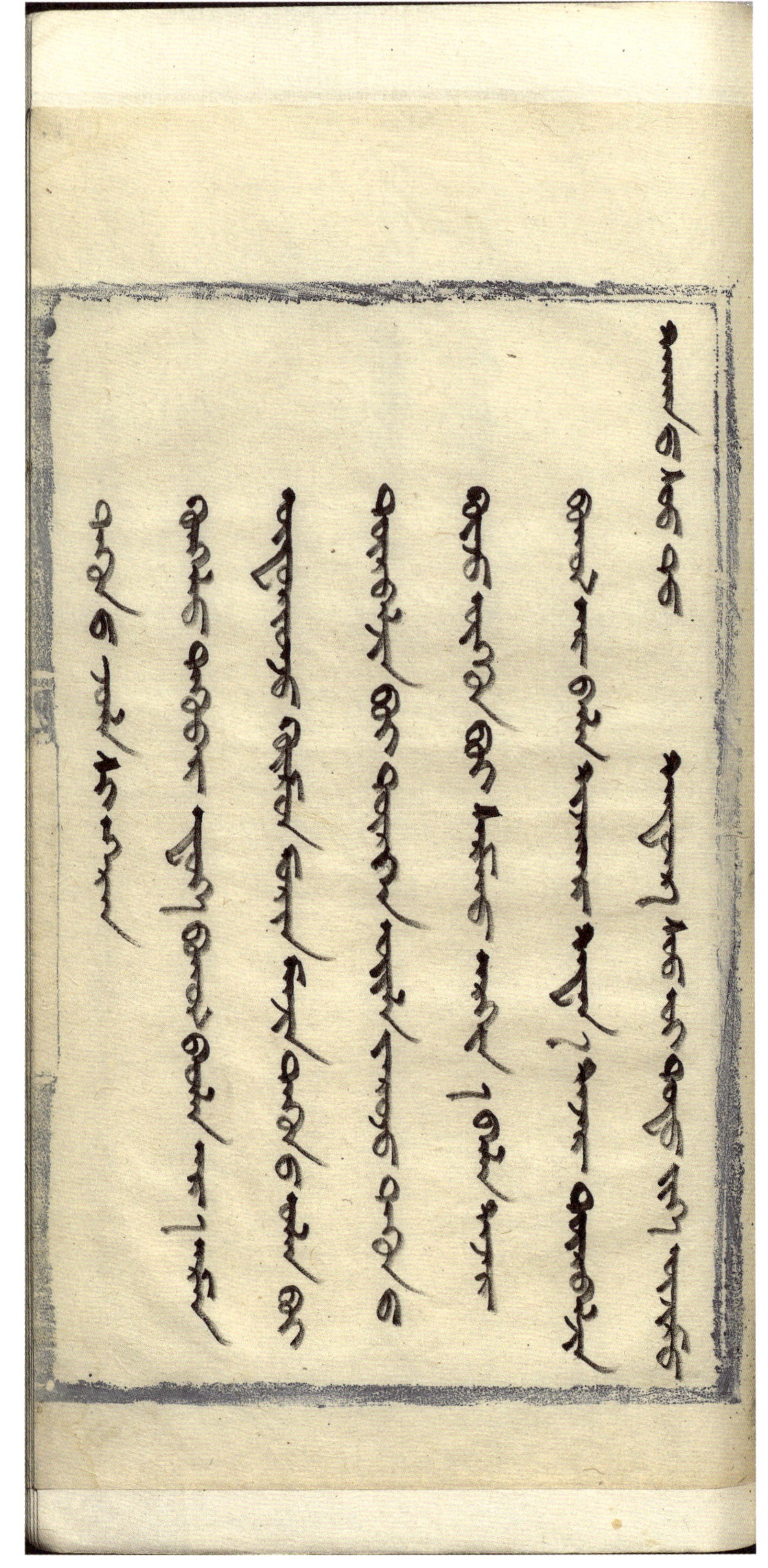

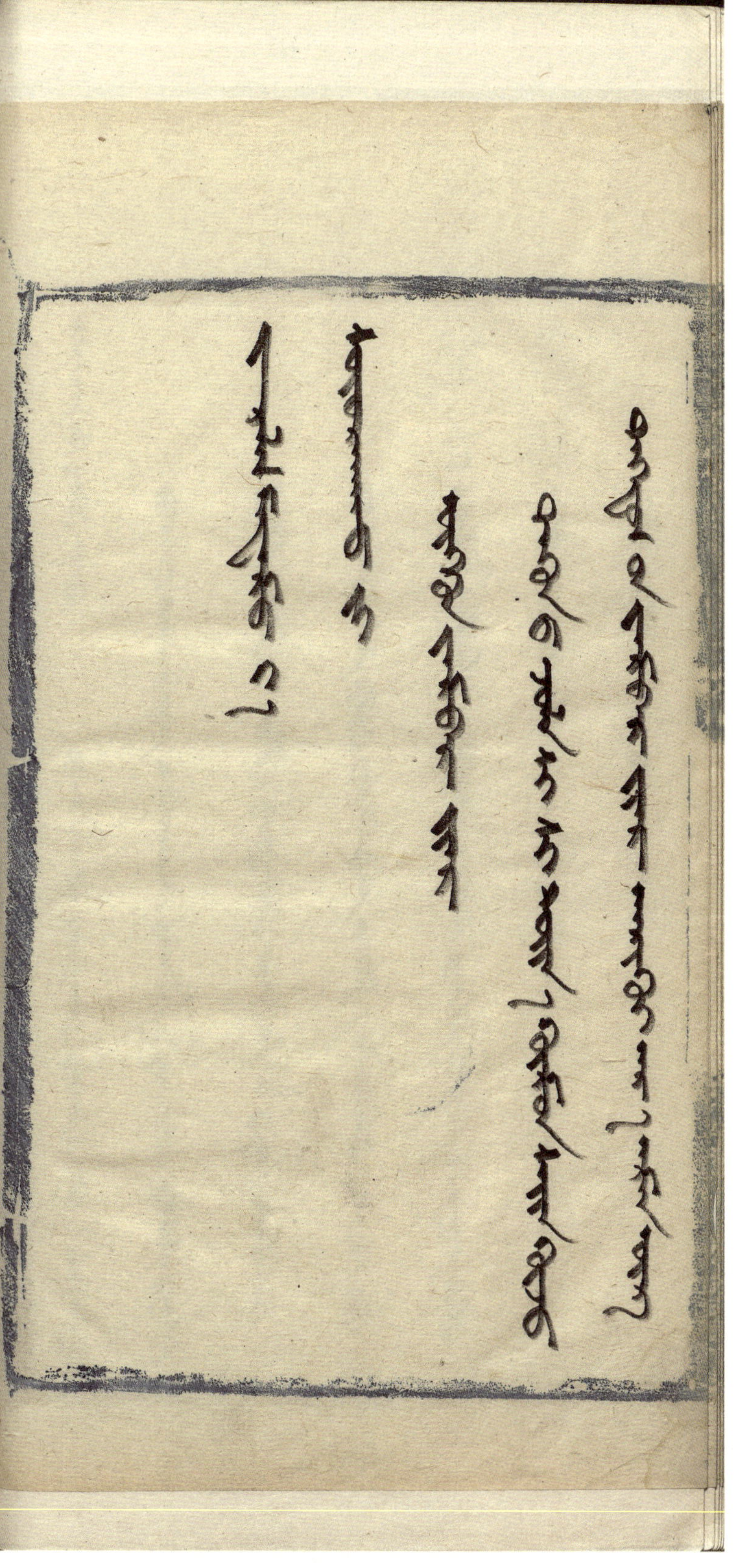

皇帝洪福前　朶顔衛都督阿
兒乞蠻懼怕奏奴婢敬順
天道尊事
朝廷誠心正直出氣力行走
蒙
朝廷與了大賞賜有来今遇
萬壽聖節進貢騸馬二匹駱駝

一隻差指揮那孩帖木兒
叩頭去了又奏奴婢被歹
人搶奪艱難奏討帳房織
金衣服胡椒青紅布剪子
魚網鞍子轡頭手帕胭脂
粉針怎生
恩賜
聖旨知道

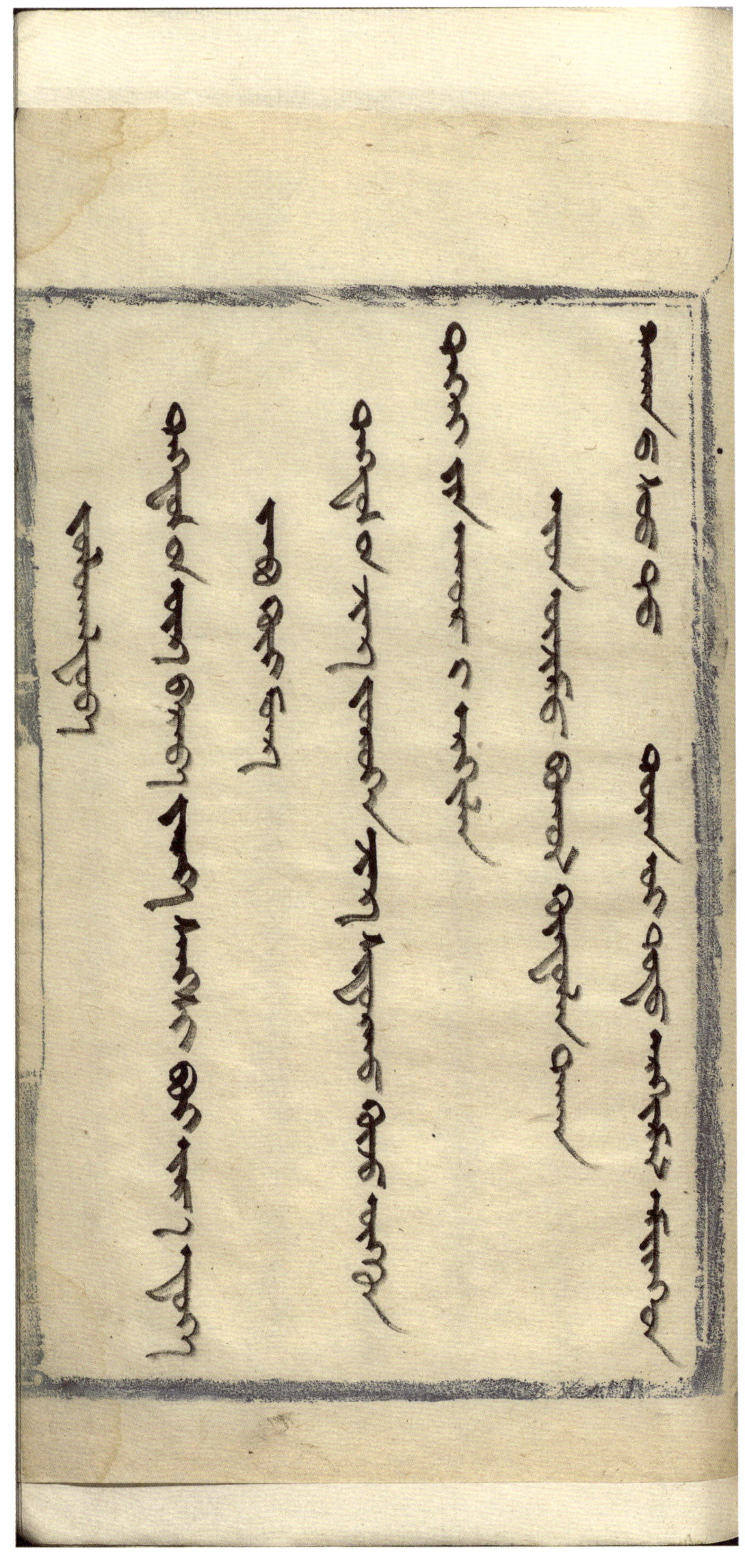

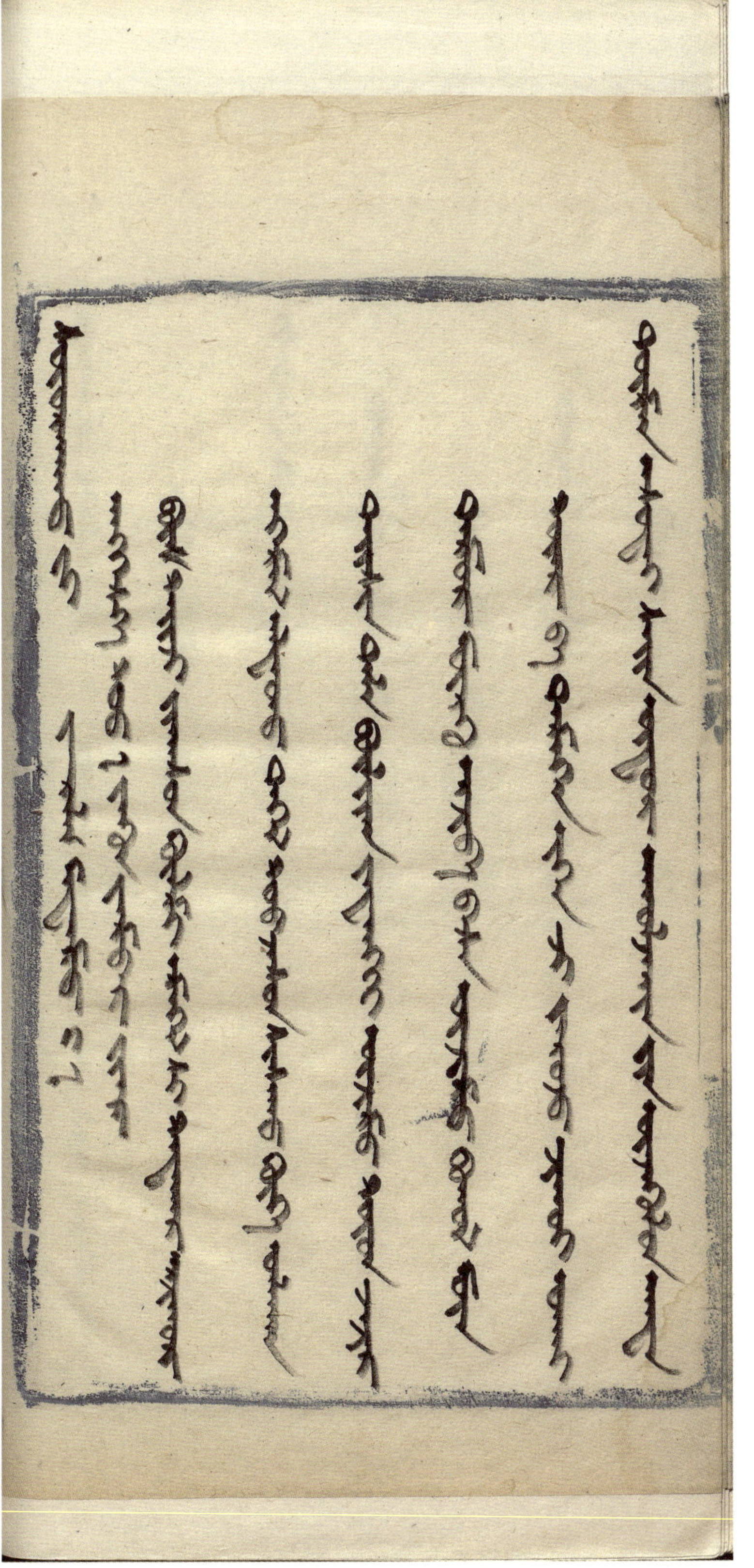

皇帝

洪福前　建州左衛都指

揮使花當懼怕奏成化五

年有李三名字人逃在我

每地方我花當將這人拿

住送到韓總兵處收了成

化九年有朵顏三衛達子

來撫順所地方搶奪時我

每與他廝殺了他一人送
與邊上王大人處成化十
二年有王成名字人逃在
我每地方我拿住送到兵
部馬大人處有來奴婢有這等功
勞令叩頭來了討陞都督僉事怎生
恩賜
聖旨知道

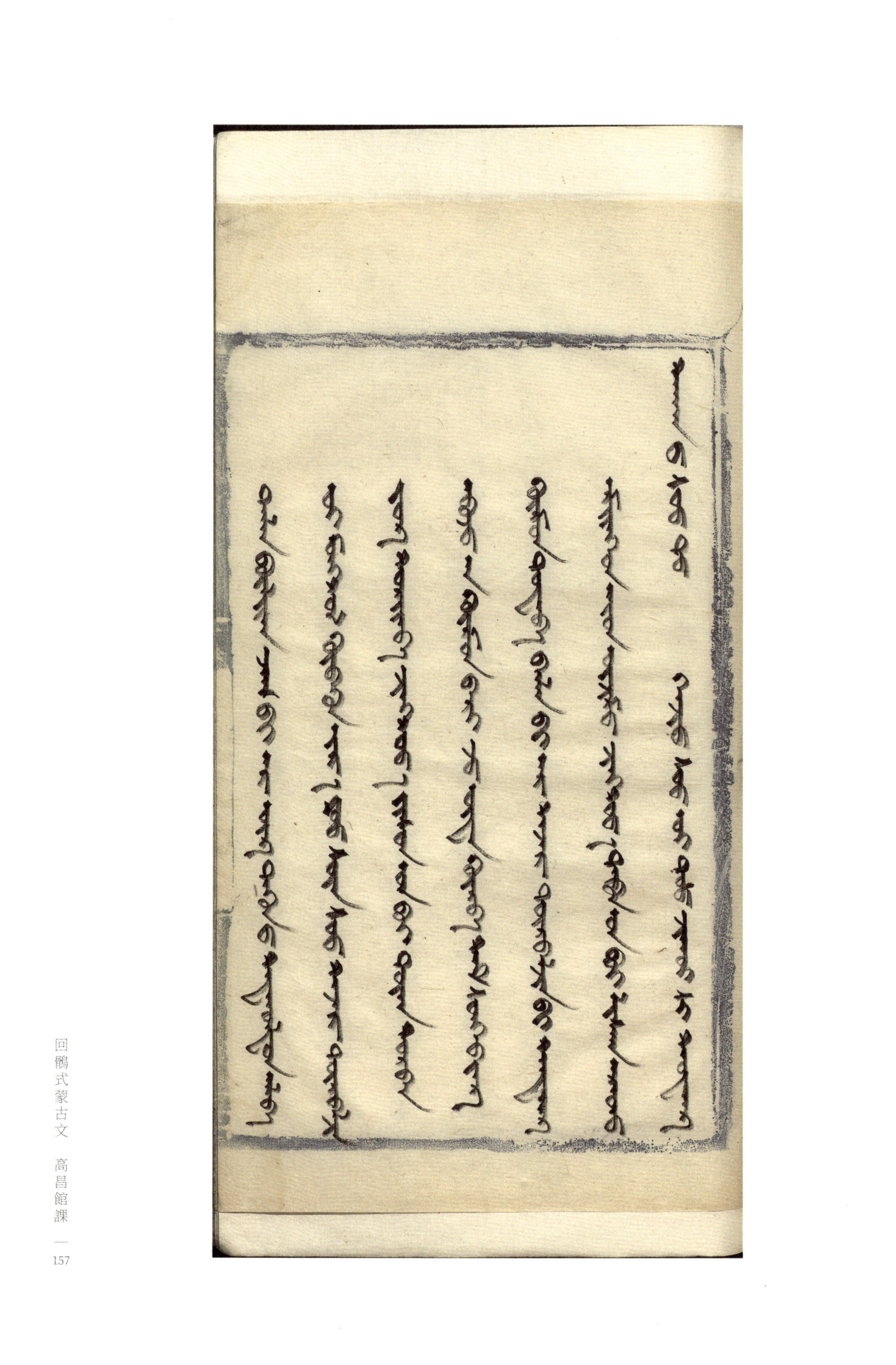

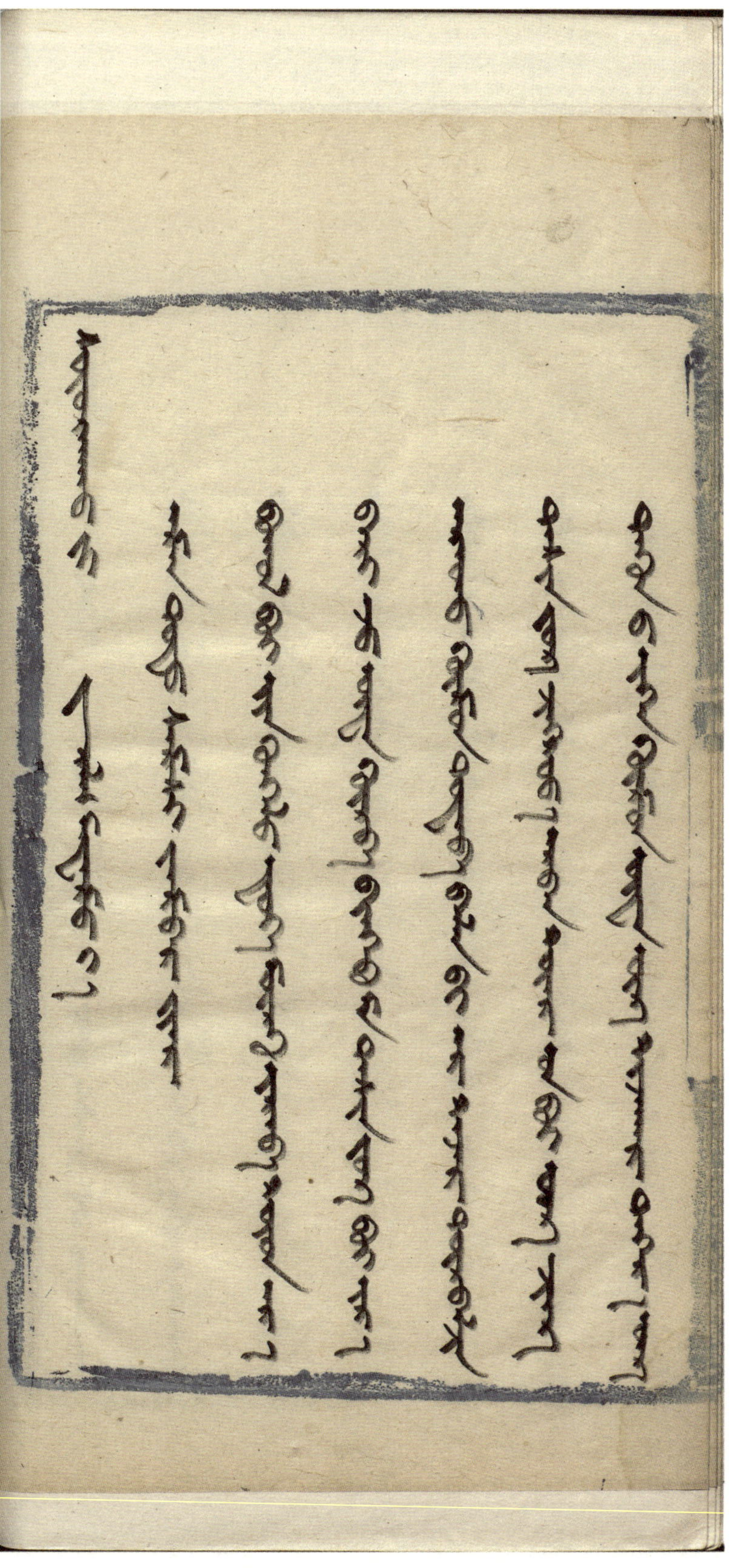

皇
帝洪福前　福餘衛都督脱
羅干等叩頭奏有迤北達
子毗加思蘭太師将我每
搶殺我每的近日倚靠着
朝
廷差馬大人来着我每多
人做買賣我每三衛頭目
十分歡喜今有毗加思蘭

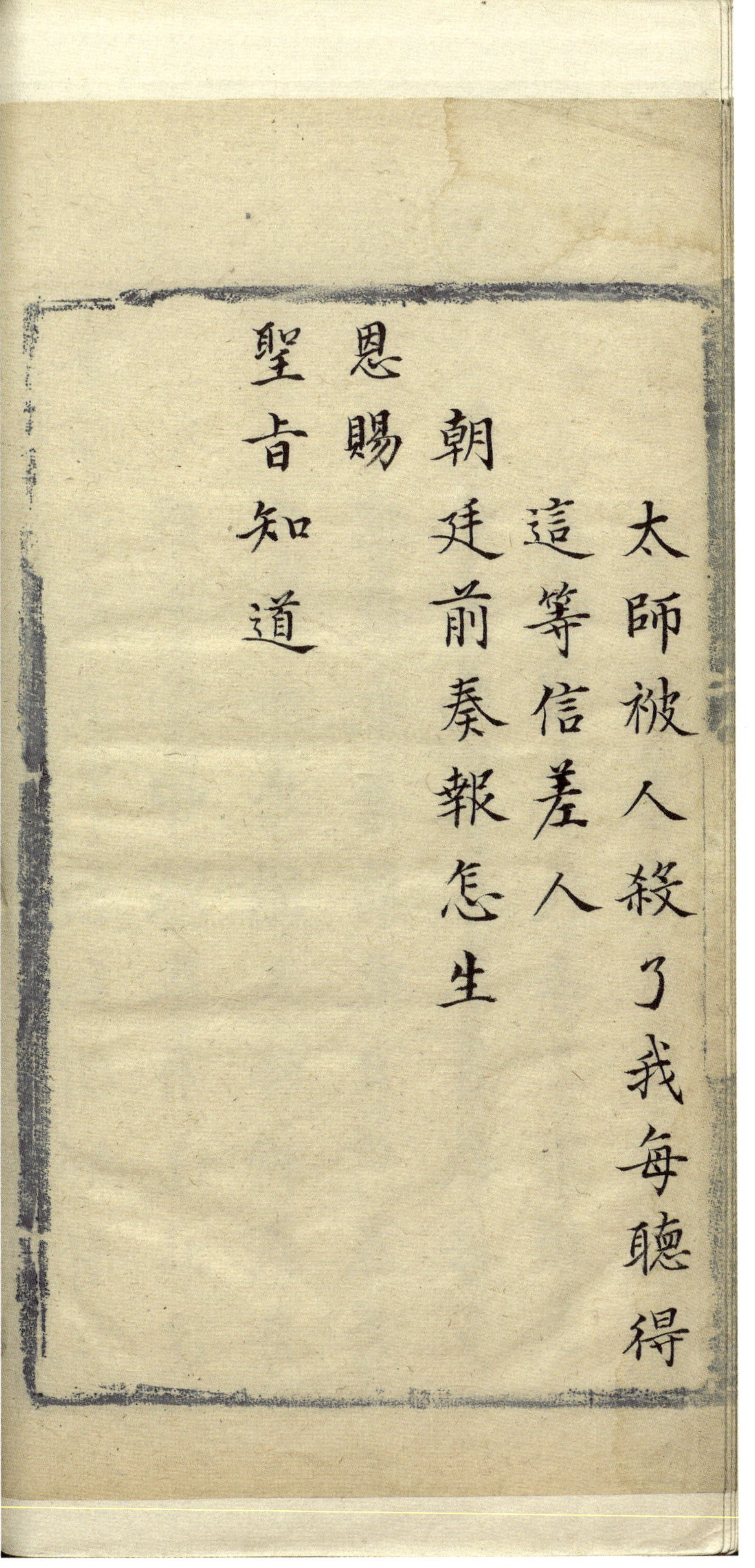

太師被人殺了我每聽得

這等信差人

朝廷前奏報怎生

恩賜

聖旨知道

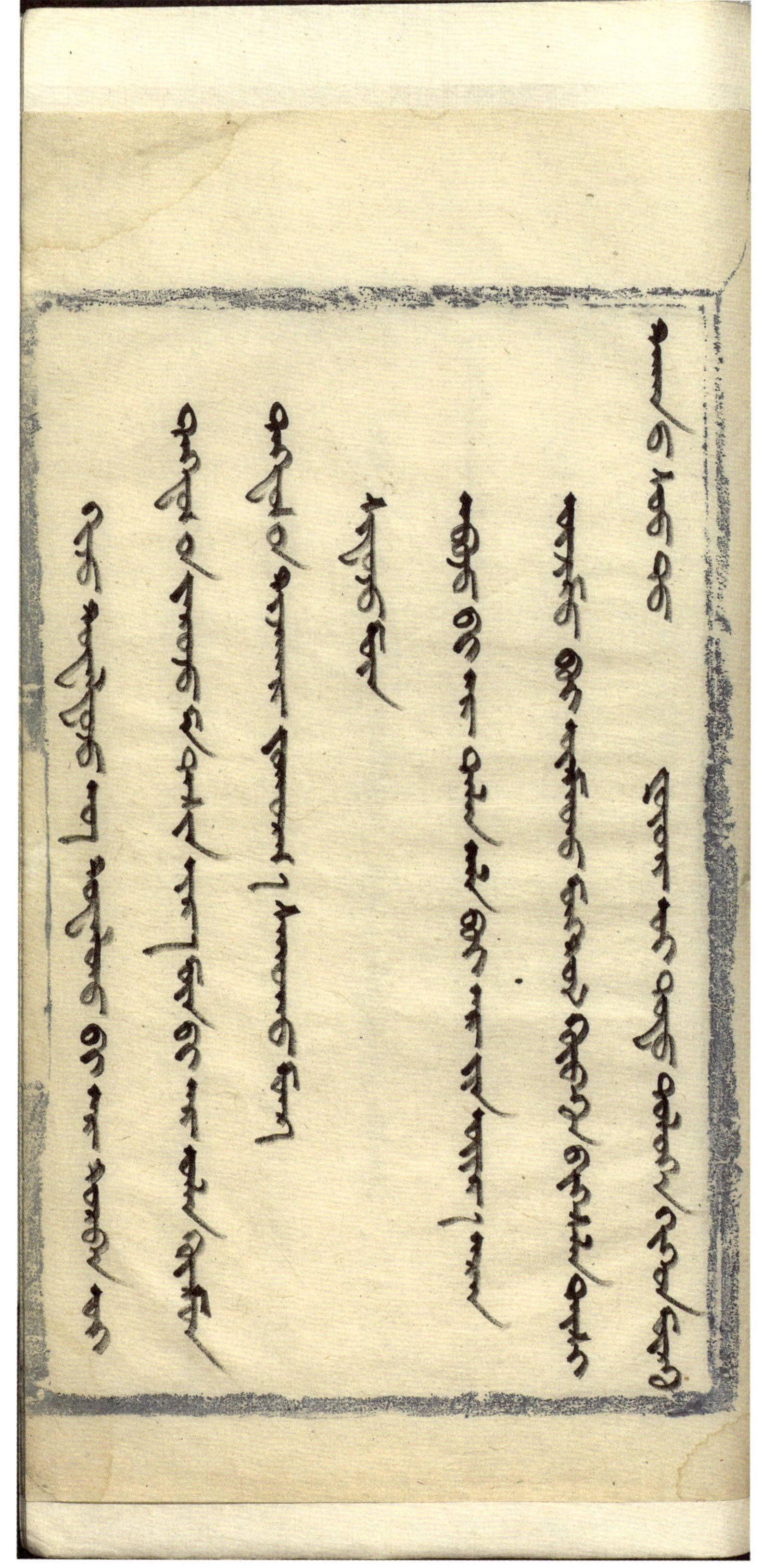

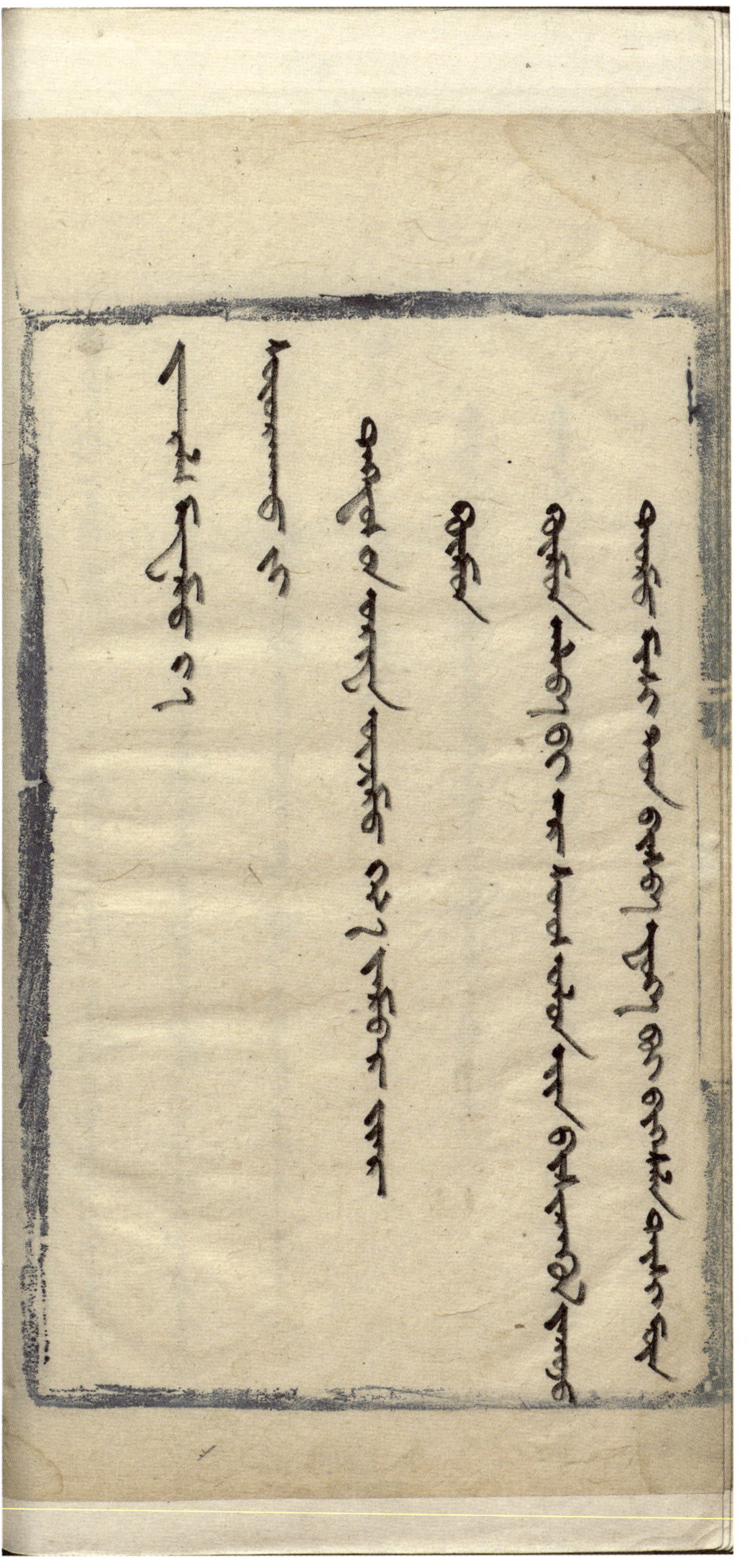

皇帝洪福前　福餘衛大小頭
目人等叩頭奏今我每處
有主剌把都兒等今年三
月間往迤北達子處打聽
聲息五月内回来了言説
迤北達子移營往西行了
因此奏報怎生

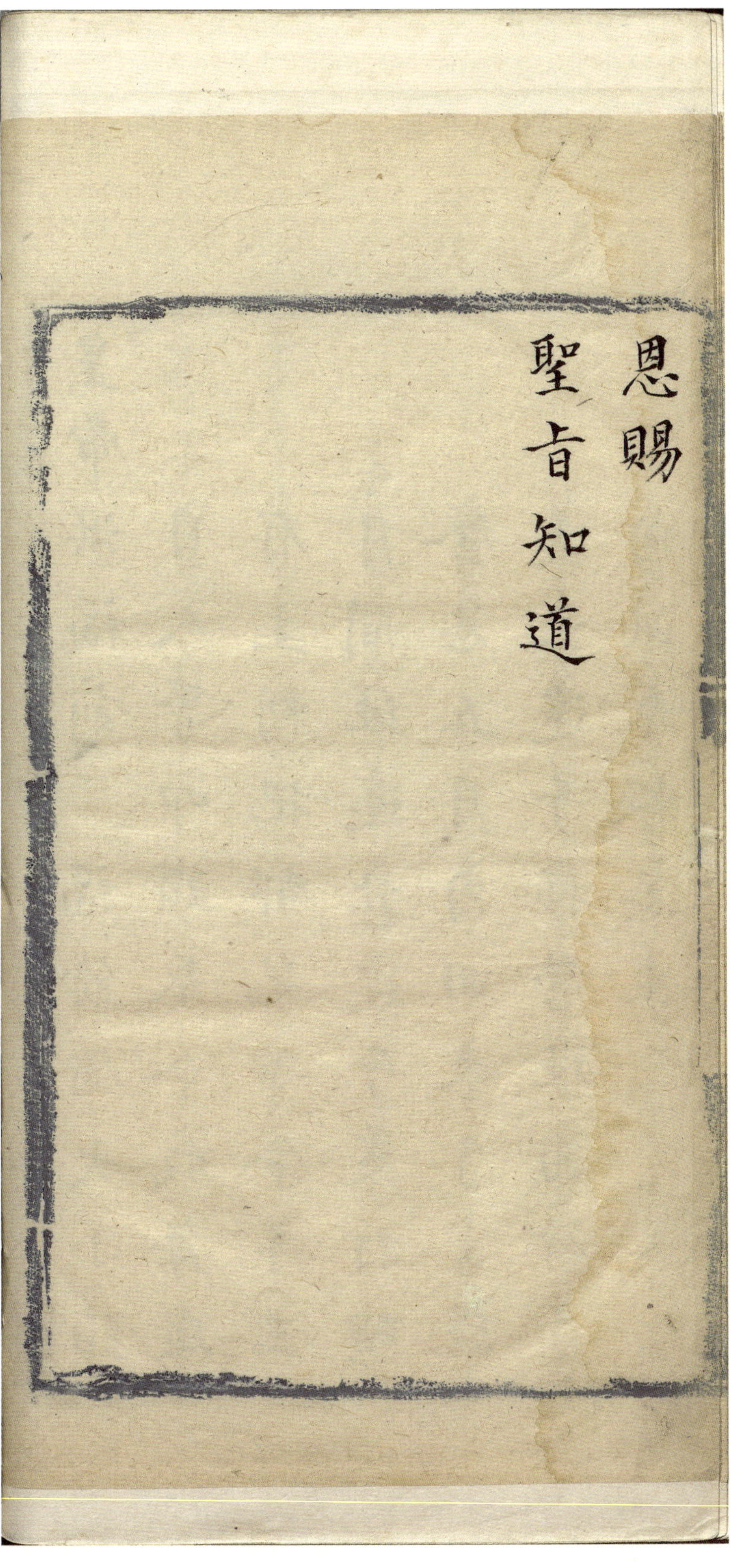
恩賜
聖旨知道

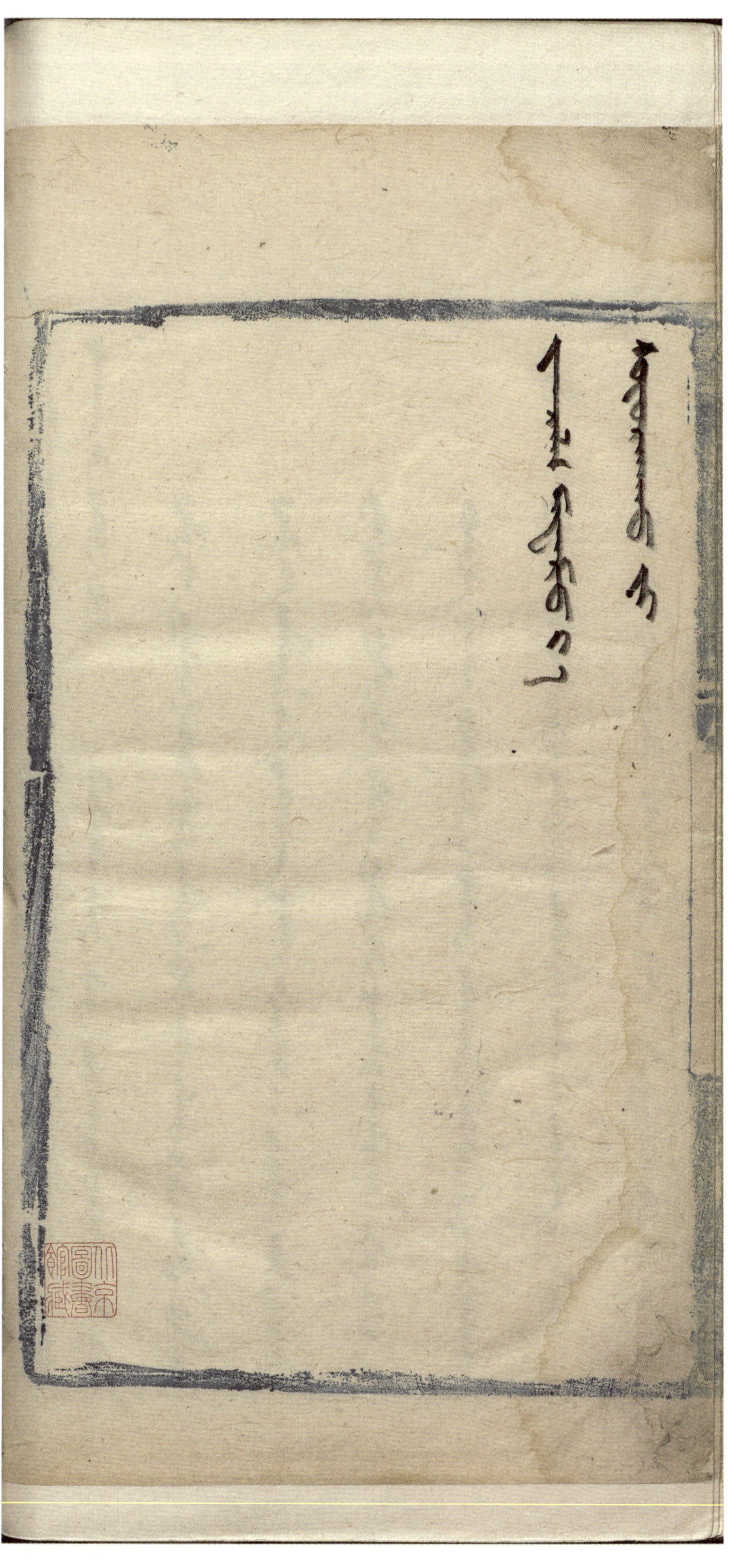

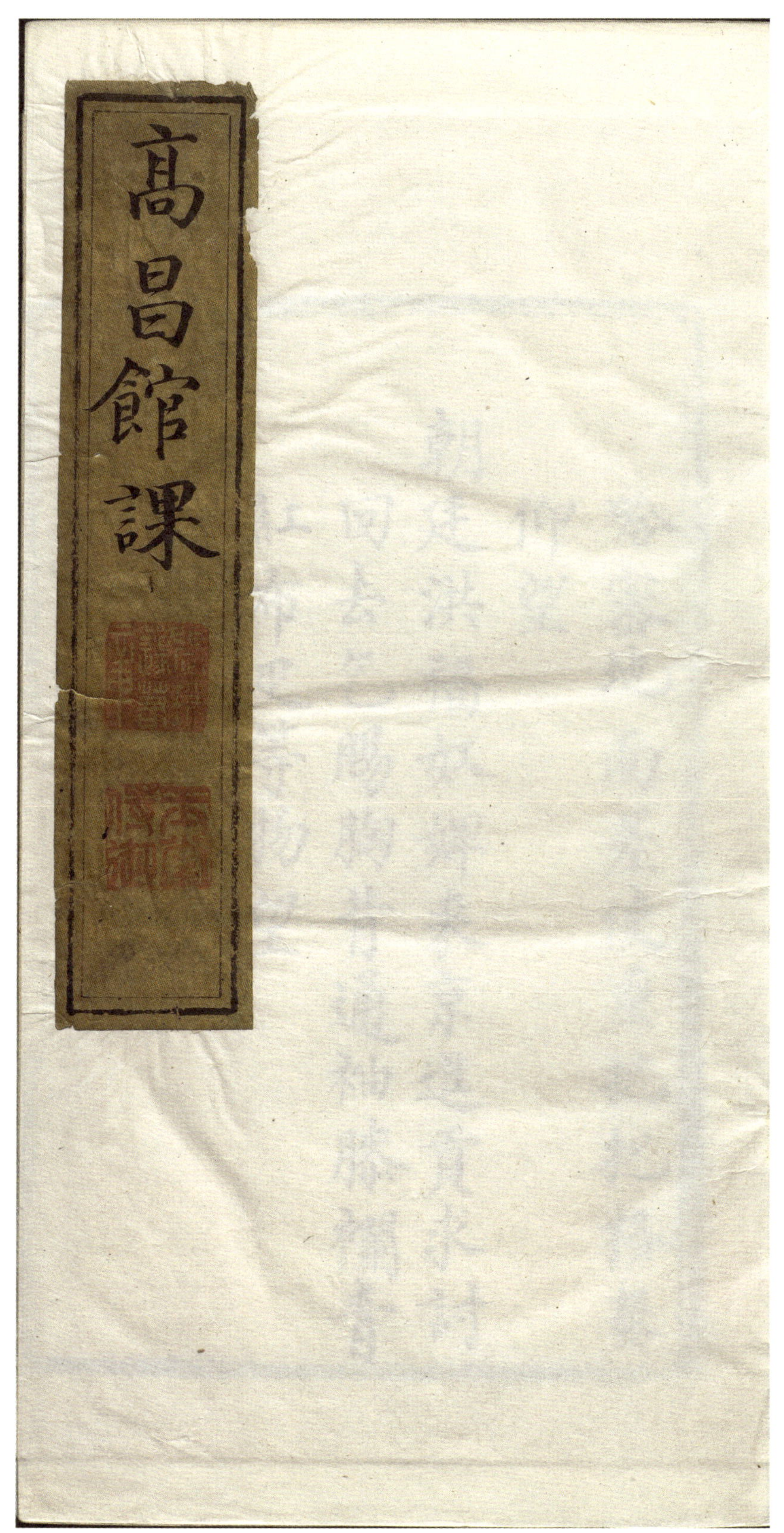
高昌館課

哈密地面差使臣把把格奏

仰望

朝廷洪福奴婢来京進貢求討

回去乞賜胸背通袖膝襴青

紅布疋等物望

賜與的奏得

聖旨知道

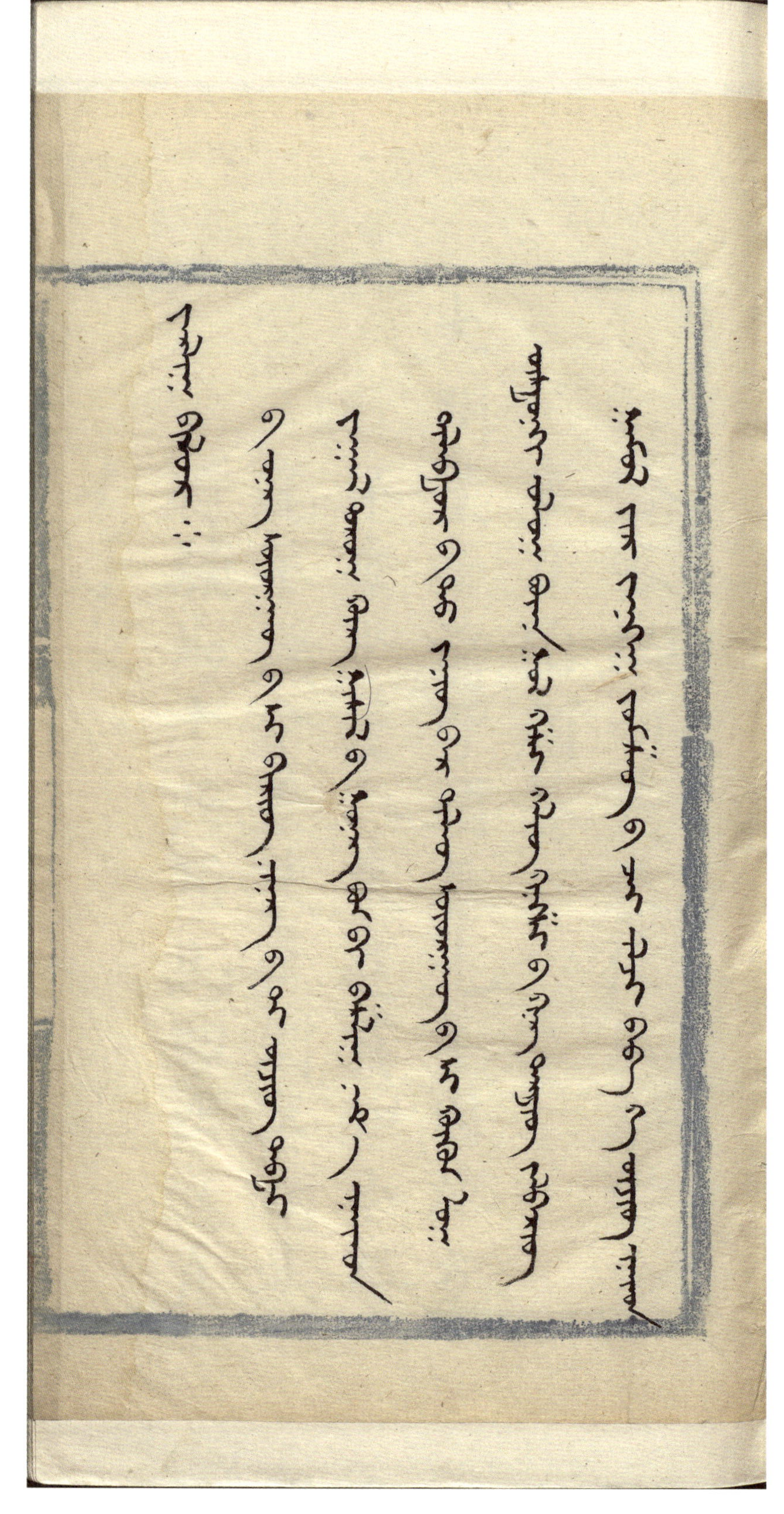

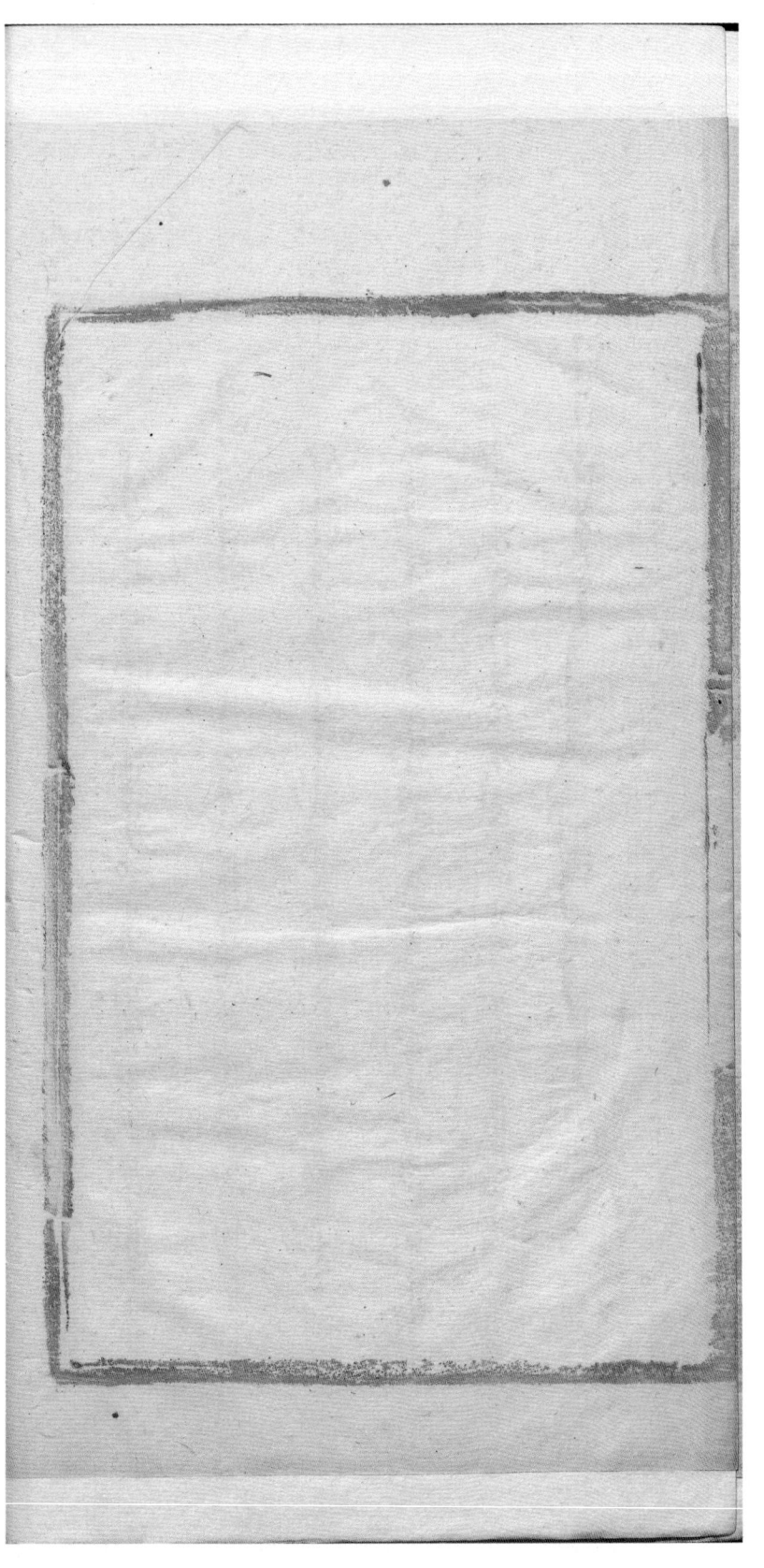

哈密地面差来使臣都督僉
事刀伯顏答
大明皇帝前叩頭奏先年因地方
不安少差人来進貢如今路
途平穩令差使臣到京朝見
将騸馬十匹西馬四匹進貢
去了望

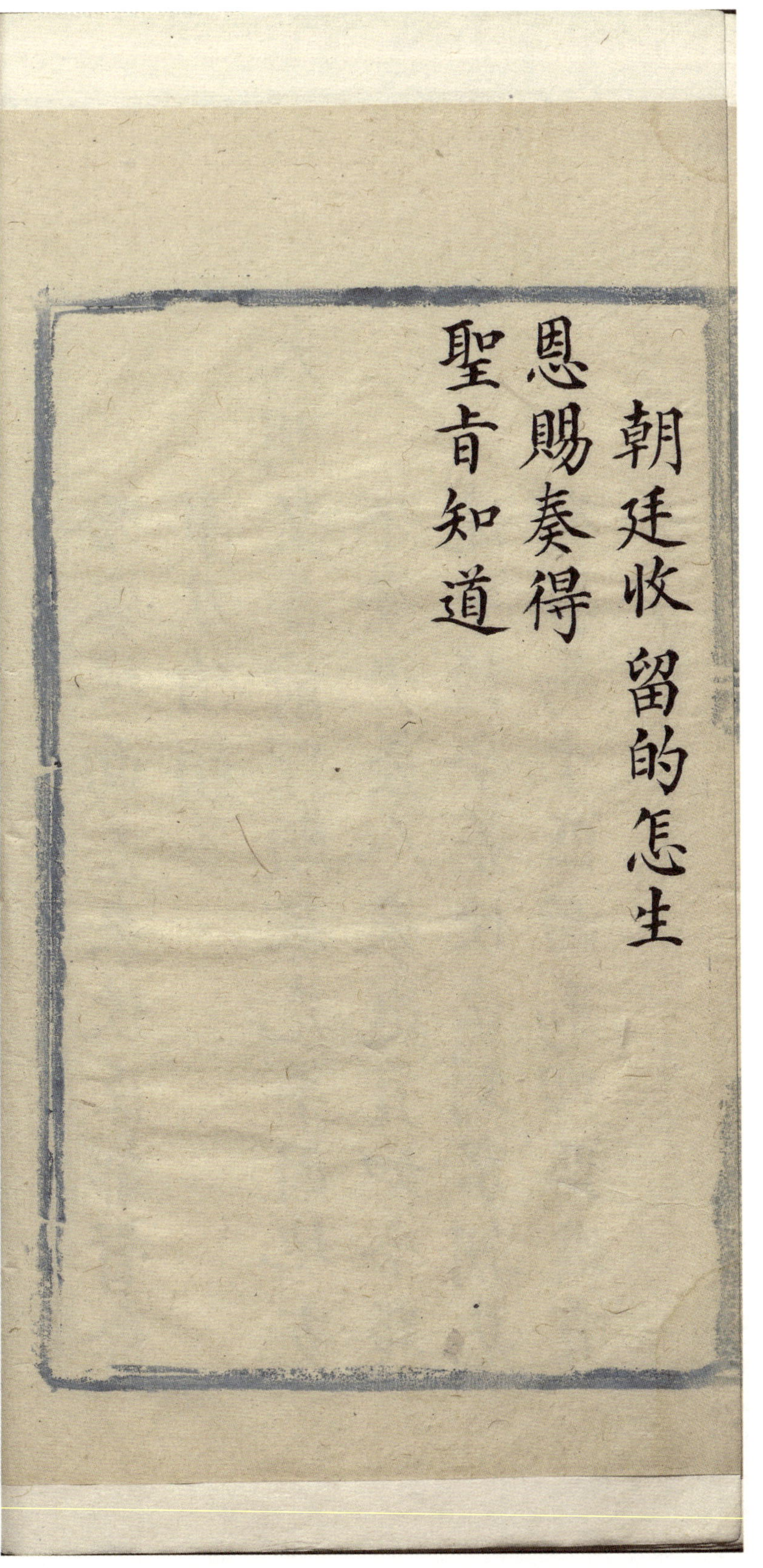

朝廷收 留的怎生

恩賜奏得

聖旨知道

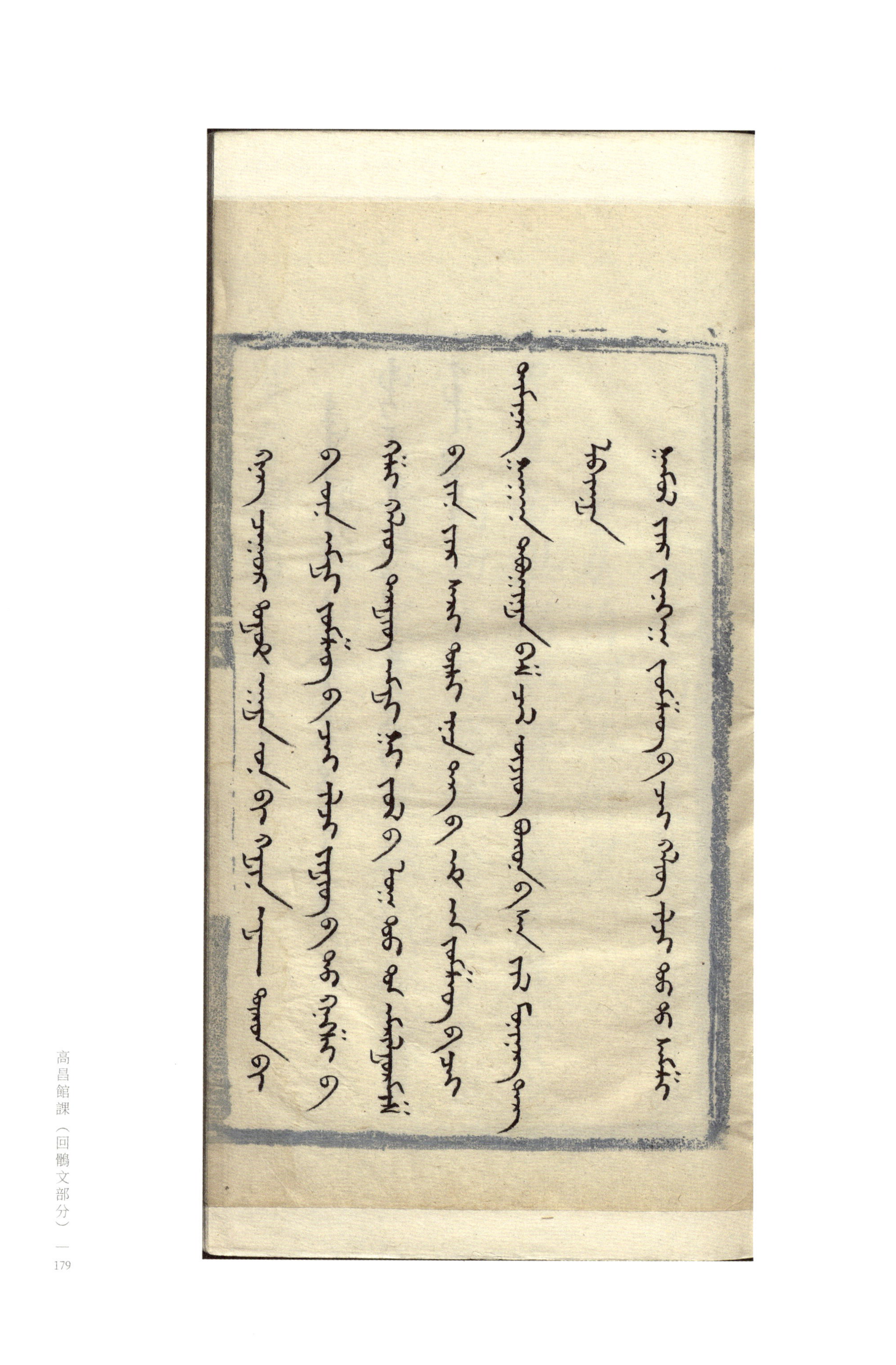

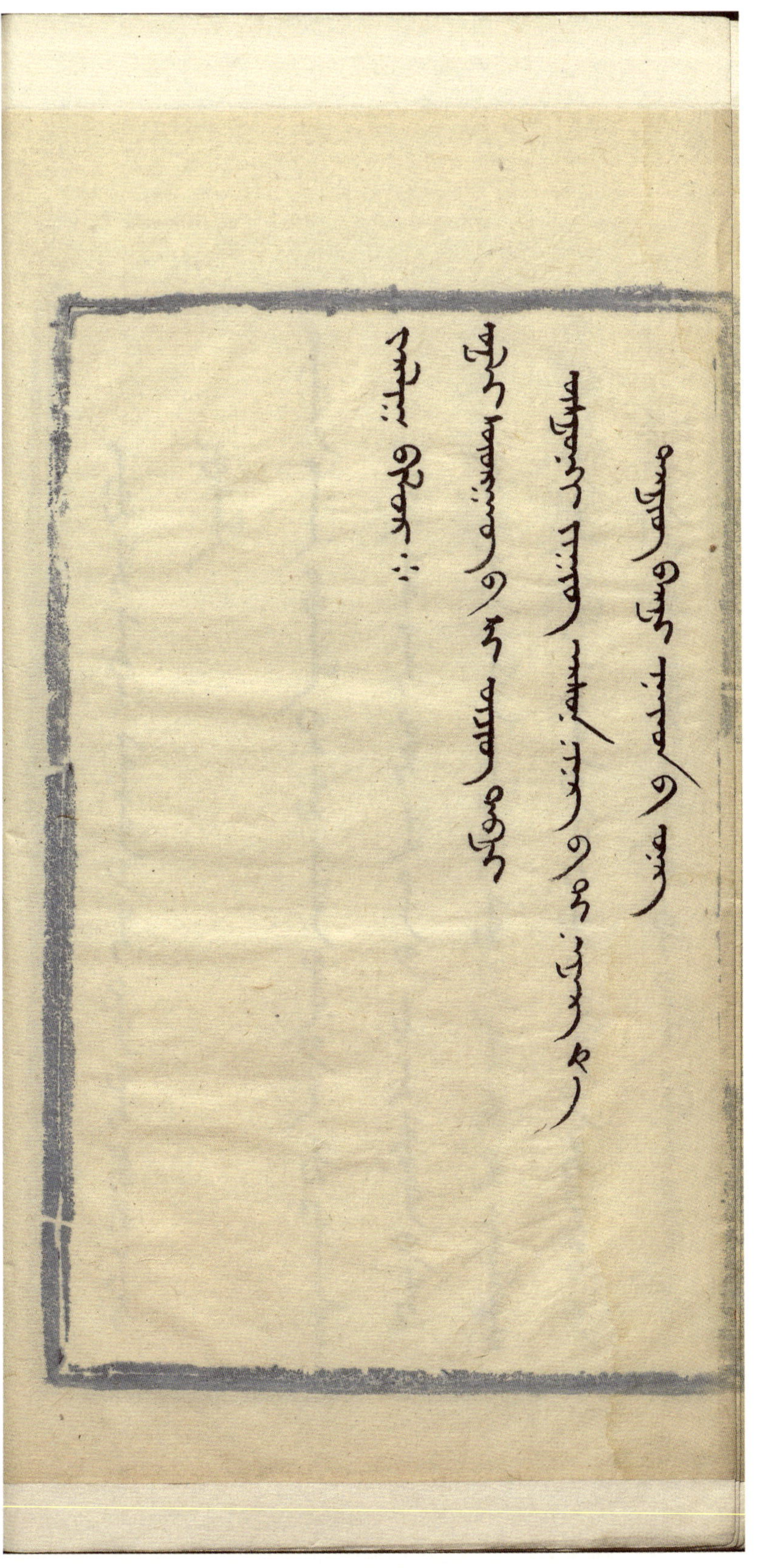

哈密地面差来使臣都督僉
事刀伯顔答仰望
天皇帝洪福奴婢每来京進貢求
討回去乞賜織金段子二疋
青二疋素二疋磁碗磁碟乞
賜與的奏得
聖旨知道

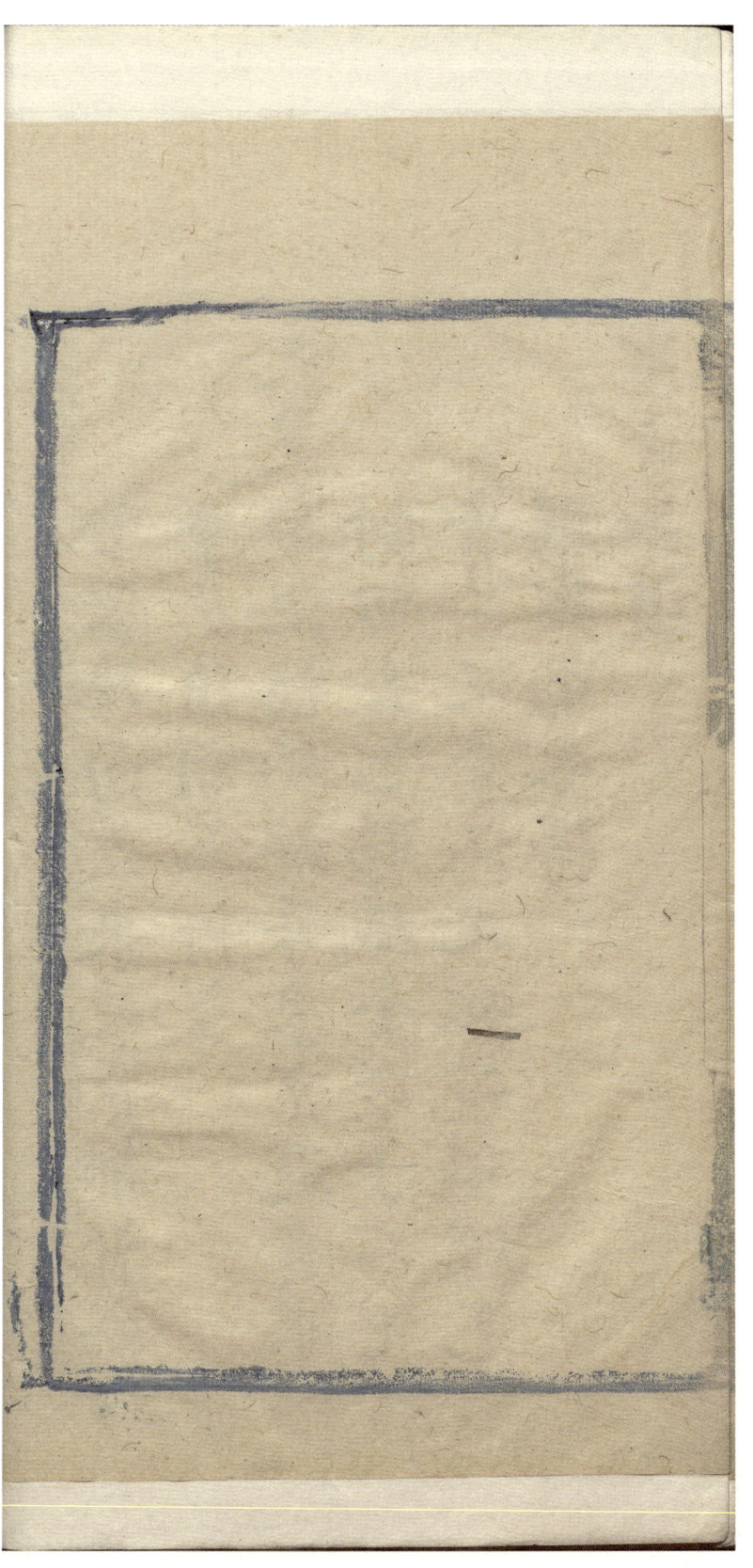

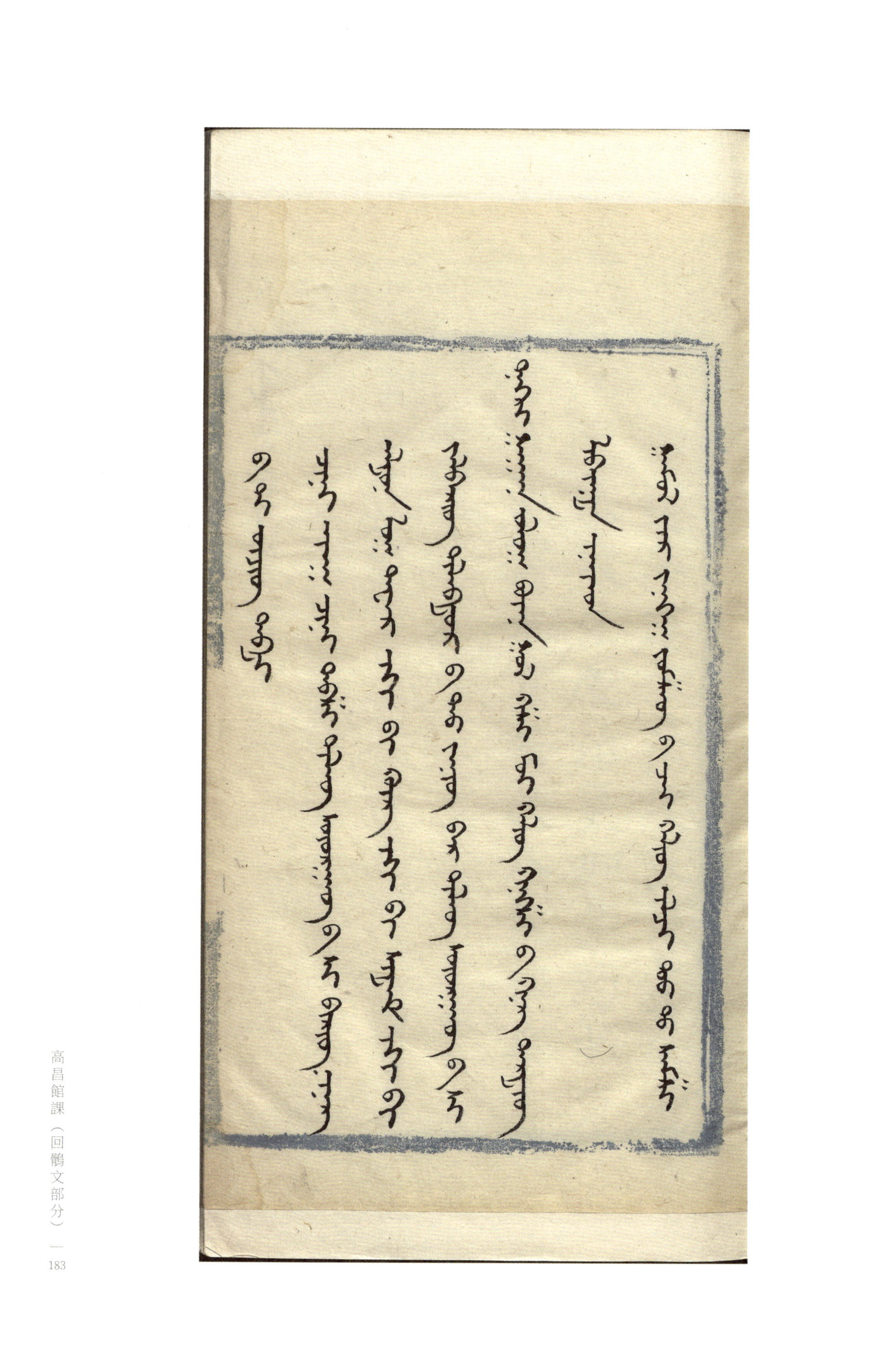

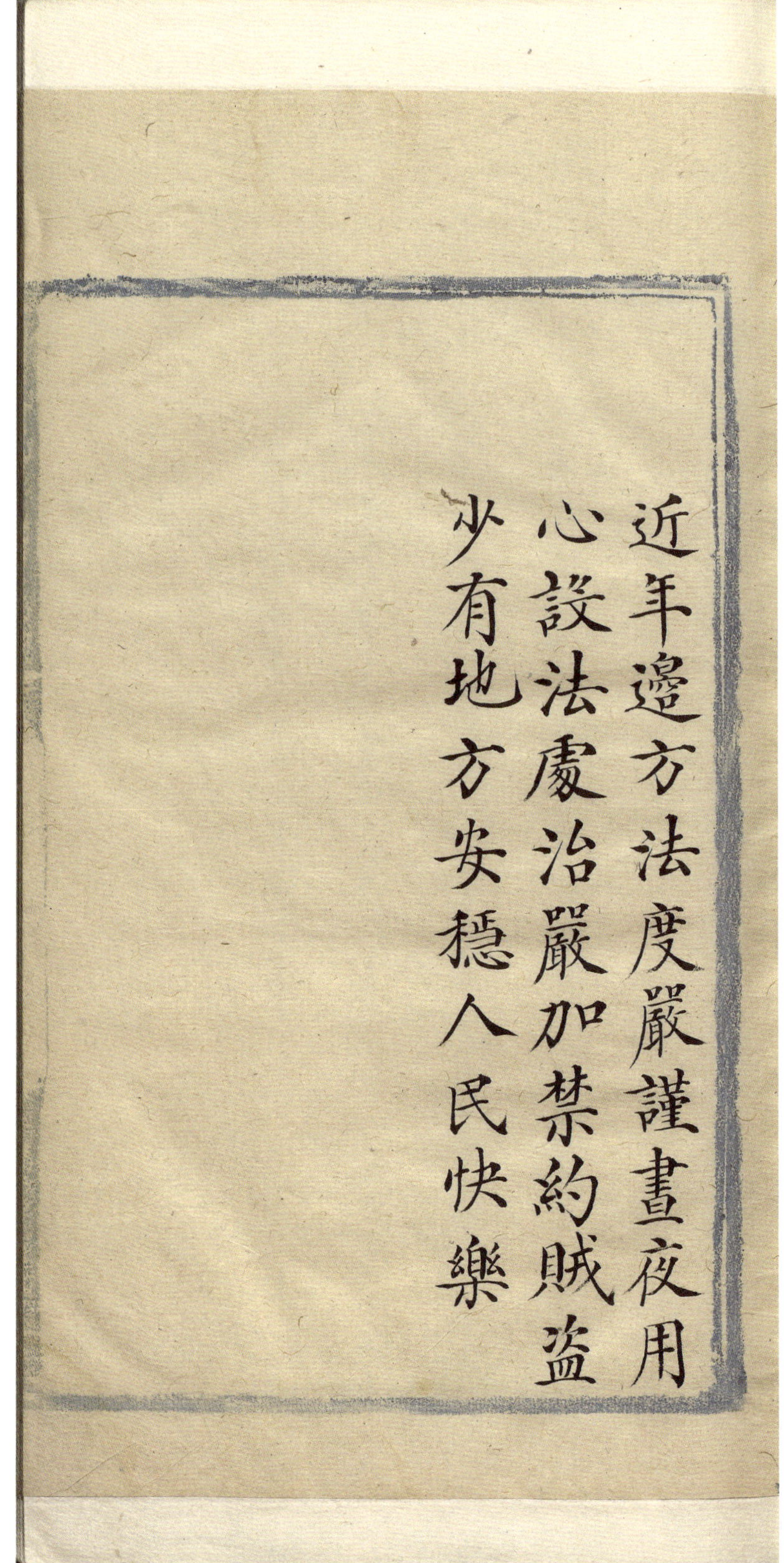

近年邊方法度嚴謹晝夜用

心設法處治嚴加禁約賊盜

少有地方安穩人民快樂

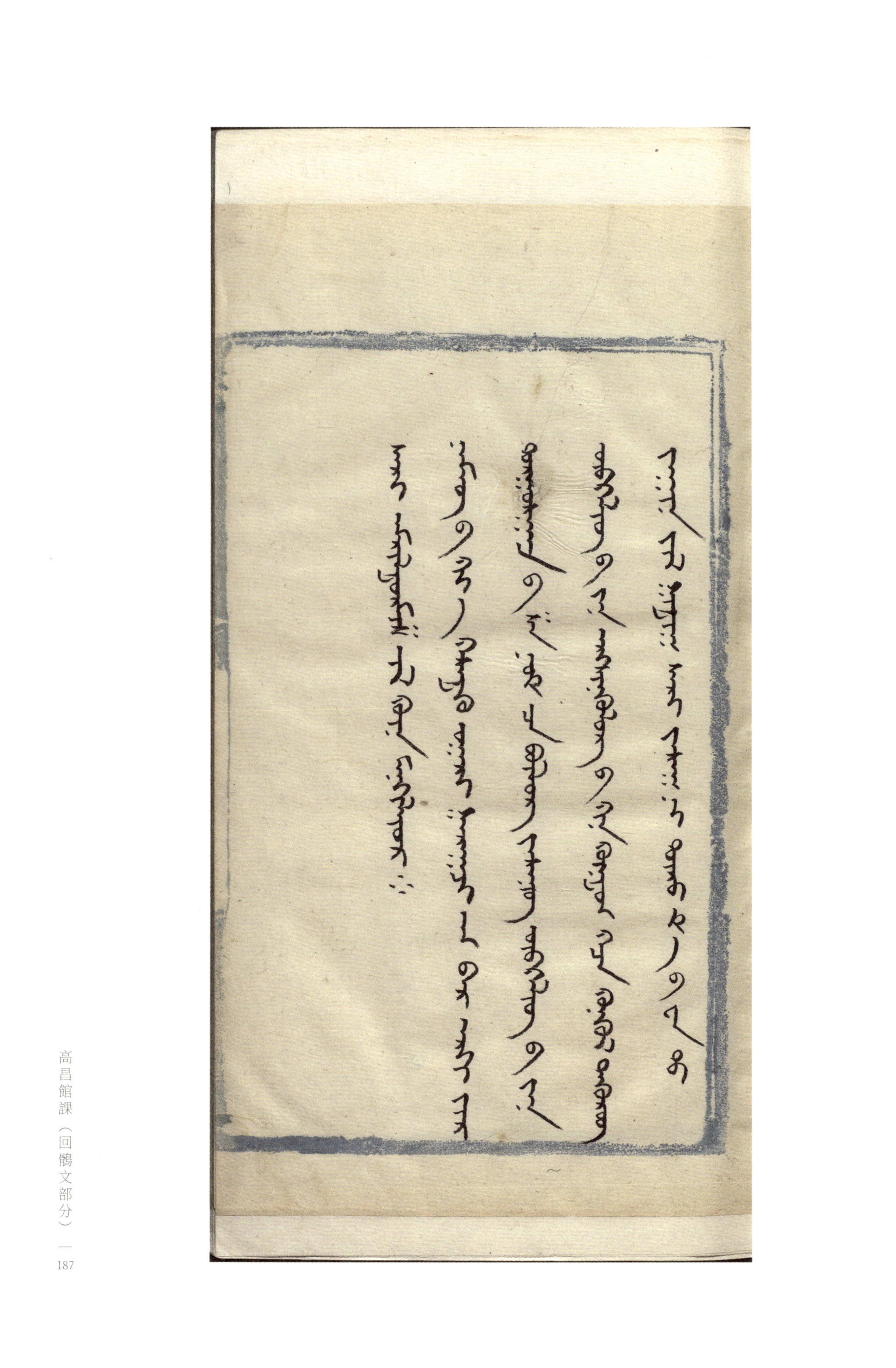

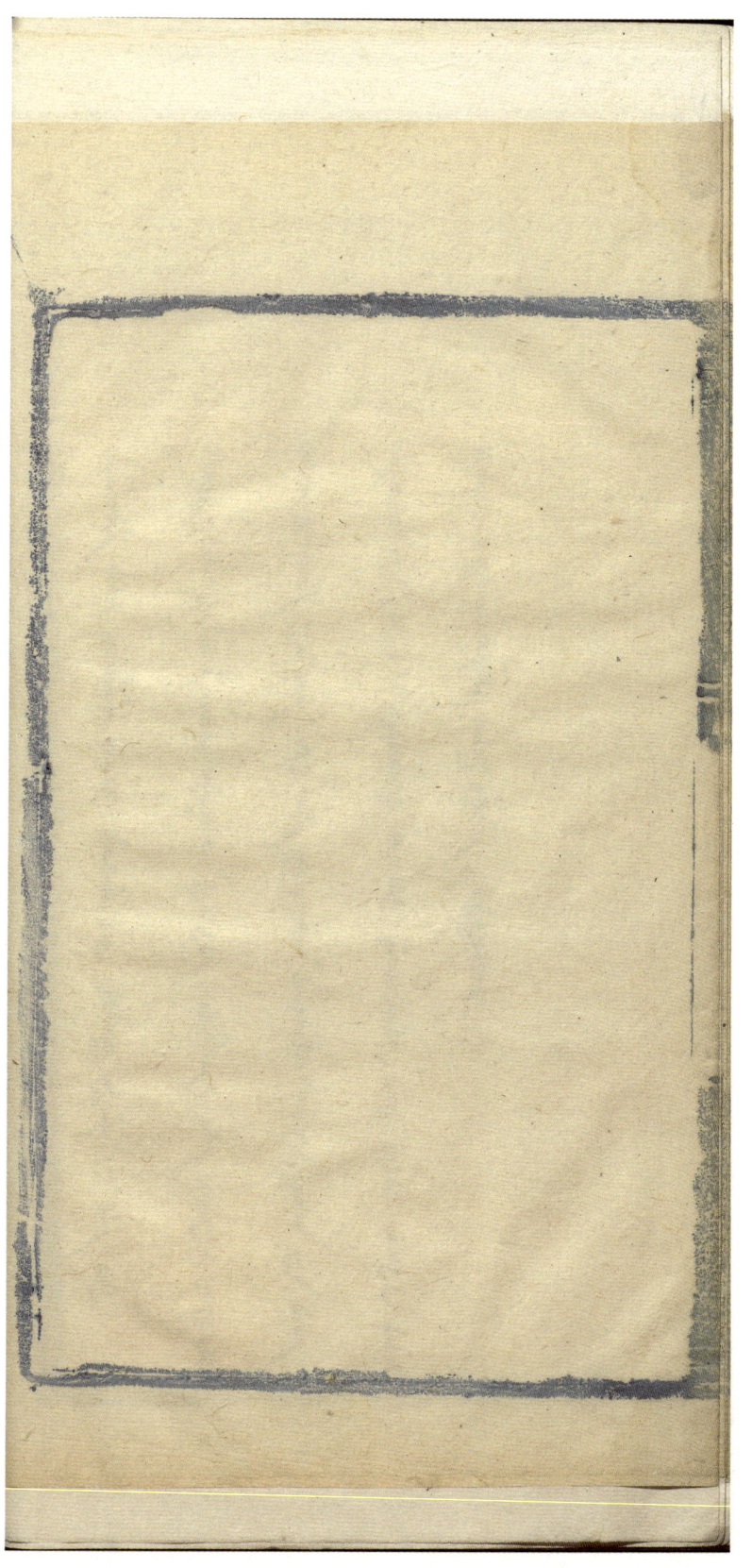

哈密地面差来使臣把把亦
速等
大明皇帝前叩頭奏奴婢每来京
朝見将本土出産方物進貢
騸馬二匹玉石皮條等物仰
望
朝廷憐憫收留的怎生

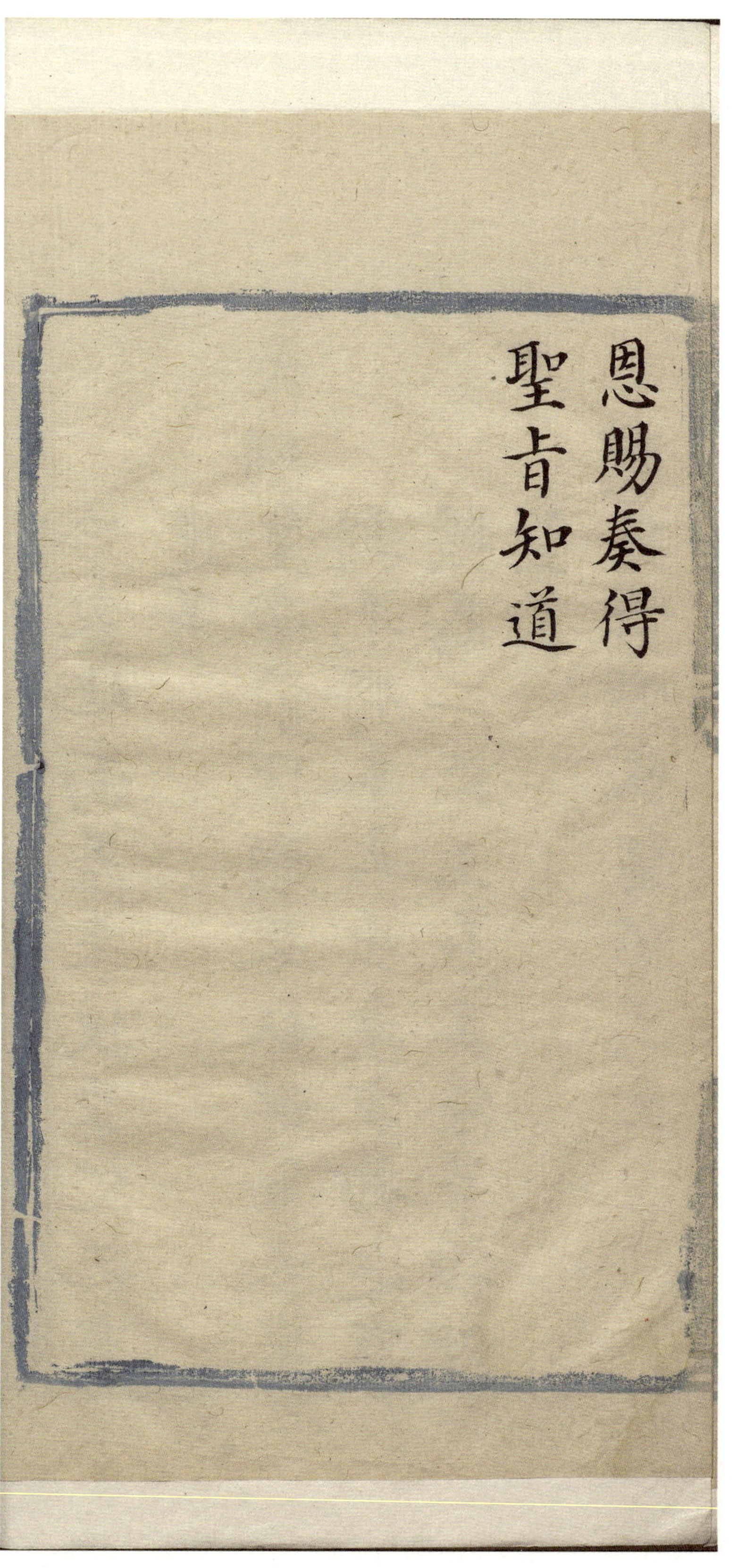
恩賜奏得
聖旨知道

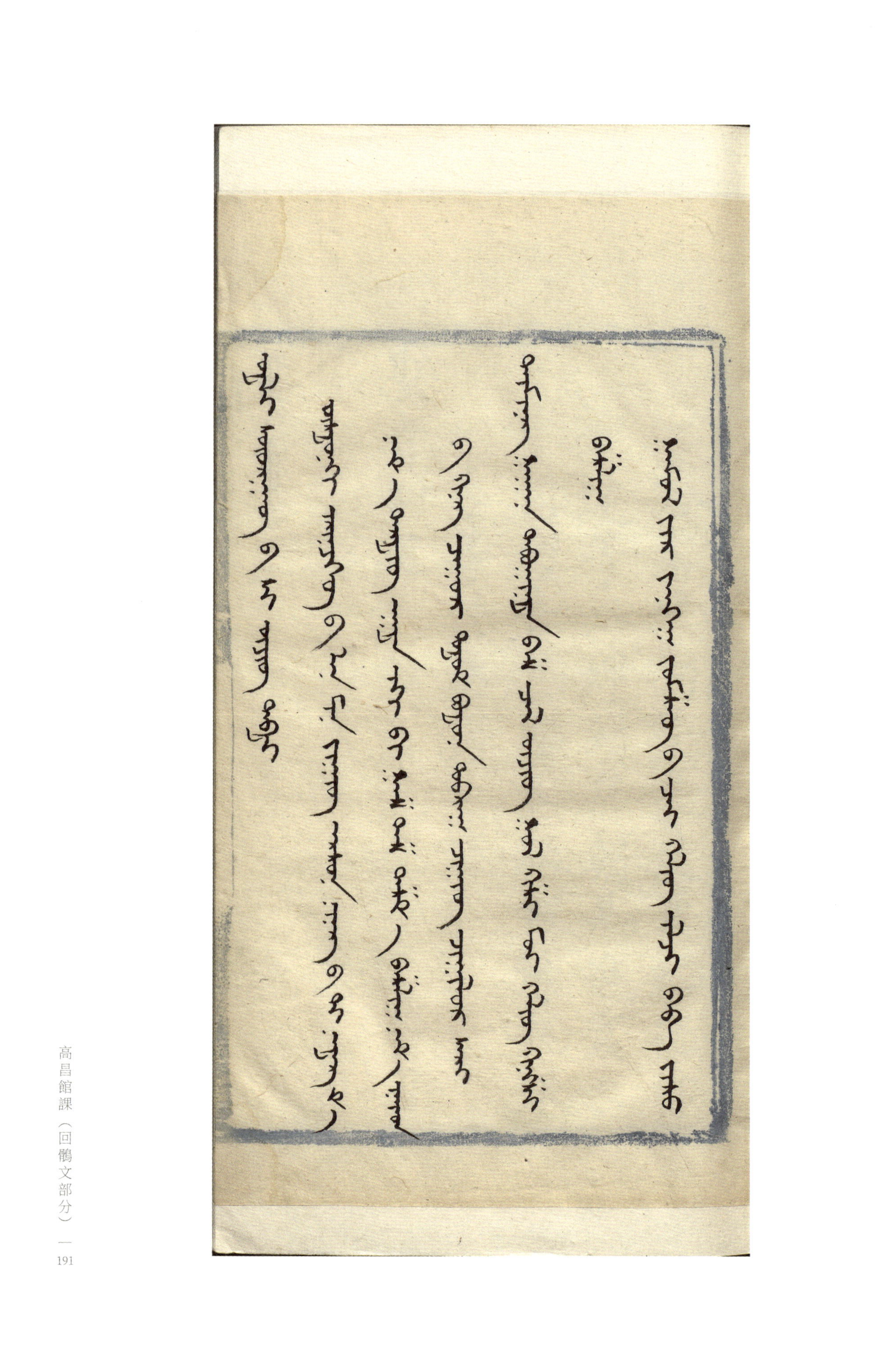

哈密地面差来使臣把把亦

速等奴婢到京朝見進貢求

討回去乞賜衣服銀湯瓶銀

壺等件奏得

聖旨知道

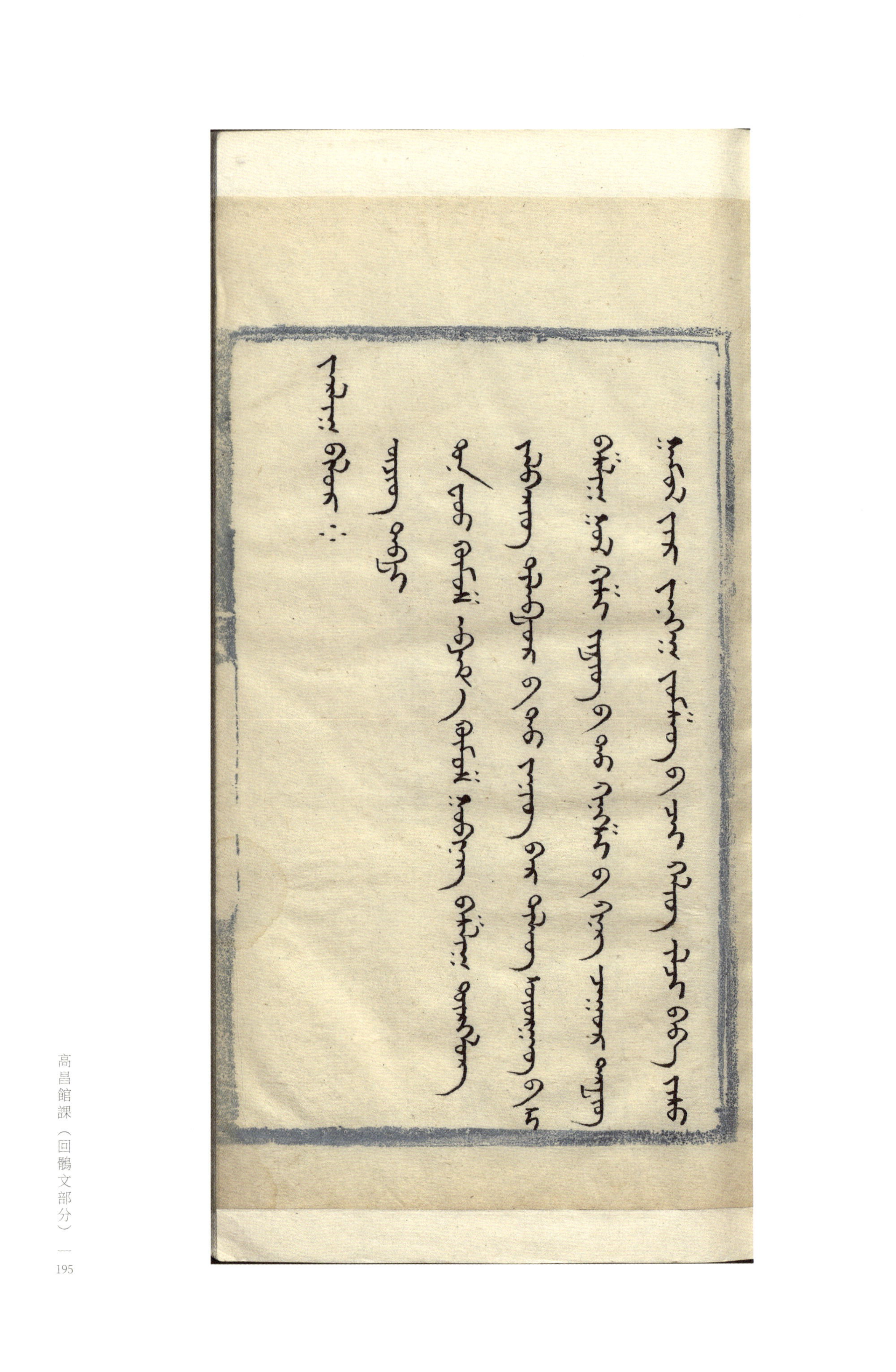

分付守邊官軍知道俱各謹
慎或有賊人在邊墻外打圍
牧放謹守地方差人哨瞭如
有賊人走過邊內即調大軍
捉獲重罪不饒

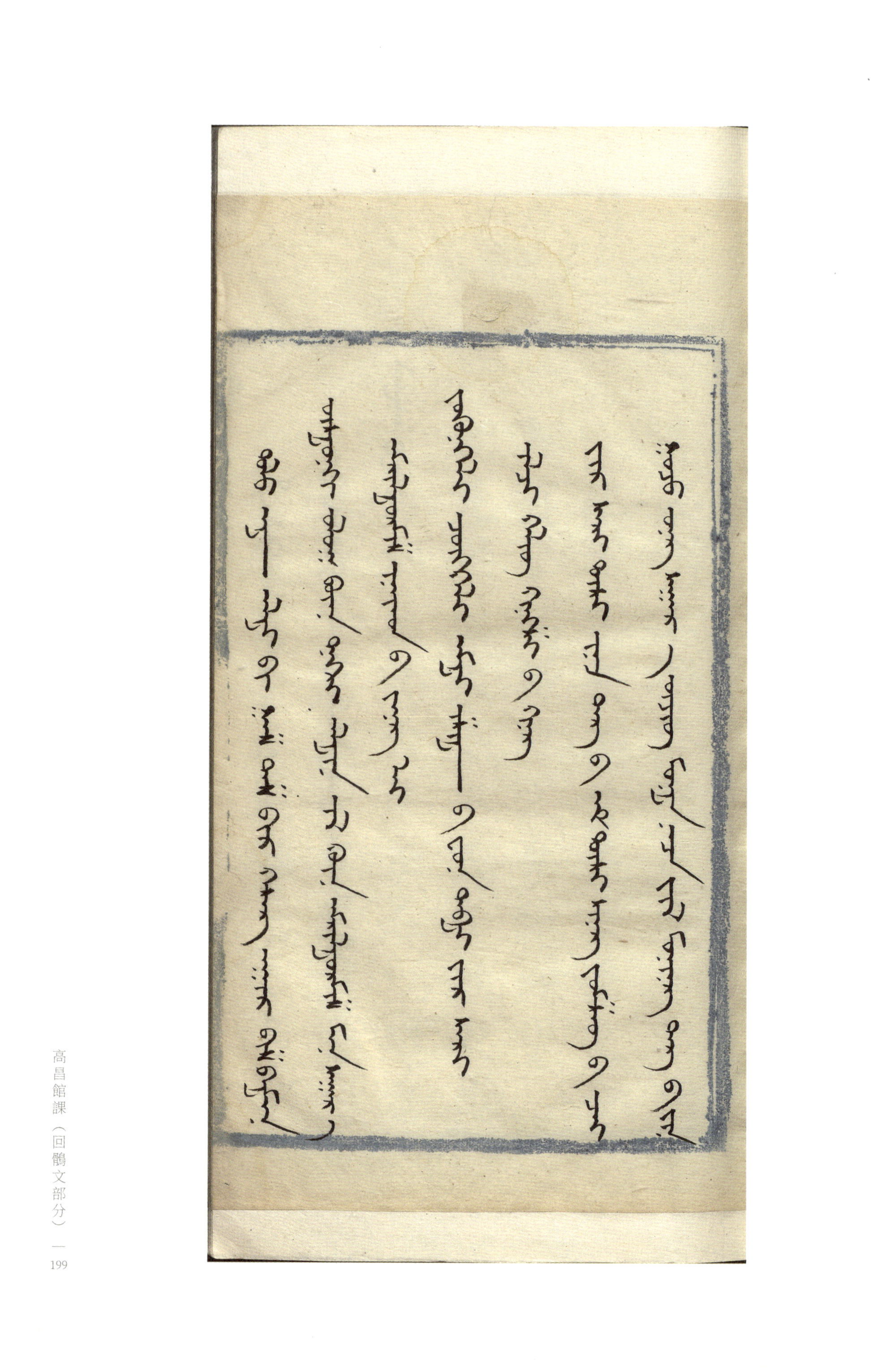

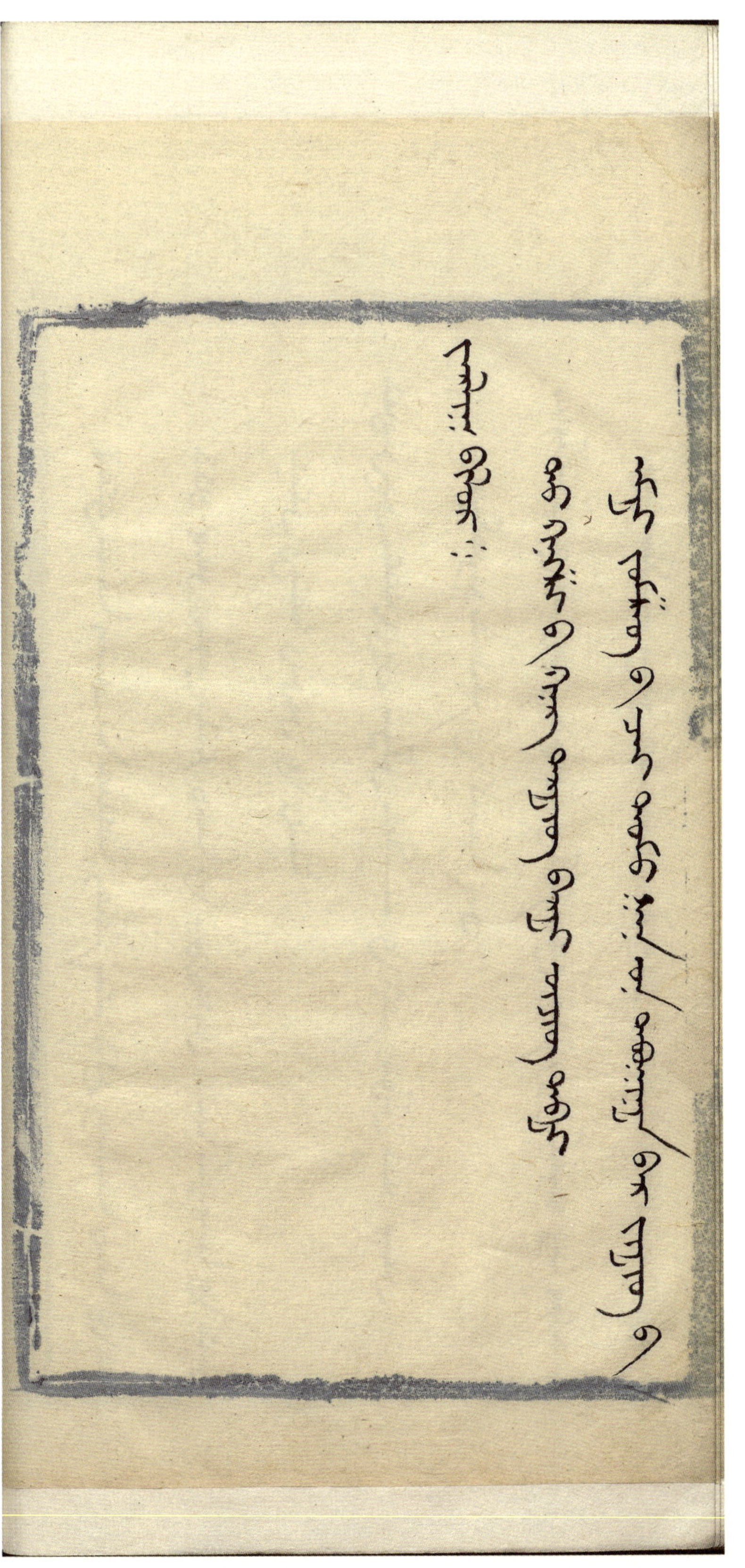

火州王撒哈剌奏這幾年因
地方不安不曾差使臣来京
朝貢今聞得地方安穩仰望
朝廷洪福天下人民安穩我撒
哈剌備馬六匹玉石一塊重
五斤今差頭目罕完前去到
京進貢去了奏得

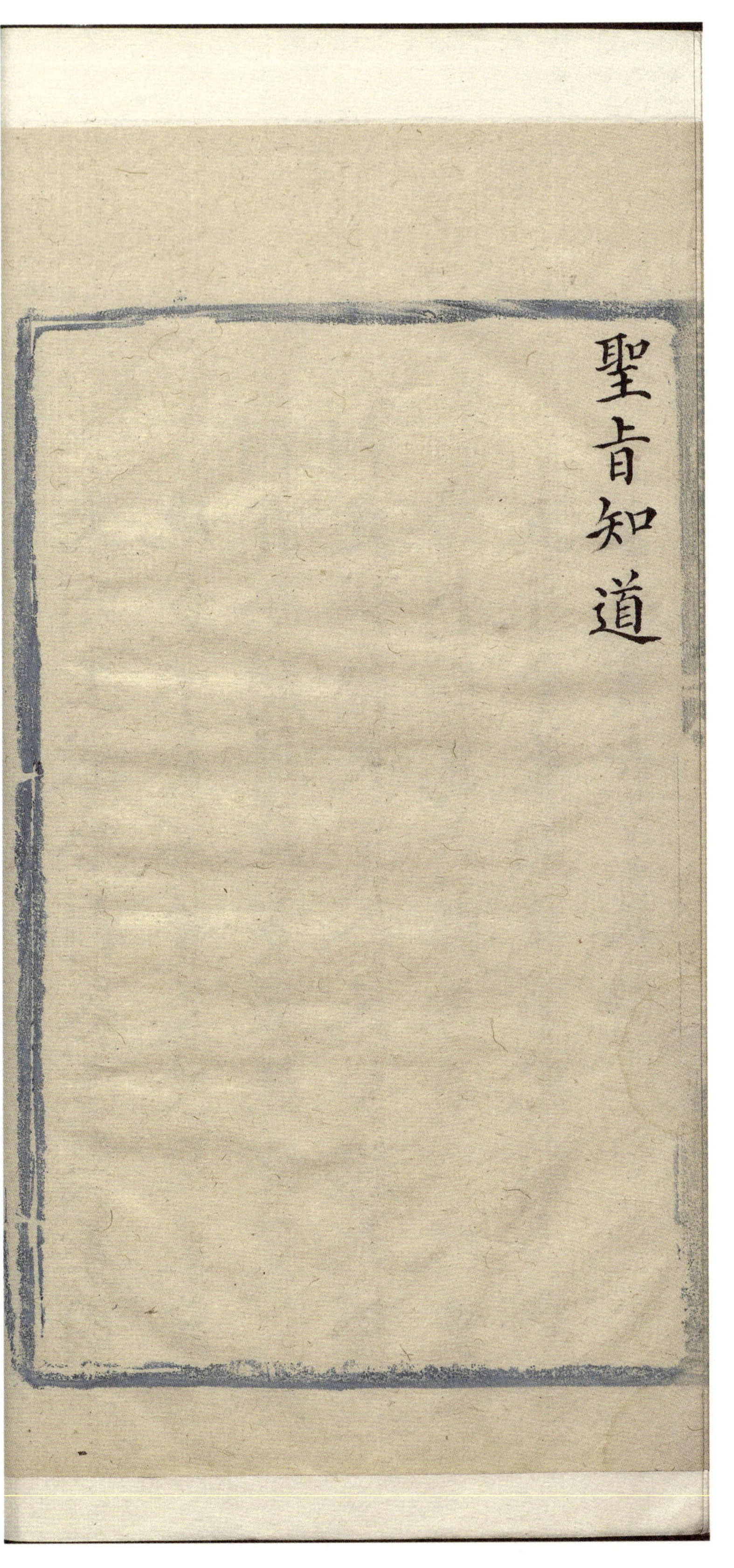
聖旨知道

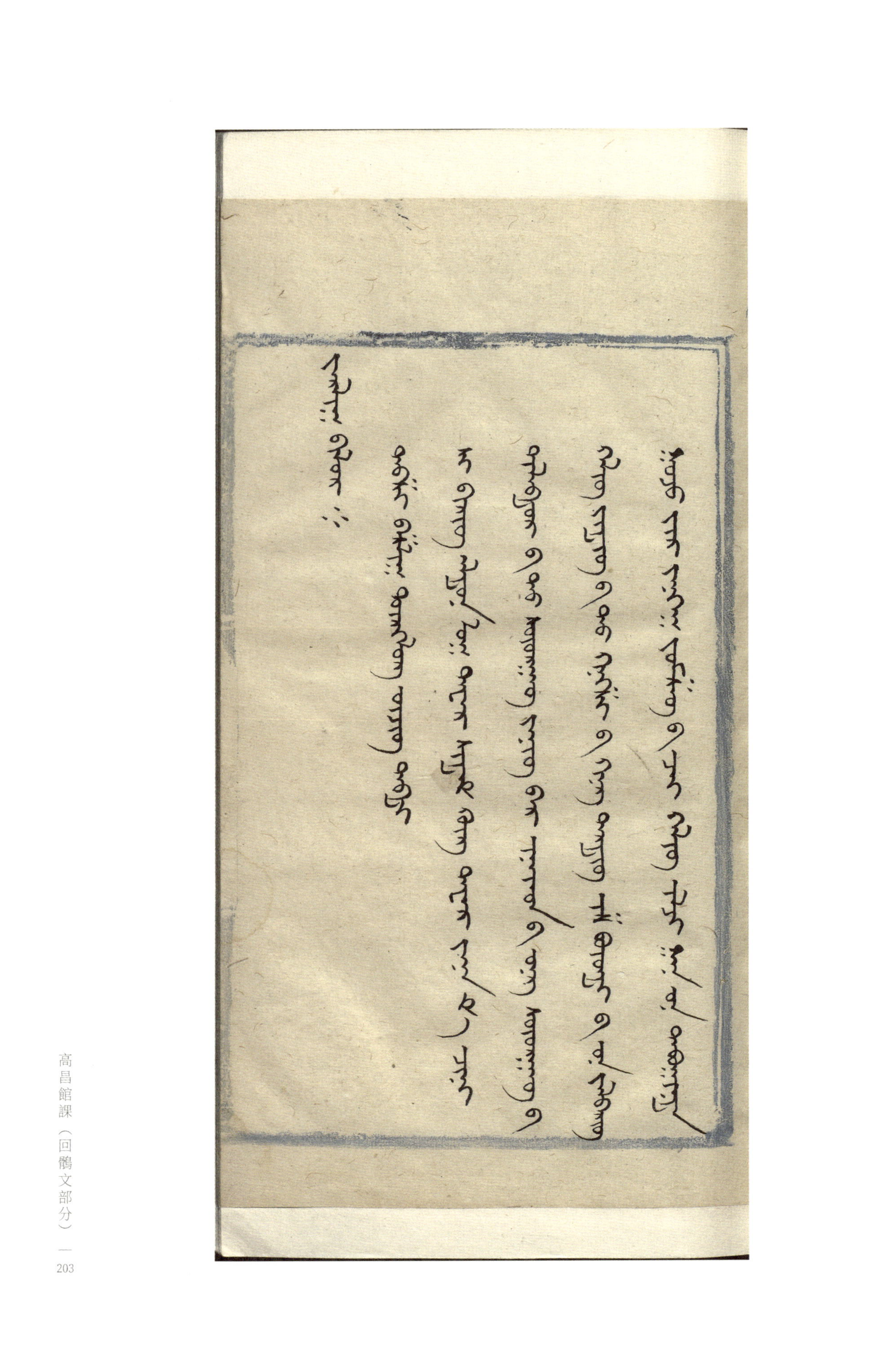

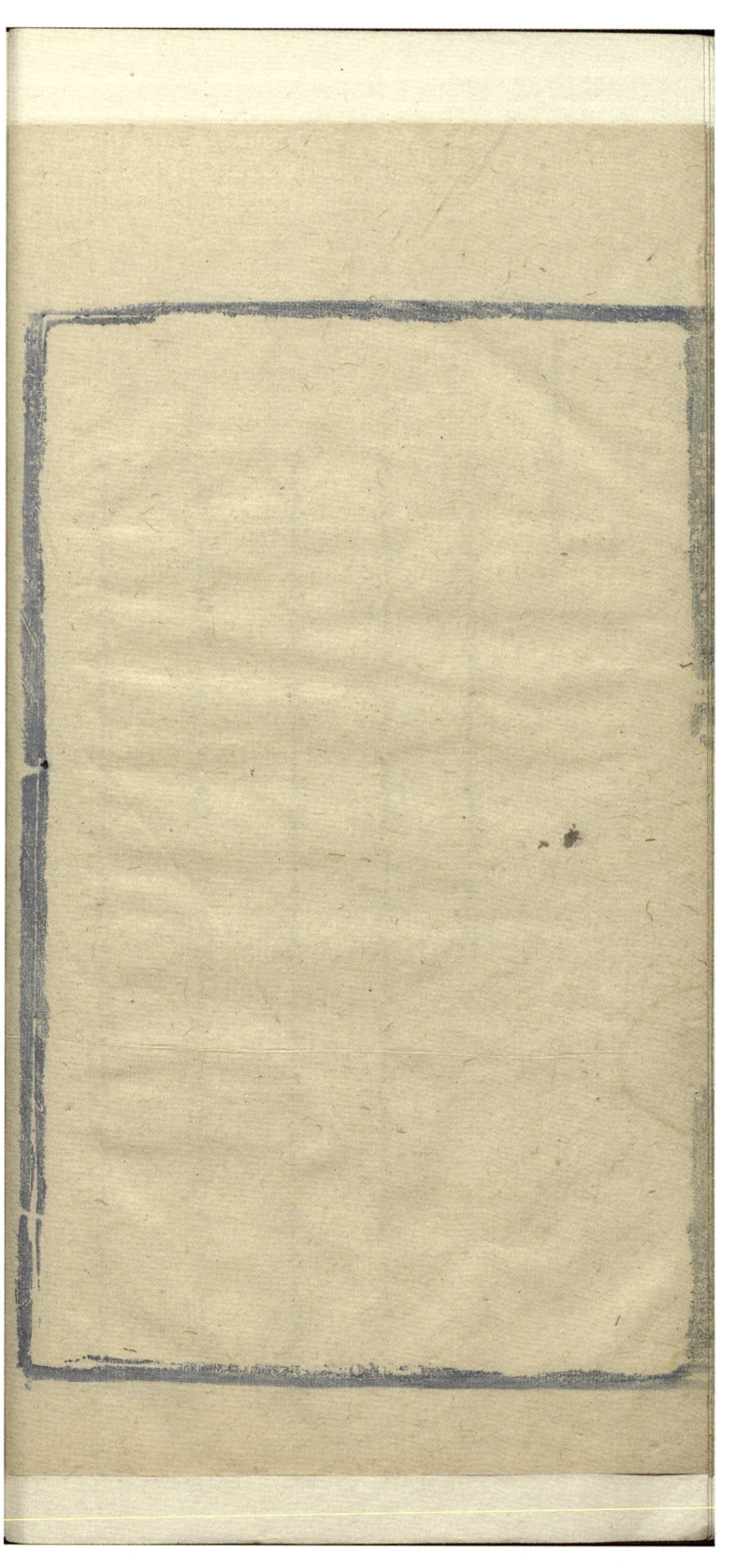

火州地面差来使臣罕完前
来到京進貢事完求討賞賜
回去望賜與織金段子素青
段子并磁碟等件奏得
聖旨知道

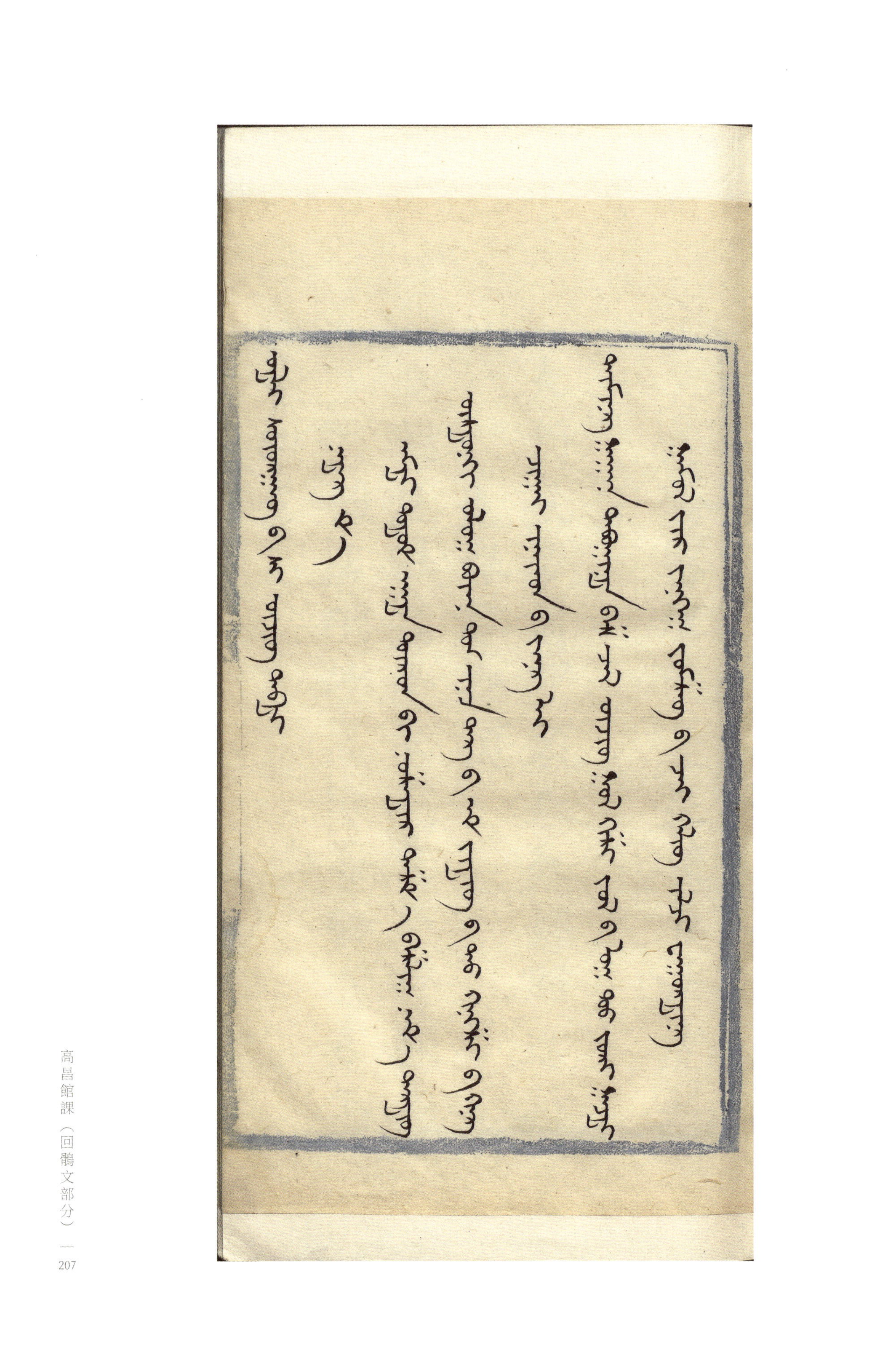

哈密地面差来使臣法虎兒丁

大明皇帝前叩頭奏奴婢路途行走艱難仰賴

朝廷洪福平安到京今將騸馬四匹硇砂皮條等物進貢怎生

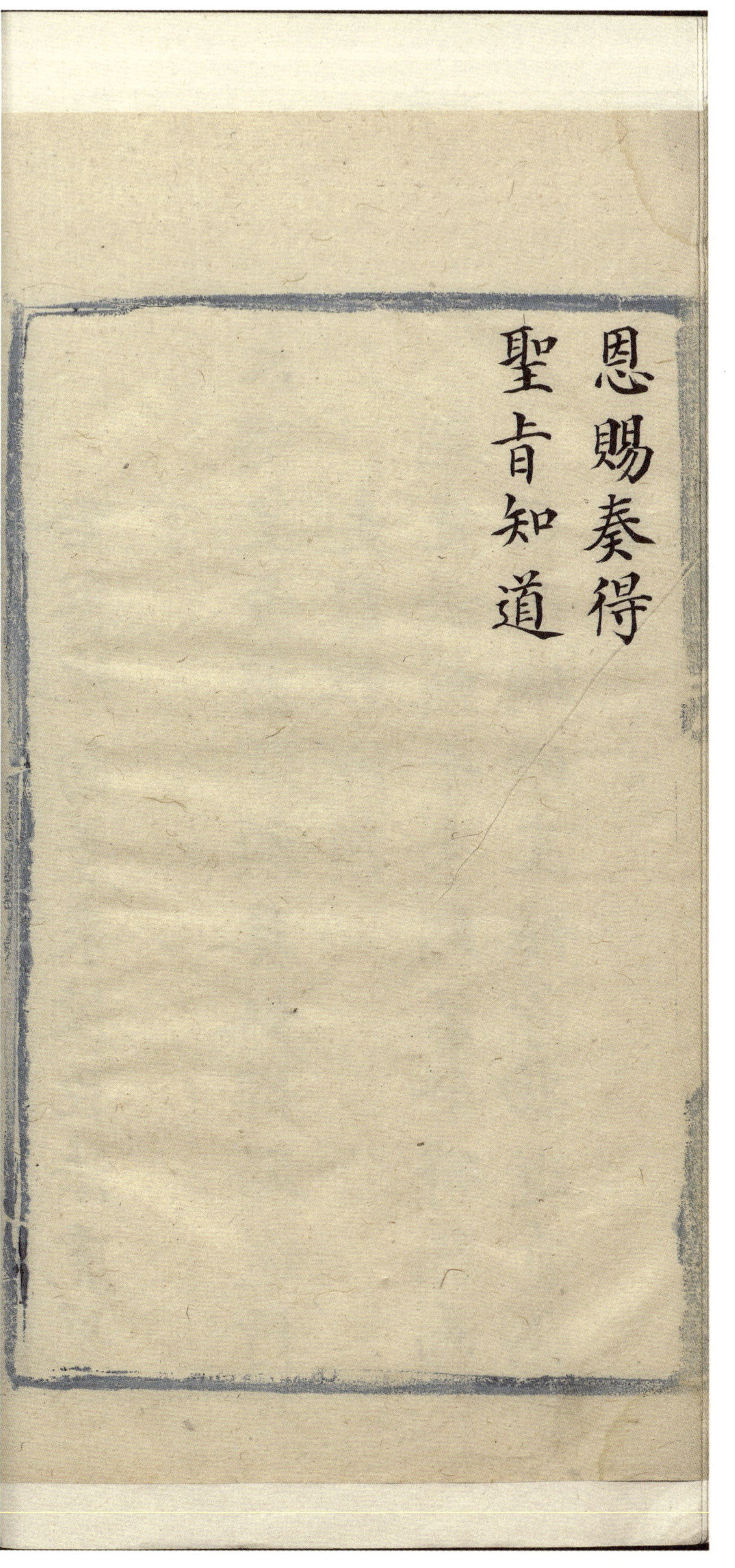
恩賜奏得
聖旨知道

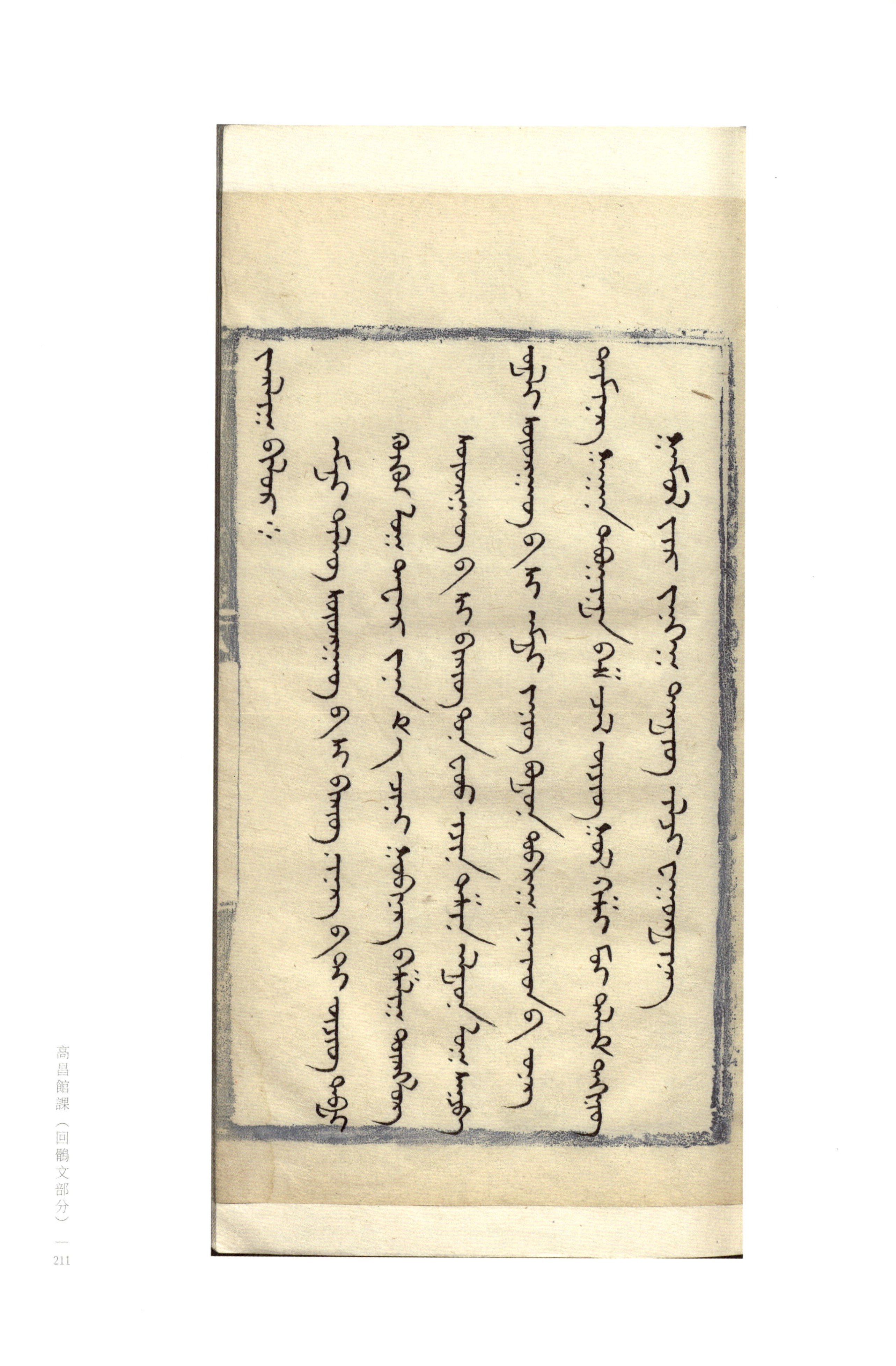

哈密地面進貢使臣法虎兒

丁

大明皇帝前叩頭奏奴婢每多受

恩賜今回本土望賜與衣服表裏

金繡胸背段子并磁壺等件

今乞賜與的奏得

聖旨知道

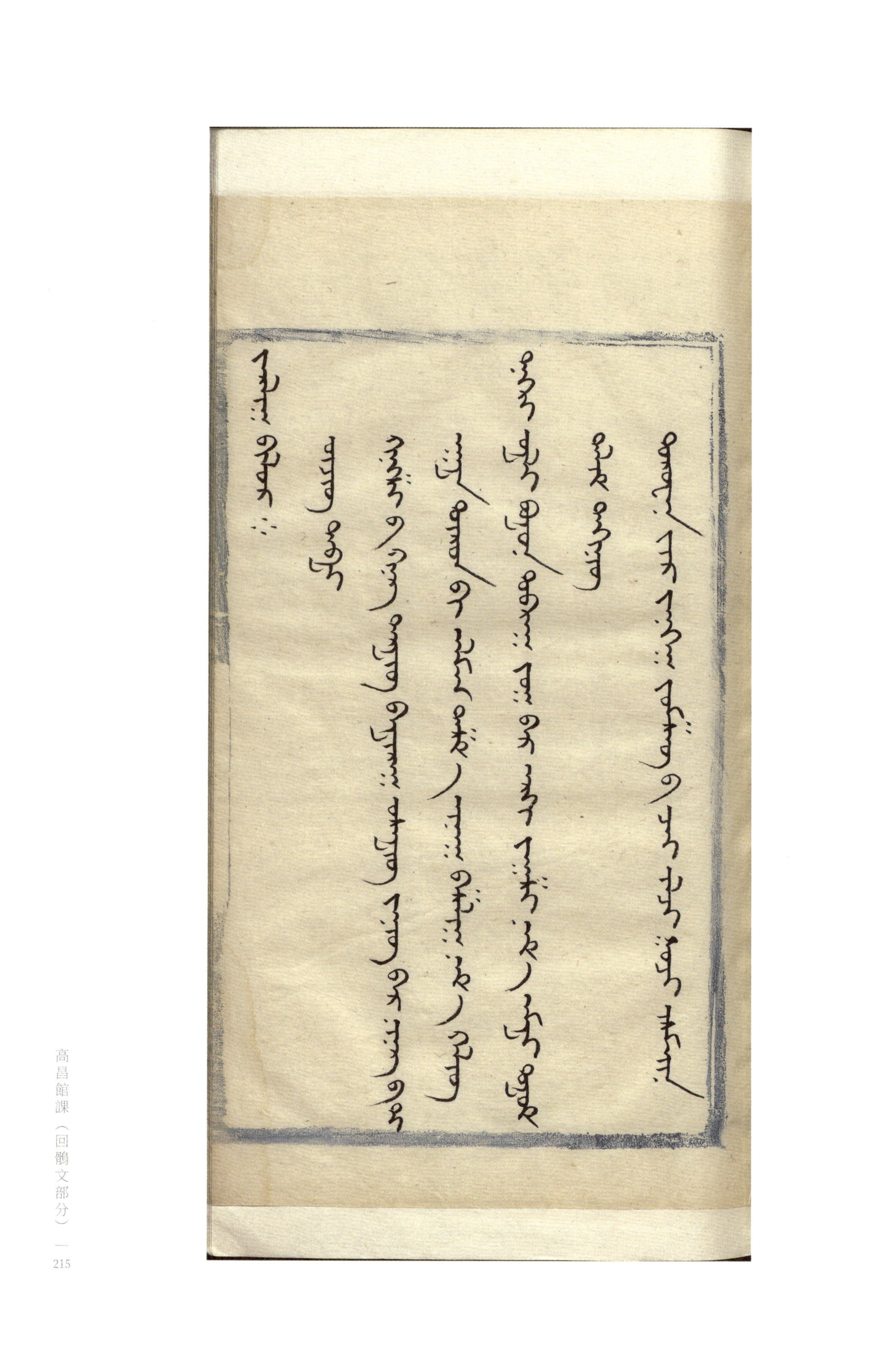

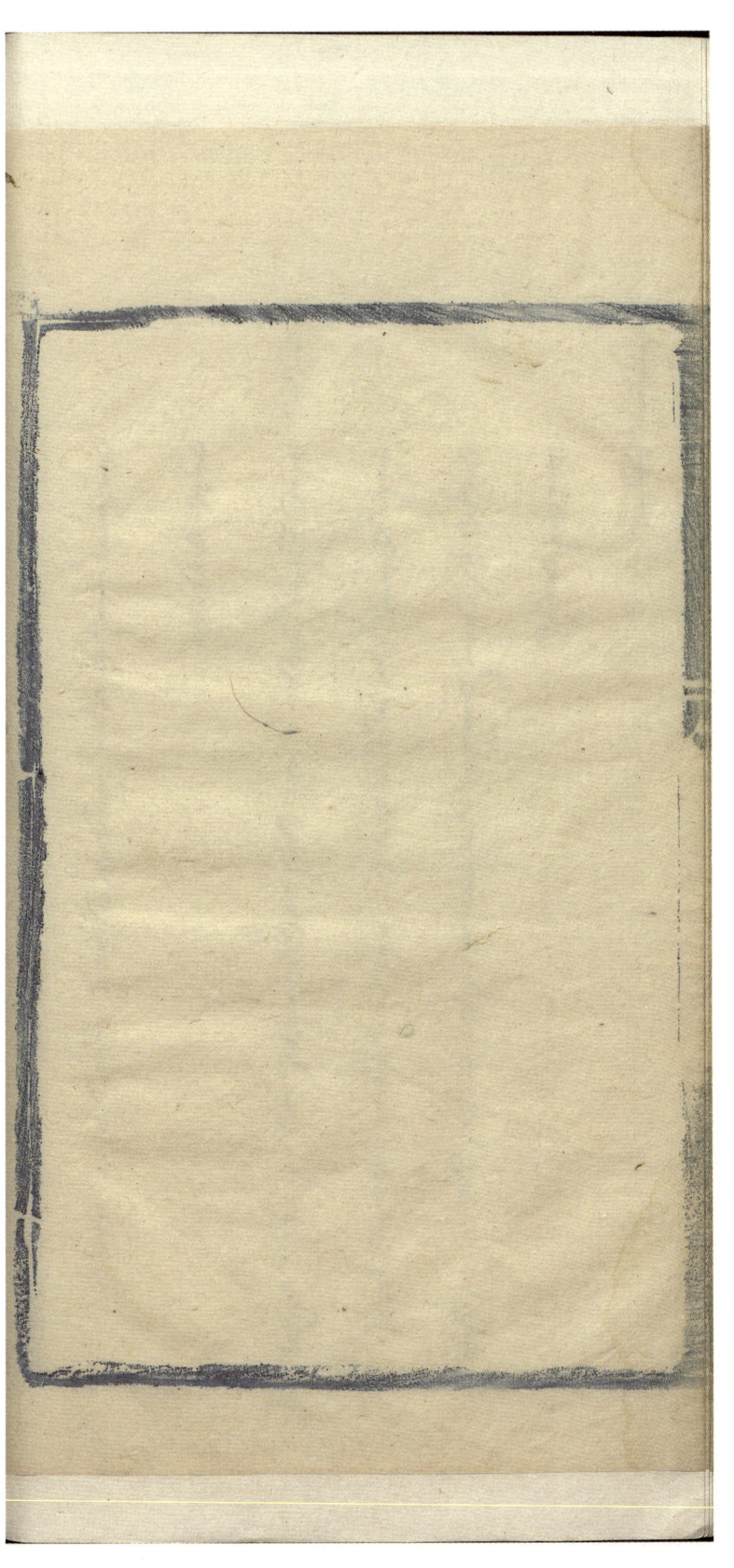

土魯番地面差使臣火只亦
思麻因多受
天恩本土無有好物今將騸馬四
匹金鋼鑽皮條眼鏡等物來
京進貢快些打發回去的奏
得
聖旨知道

土魯番地　面差来使臣火只
亦思麻因等奏奴婢路途遠
行多受辛苦来京日久仰望
朝廷憐憫乞賜回去的奏得
聖旨知道

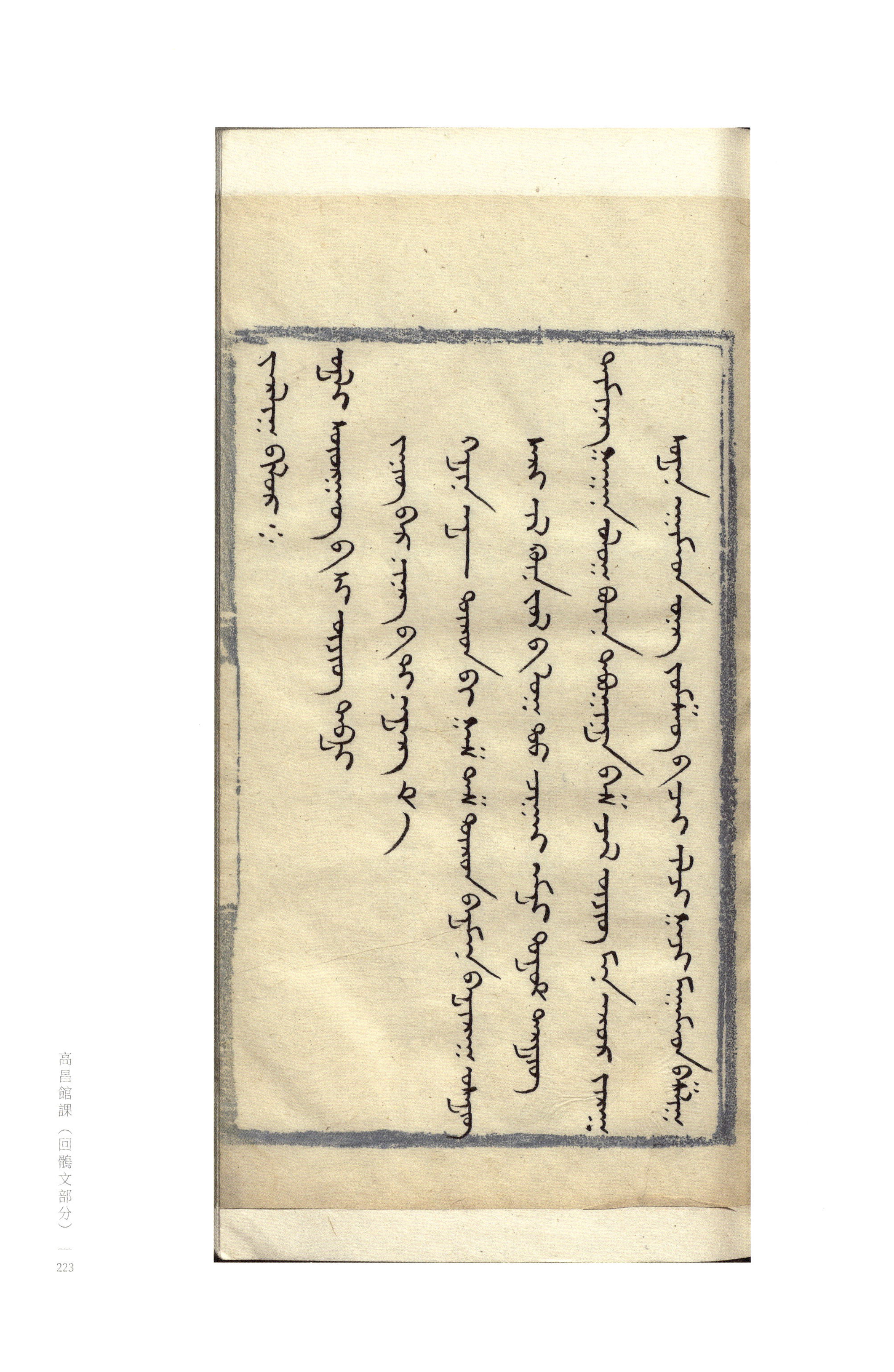

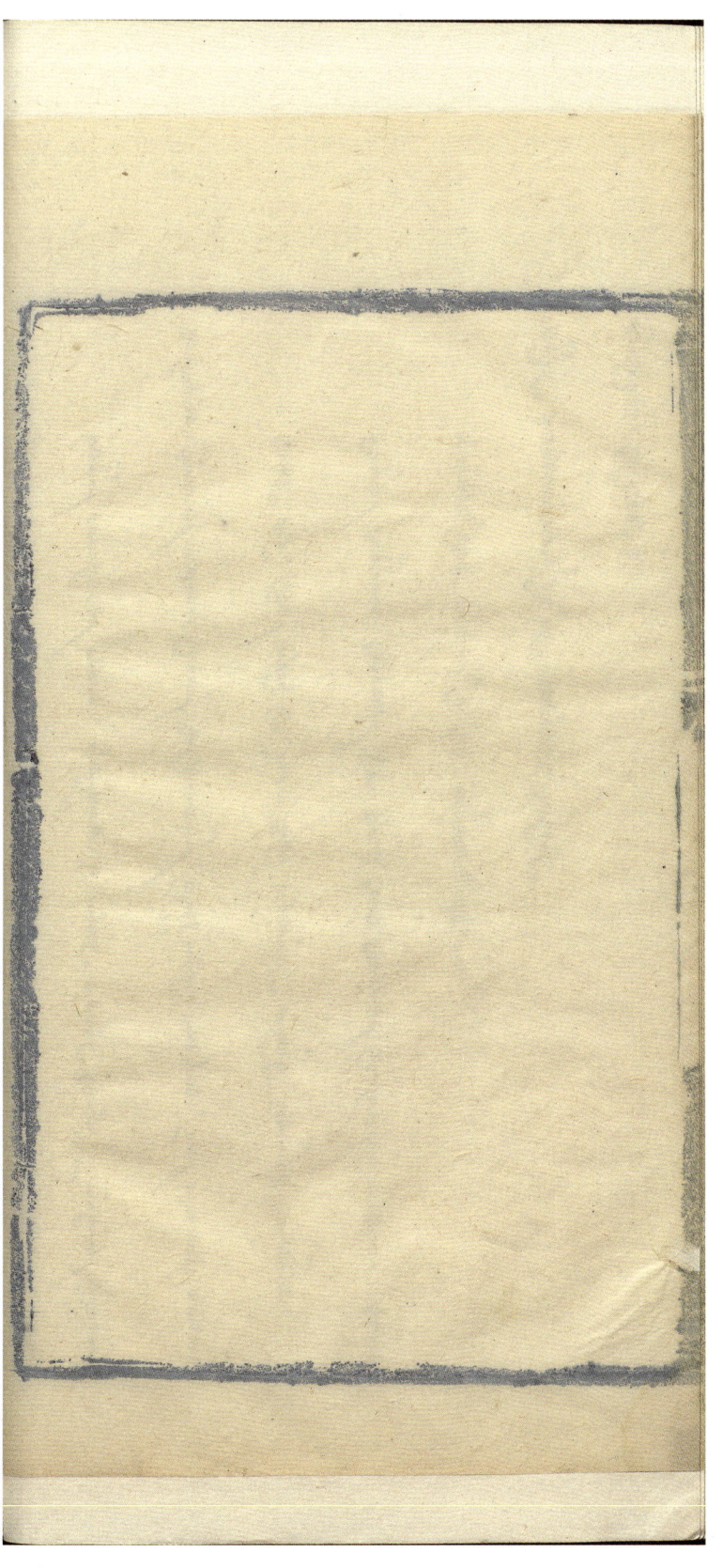

只哈臣使差王麻黑阿壇速

马哈麻等

大明皇帝洪福前叩頭奏我是遠

方人民路途艱難今將進貢

西馬四匹玉石四斤快些打

發回去的怎生

恩賜奏得

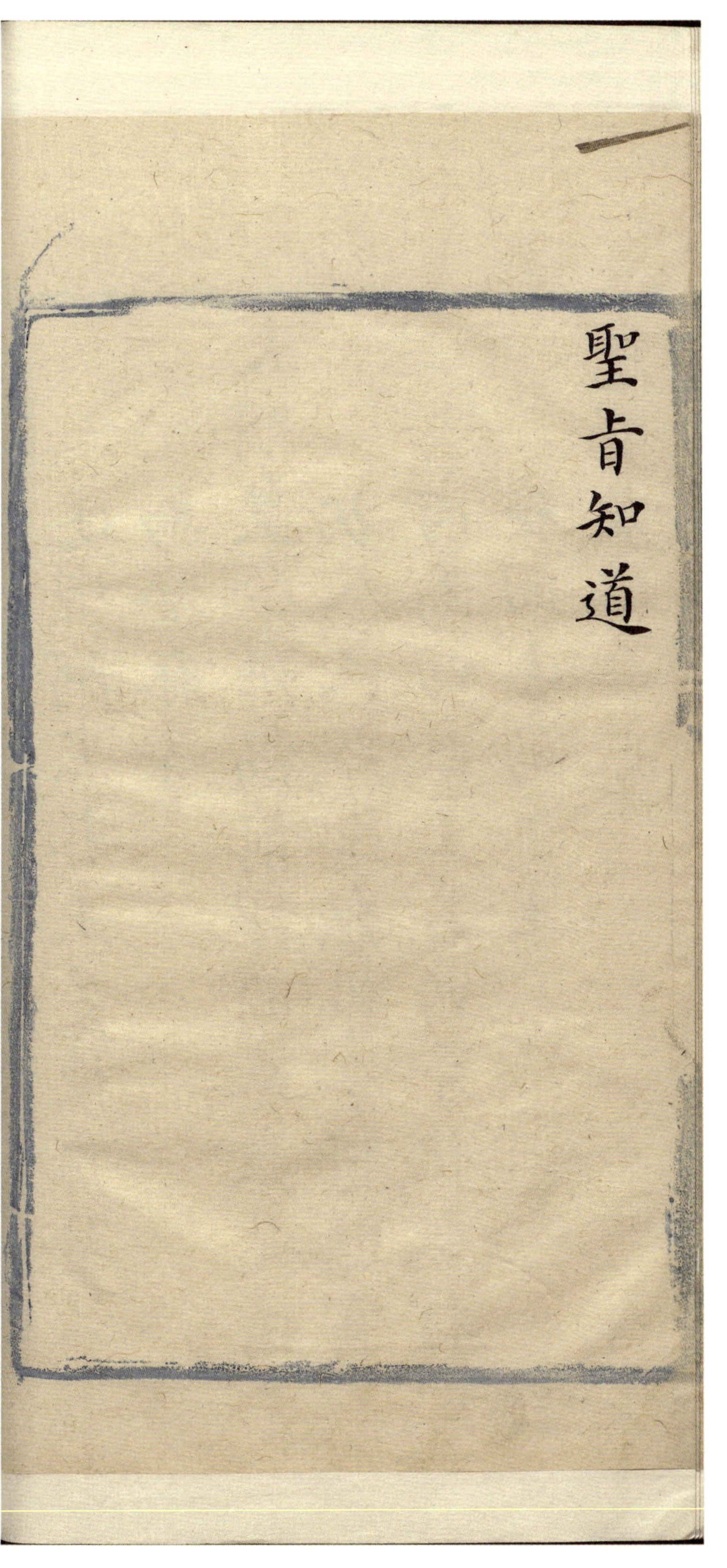

聖旨知道

速壇阿黑麻王差来使臣哈

只馬哈麻等奏

朝貢到京求討賞賜乞賜銀壺

金碗及磁碗碟等件的緣故

怎生

恩賜奏得

聖旨知道

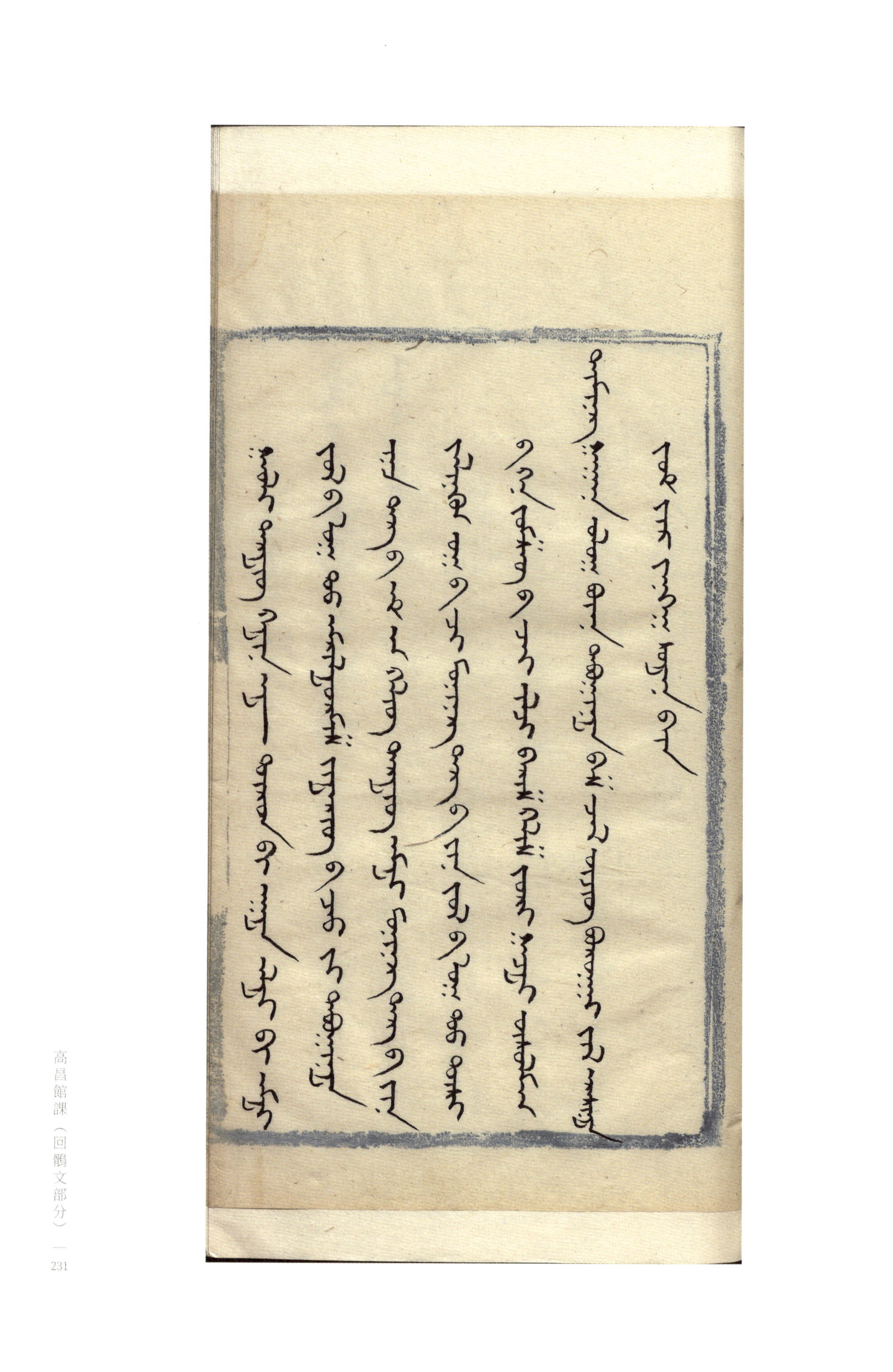

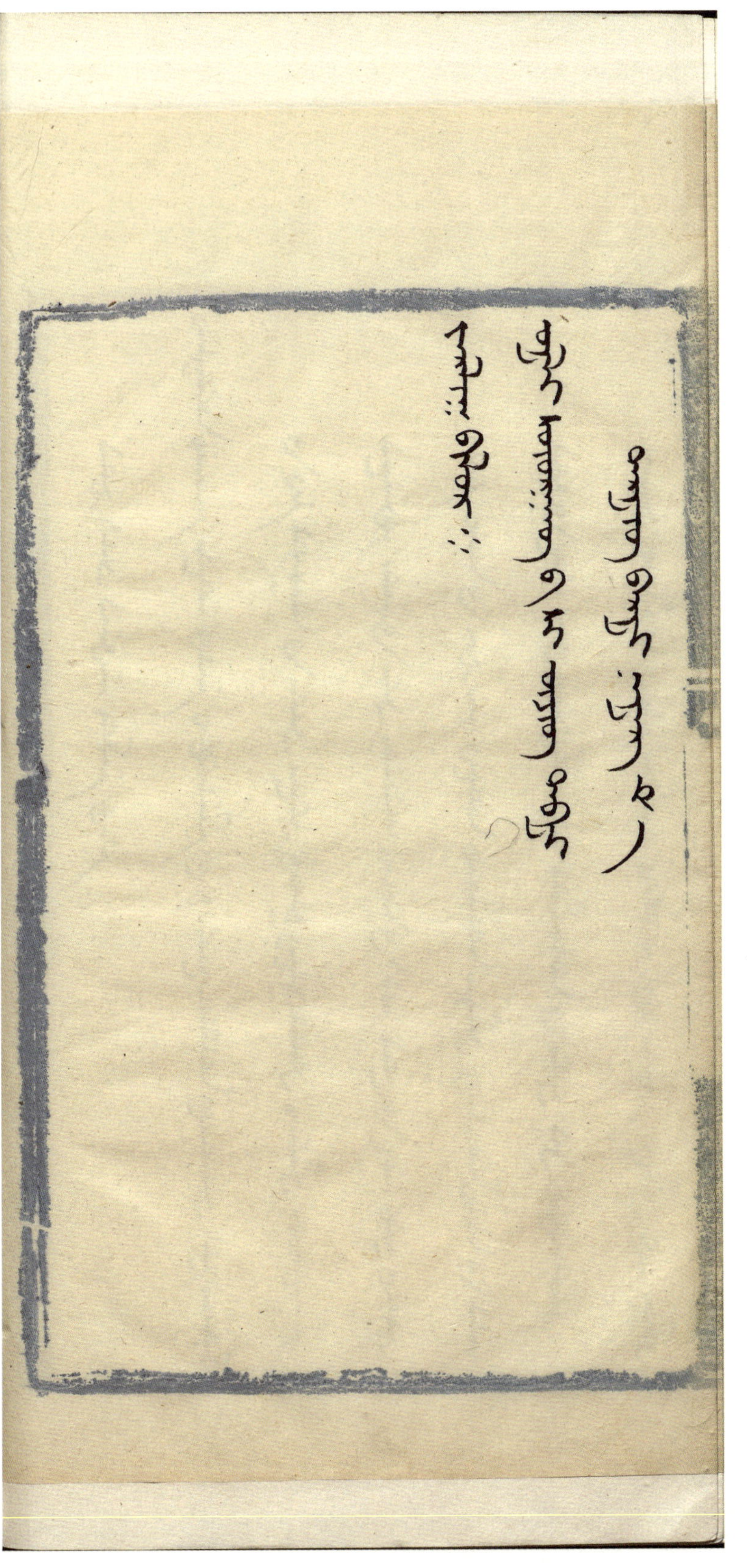

我地面速壇把牙
大明皇帝洪福前叩頭奏比先年
間差使臣往來行走不絕只
因路途不安少來進貢今因
路途安穩照依前例進貢西
馬四匹騸馬六匹今進貢去
了怎生

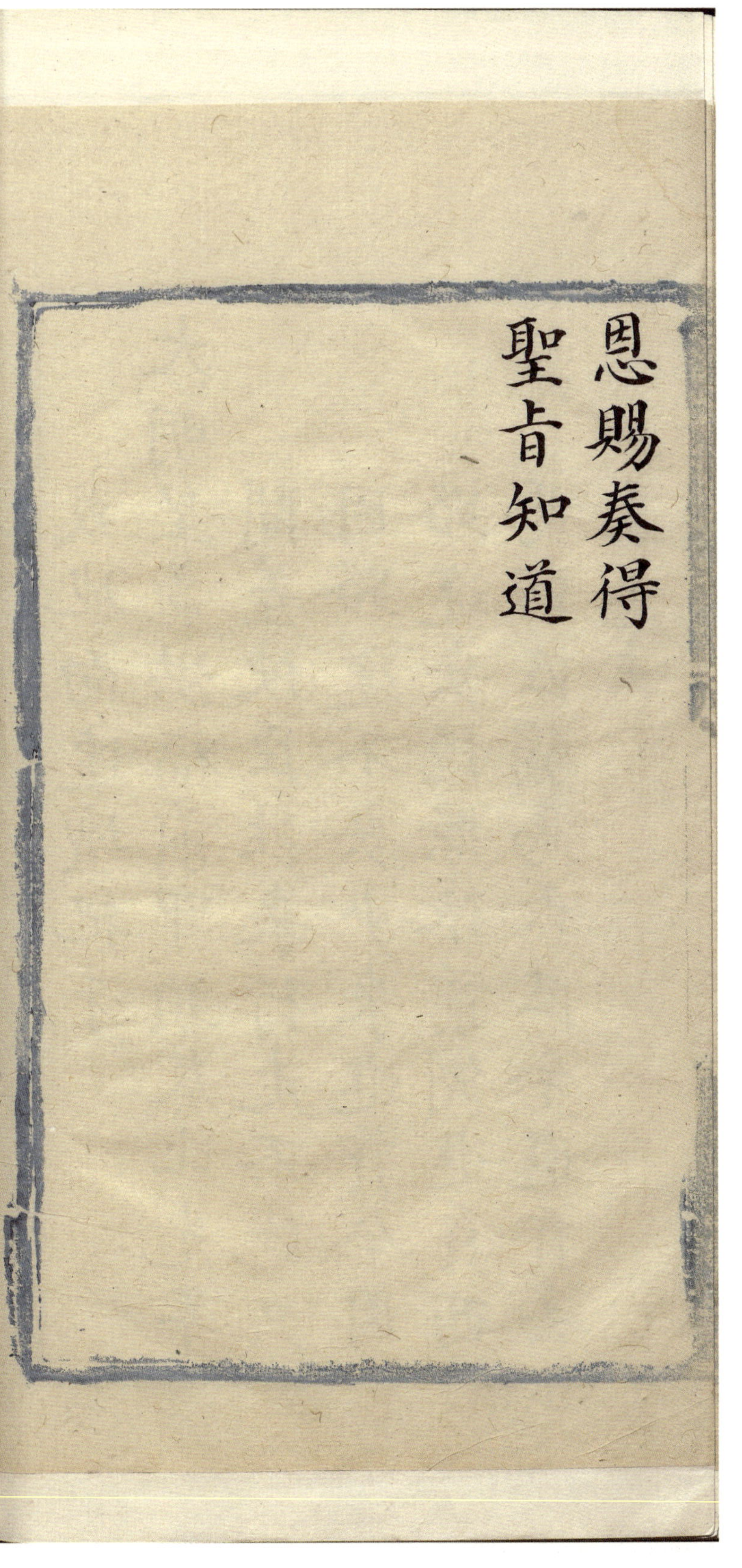
恩賜奏得
聖旨知道

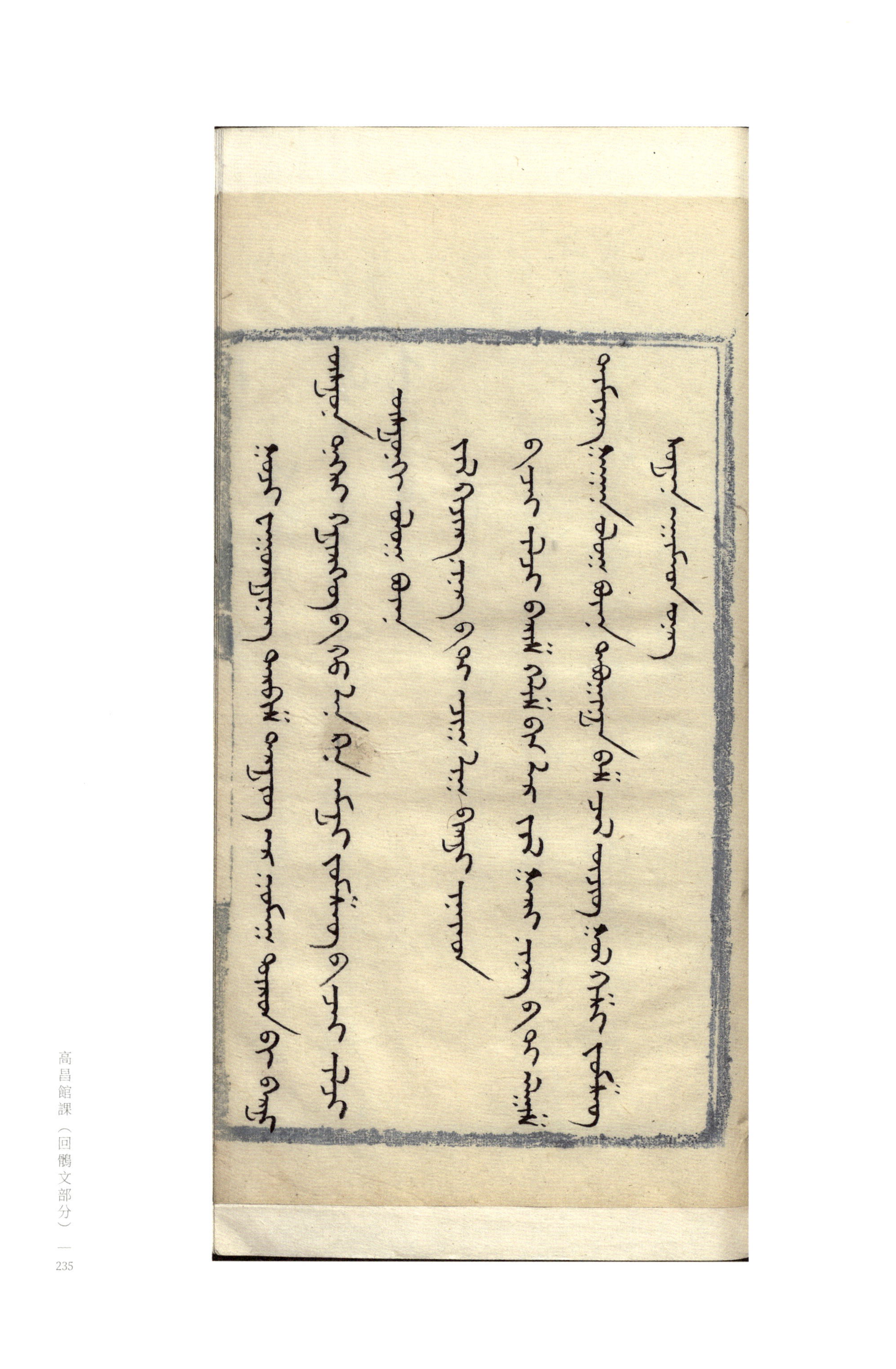

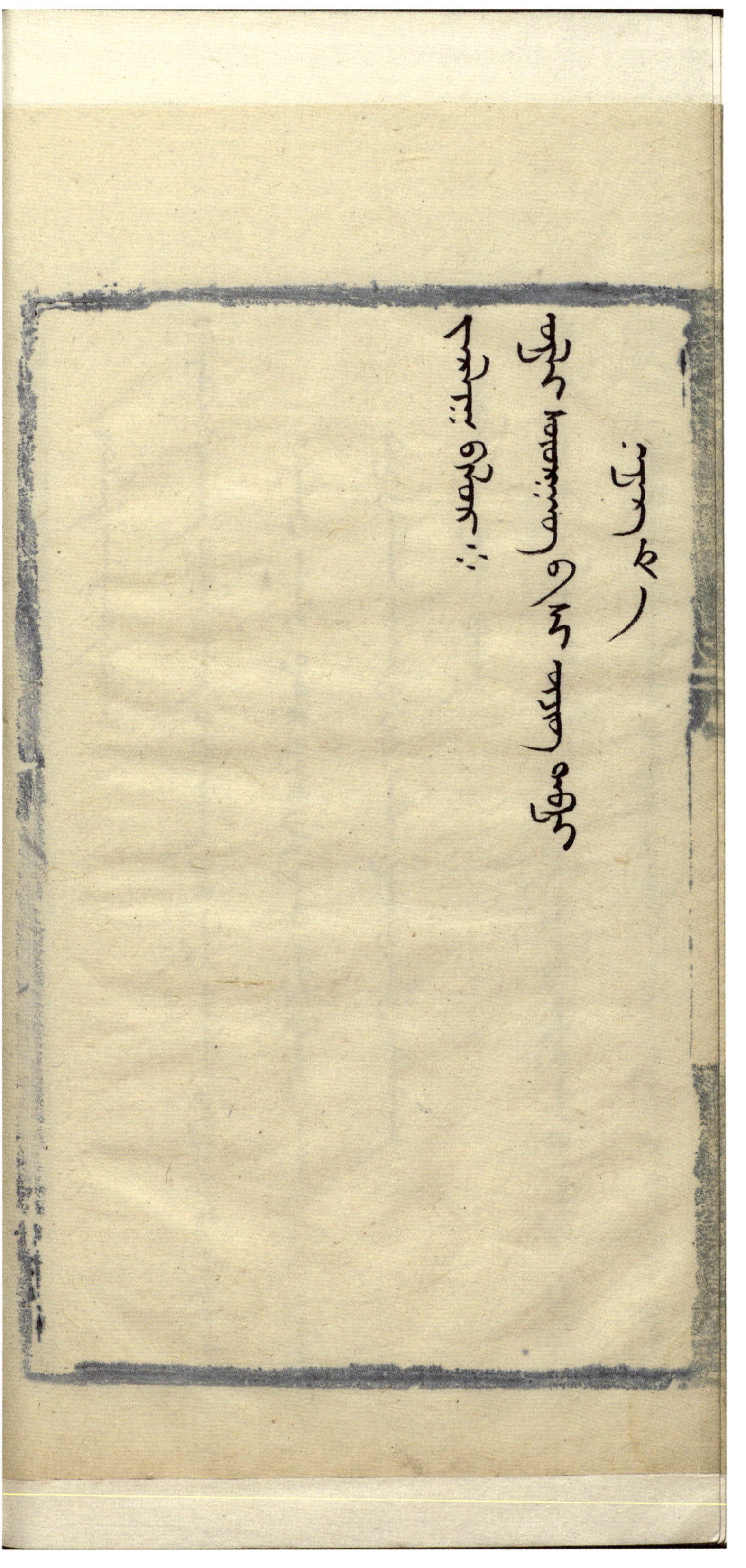

速壇阿黑麻王

大明皇帝洪福前叩頭奏奴婢差

使臣往來我每年老的祝讚

年小的効力仰望

朝廷洪福

上天可憐見今差使臣火只法虎

兒丁迭兒必失進貢阿魯骨

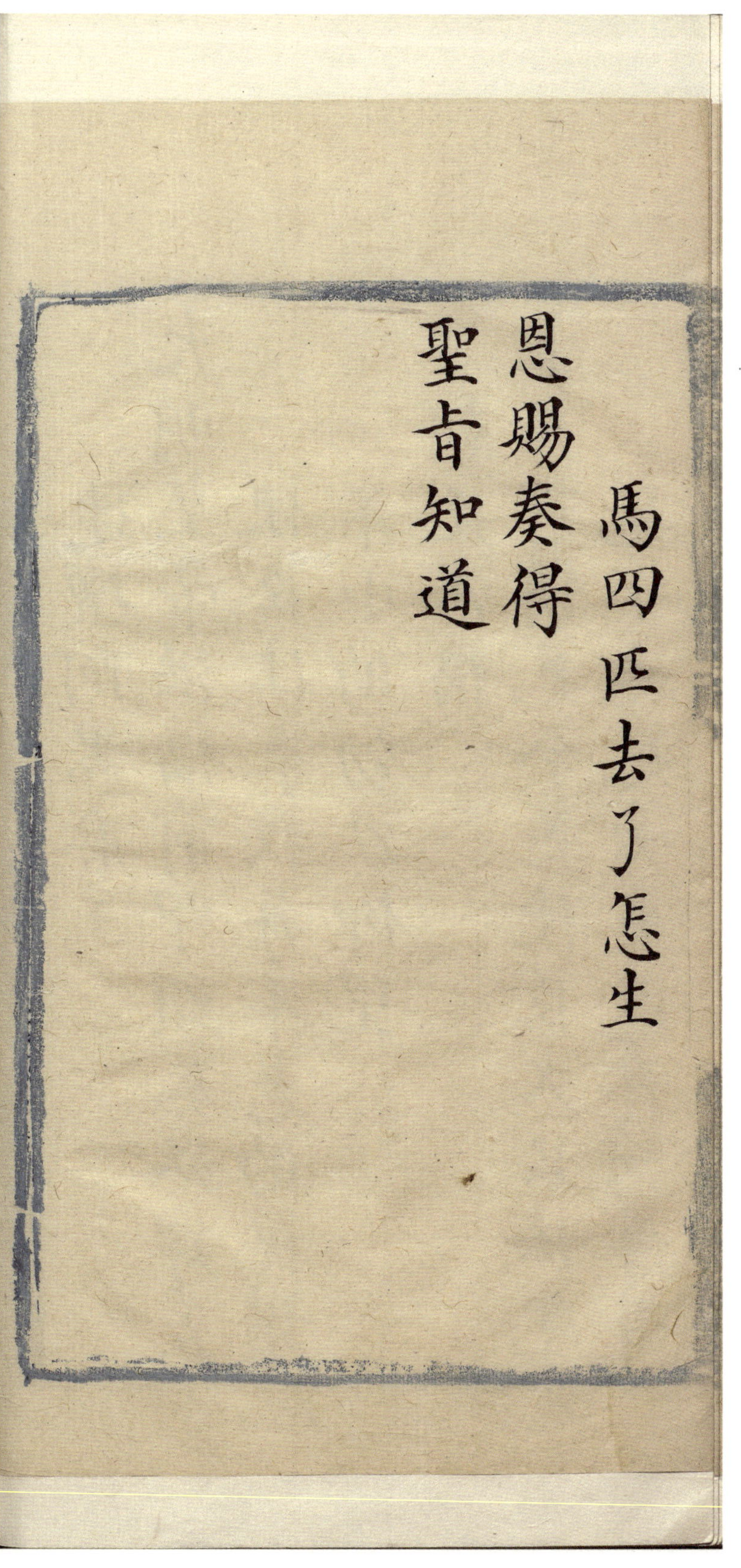

馬四匹去了怎生

恩賜奏得

聖旨知道

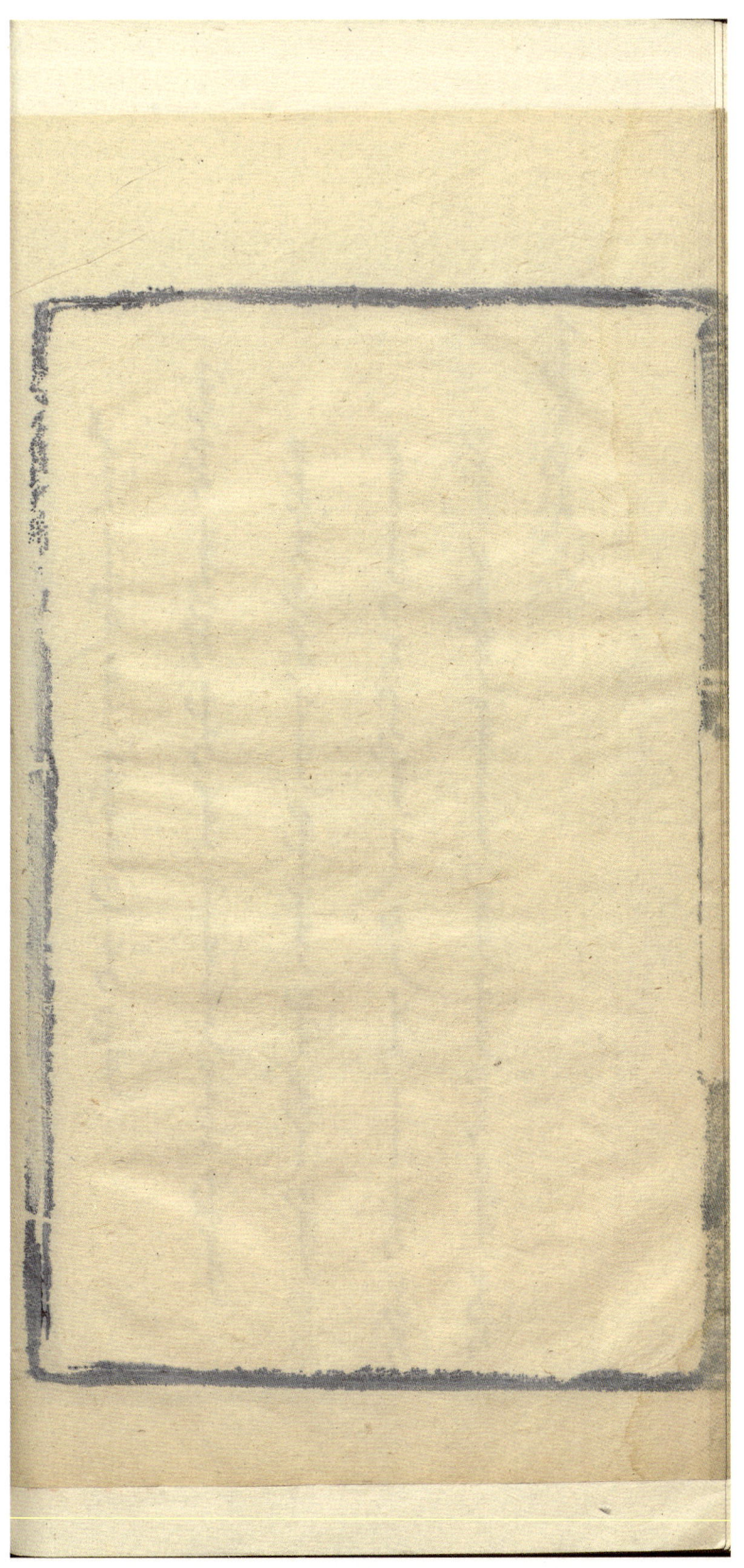

速壇阿黑麻王差来
朝貢使臣火只法虎兒丁迭兒
必失求討回還本土給賜蟒
龍并磁碗磁碟等件賞賜與
的奏得
聖旨知道

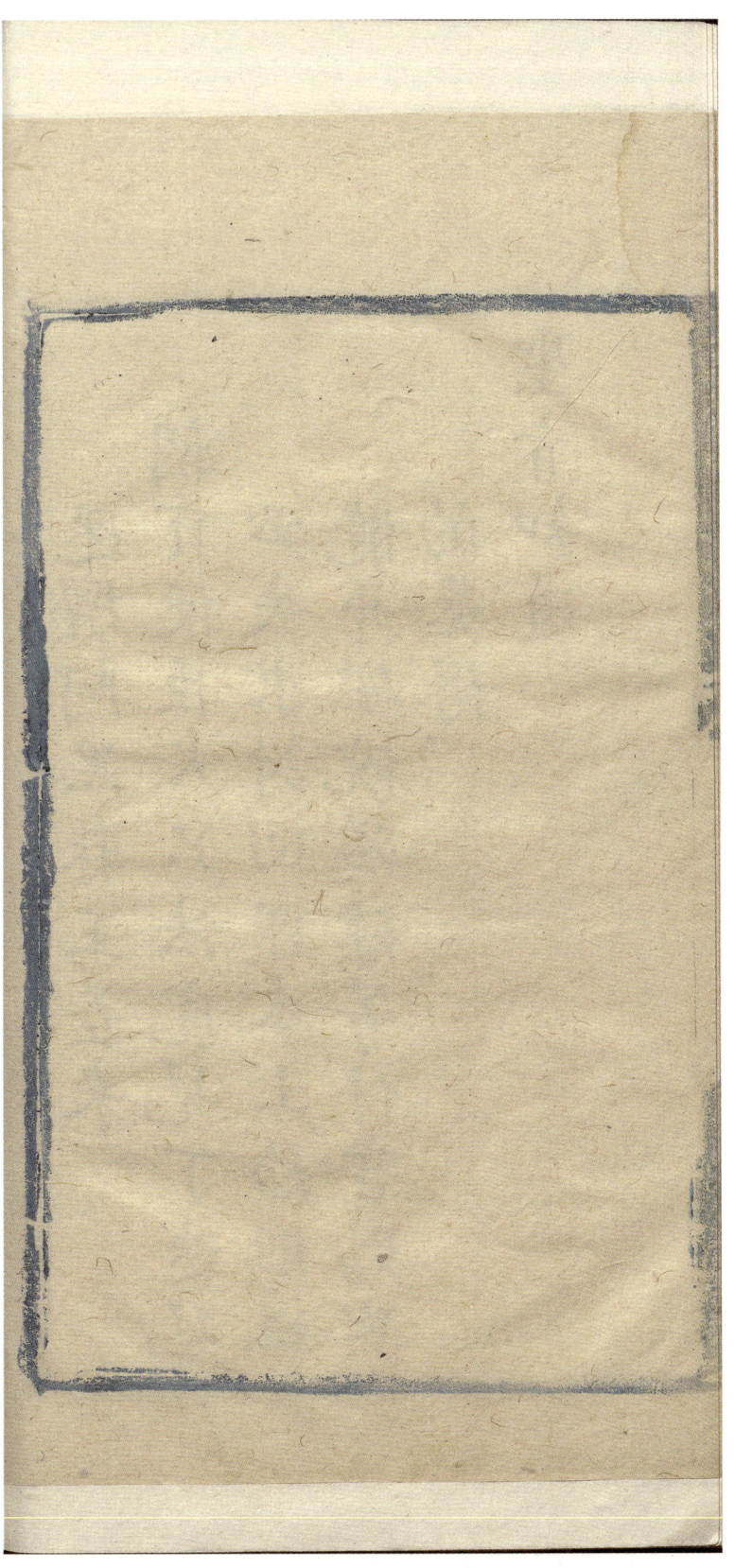

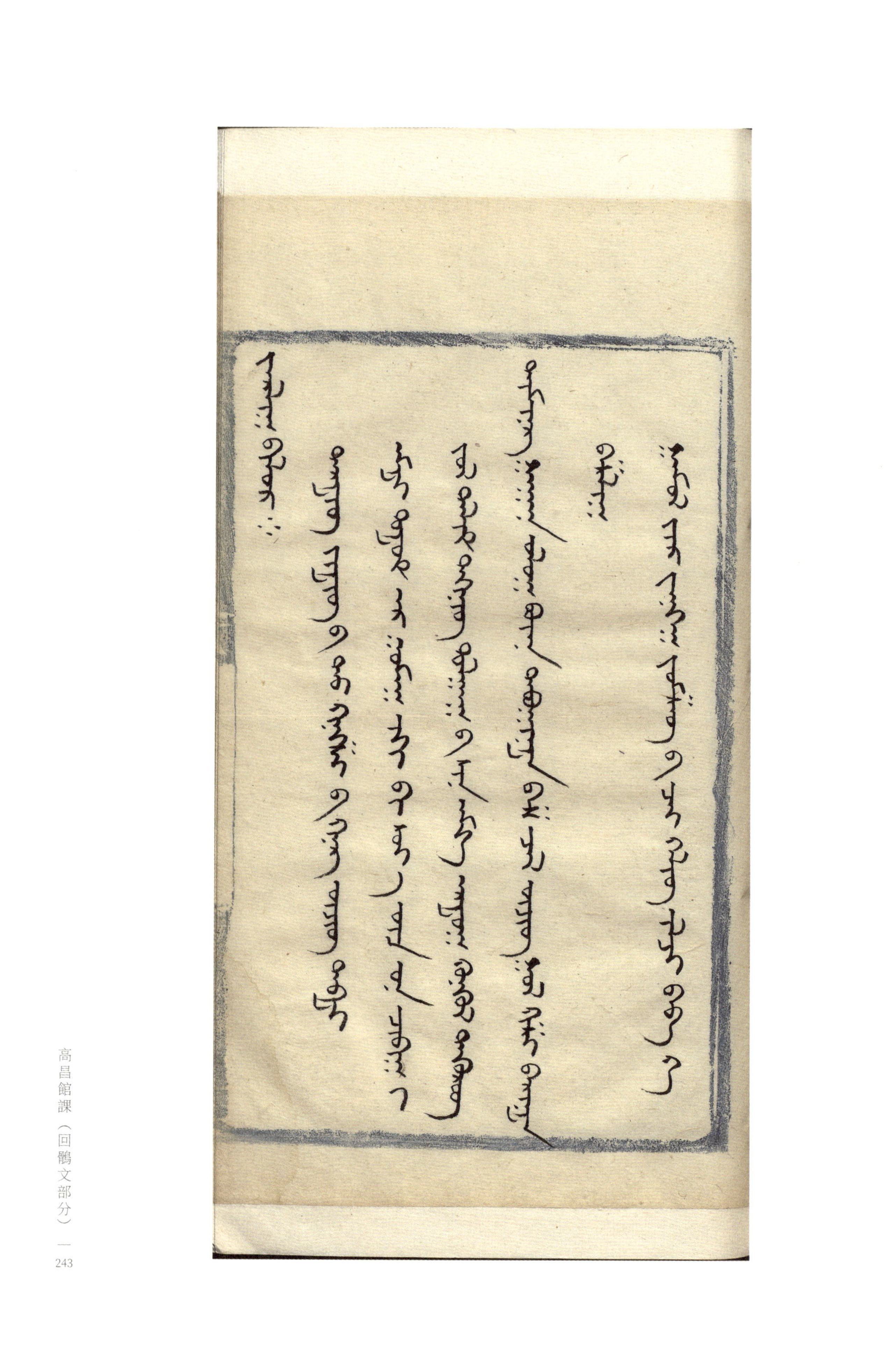

哈密地面差来使臣把把格

等

大明皇帝洪福前叩頭奏奴婢在

路多受辛苦十分用心今将

阿魯骨馬二匹羚羊角三十

枝進貢到京奏得

聖旨知道

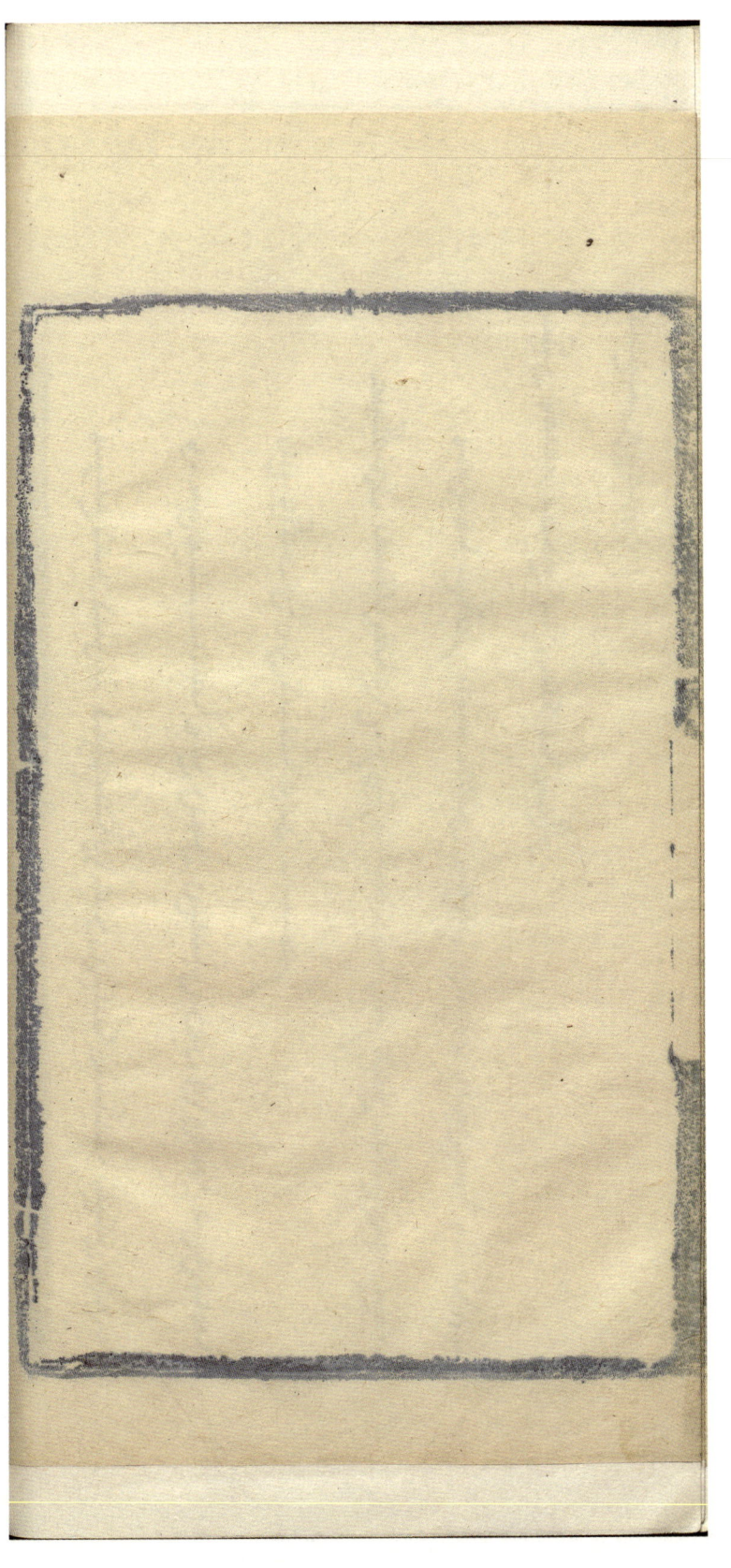

哈密地面差来進貢使臣把

把格等奏奴婢来京求討回

去仰望

朝廷憐憫賞賜衣服表裏金壺

金碗磁碟等件怎生

恩賜奏得

聖旨知道

亦刀把刀地面專差使臣頭

目拾剌馬哈木捨等

大明皇帝洪福前叩頭奏奴婢在

路行走多受勞苦地方不出

好物今進貢騸馬三匹西馬

二匹到京奏得

聖旨知道

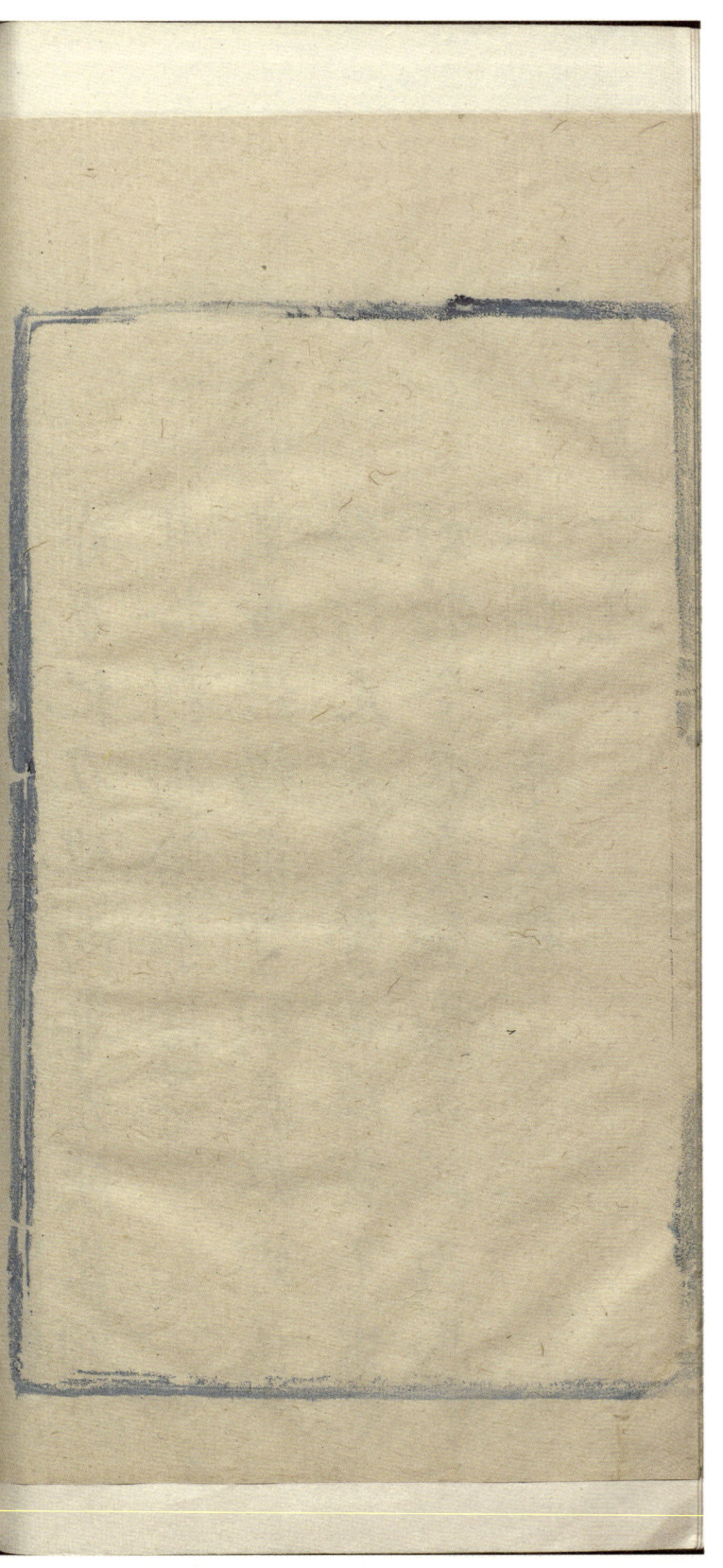

亦力把力地面差頭目拾剌
馬哈木捨等
朝貢回還求討賞賜仰望
朝廷憐憫給賜胸背段子并磁
碗磁碟等件奏得
聖旨知道

哈密地面差来使臣都督僉

事力伯顏答

大明皇帝洪福前叩頭奏奴婢照

依先年事例来京進貢金鋼

鑽番紅花騸馬二匹望

朝廷憐憫收留的奏得

聖旨知道

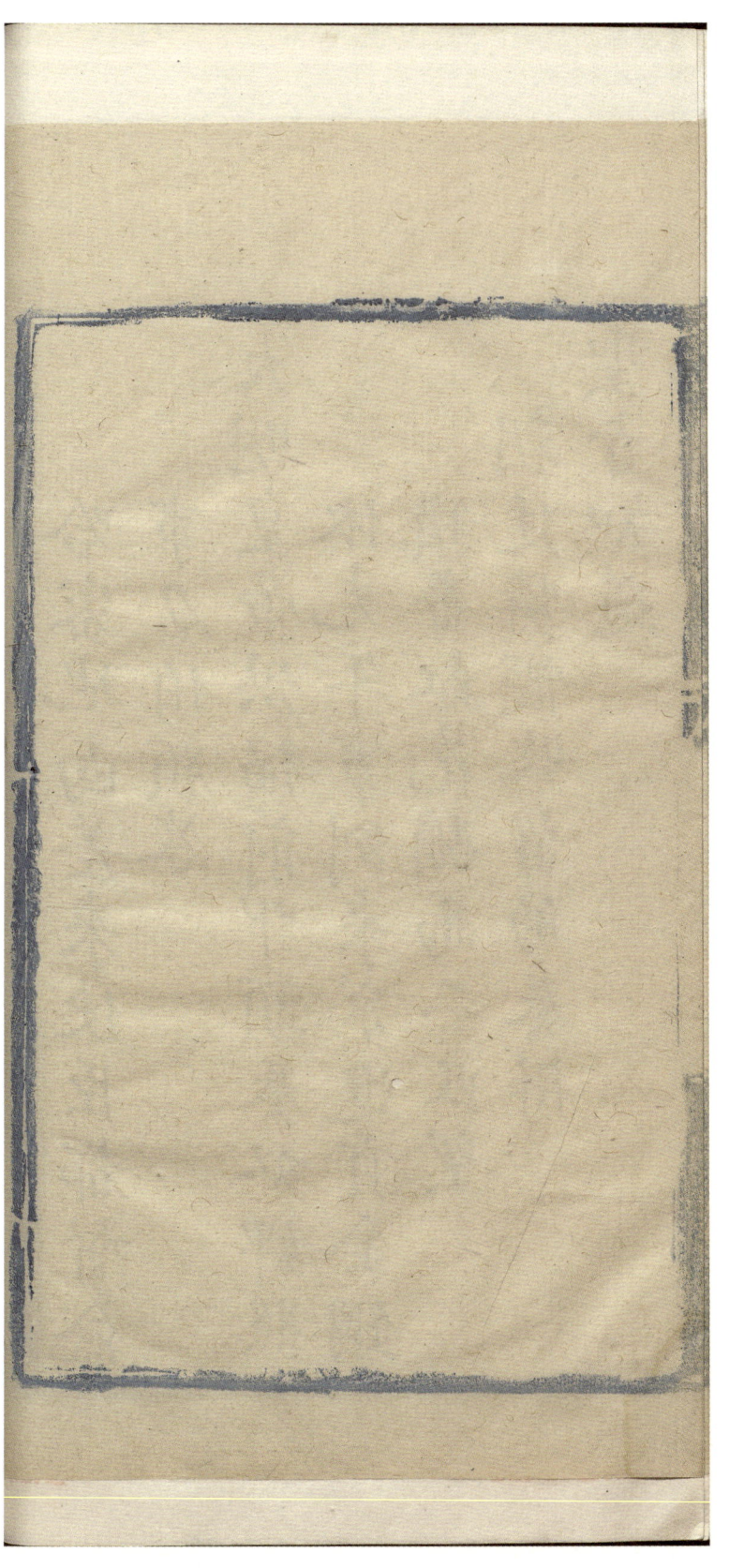

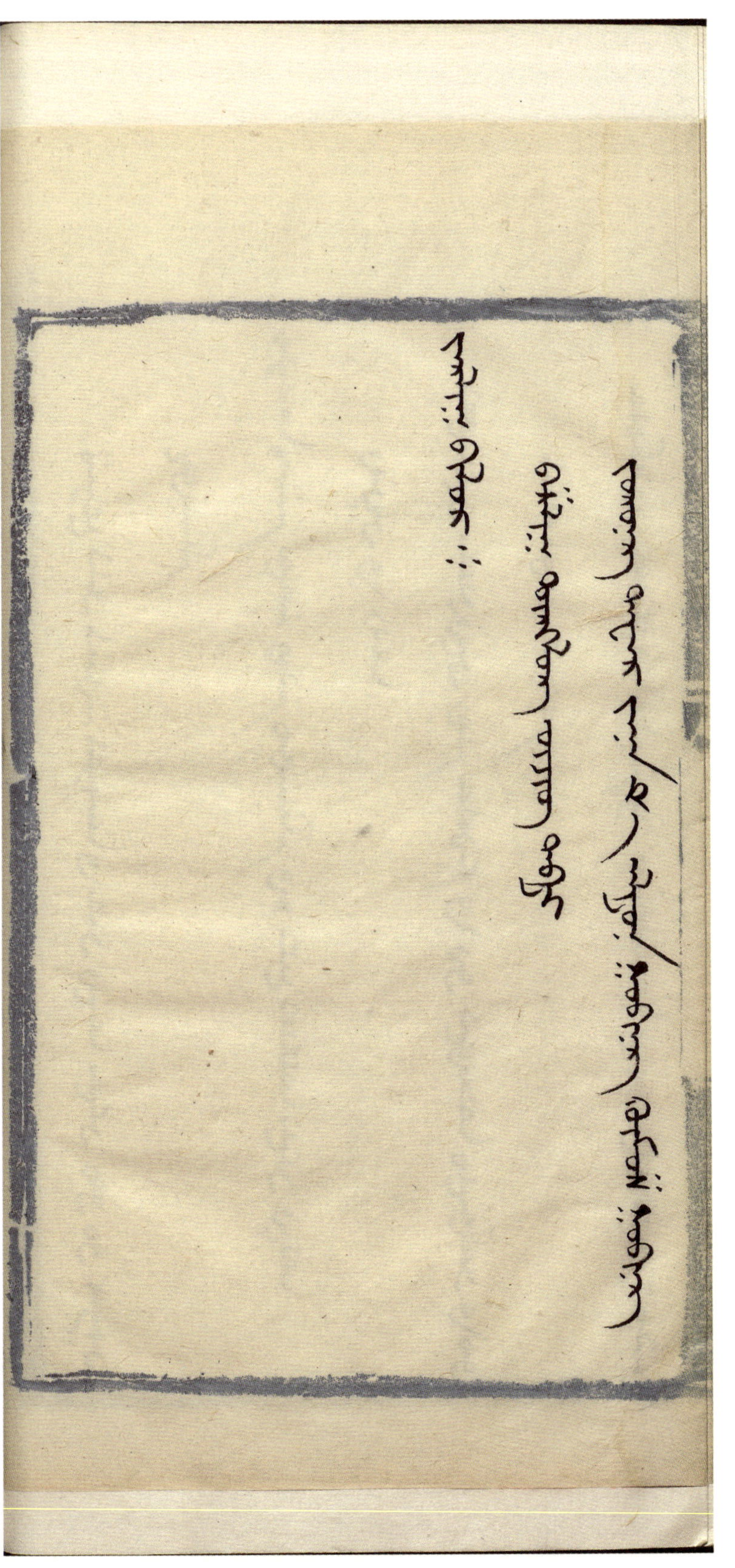

哈密地面差来使臣都督僉

事刀伯顏答

大明皇帝洪福前叩頭奏使臣来

京

朝貢日久求討回去仰望

朝廷憐憫賜與大紅段子白段

子并金壺銀壺等件奏得

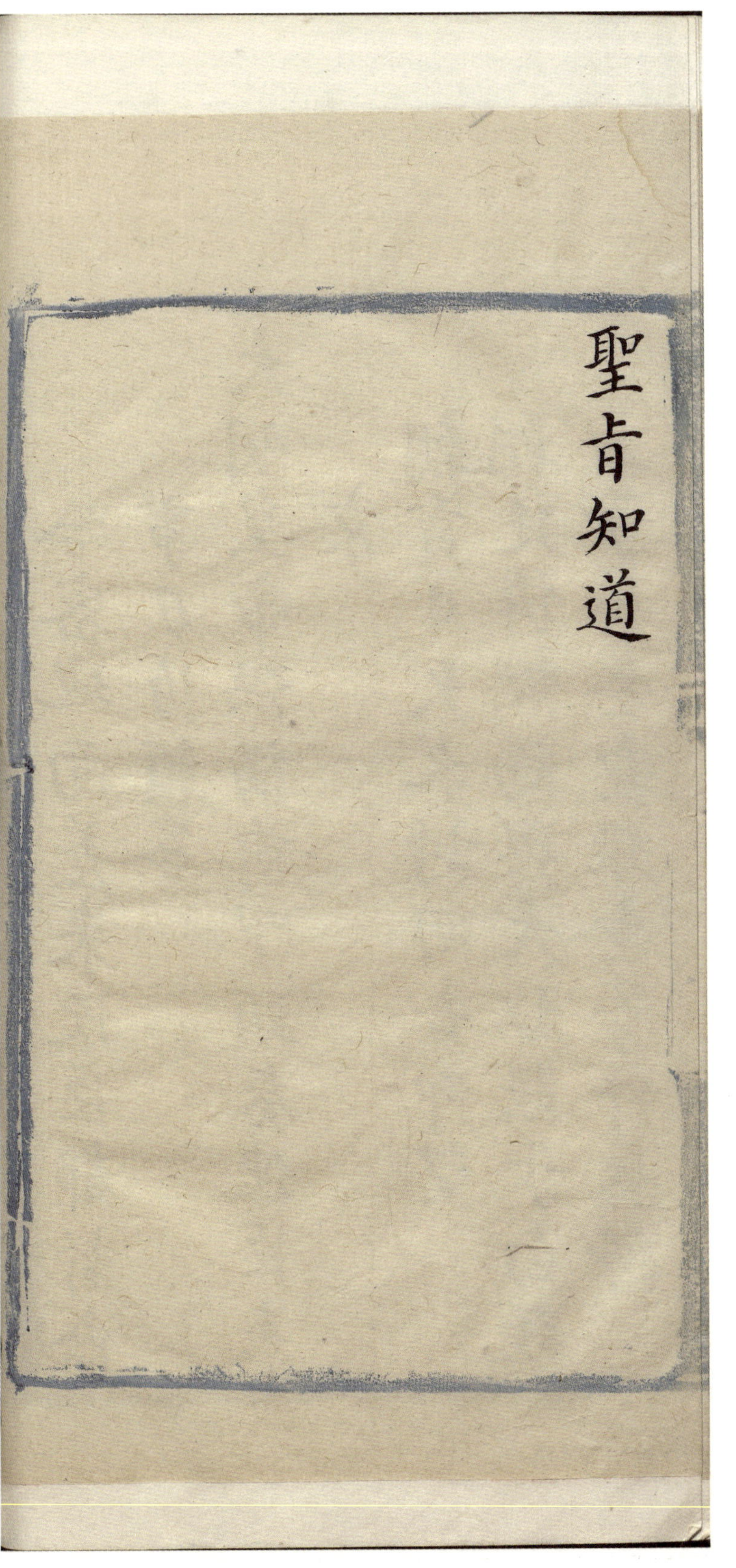
聖旨知道

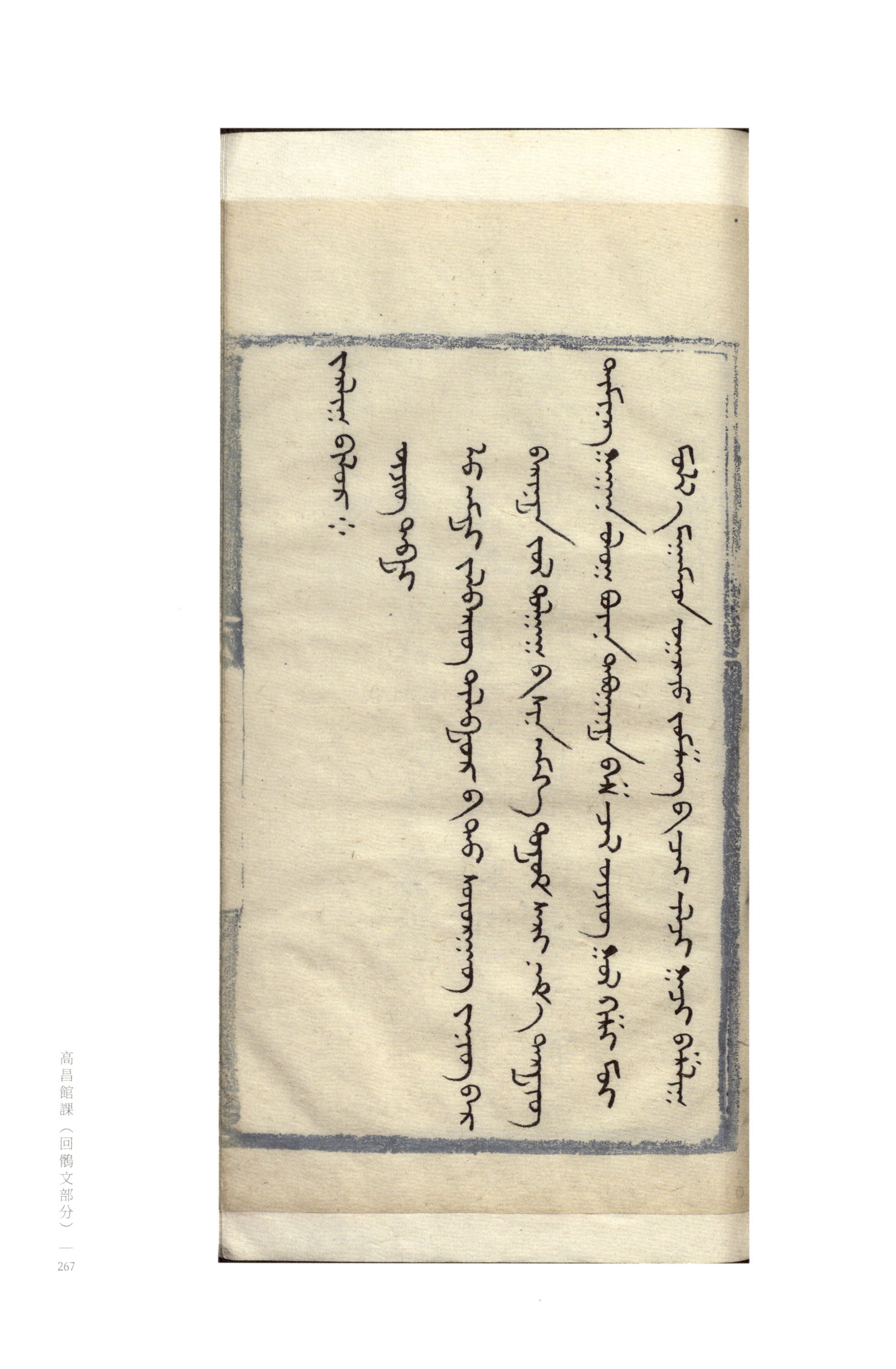

圖案譜圖書與民縣文字古名繫圖書

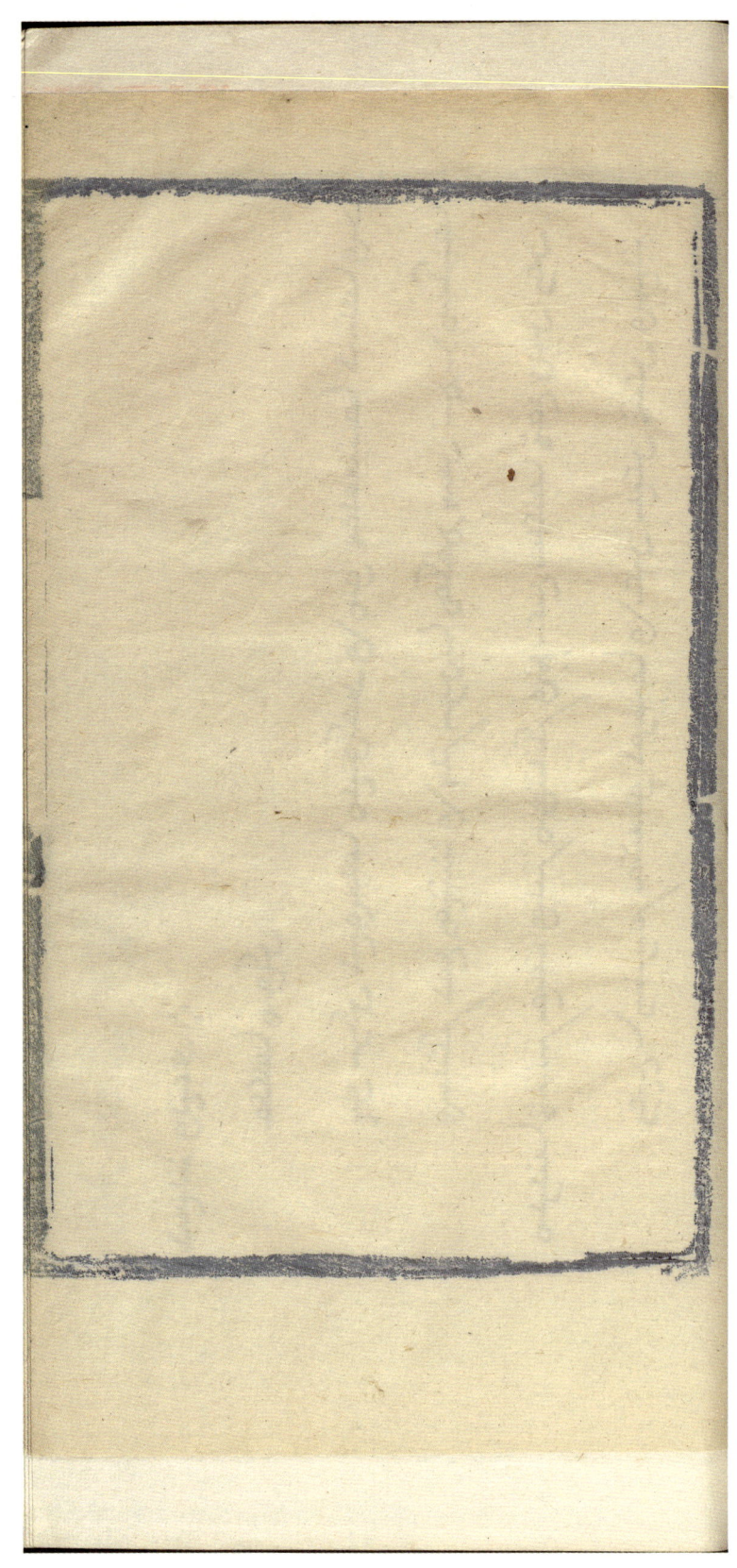

滿剌馬哈麻專差使臣哈只
等
大明皇帝洪福前叩頭奏奴婢每
在路辛苦將方物進貢了今
求討賞賜回去奏得
聖旨知道

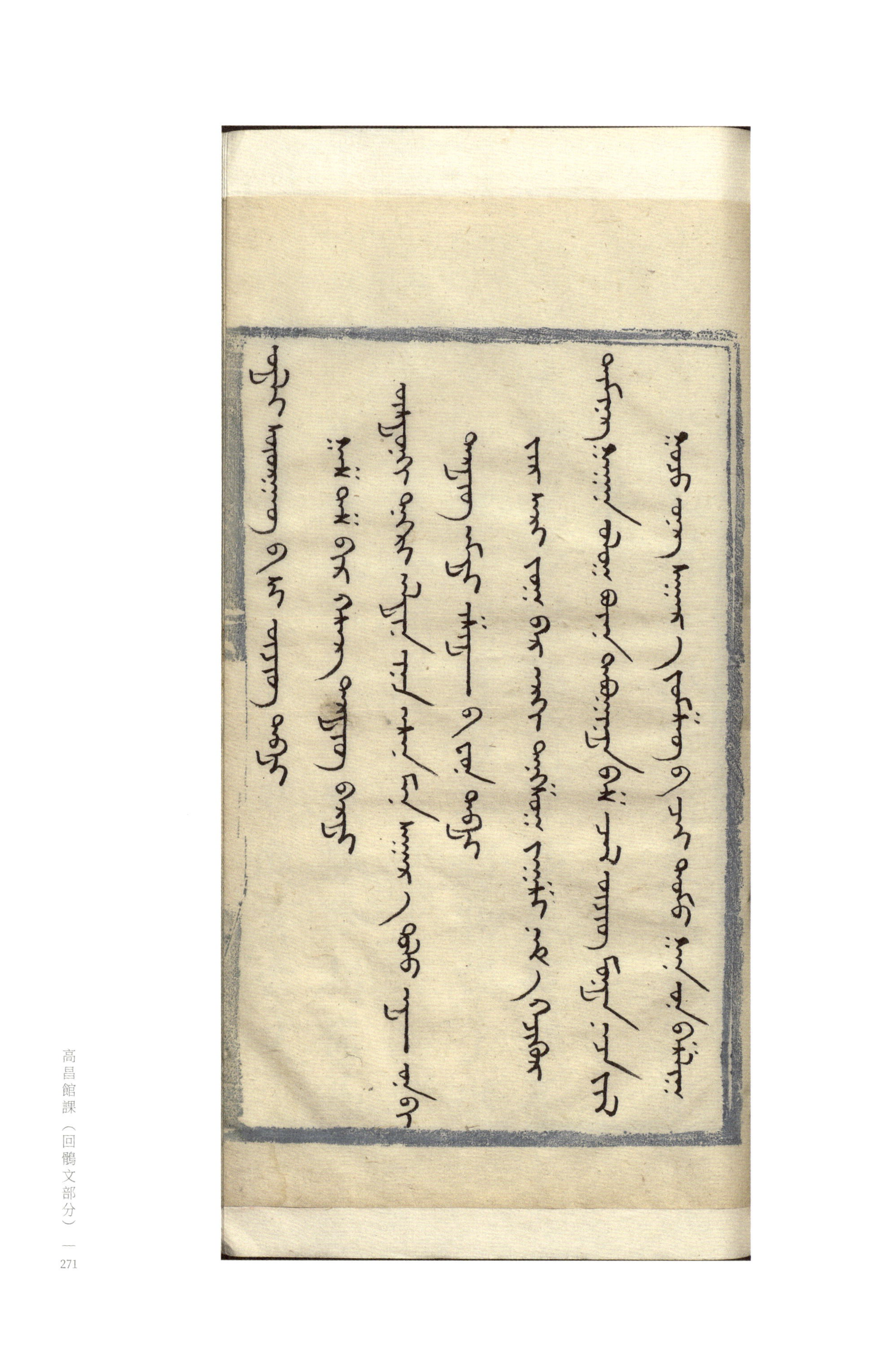

火州王撒哈剌差頭目罕完
等
大明皇帝洪福前叩頭奏這幾年
地方無有希罕好物悮了進
貢今聞得
朝廷天下太平我撒哈剌備馬
十匹玉石一塊進貢去了

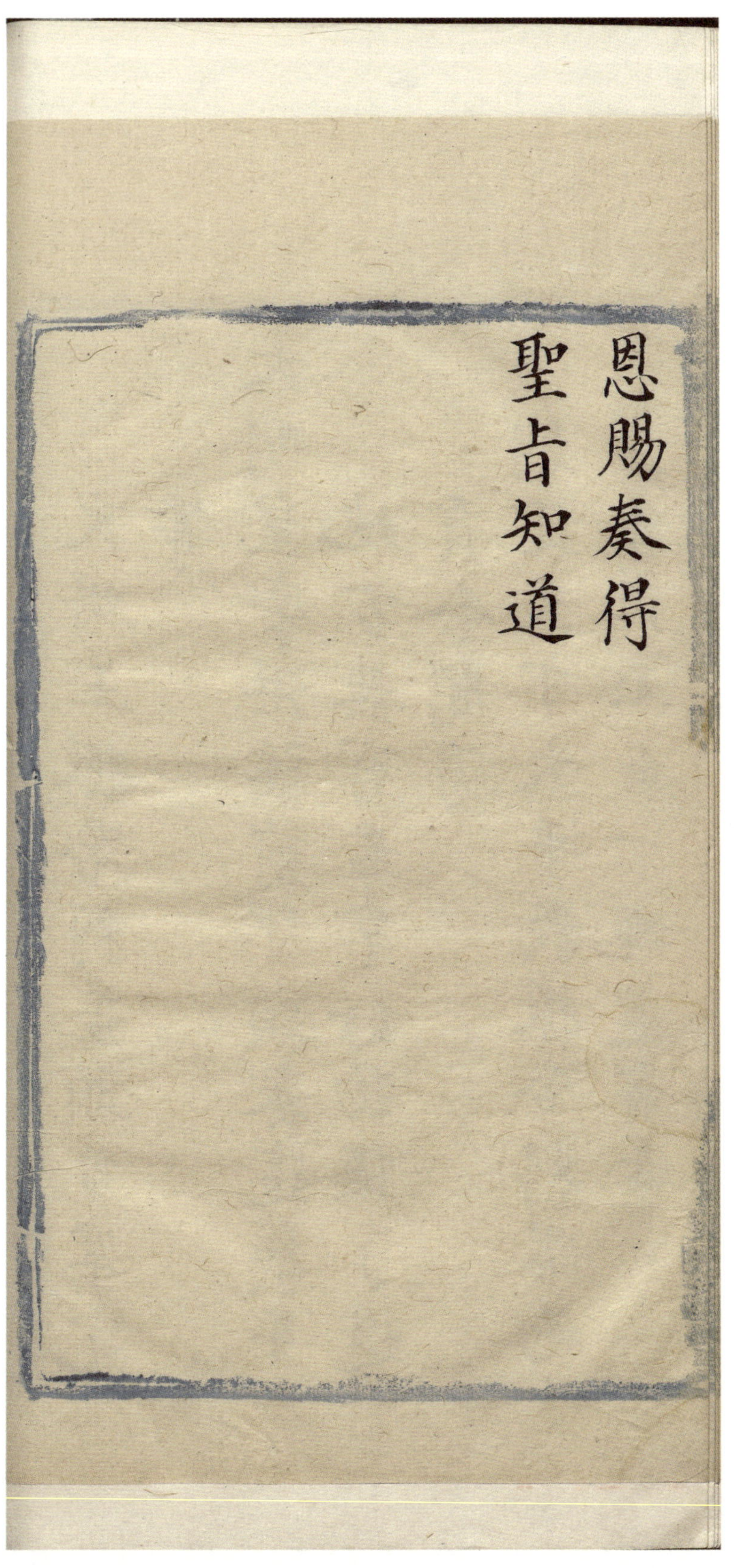

恩賜奏得
聖旨知道

火州地面差来使臣頭目罕

完等奏

朝廷前求討衣服胸背段子素

青段子紅絹并磁碗磁碟

恩賜遠人的奏得

聖旨知道

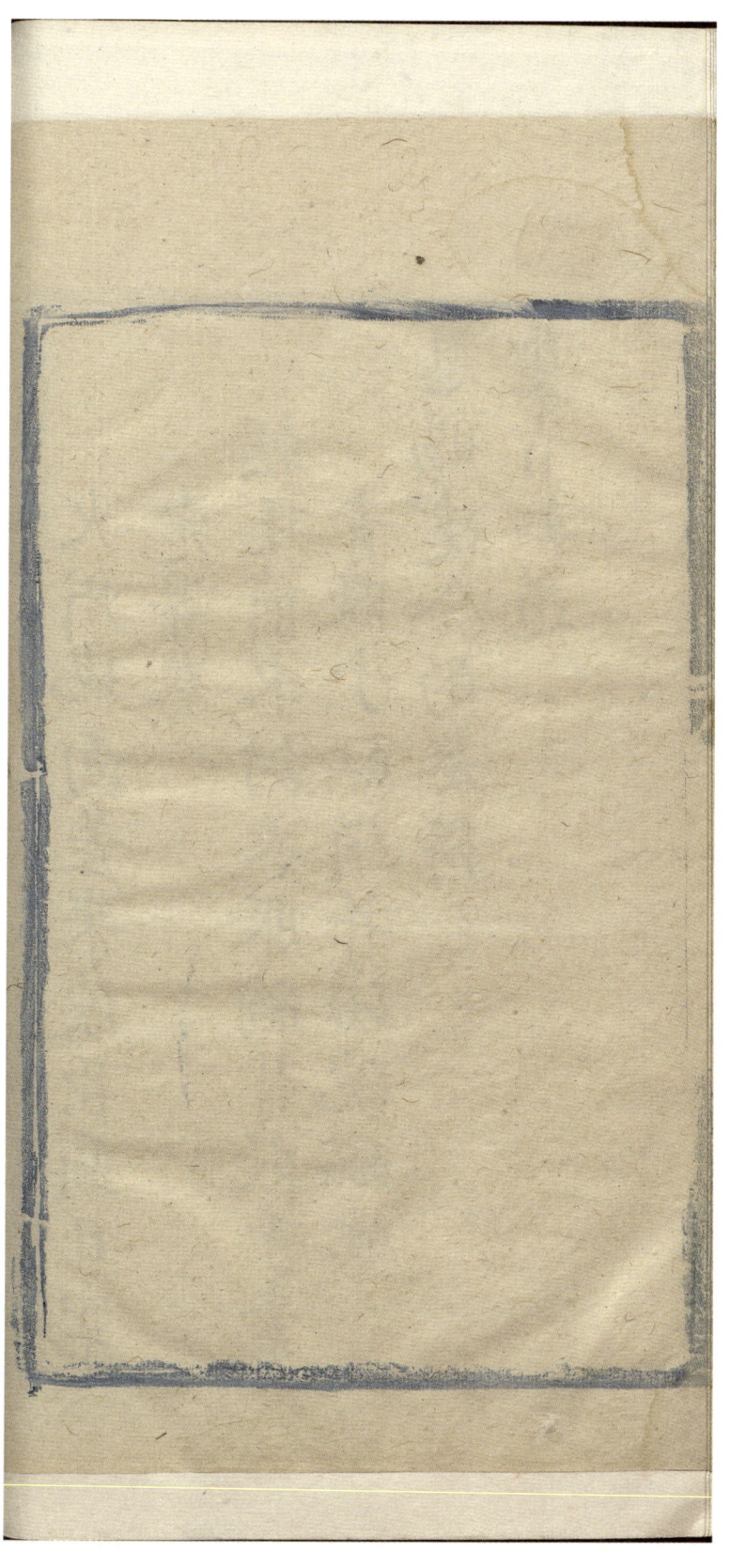

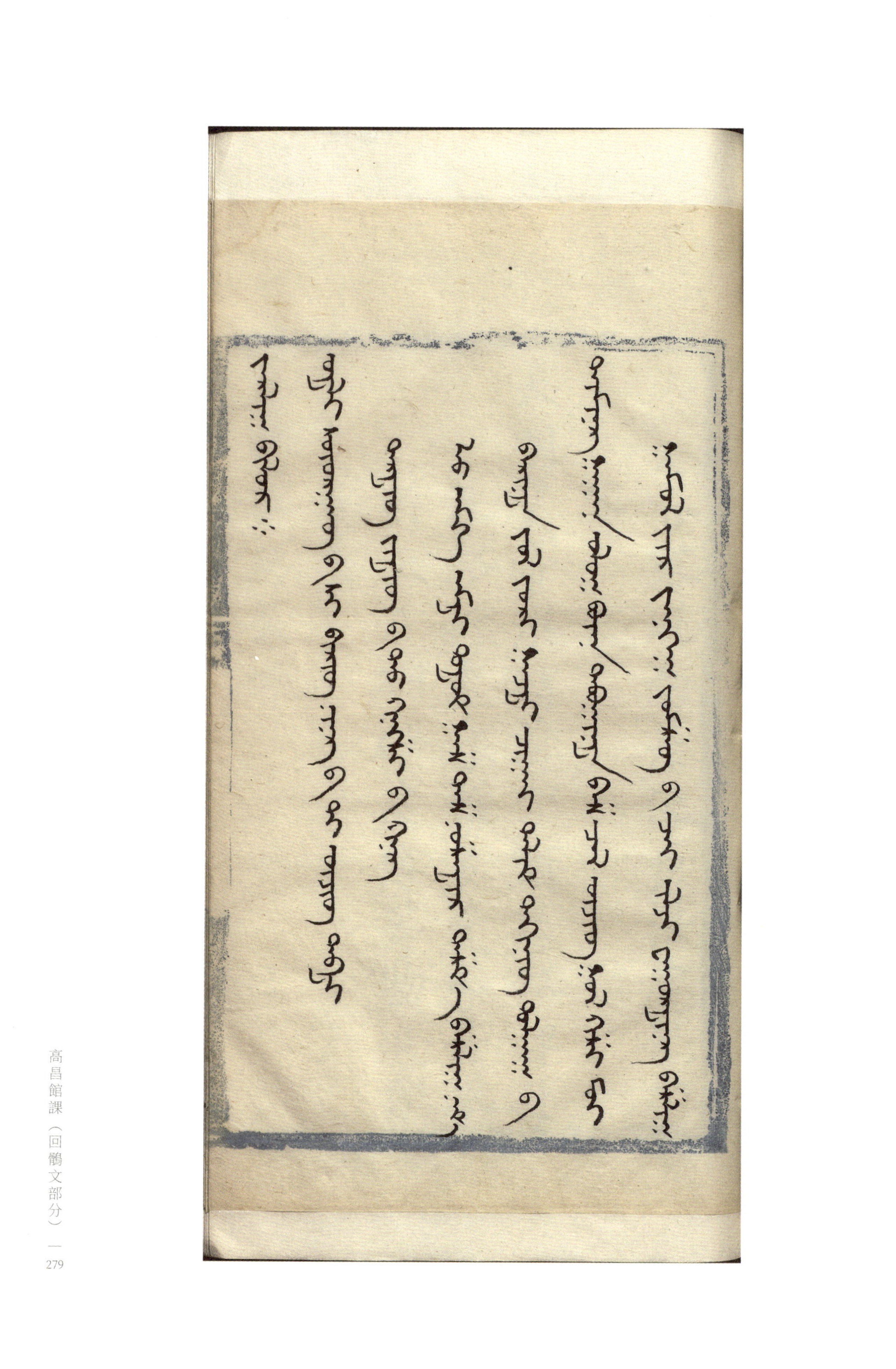

哈密地面差使臣法虎兒丁

等

大明皇帝洪福前叩頭奏奴婢每

在路行走艱難多受勞苦今

将玉石硇砂皮條等物進貢

到京

恩賜與的奏得

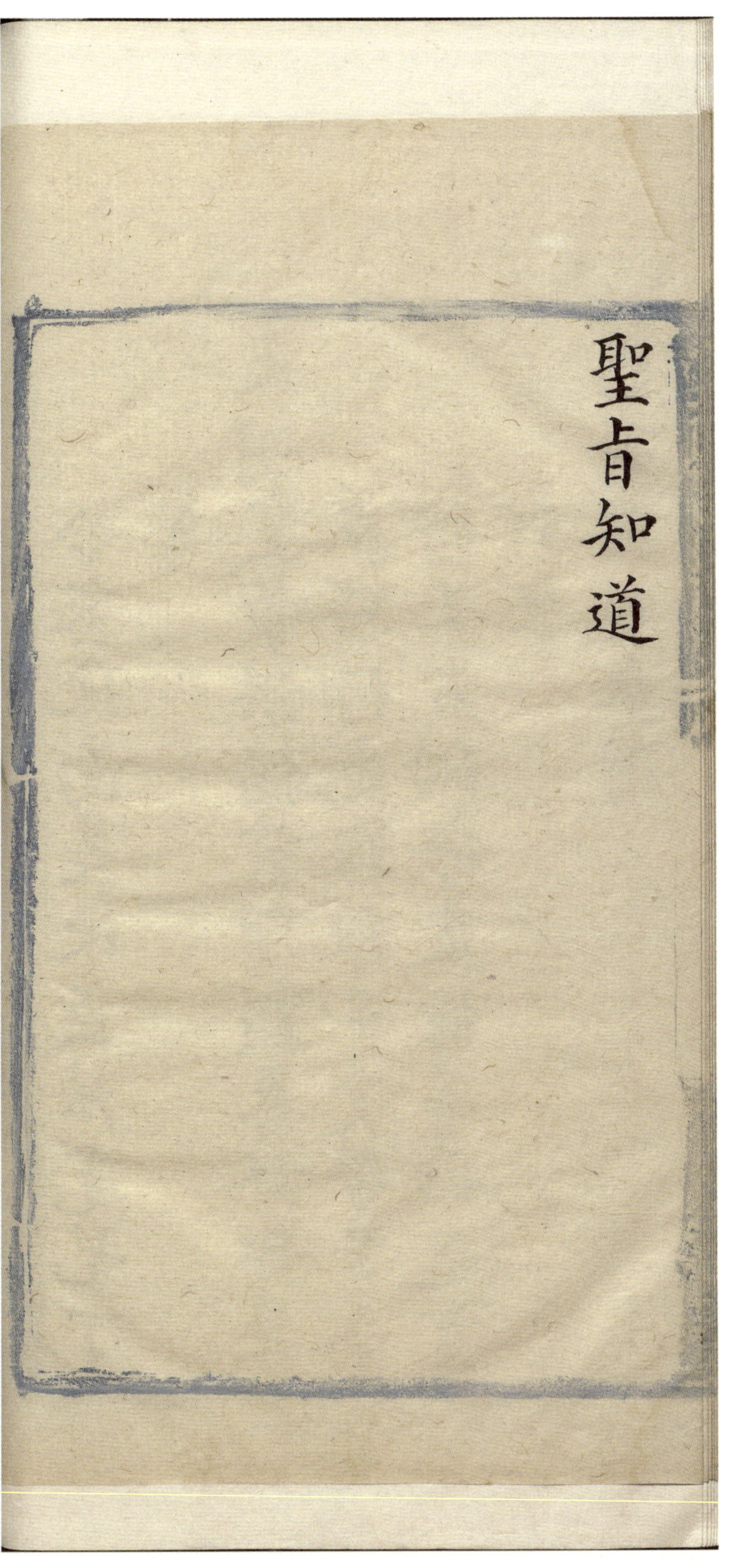
聖旨知道

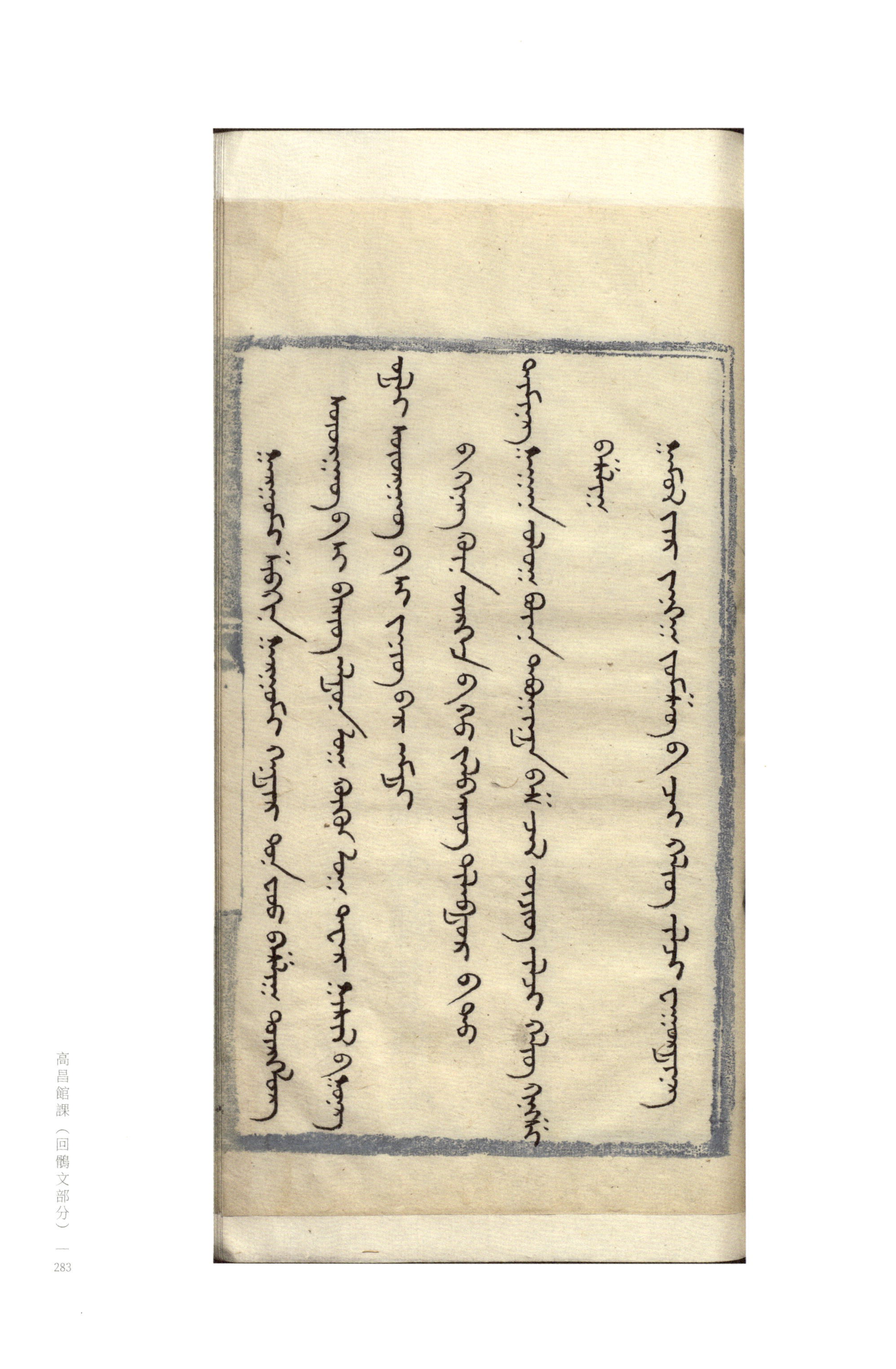

哈密地面差来使臣法虎兒
丁等
大明皇帝洪福前叩頭奏使臣来
京日久求討
恩賜回去今賜與織金胸背叚子
紅錦紫錦洗白衣服等件奏
得

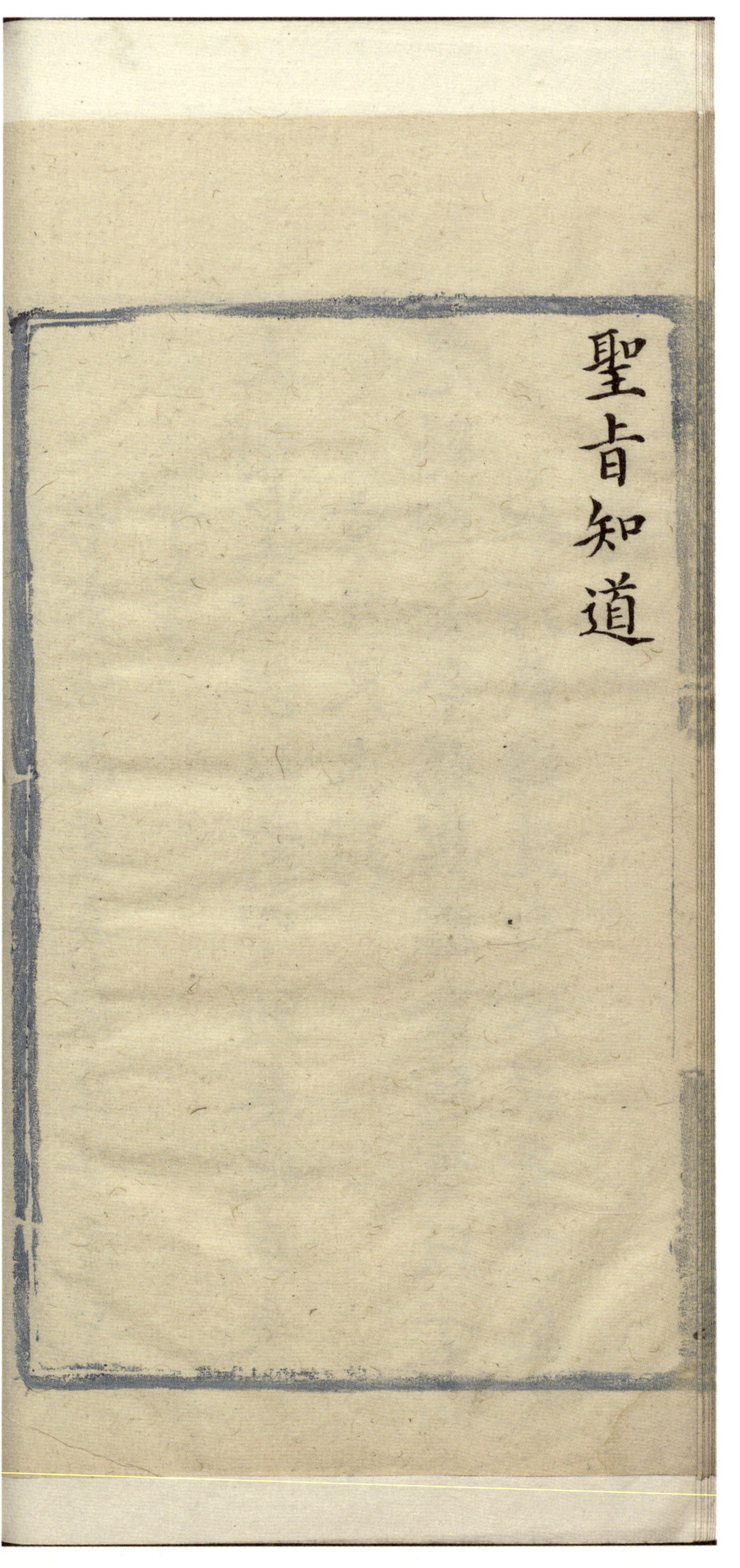
聖旨知道

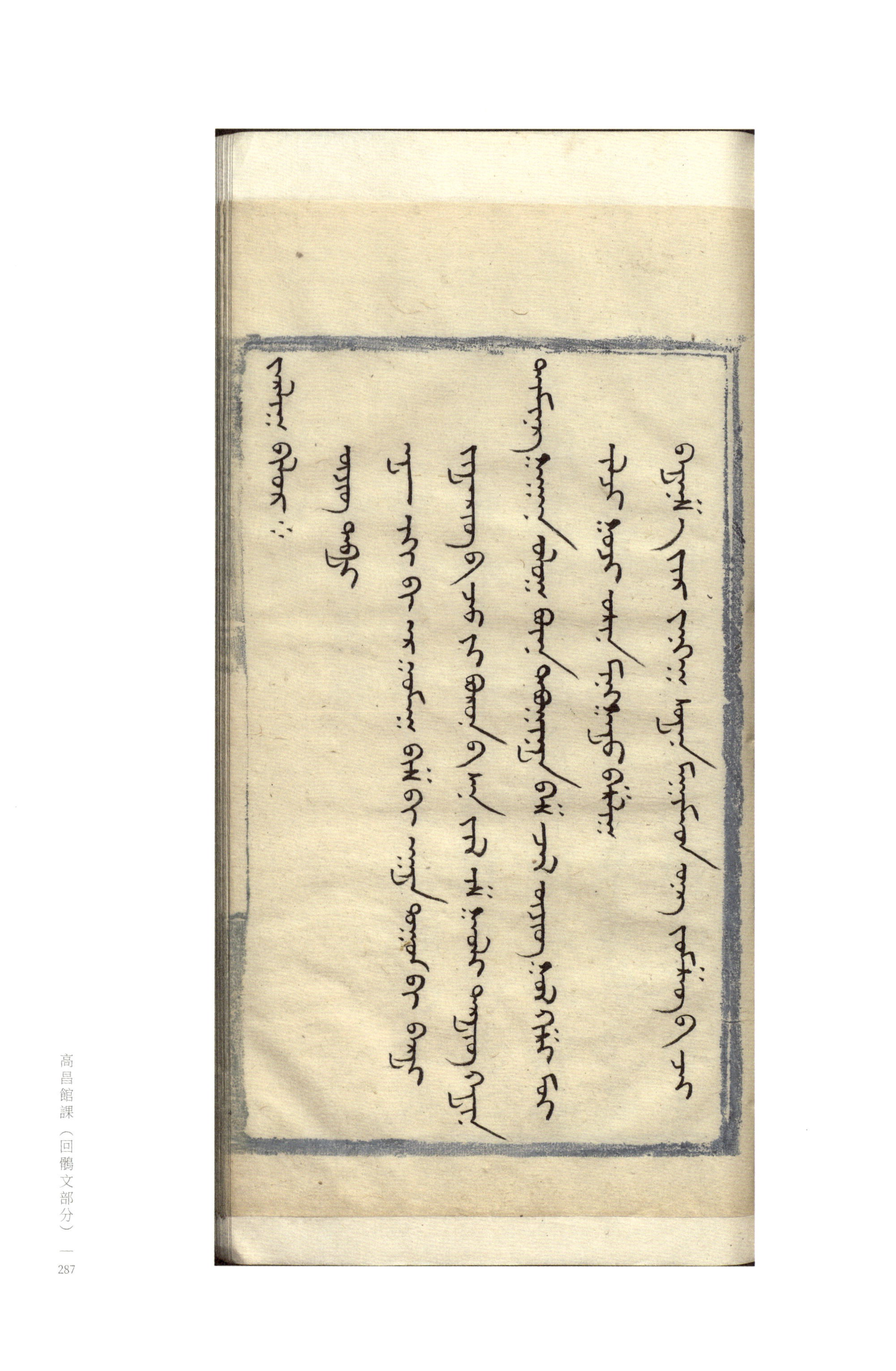

把丹沙地面速壇馬黑麻王
差使臣火只忽辛敏哈秃等
大明皇帝洪福前叩頭奏奴婢每
照依先年事例進貢西馬二
匹阿魯骨馬五匹騸馬九匹
去了奏得
聖旨知道

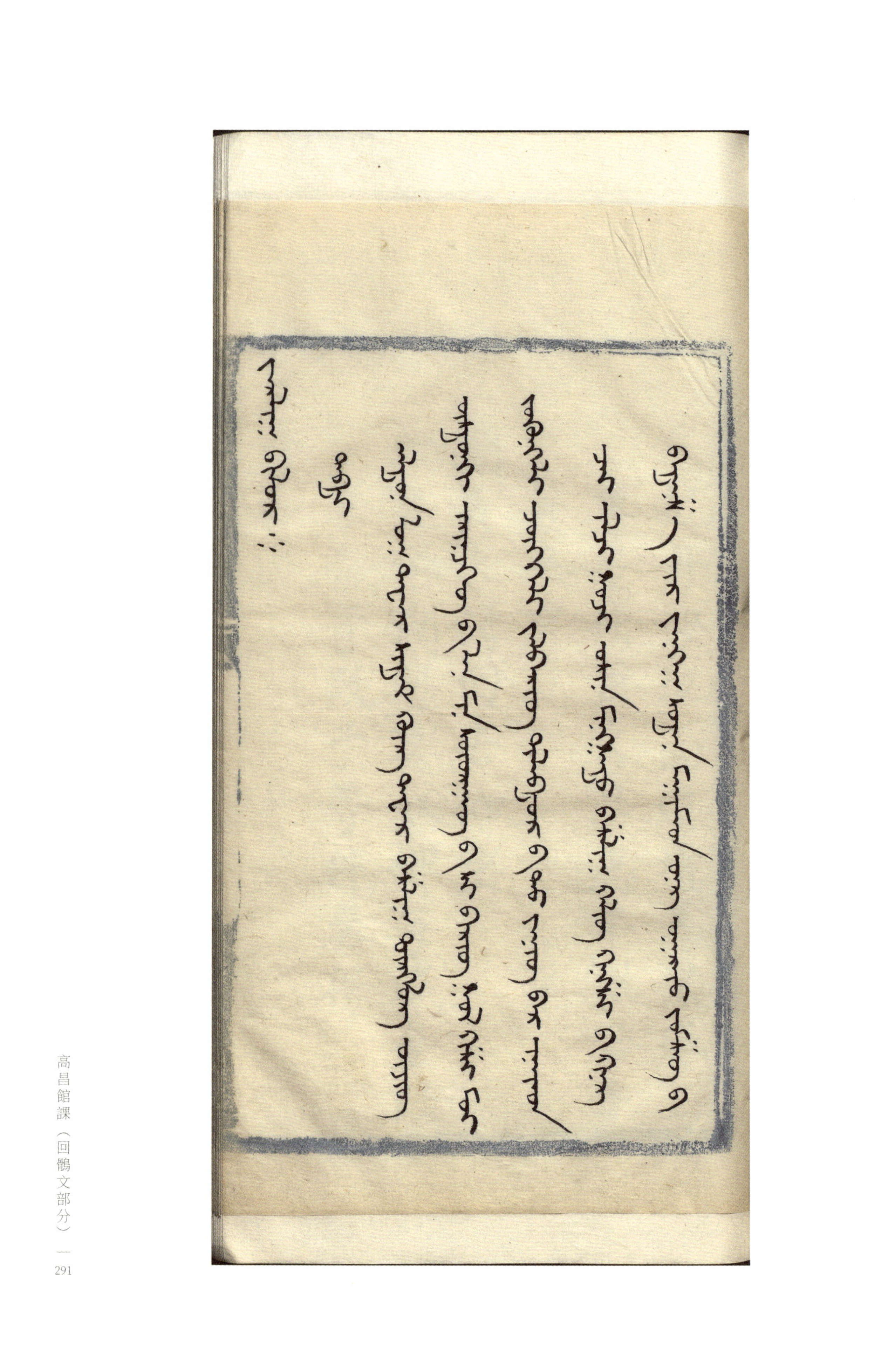

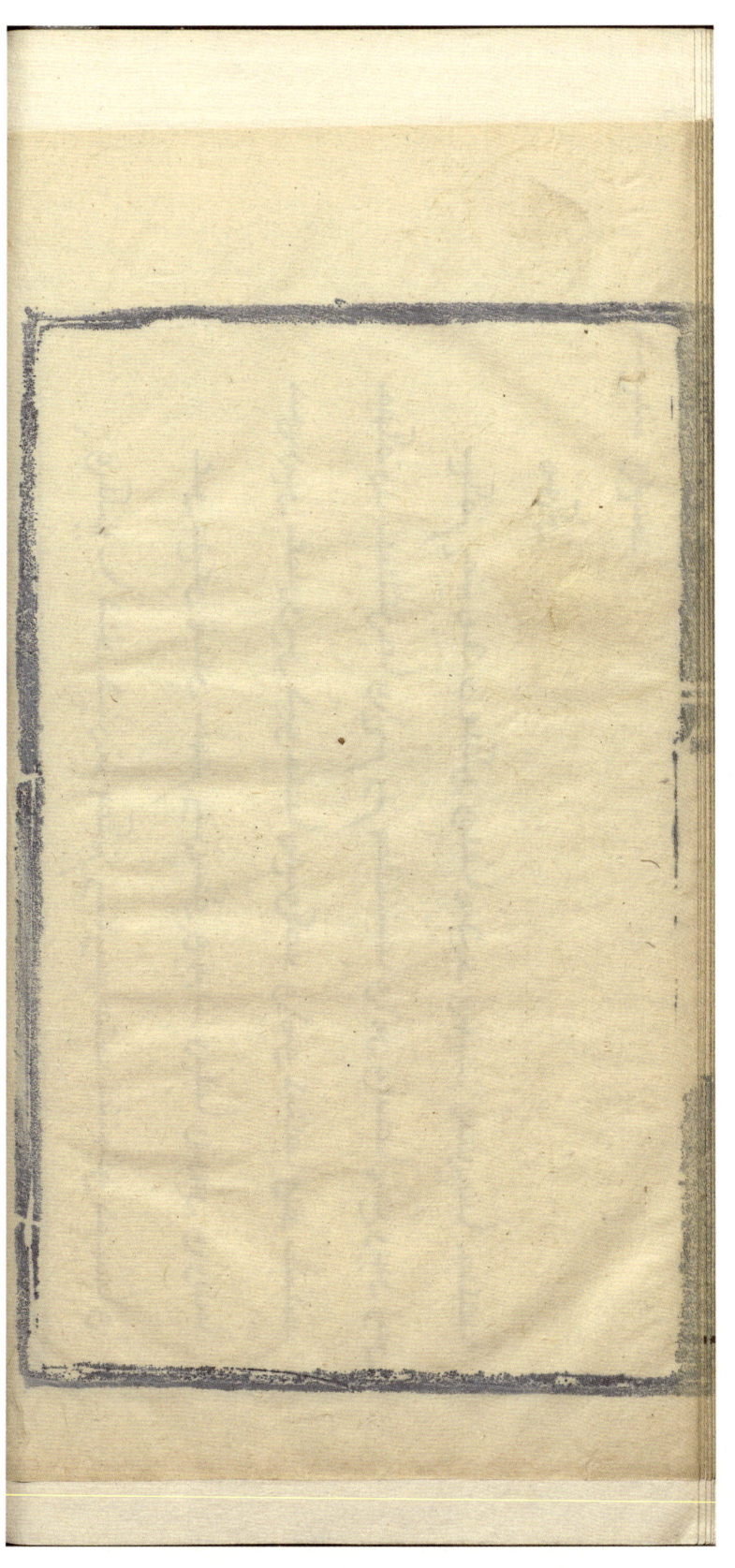

把丹沙地面速壇馬黒麻王

專差使臣火只忽辛敏哈禿

等來京

朝貢求討回去仰望

朝廷憐憫賜與奴婢每織金段

子素青段子等件奏得

聖旨知道

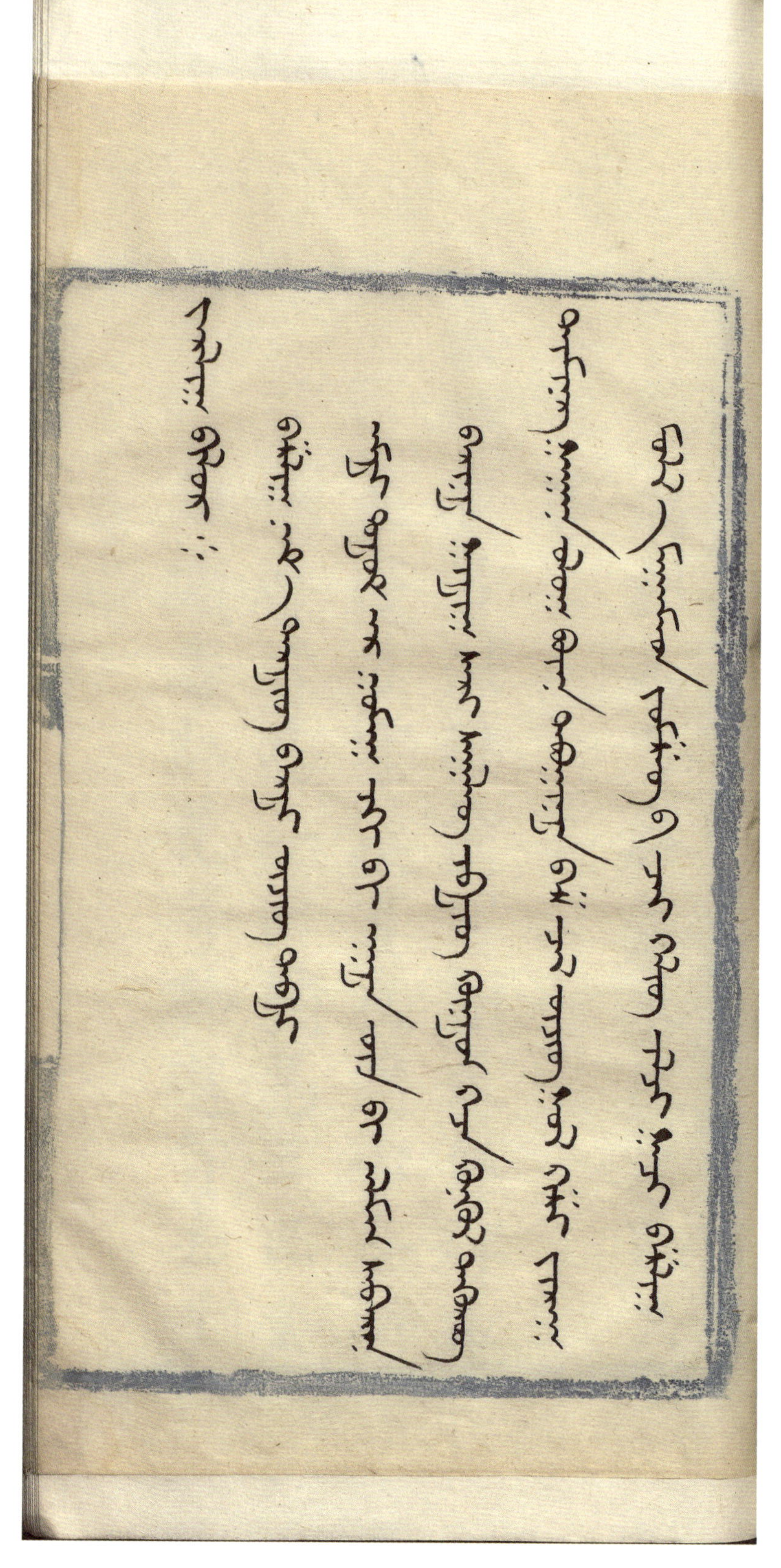

滿剌馬哈麻差来使臣哈只

等

大明皇帝洪福前叩頭奏奴婢遠

在邉方守護晝夜用心令将

阿魯骨馬二匹騸馬三匹金

鋄鑽番紅花等物進貢去了

奏得

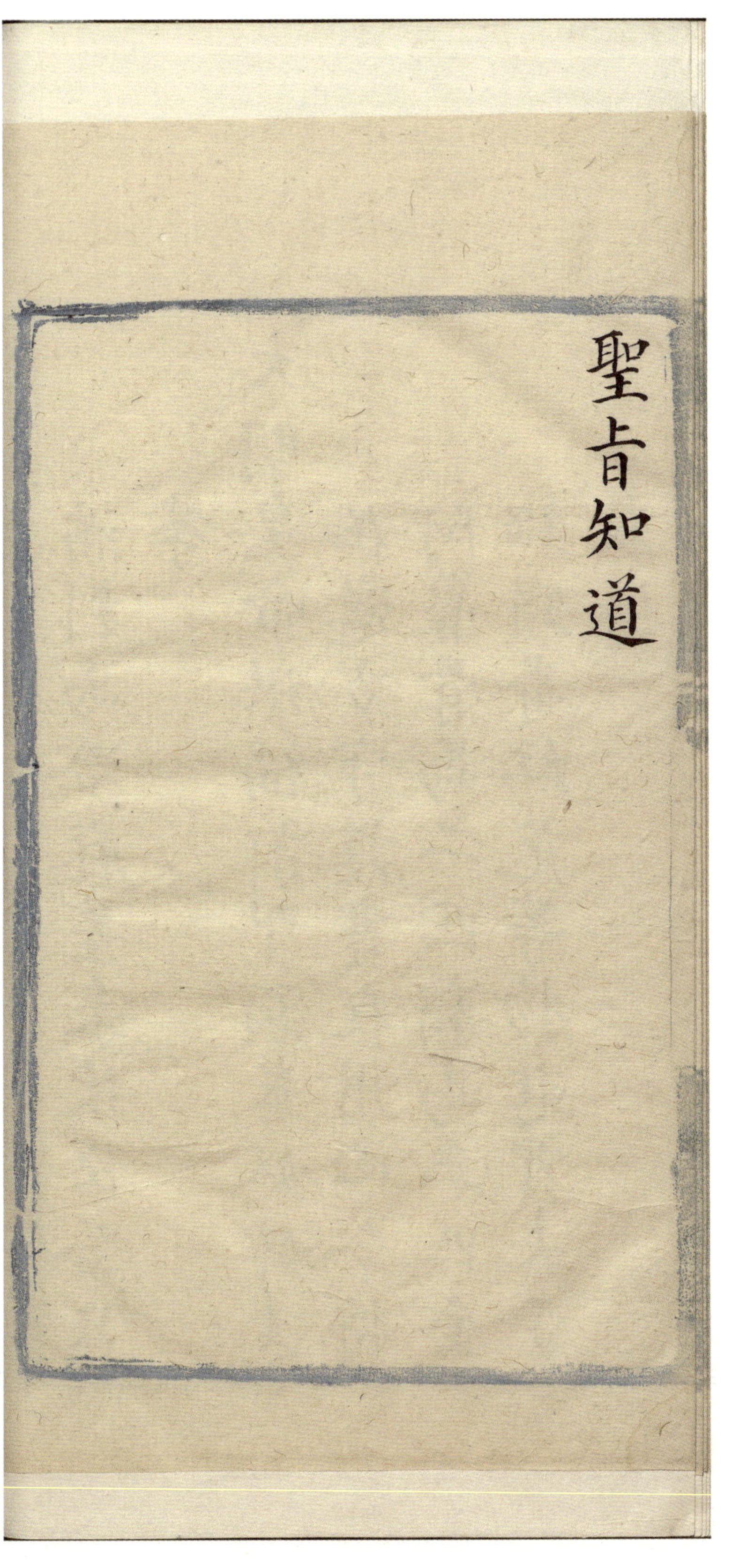
聖旨知道

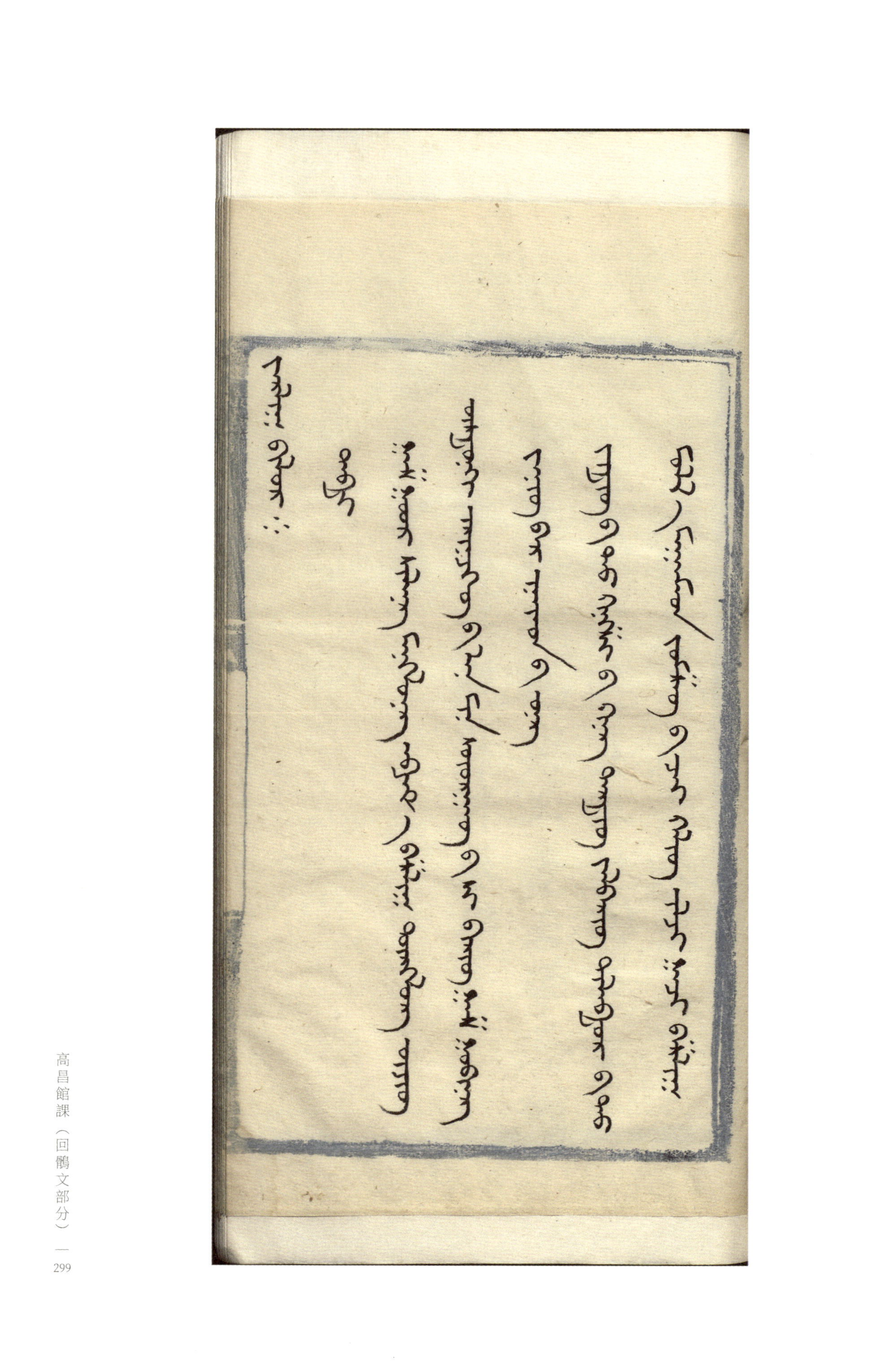

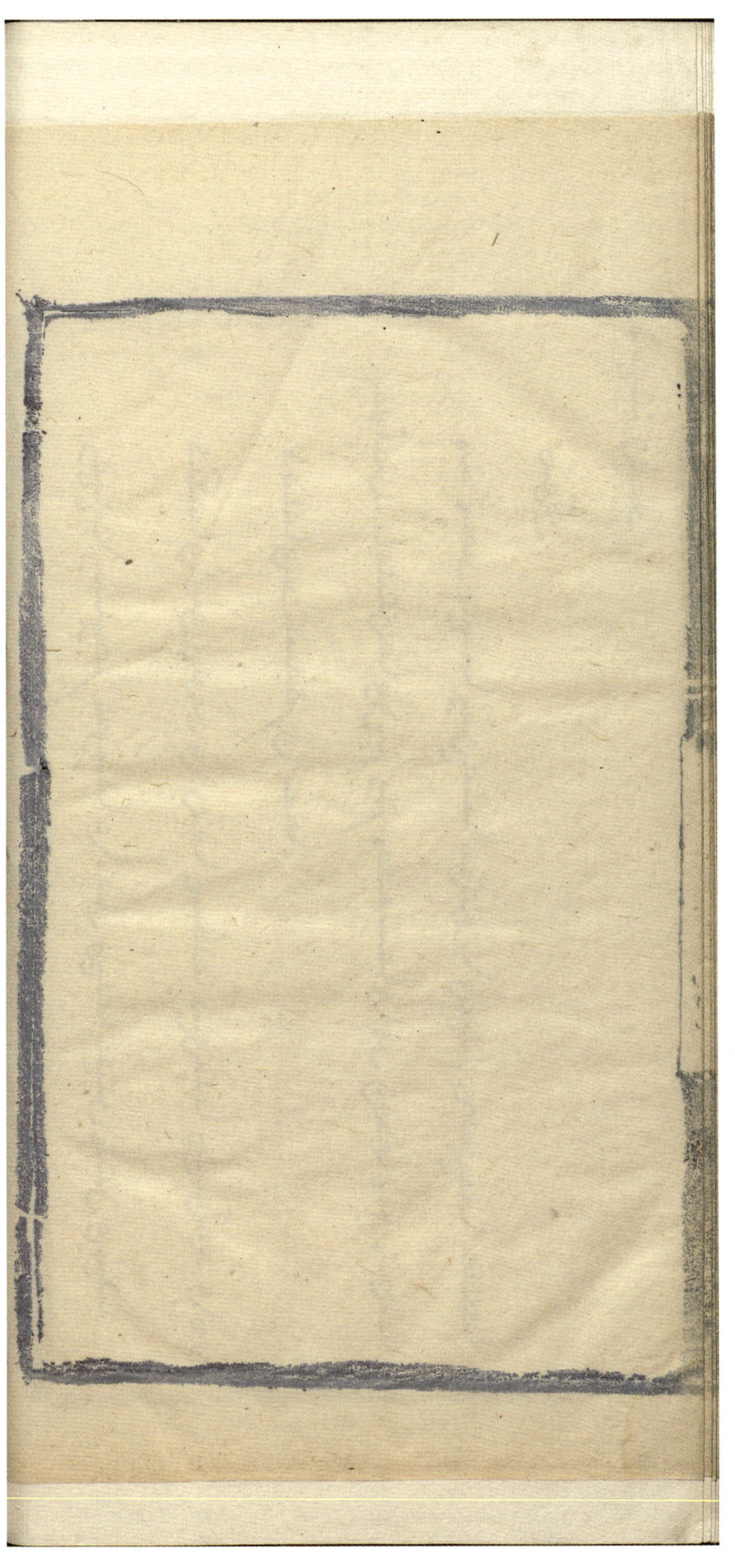

滿剌馬哈麻差来使臣哈只
等到京進貢求討回去望
朝廷憐憫賜與玉壺玉帶膝襴
蟒龍湯瓶等件奏得
聖旨知道

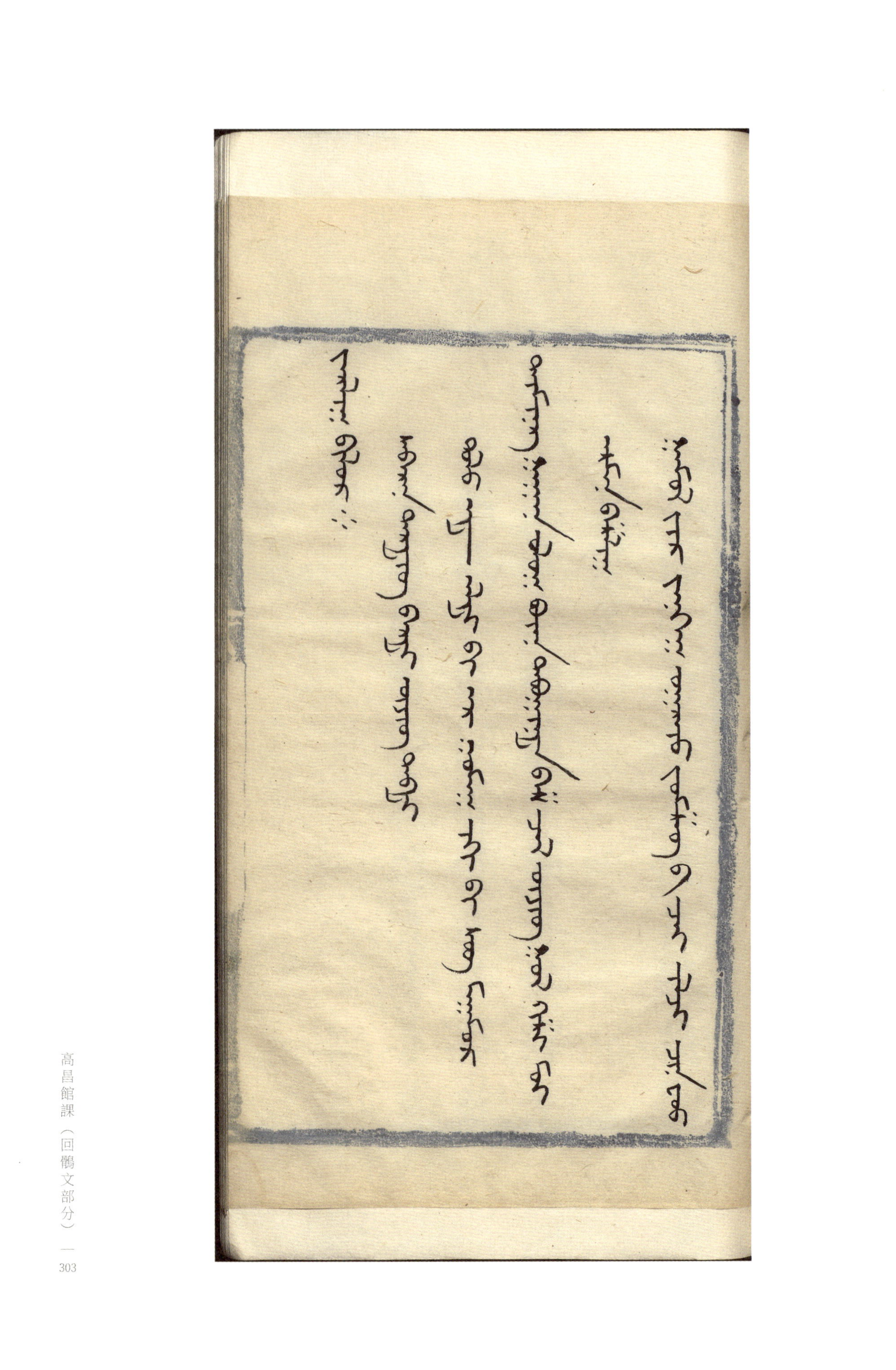

哈密地面專差使臣鎮撫阿
思蠻等
大明皇帝洪福前叩頭奏奴婢每
備馬六匹阿魯骨馬二匹梭
肷剪絨番紅花進貢去了奏
得
聖旨知道

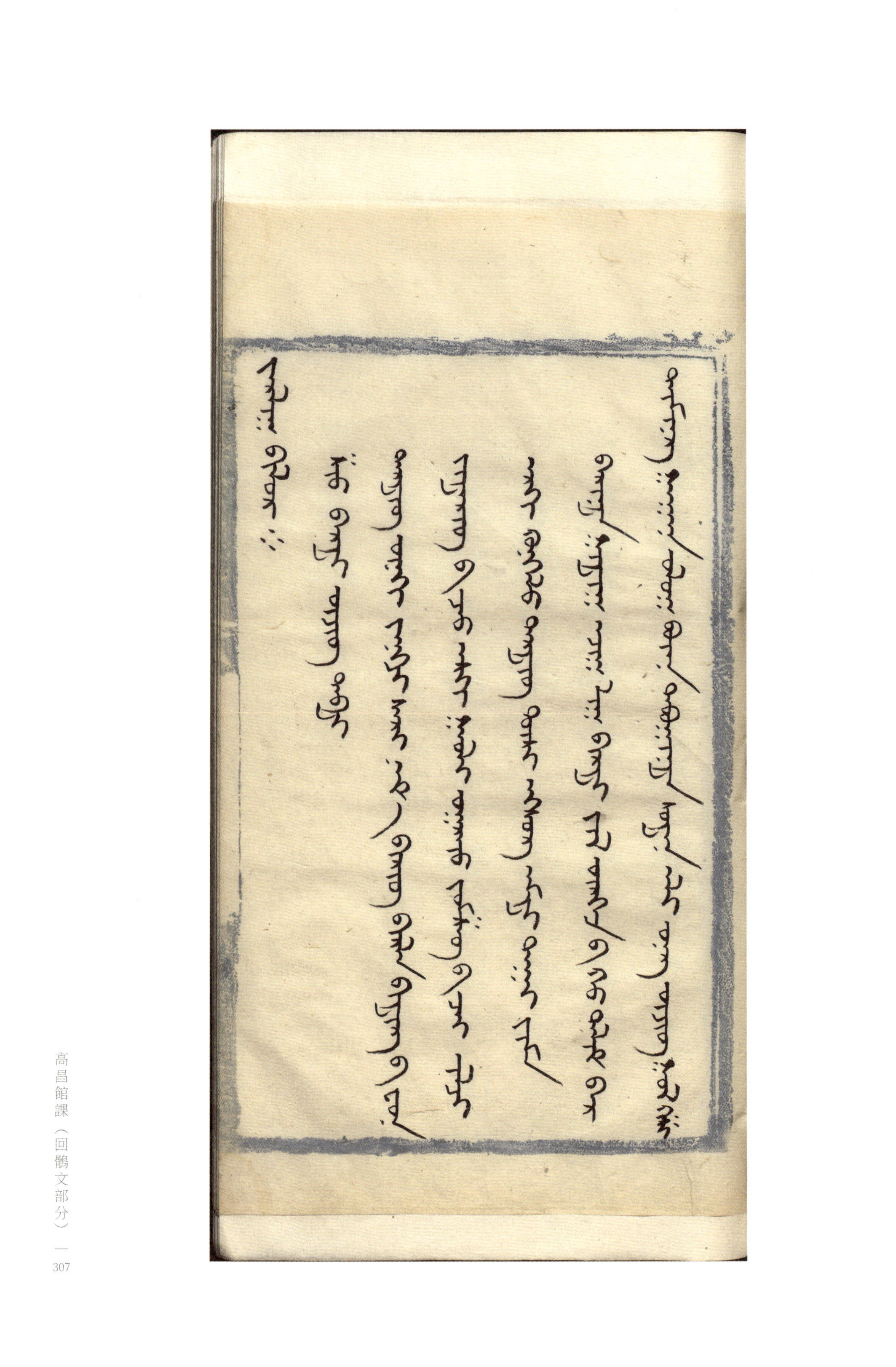

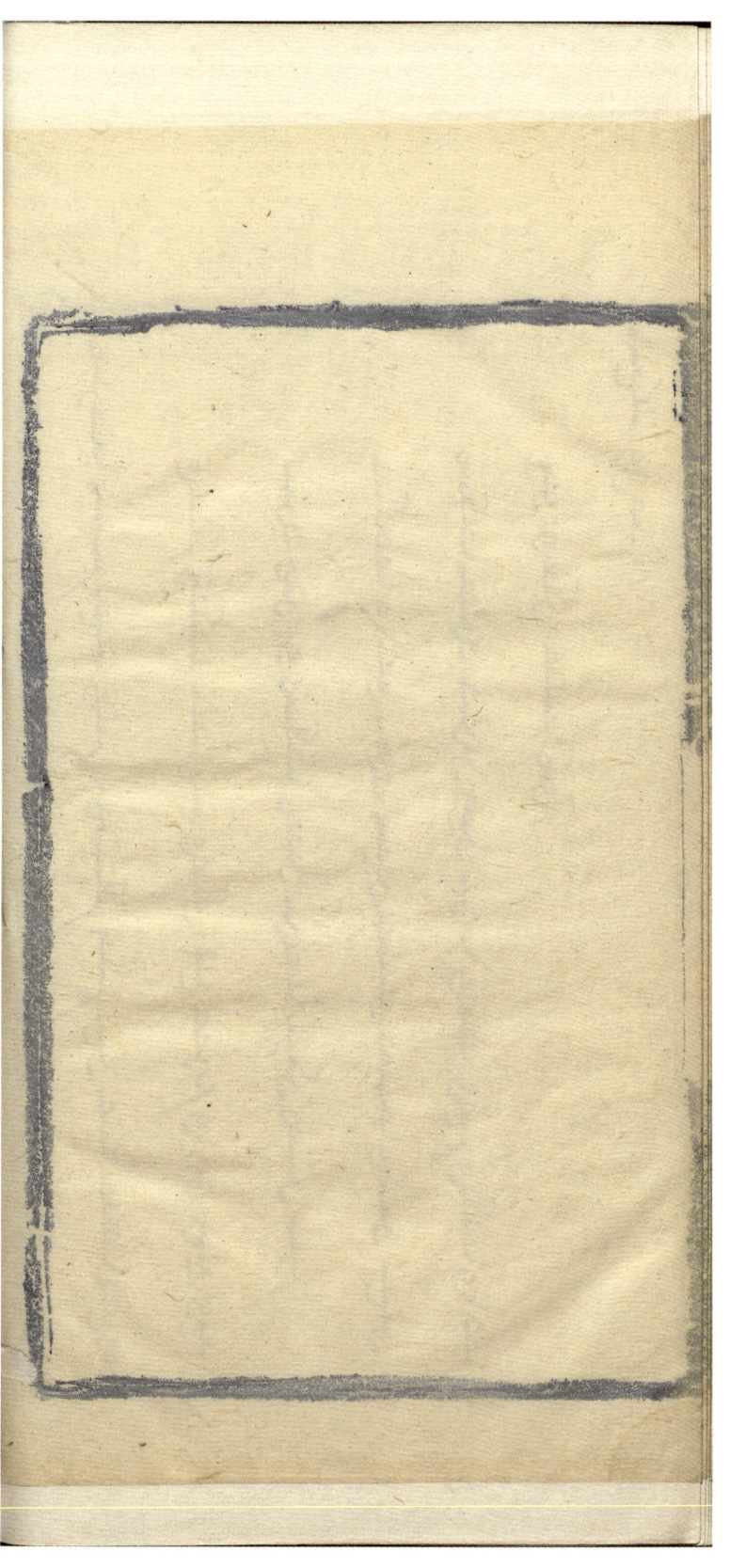

大明皇帝洪福前速壇阿力王奏

奴婢在邊効力年久多有功

勞進貢不缺今仍照舊例專

差使臣進貢各樣方物與同

文書去了奏得

聖旨知道

大明皇帝洪福前羽奴思王奏自
祖父以来皆受
朝廷厚恩感戴不盡如今專差
使臣都督賽亦虎仙等進貢
大西馬四匹小西馬四匹并
各樣方物去了怎生
恩賜奏得

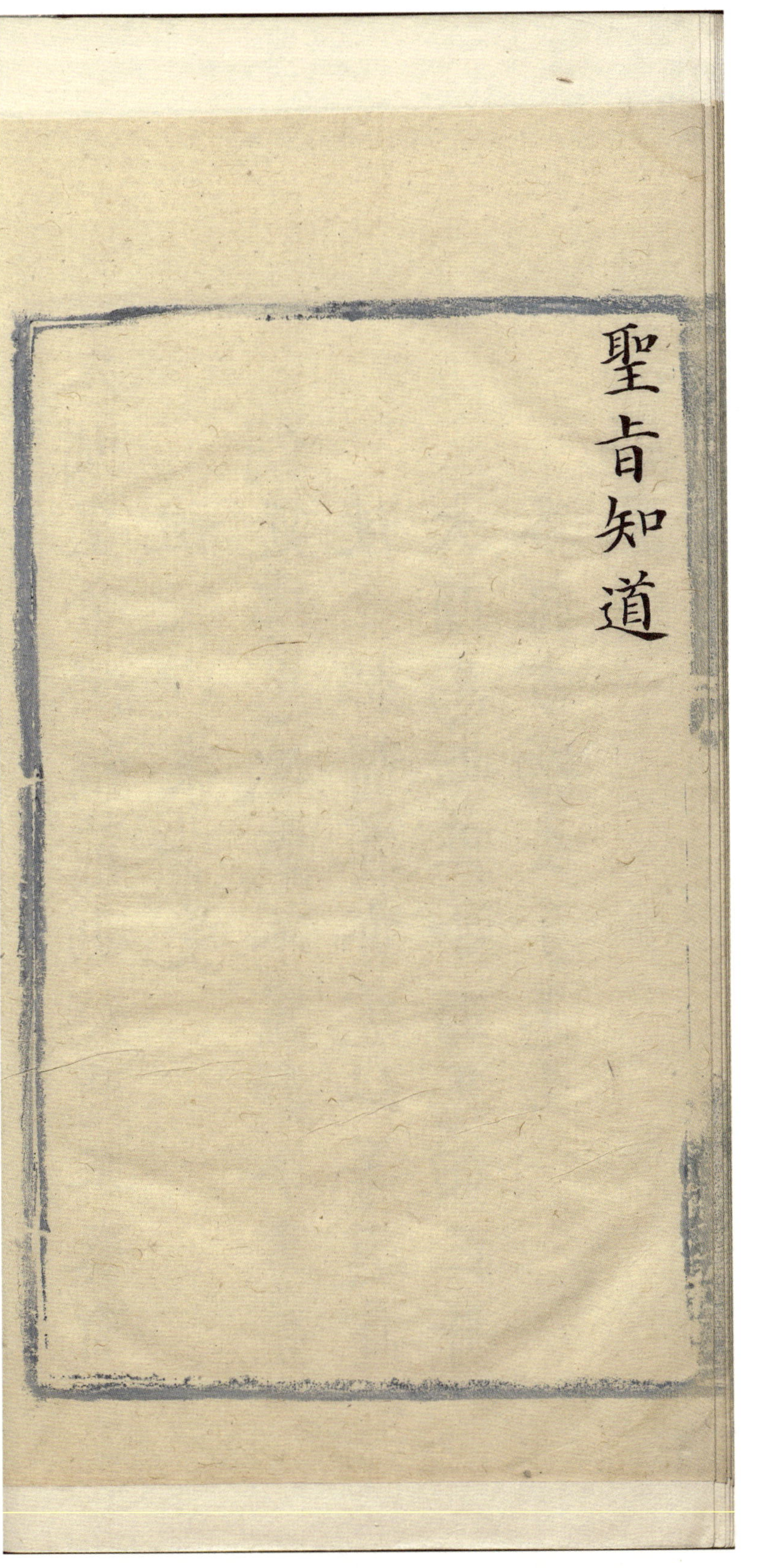
聖旨知道

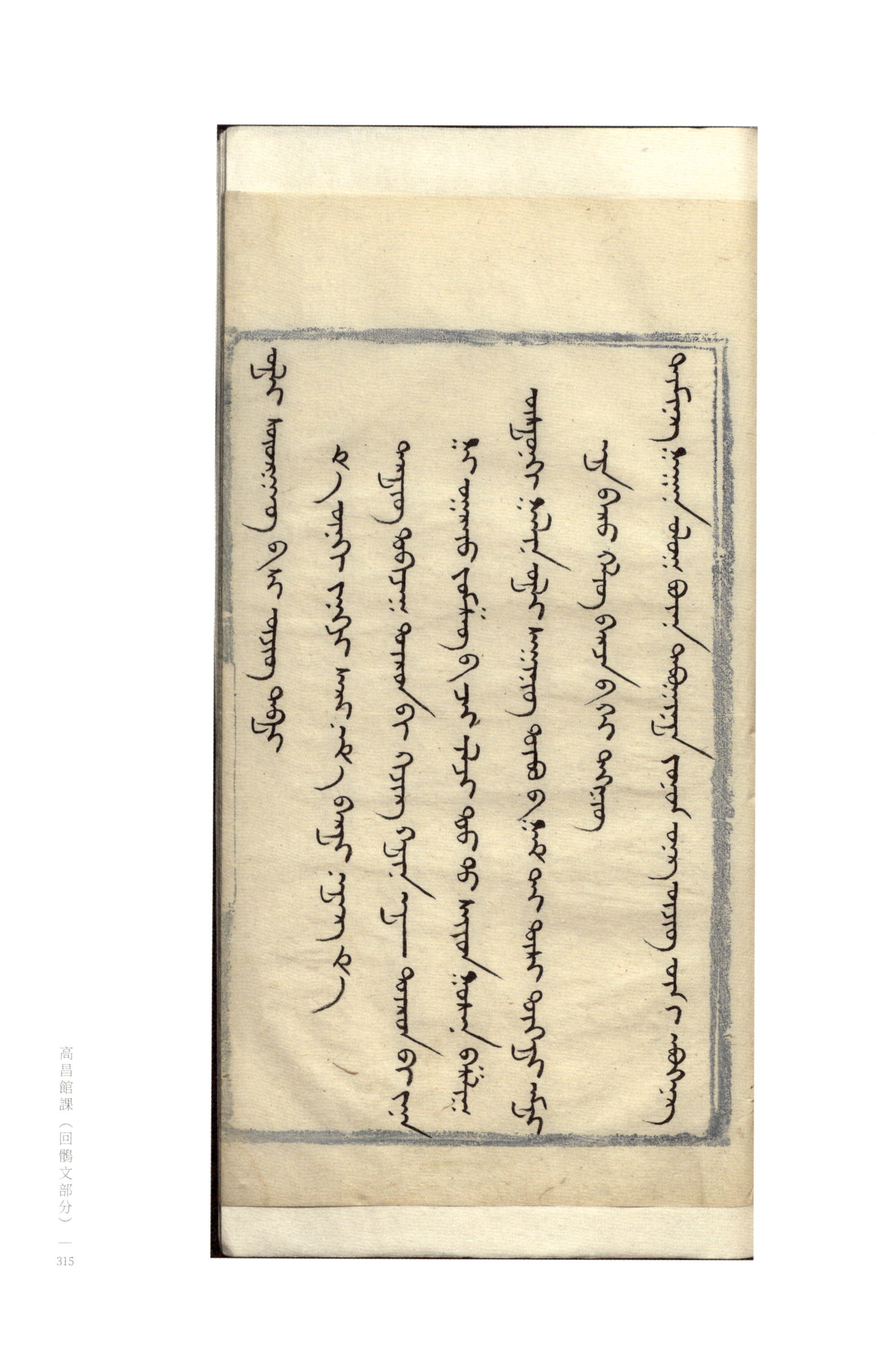

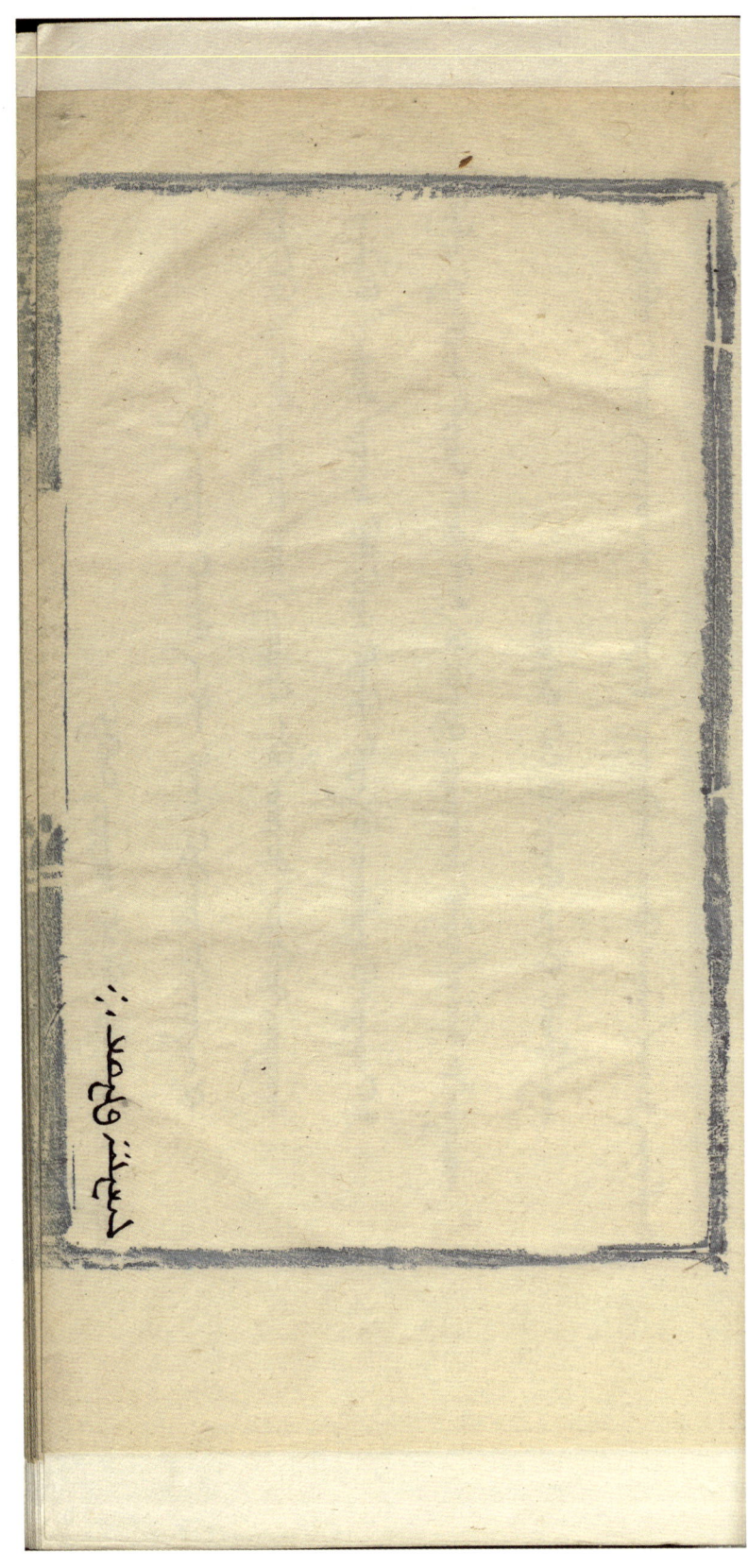

高昌國主馬黑麻王叩頭奏

奴婢每累世蒙

天皇帝厚恩有来至今往来進貢

不絶近年因土魯番無道理

時常搶殺不得行走仰望

朝廷禁約他奏得

聖旨知道

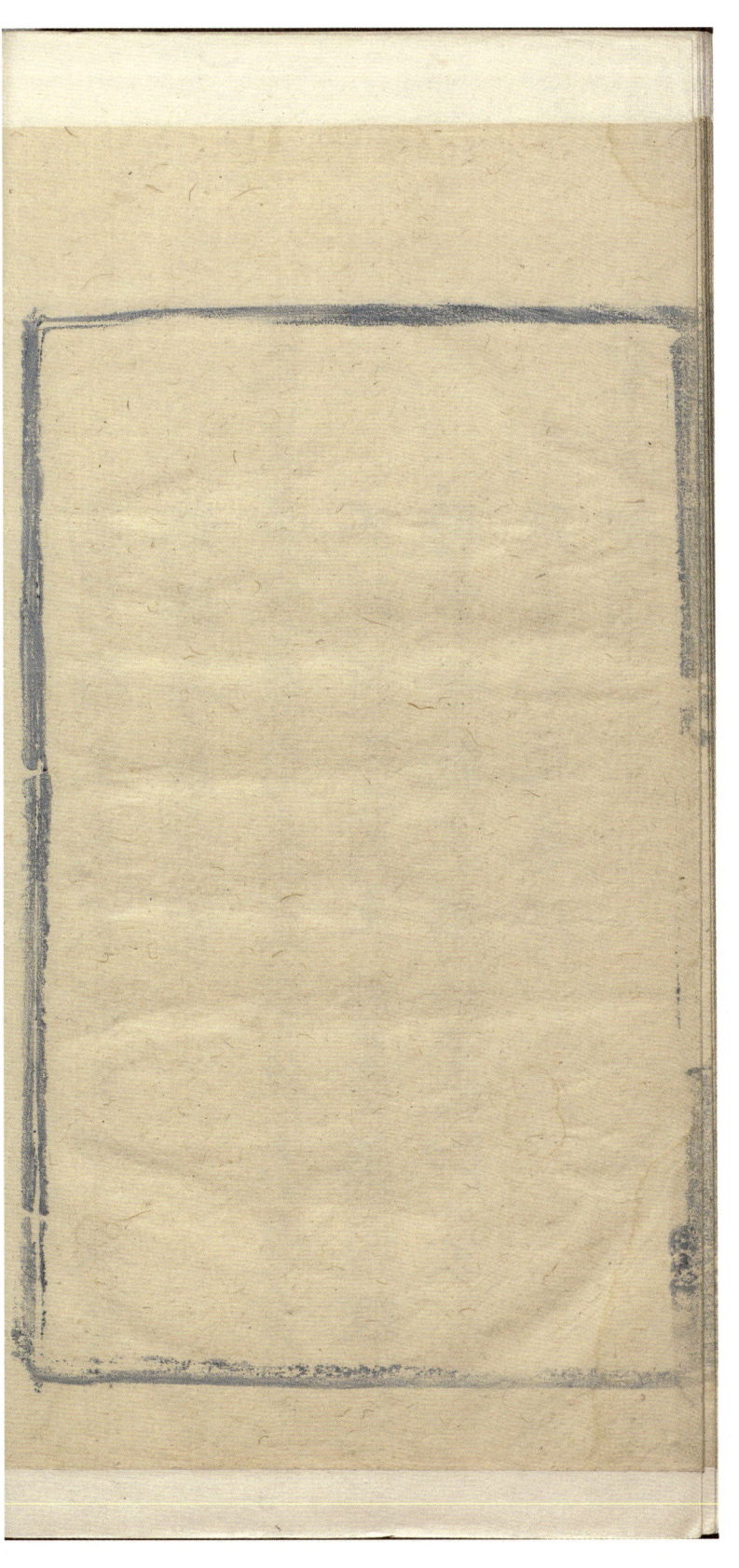

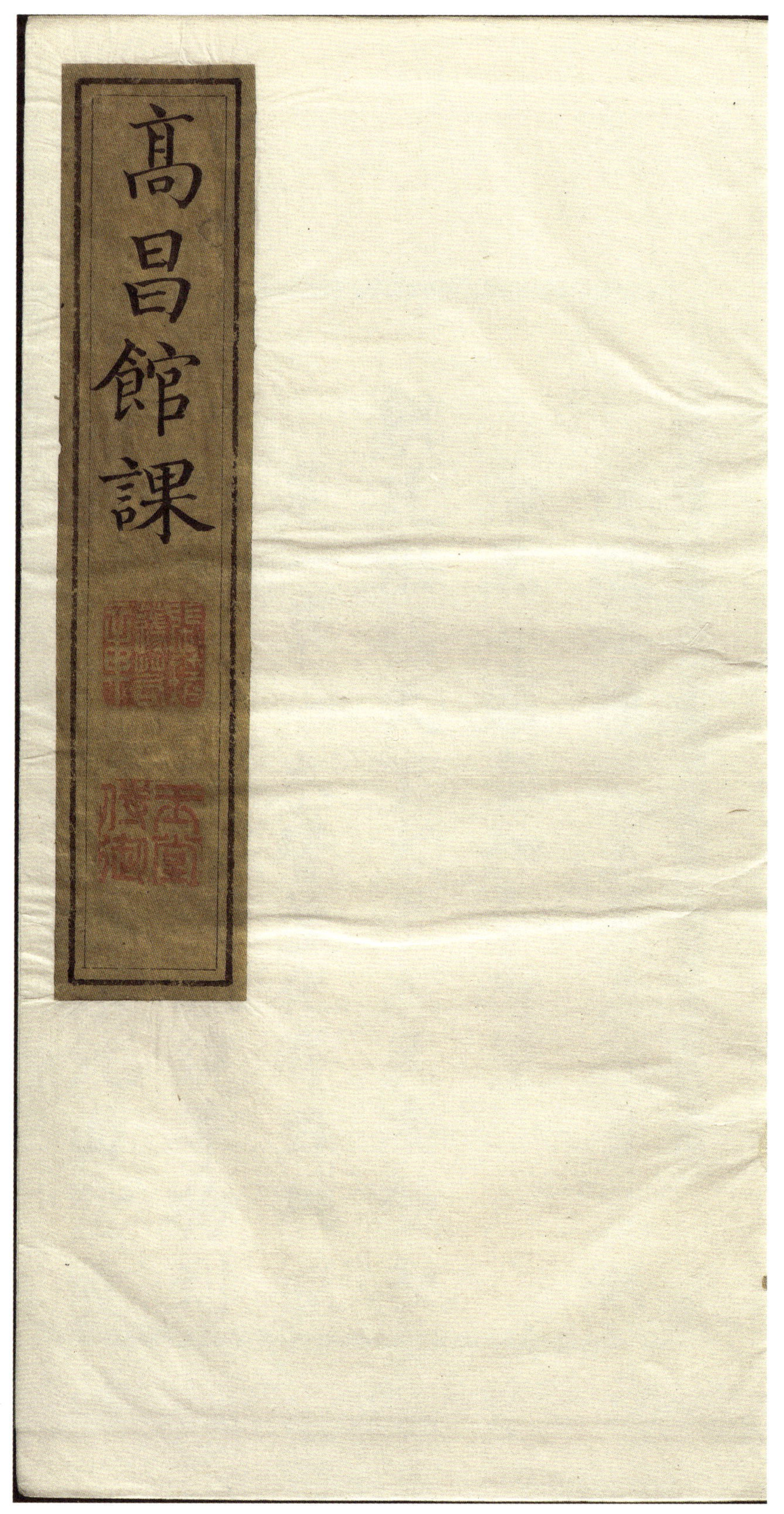
高昌館課

速壇滿速兒王差来頭目火只

捨黑叩頭奏如今仰望

朝廷洪福天下太平人民安穩就

是一草一木皆蒙化育因此照

依舊例進貢玉石眼鏡等物到

京朝見就乞討金銀洗面盆黃

剪絨罟（左“罒”下“吕”）菇帽氈衫各色綃布怎

生

恩賜奏得

聖旨知道

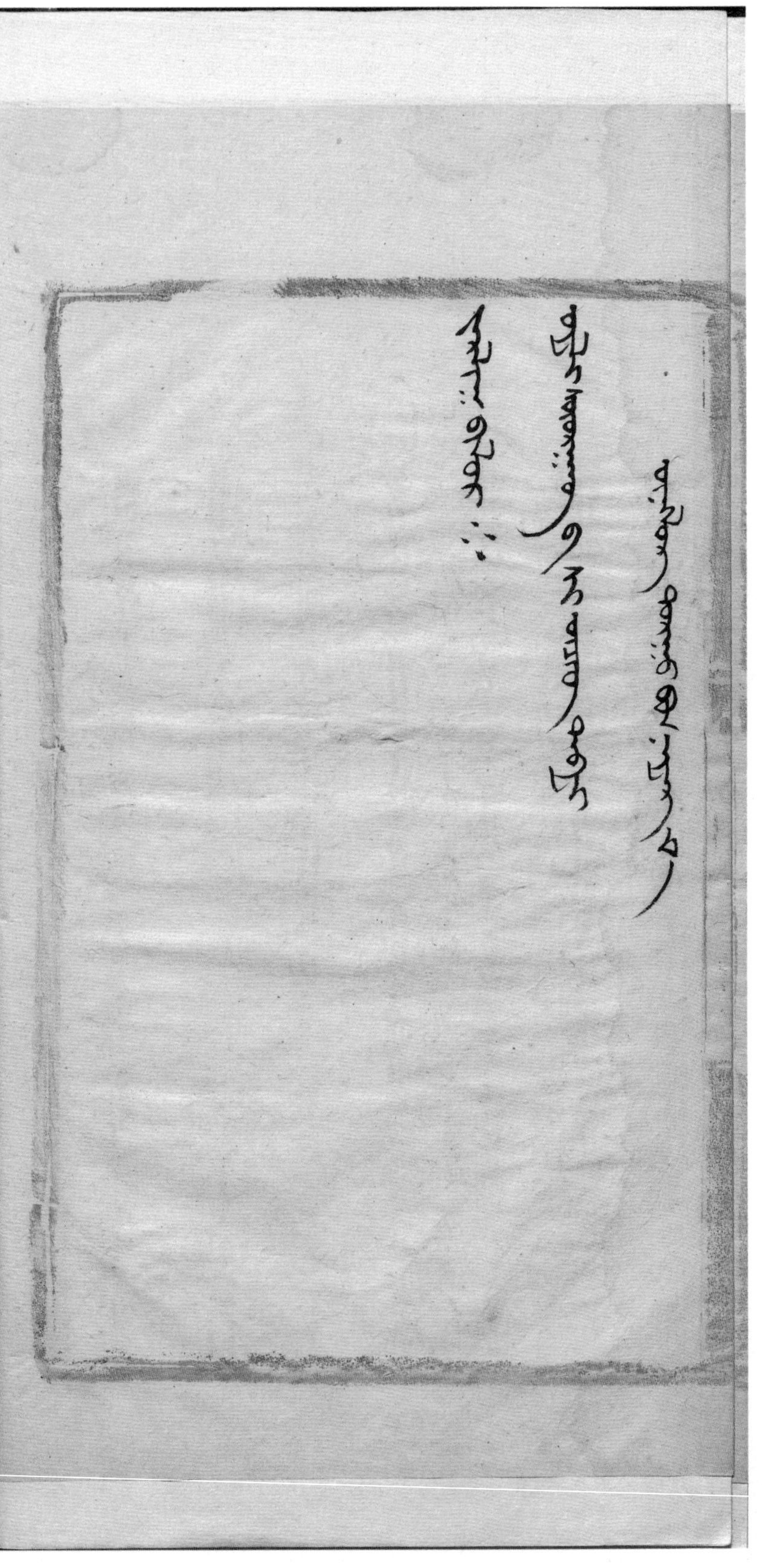

哈剌懷地面奴婢陜得克奏有
我祖父在時曾差人往来進貢
不絶皆蒙
朝廷厚恩至今感戴不盡如今仍
照舊例進貢大西馬二匹阿魯
骨馬二匹仰望

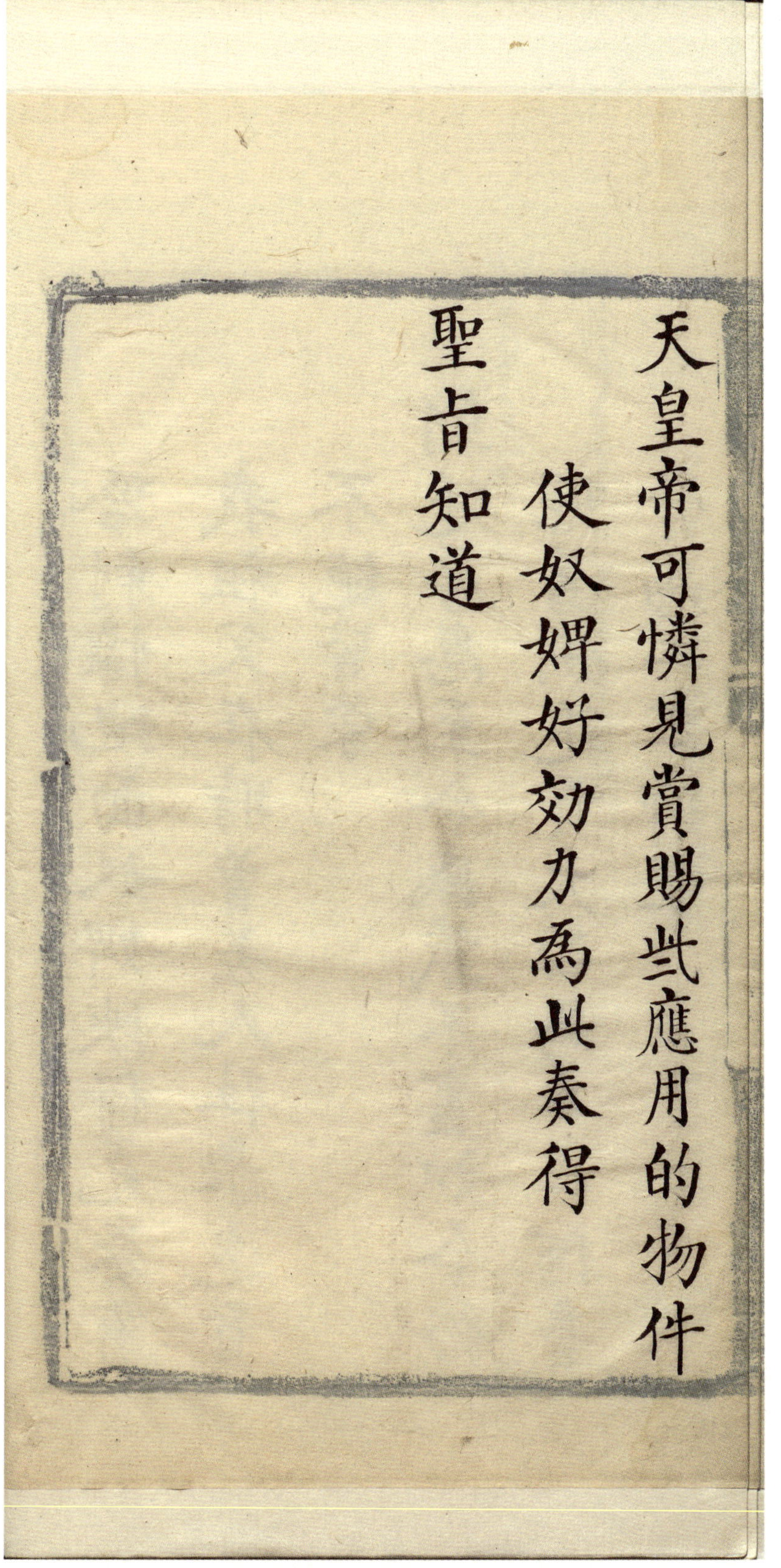
天皇帝可憐見賞賜些應用的物件
使奴婢好効力爲此奏得
聖旨知道

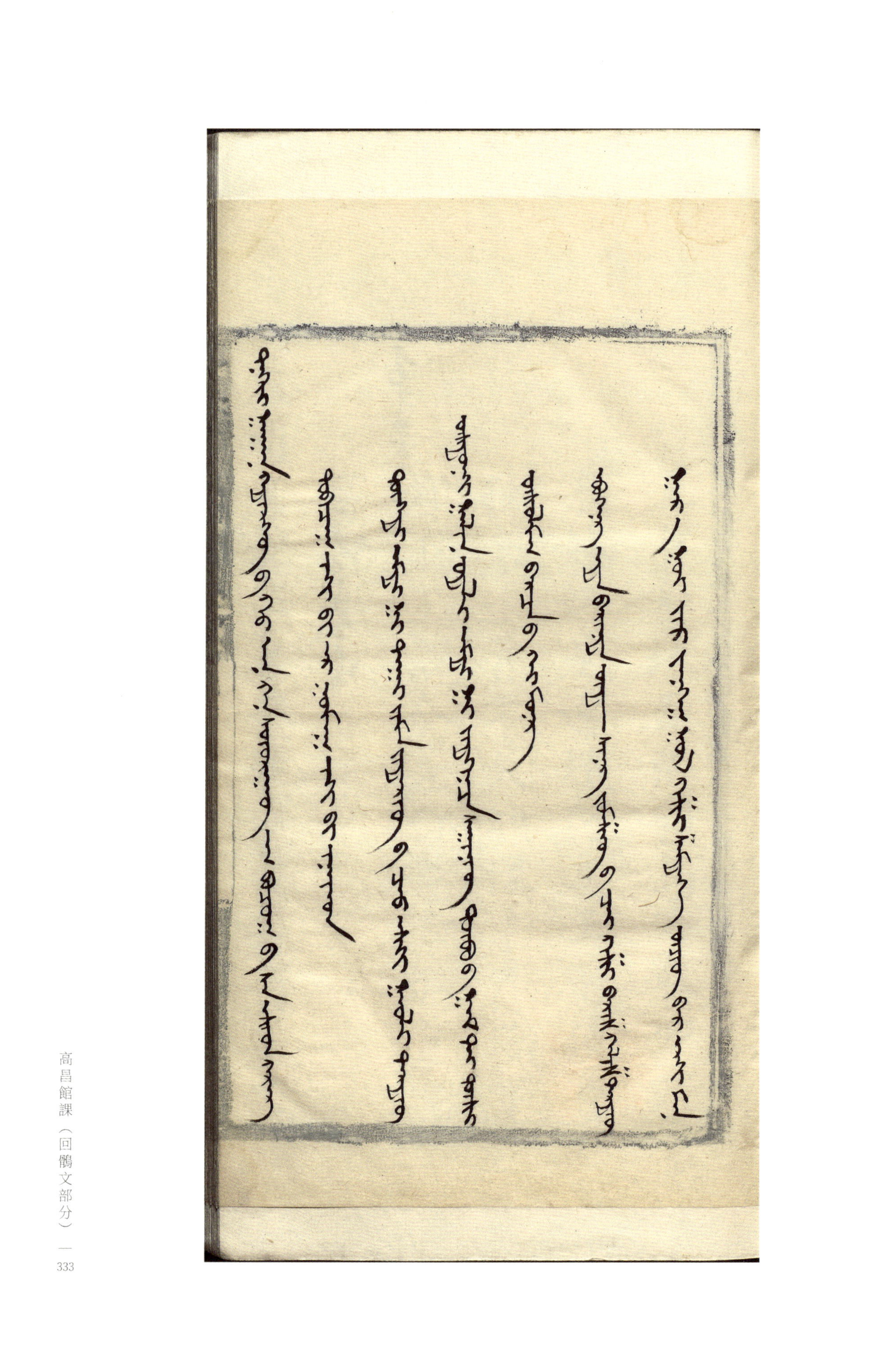

土魯番地面滿剌馬哈麻叩頭
奏奴婢是速壇阿力王的使臣
往来進貢年久加陞千戶職事
有我王説令差你每去進貢文
書仰望
大明皇帝好名聲地方安穩得了哈

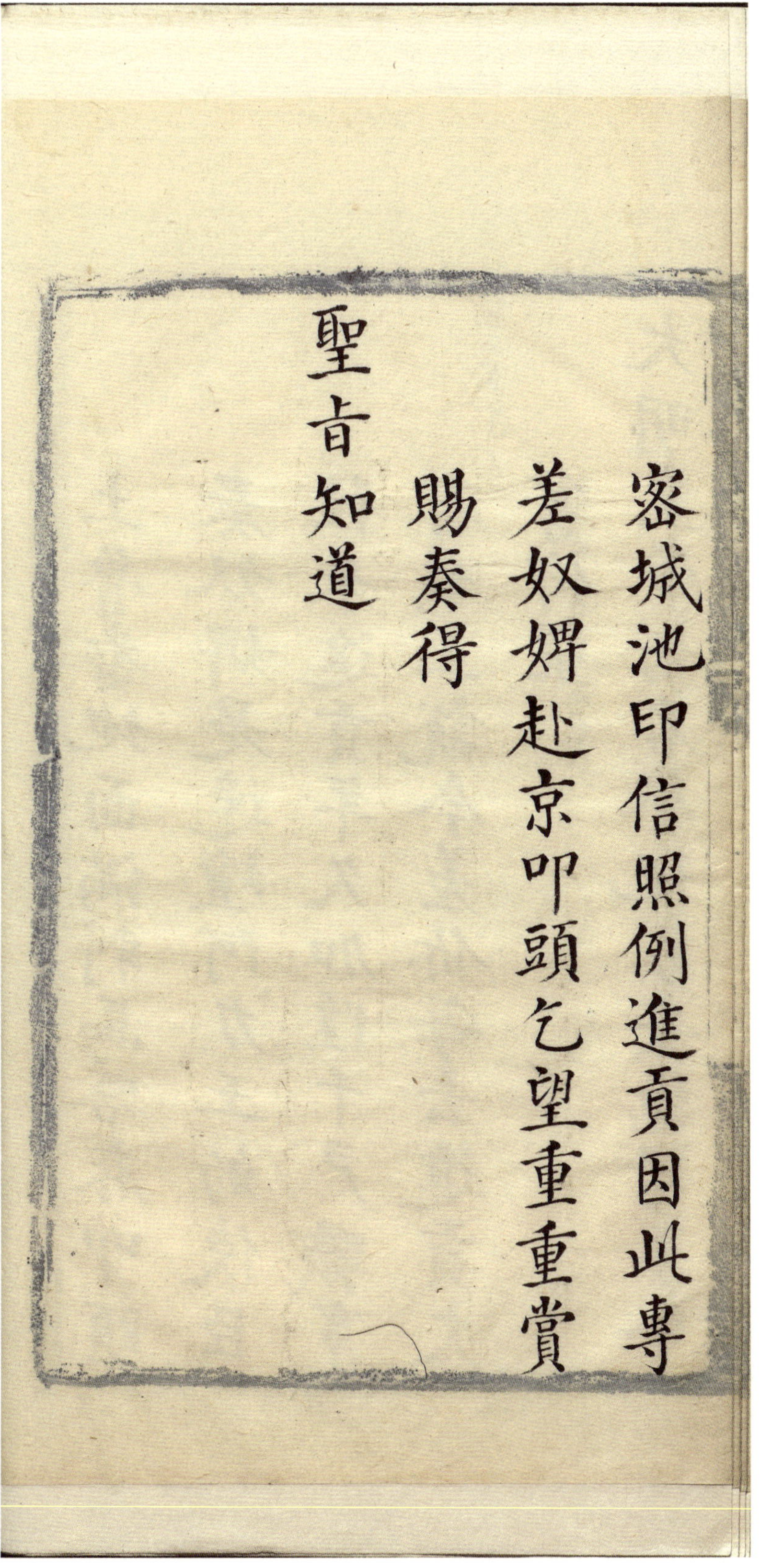

窑城池印信照例進貢因此專
差奴婢赴京叩頭乞望重重賞
賜奏得
聖旨知道

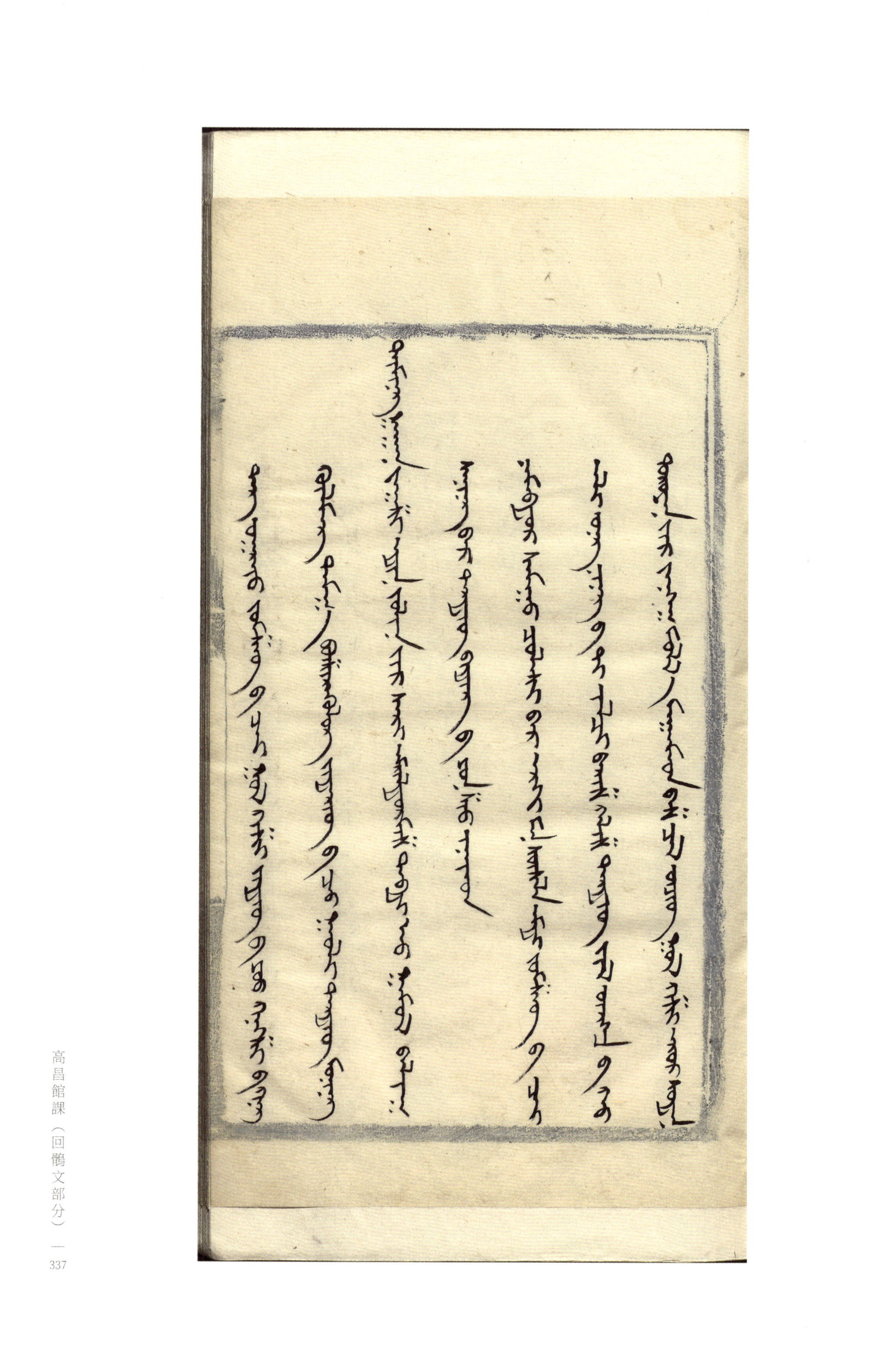

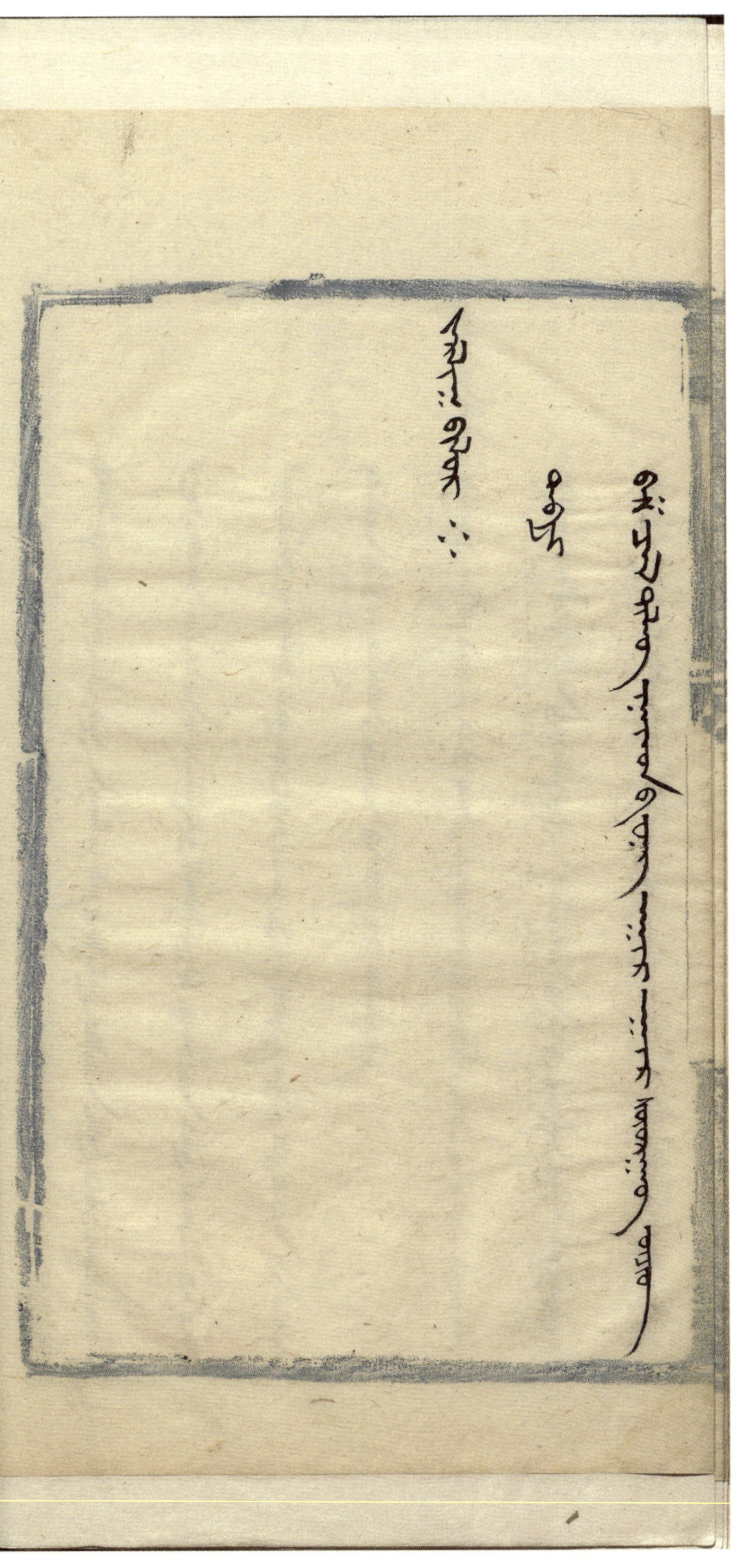

高昌地主哈尼克奏爲進貢事
奴婢祖阿黑麻因効力邊方有
功蒙
天朝封爲王爵頒給印信就在本處
管束夷衆傳及至今進貢不缺
今照前例特差指揮僉事格格

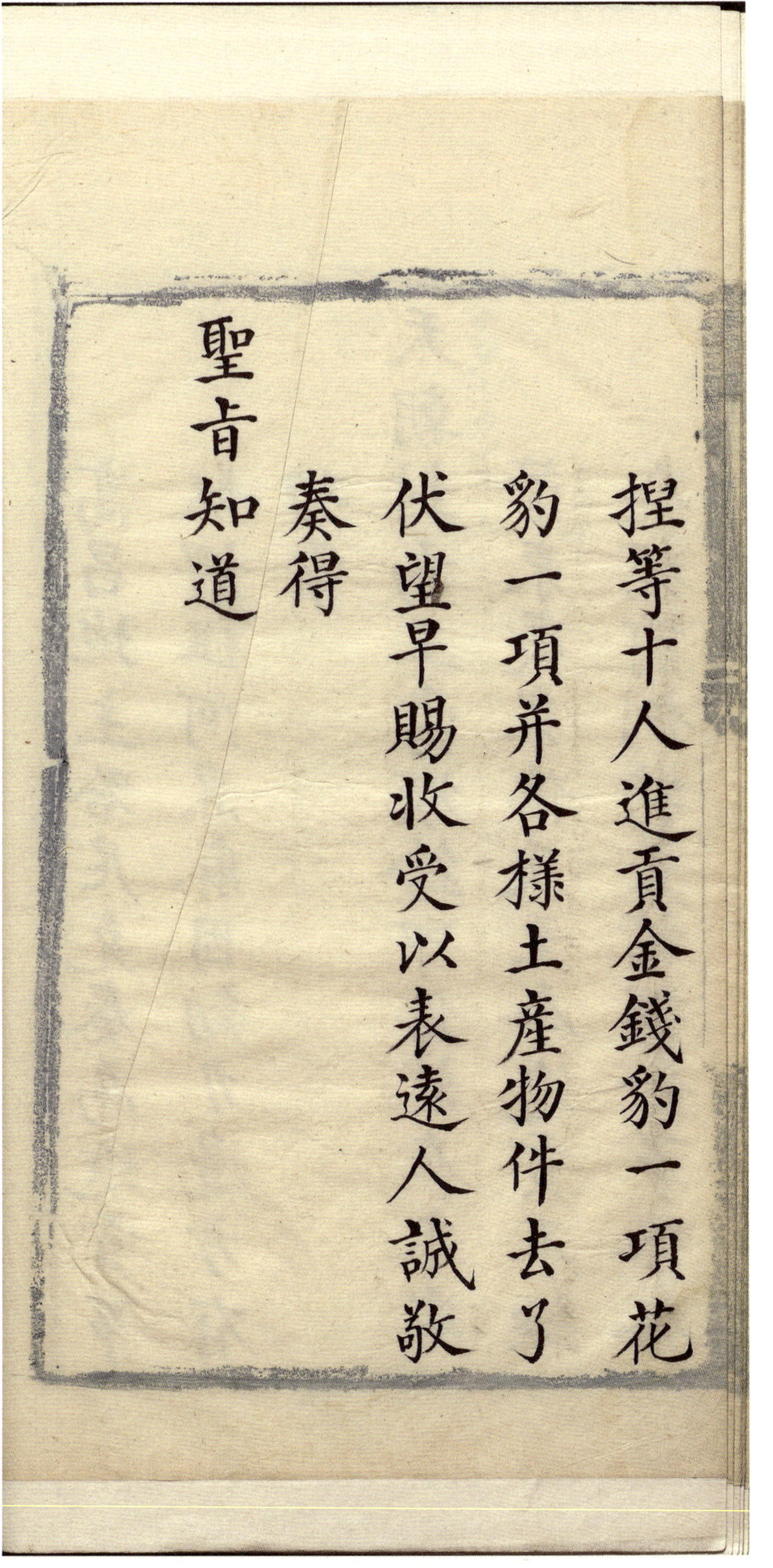
捏等十人進貢金錢豹一項花
豹一項并各樣土産物件去了
伏望早賜收受以表遠人誠敬
奏得
聖旨知道

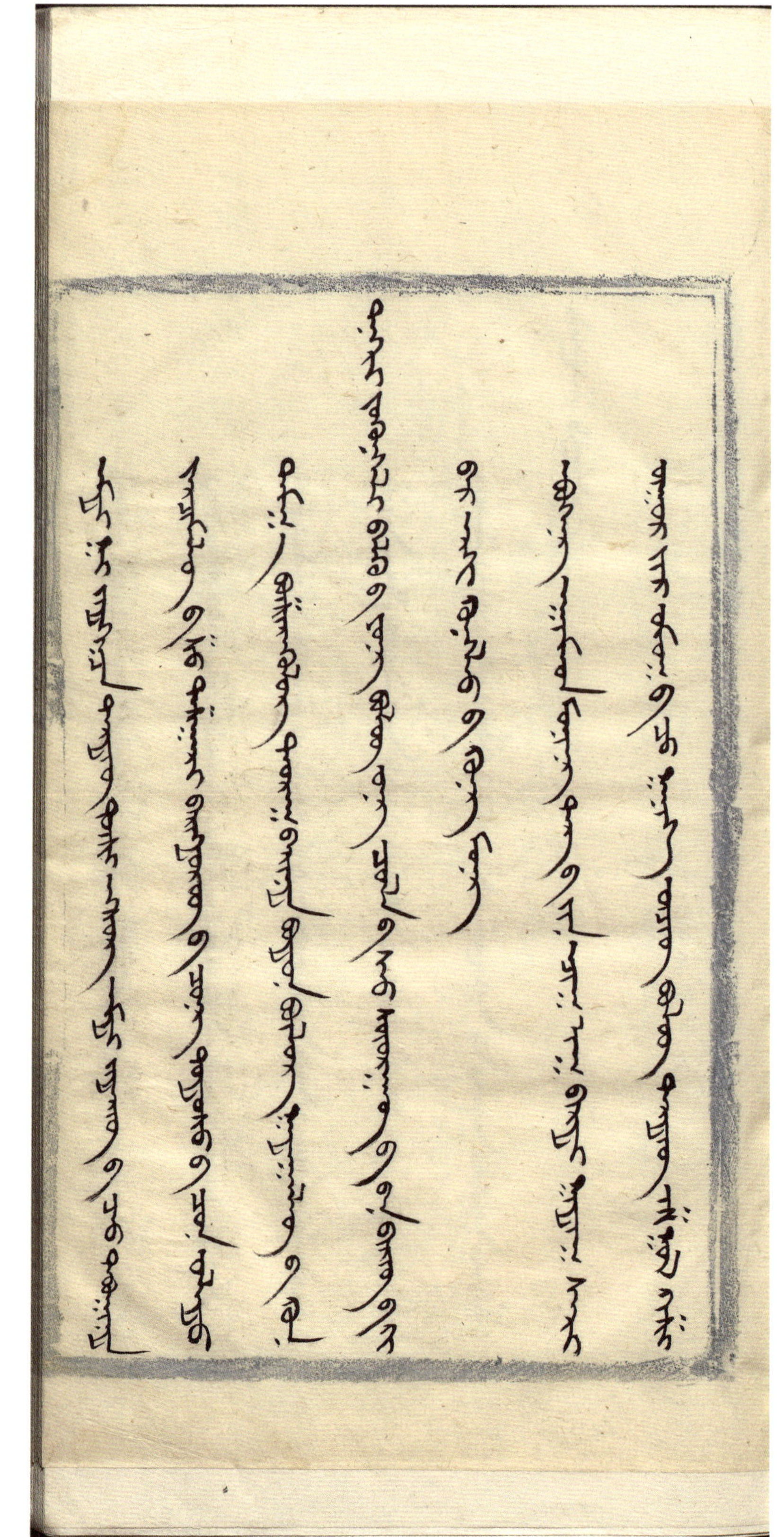

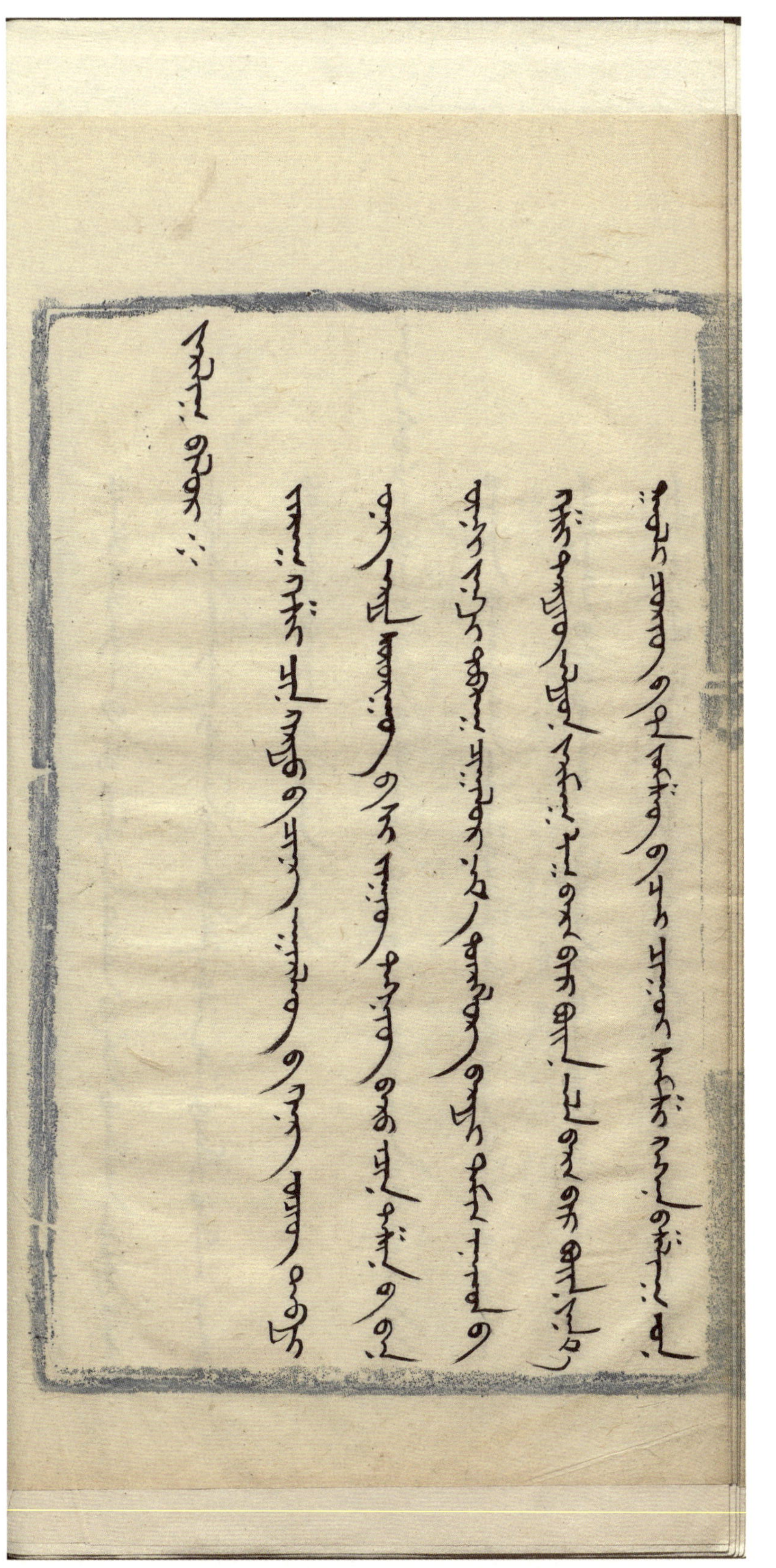

阿速地面小奴婢阿把把吉兒

叩頭奏我今仰賴

天朝洪福遠居邉方一心遵守禮法

不敢違背今差火只前去進貢

鑌鐵腰刀一把騸馬九匹去了

乞討應用的物件金瓶金碗各

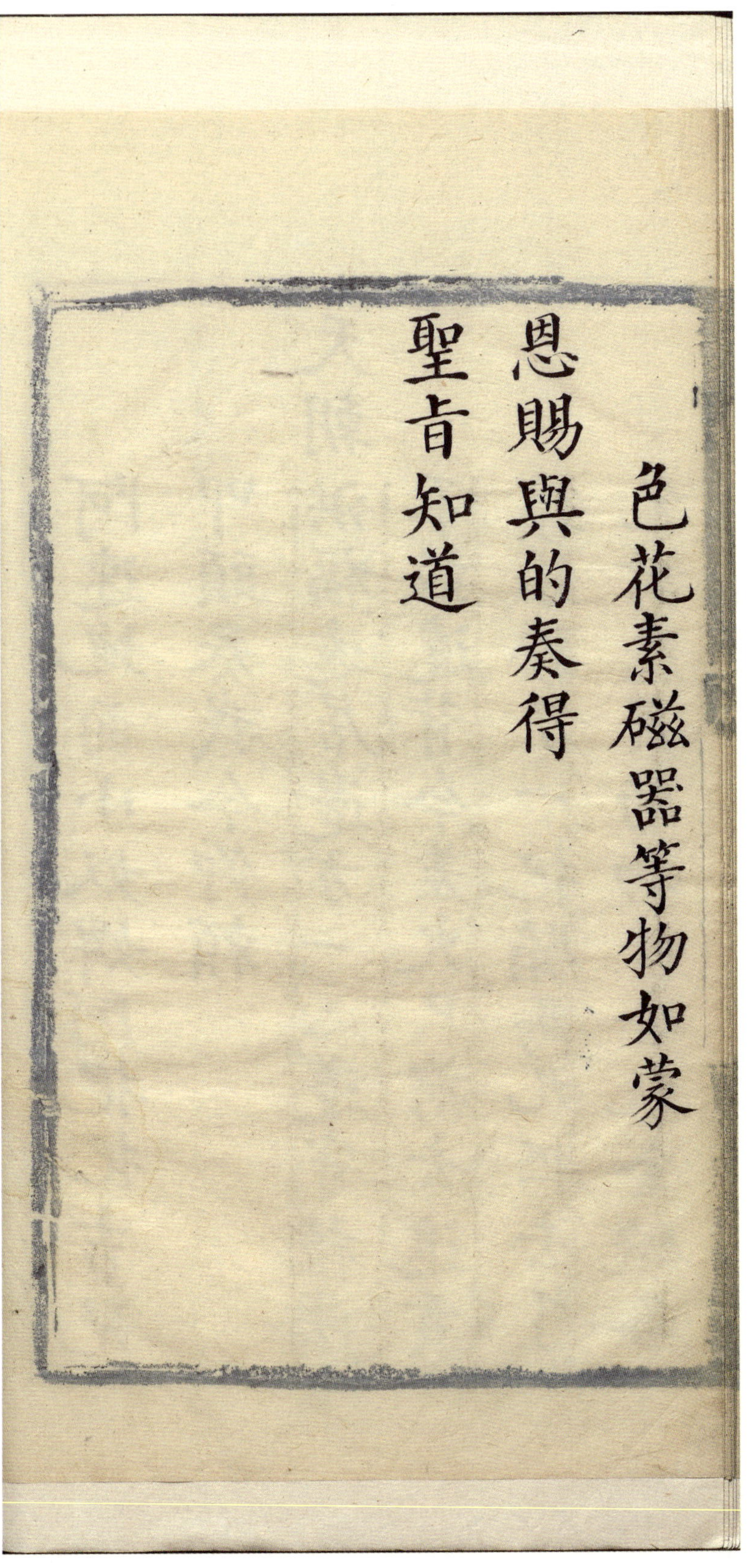

色花素磁器等物如蒙

恩賜與的奏得

聖旨知道

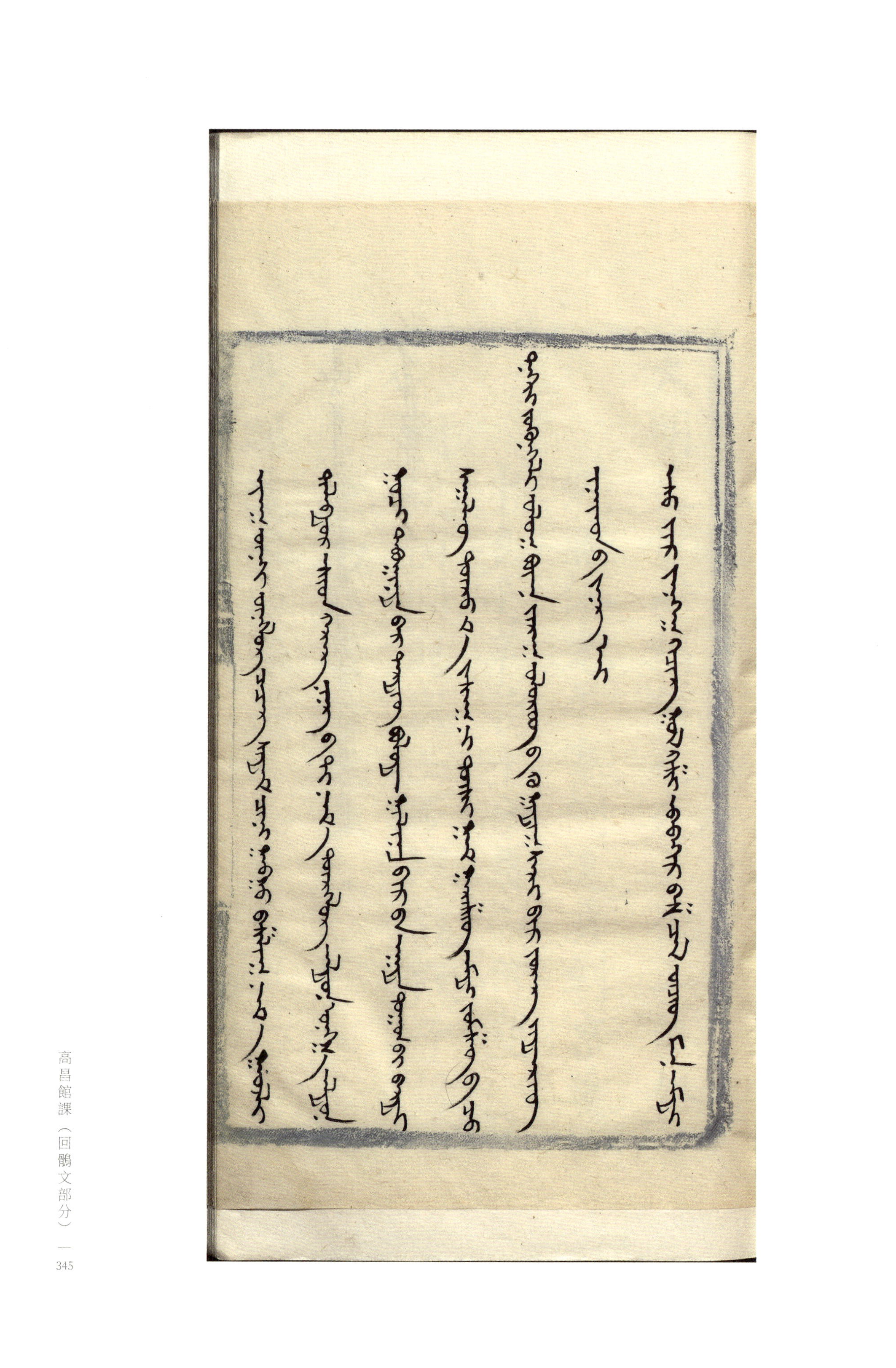

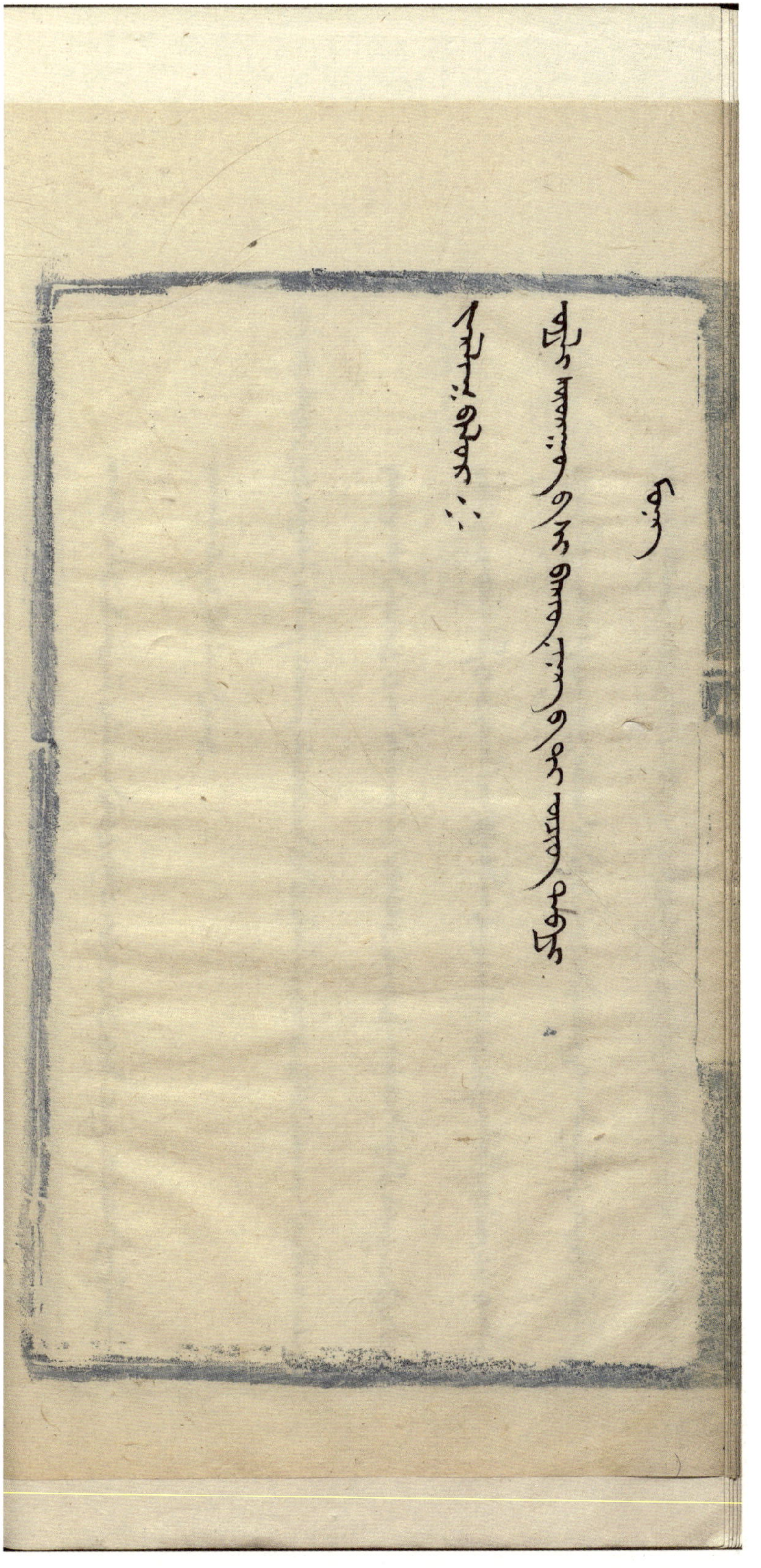

大明皇帝洪福前也先卜花王奏奴
娉照依先年事例進貢到京途
中多受辛苦十分用心仰望
朝廷憐憫賜與玉帶蟒龍叚子湯
瓶馬鞊等件怎生
恩賜遠人的奏得

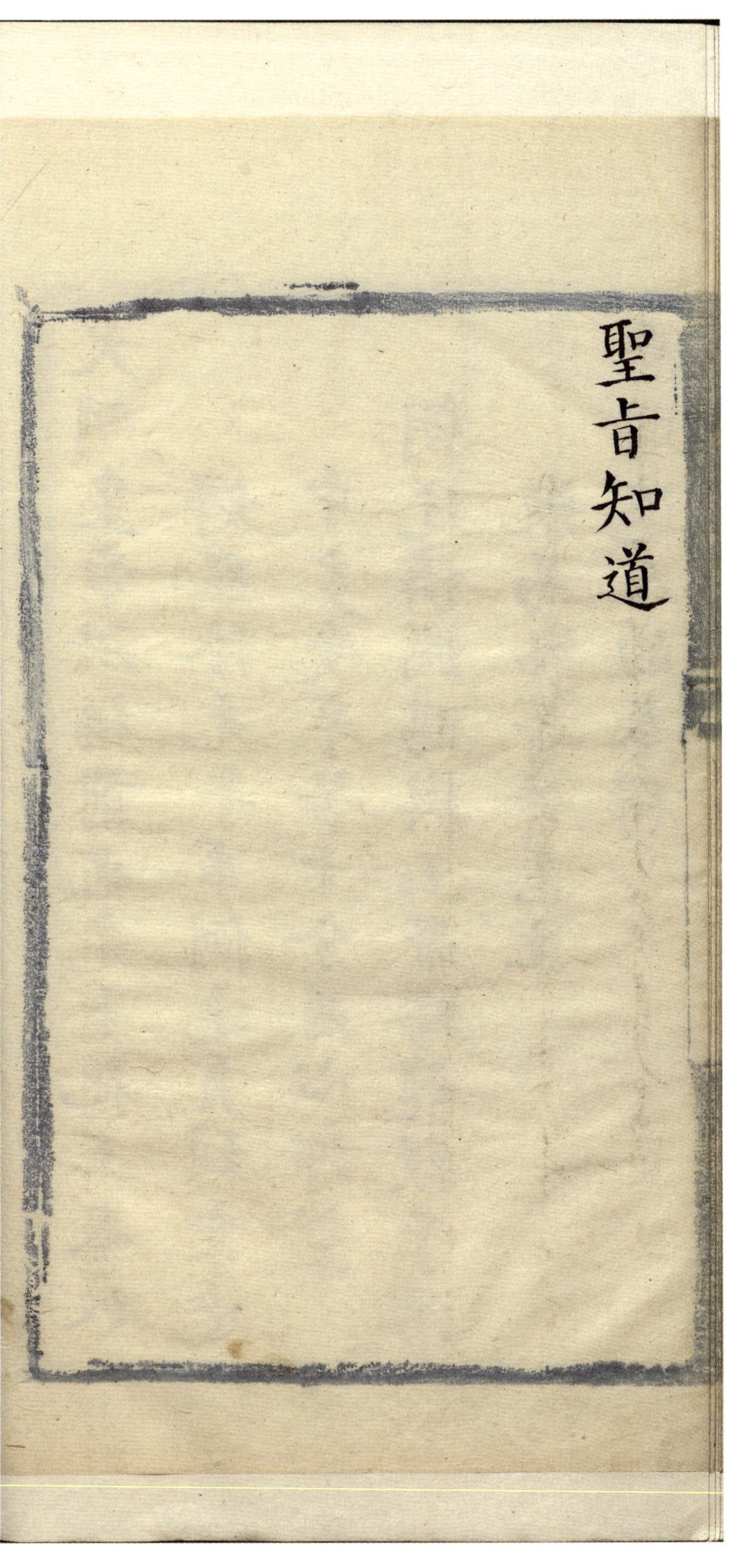
聖旨知道

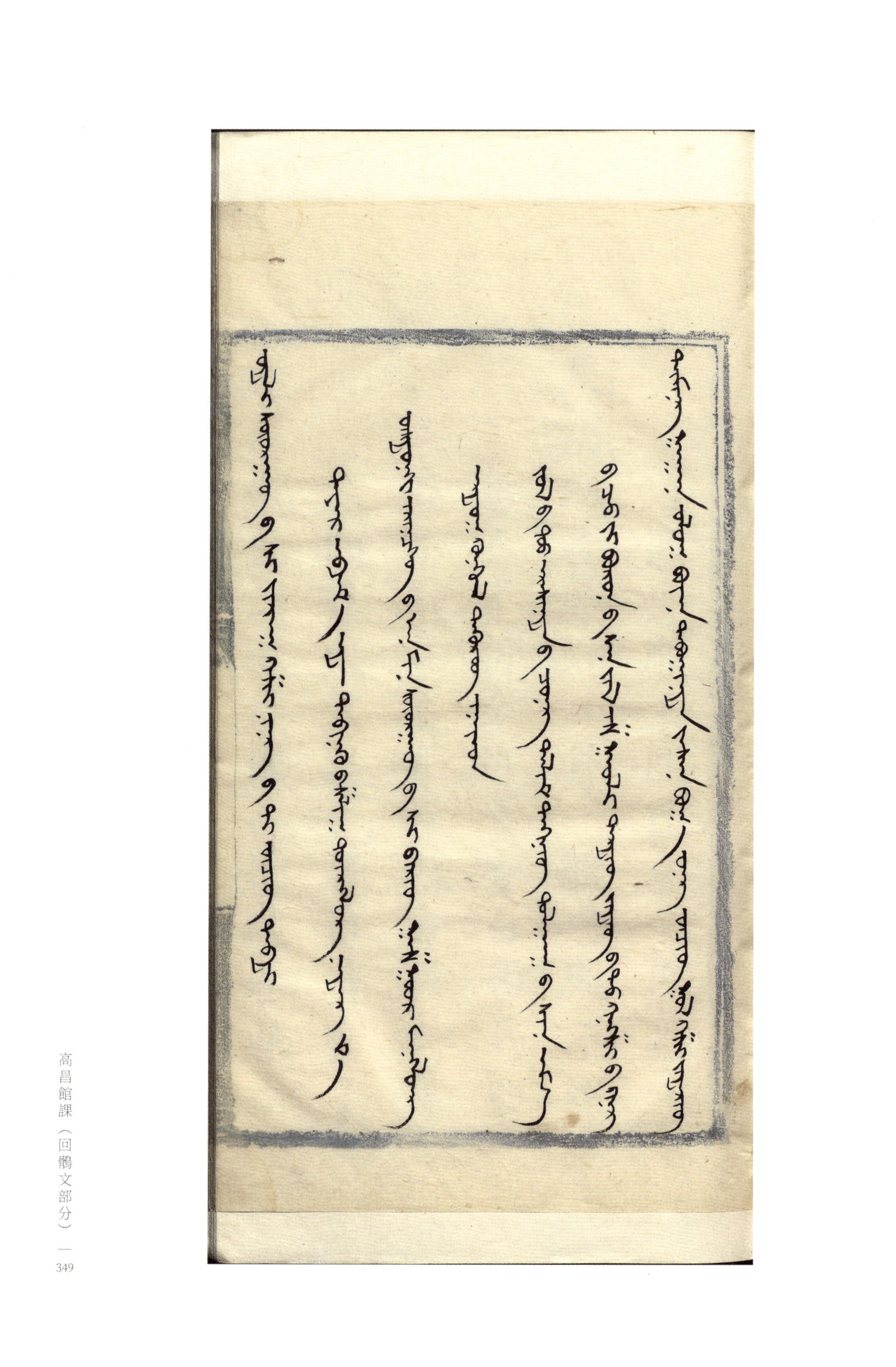

哈密忠順王陜巴奏今仰慕

天朝

天朝奴名聲如日月一般無處不照

無人不仰今進貢青白西馬四

匹小駝二隻并各樣方物特差

大頭目火只也先等進貢去了

就乞討大紅織金紵絲衣服二

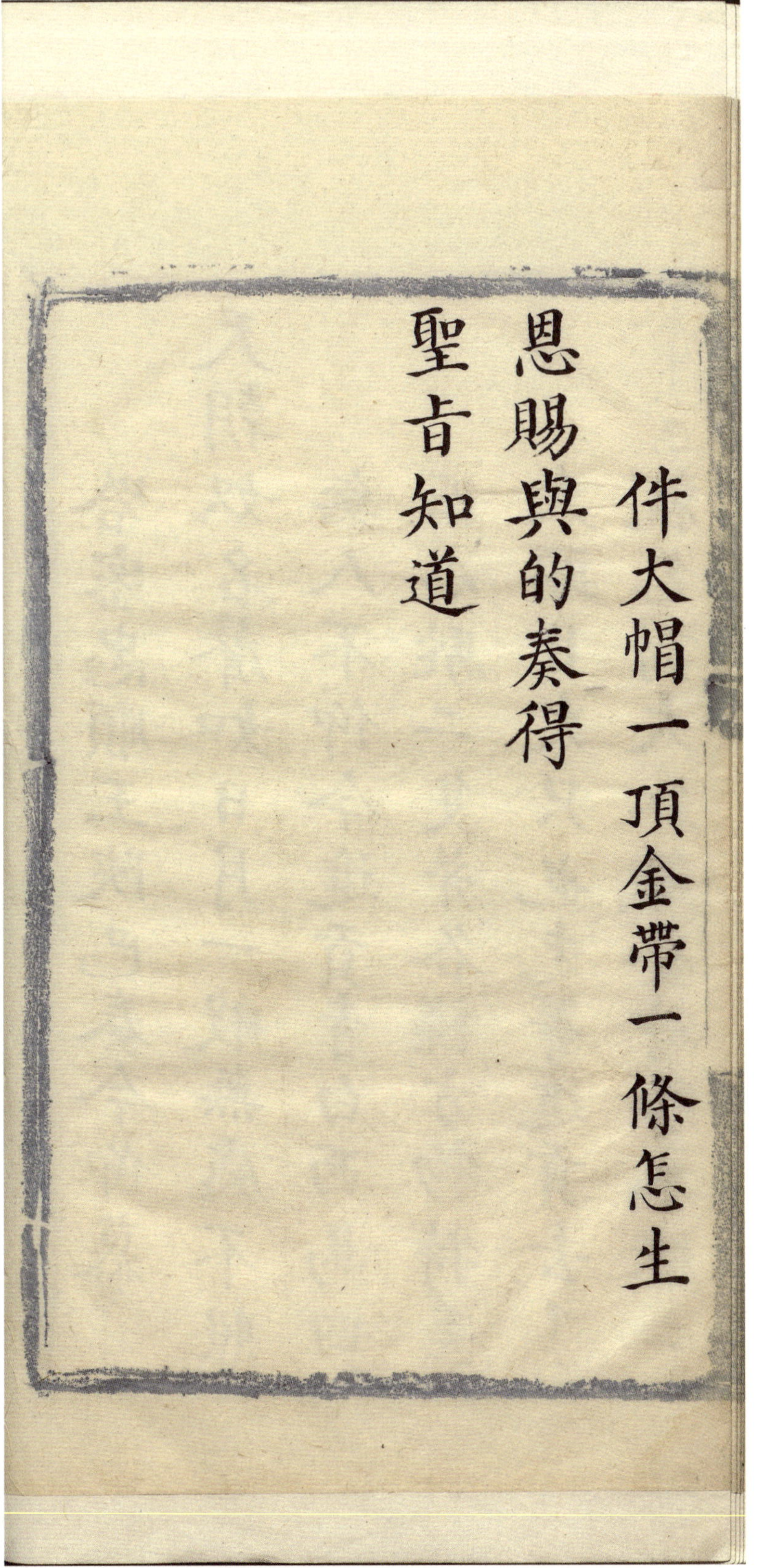

件大帽一頂金帶一條怎生

恩賜與的奏得

聖旨知道

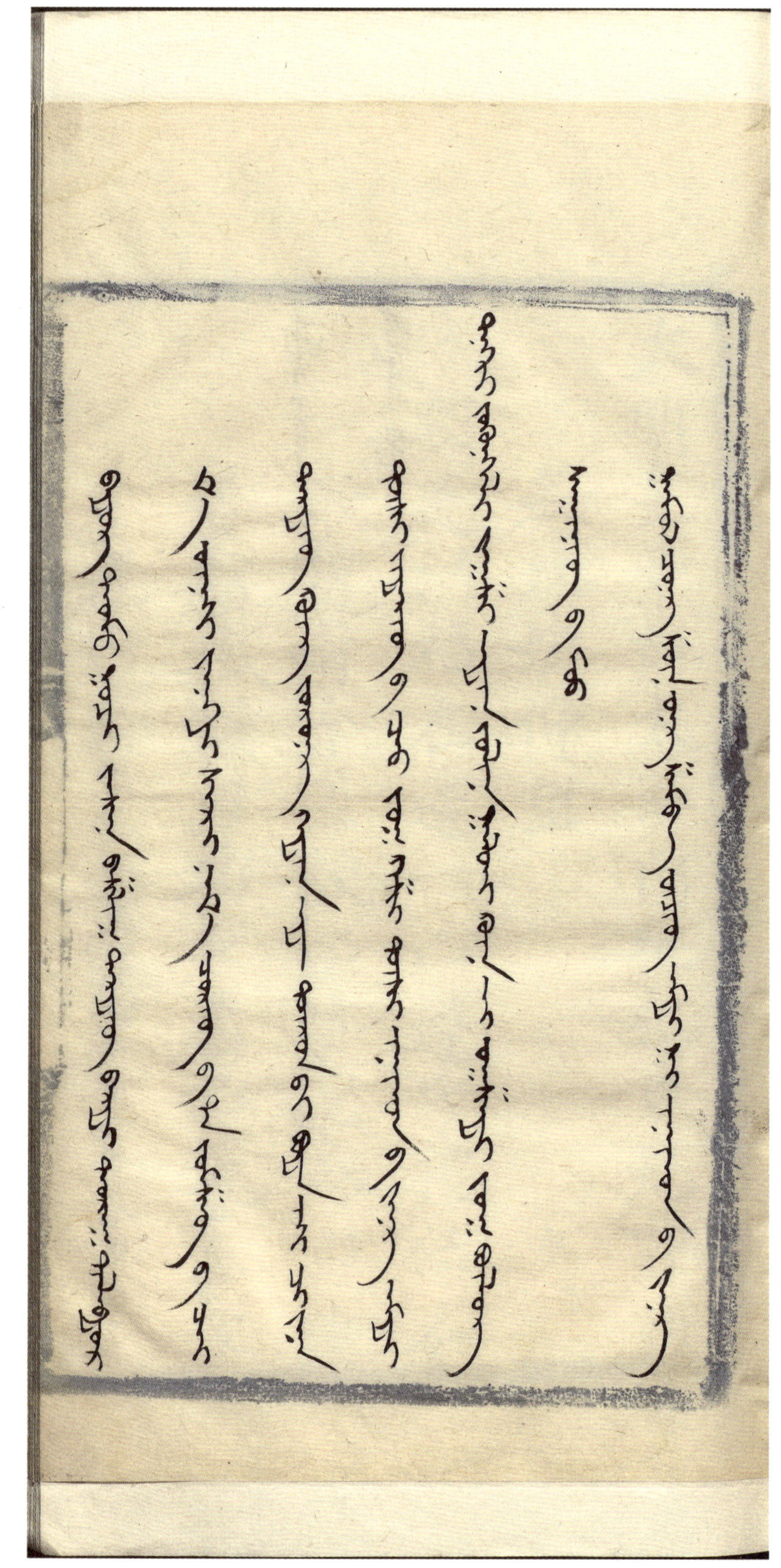

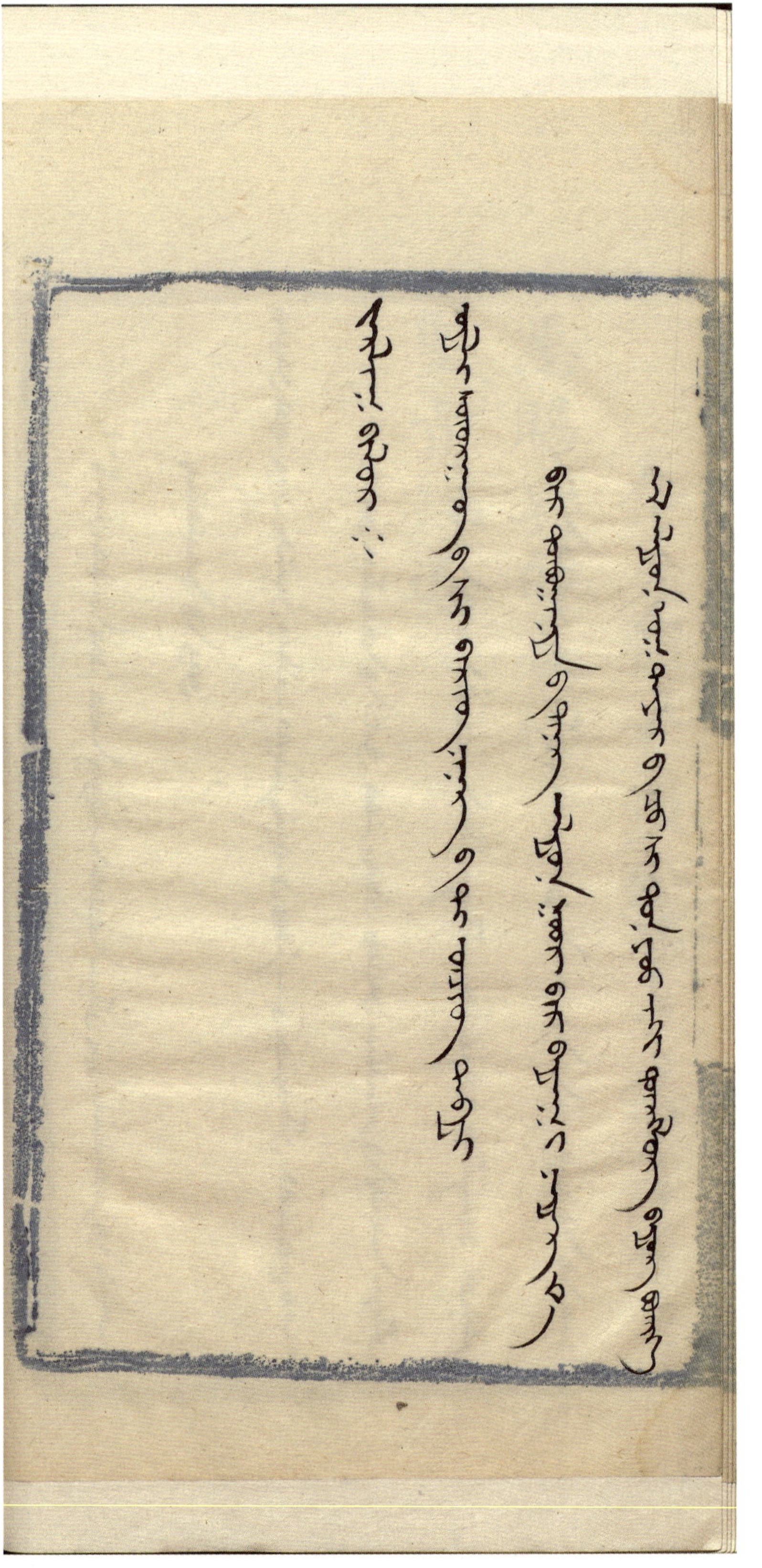

大明皇帝前太師阿把把吉兒叩頭

奏奴婢仰望

朝廷洪福在邊一心遵守禮法不敢違背今差使臣亦思麻因進貢鑌鐵腰刀四把番紅花五十斤眼鏡二十面伏望

萬歲主人收受照例給賞織金蟒龍
紵綵通袖膝襴叚子各色絹布
等物怎生
恩賜奏得
聖旨知道

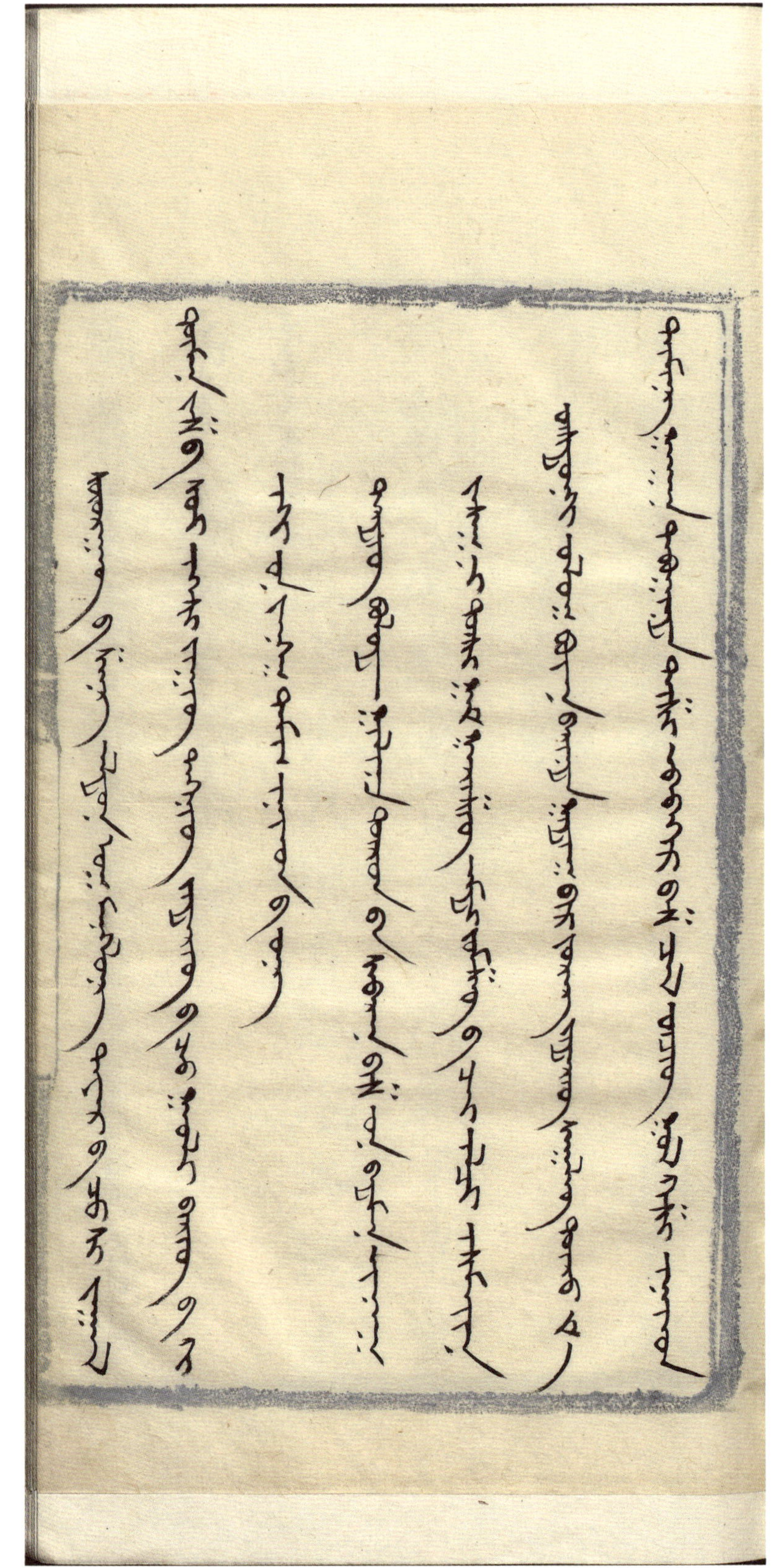

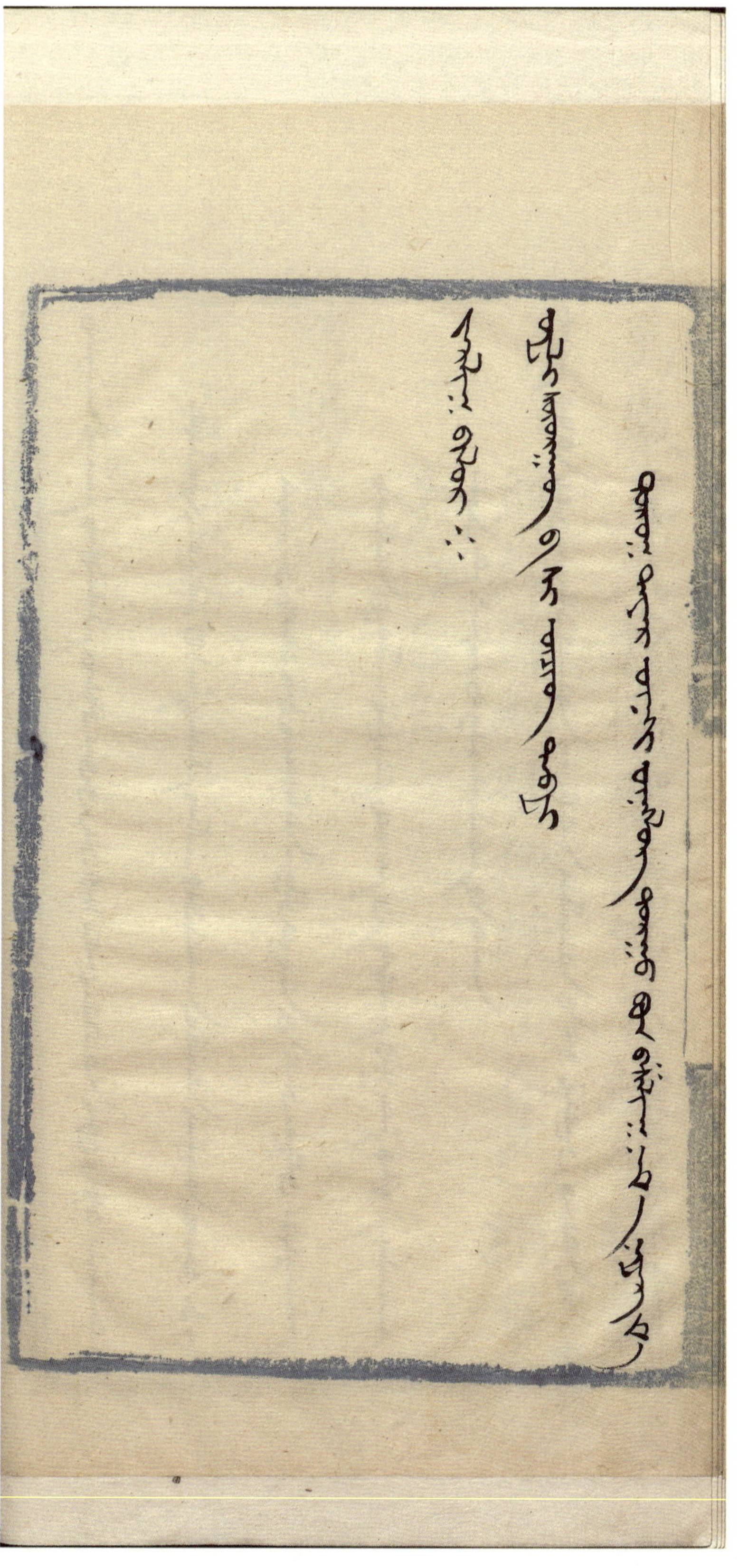

大明皇帝前也先卜花王叩頭奏奴

婢累世蒙

朝廷厚恩重賞至今感戴不盡專

差使臣火只進貢瑪瑙二塊大

西馬十匹伏望

萬歲主人憐憫遠夷賞賜些應用的

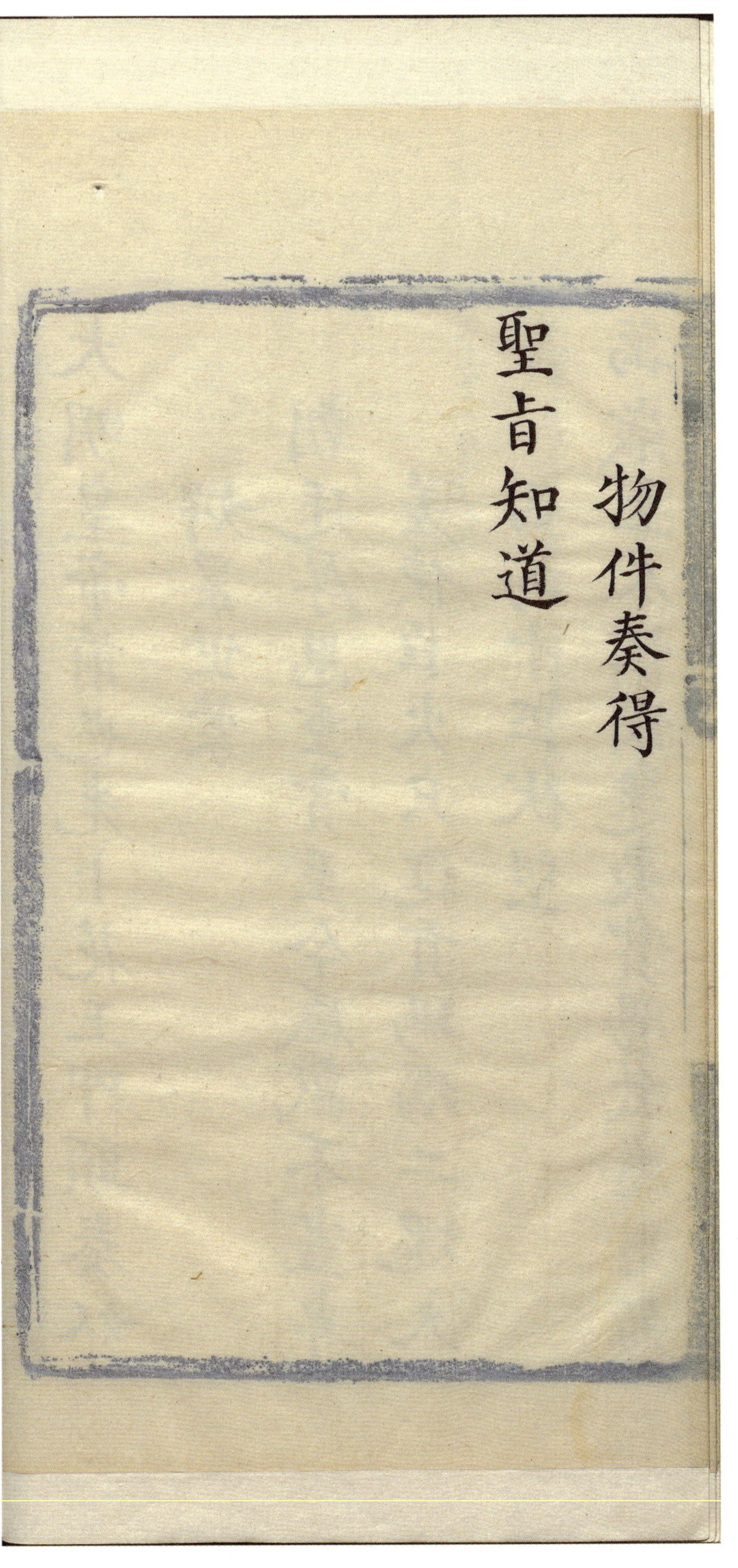

物件奏得

聖旨知道

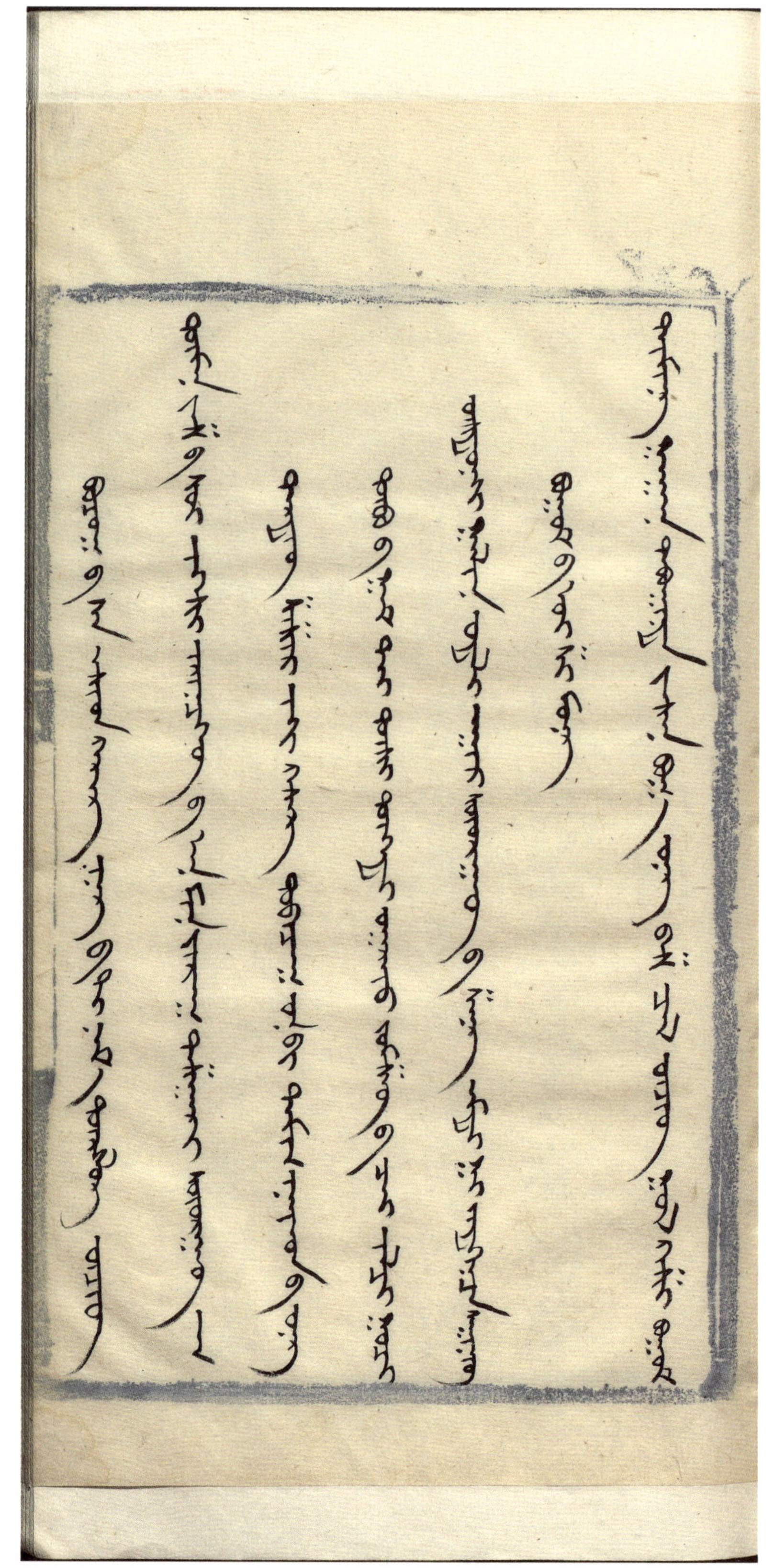

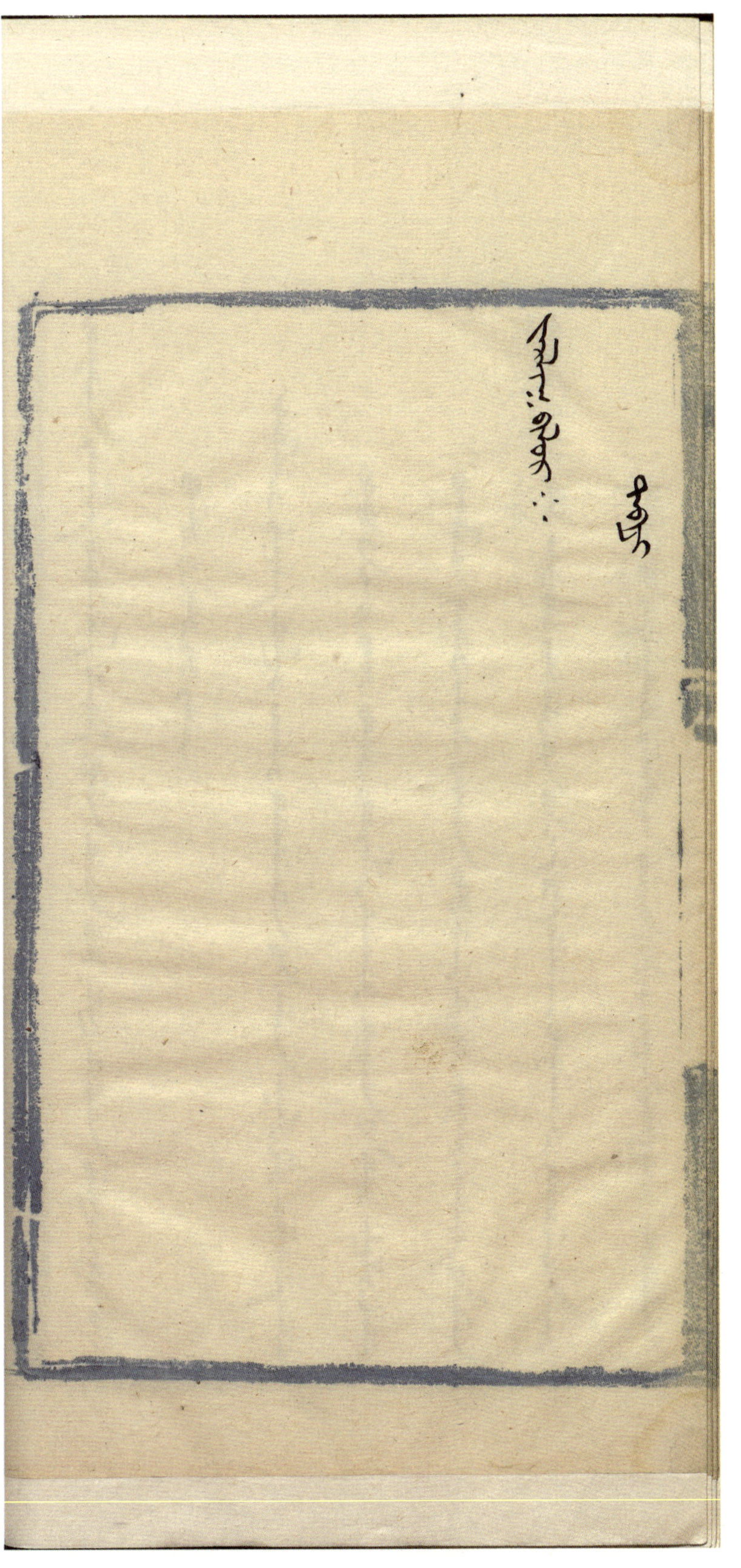

土魯番地面阿黑麻王奏爲乞
討事奴婢祖父在邊多有功勞
未蒙陞賞今進貢大西馬四匹
伏望
朝廷憐憫照例重賞奴婢每好往
來進貢怎生

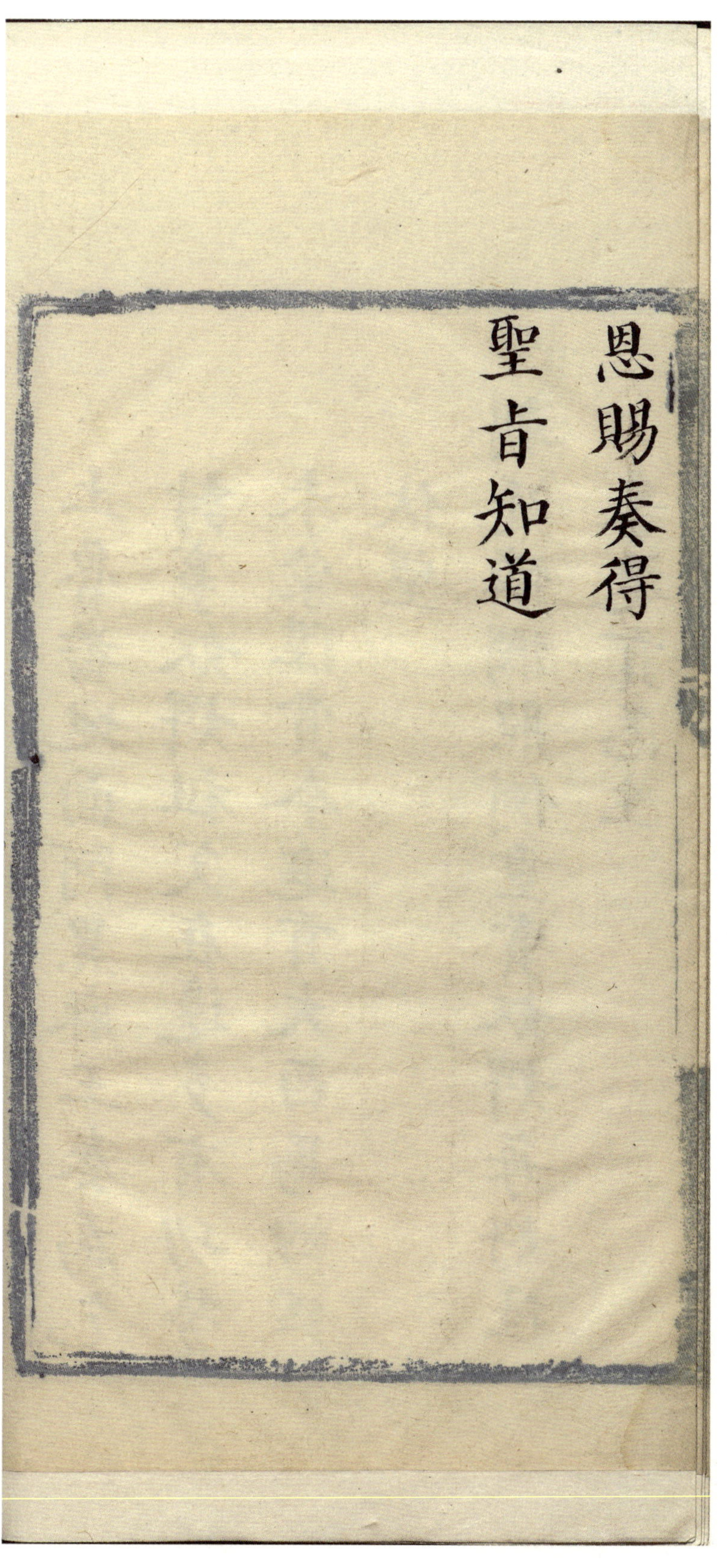
恩賜奏得
聖旨知道

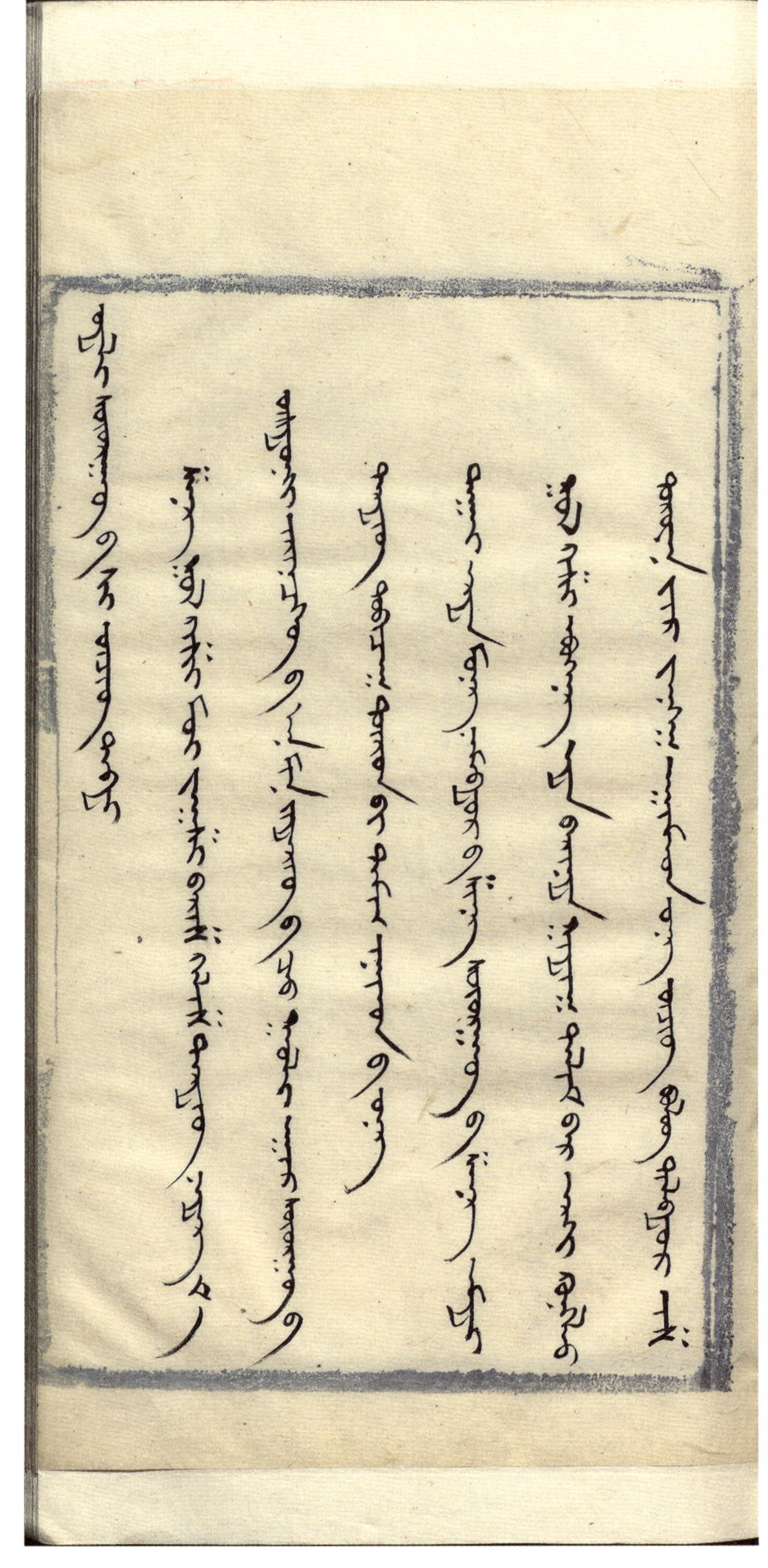

火州地面差使臣鐵木兒等

大明皇帝洪福前叩頭奏奴婢來京

進貢求討賞賜回去望

賜與玉帶蟒龍等件奏得

聖旨知道

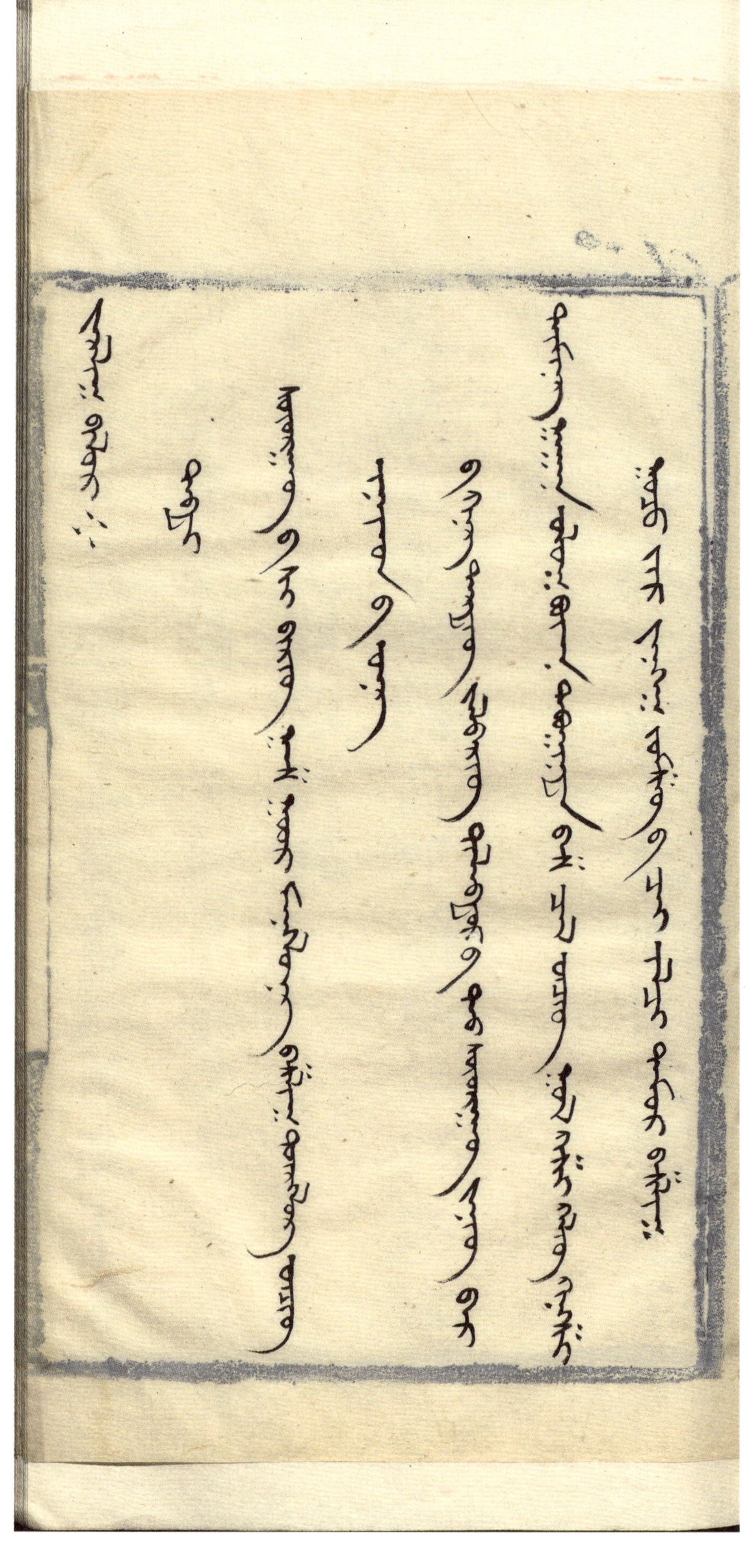

柳城地面差来使臣法虎兒丁

等

大明皇帝洪福前叩頭奏奴婢路途

行走艱難仰賴

朝廷洪福平安到京今進貢玉石

一塊珊瑚二枝番紅花五十斤

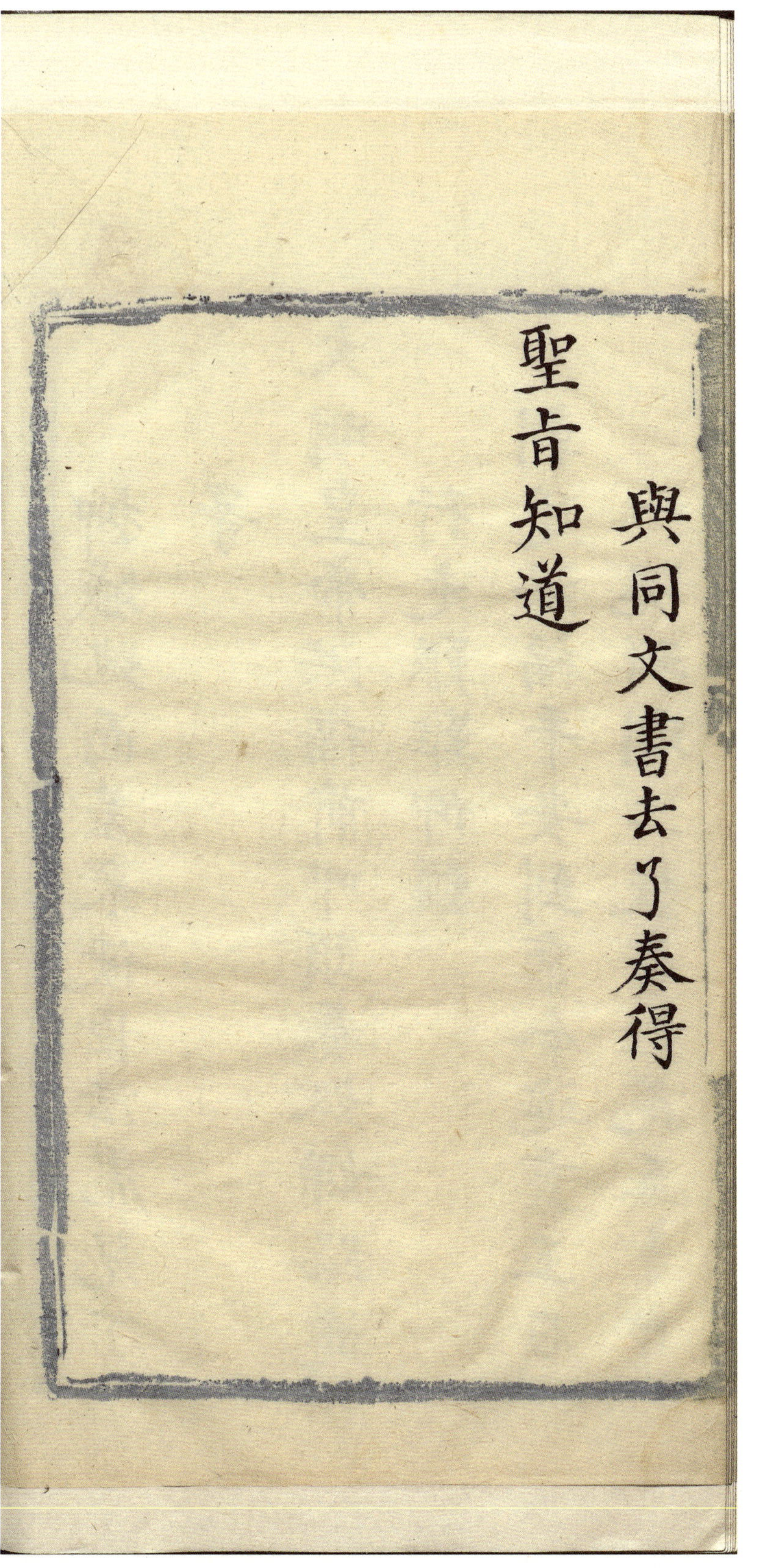

與同文書去了奏得

聖旨知道

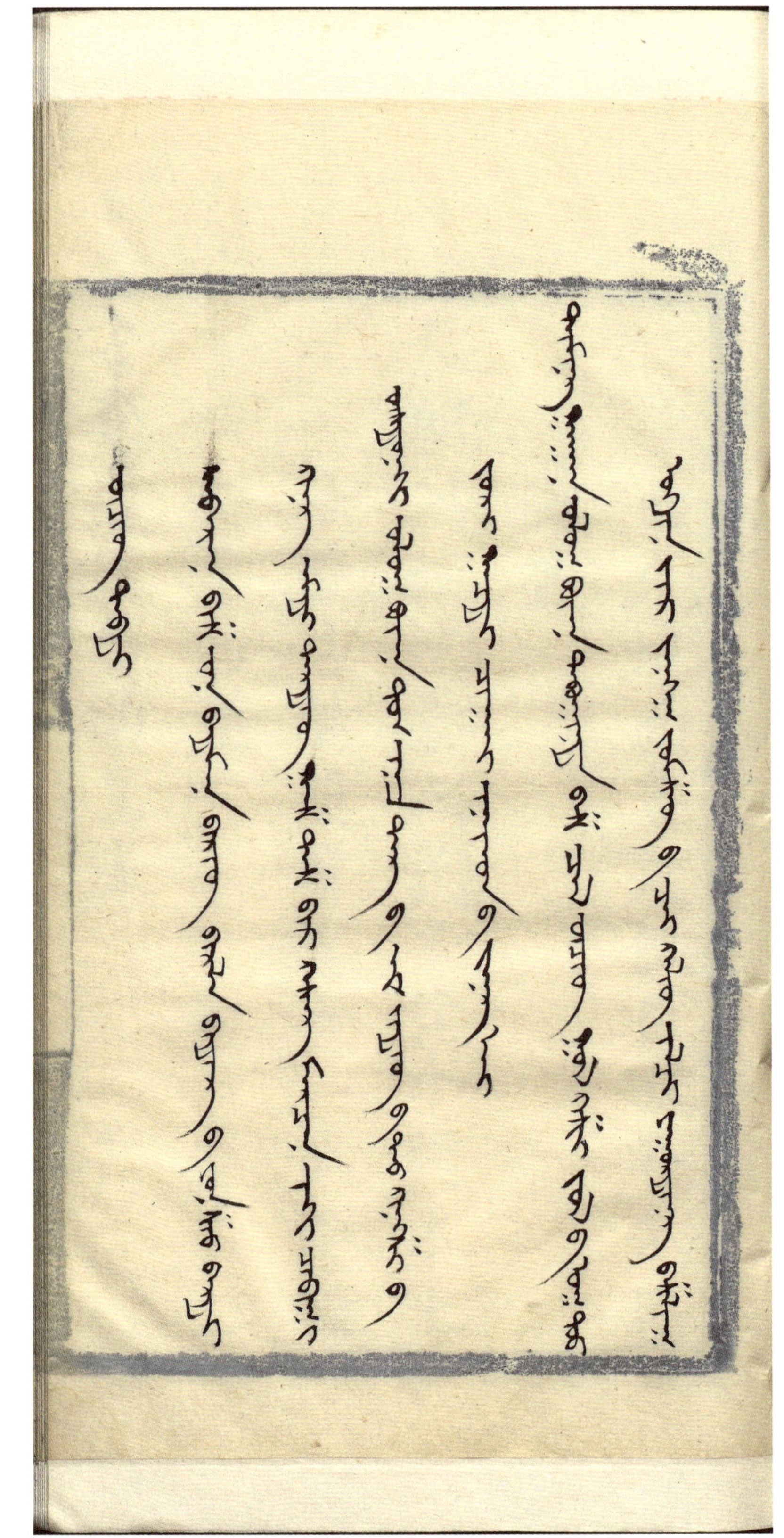

曲先地面專差使臣敏哈禿等

仰望

天朝洪福地方人民安穩今將本土

出產方物進貢騸馬二匹眼鏡

二十面望

朝廷收留的怎生

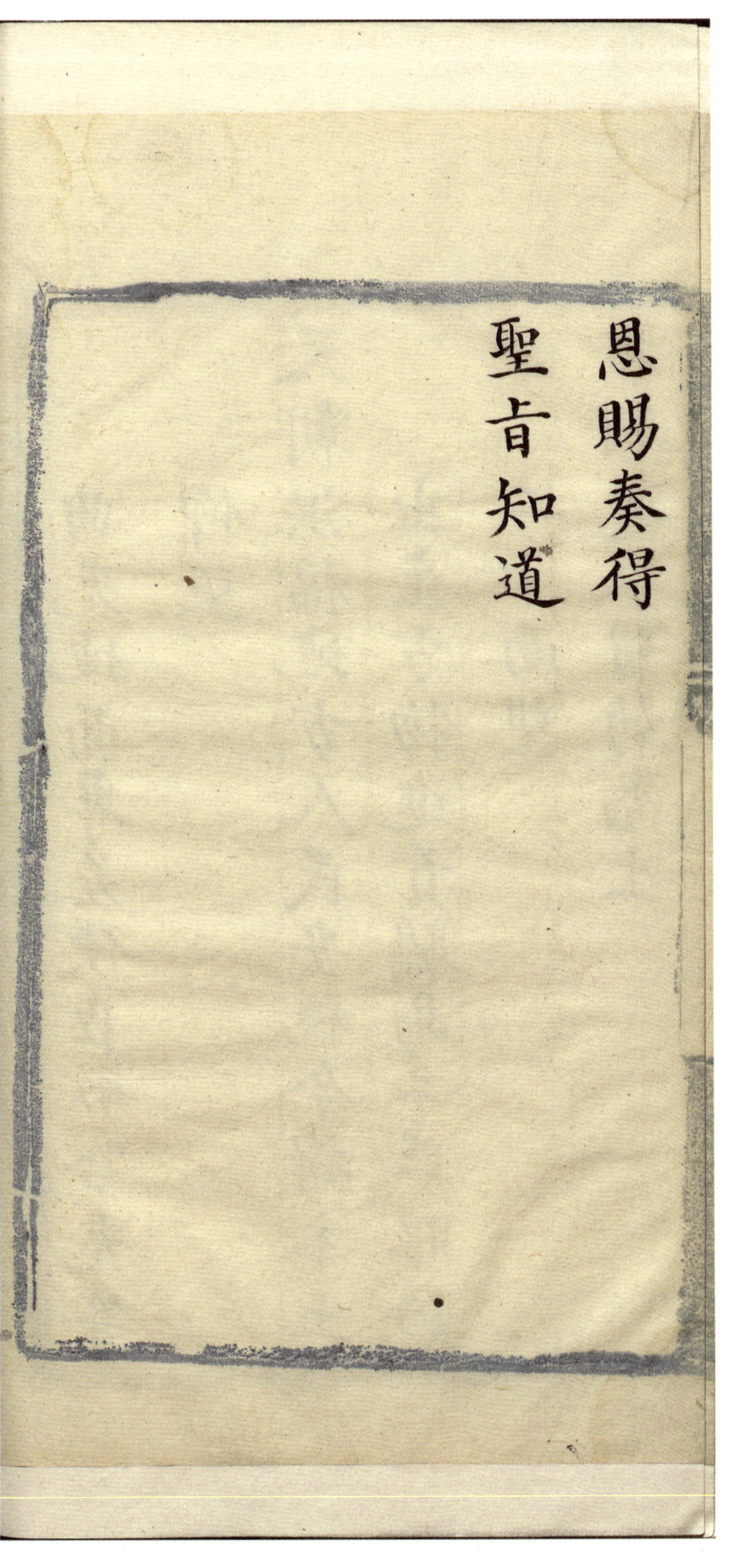
恩賜奏得
聖旨知道

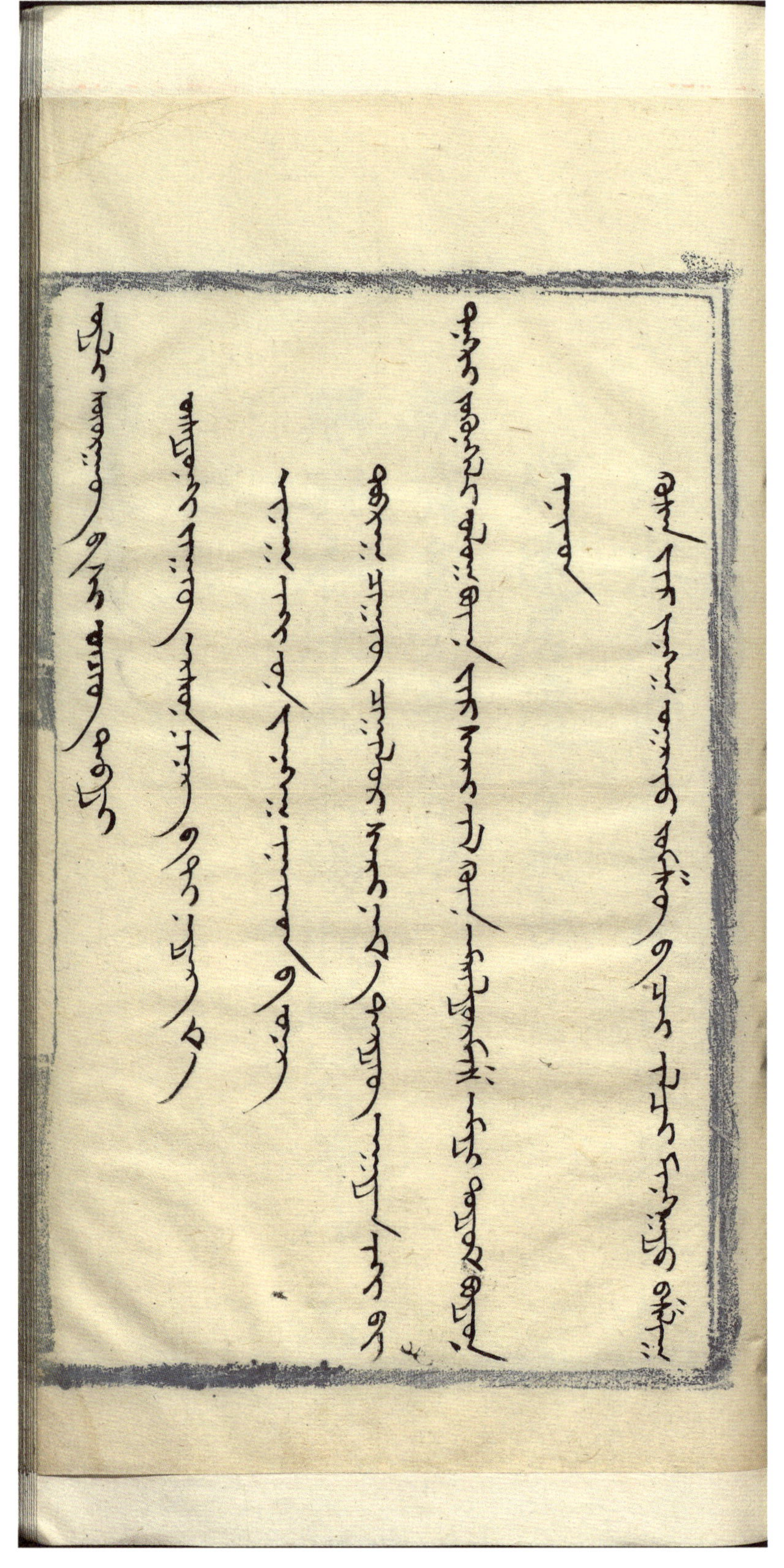

哈密地面差来使臣火只奏奴

婢遠居邊方来京

朝貢多受辛苦望

賜與衣服表裏湯瓶磁器等件怎

生

恩賜奏得

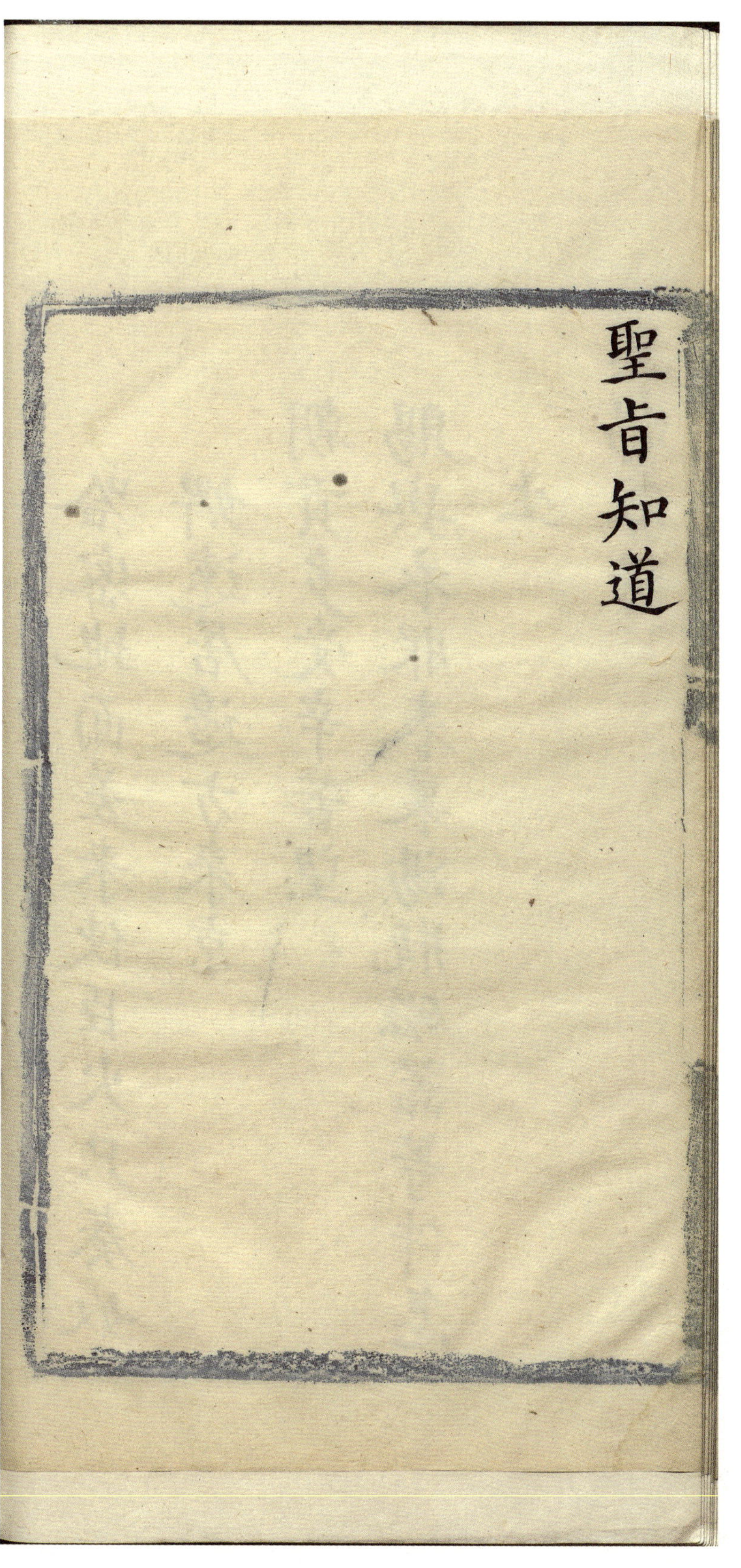
聖旨知道

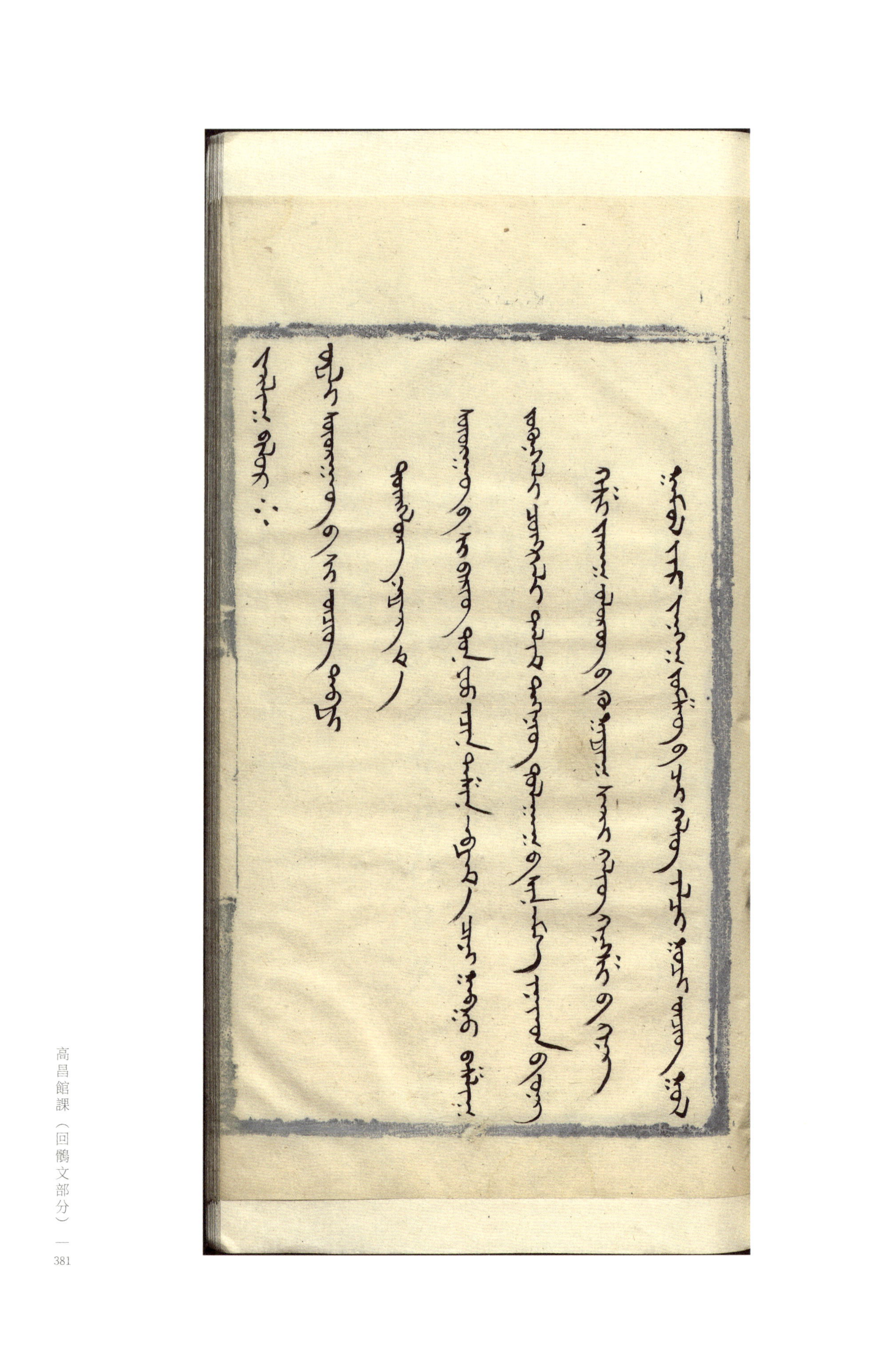

速壇地面差来使臣火只法虎
兒丁等到京
朝見進貢事完求討
恩賜回去奴婢来京居住日久仰望
朝廷憐憫乞
賜與奴婢每奏得

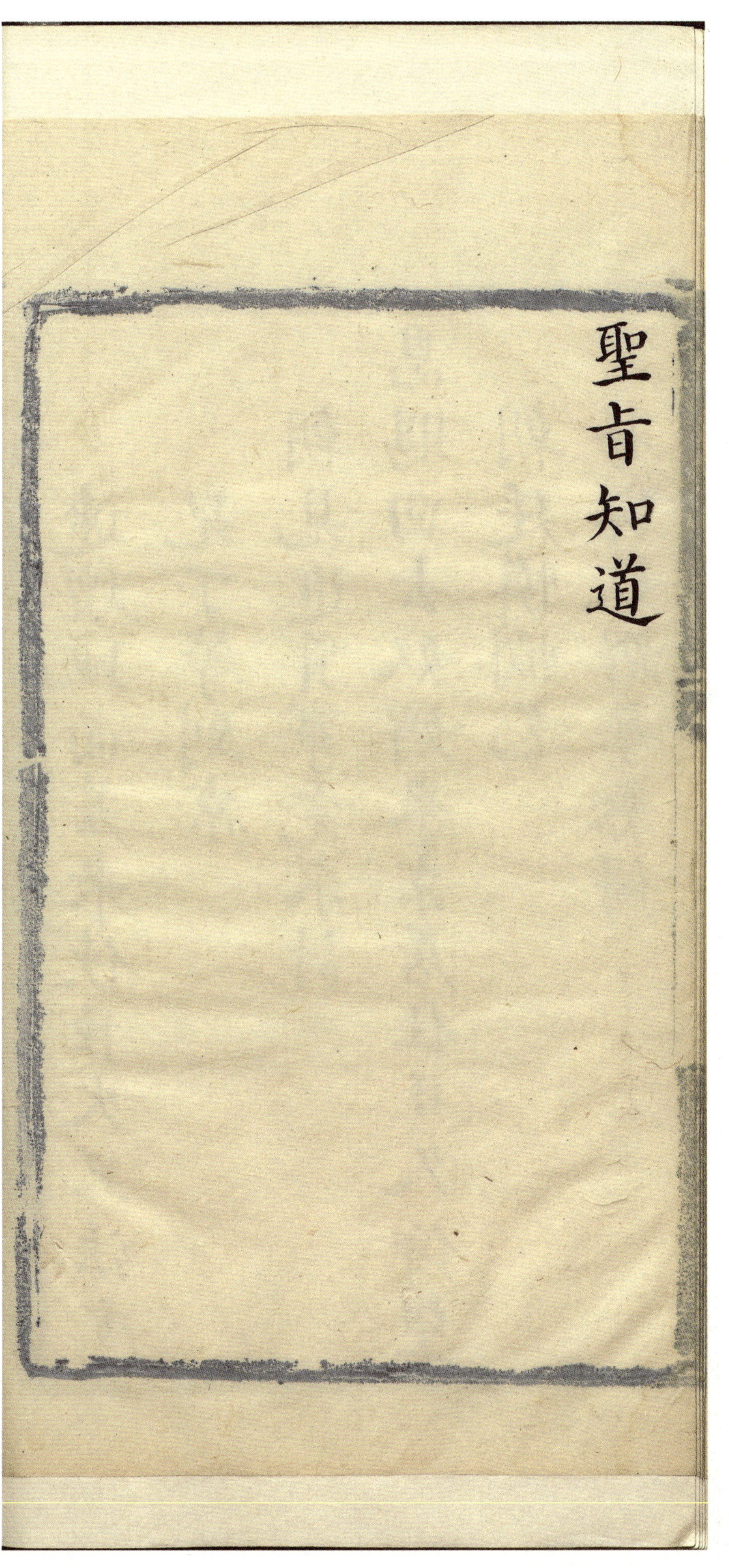
聖旨知道

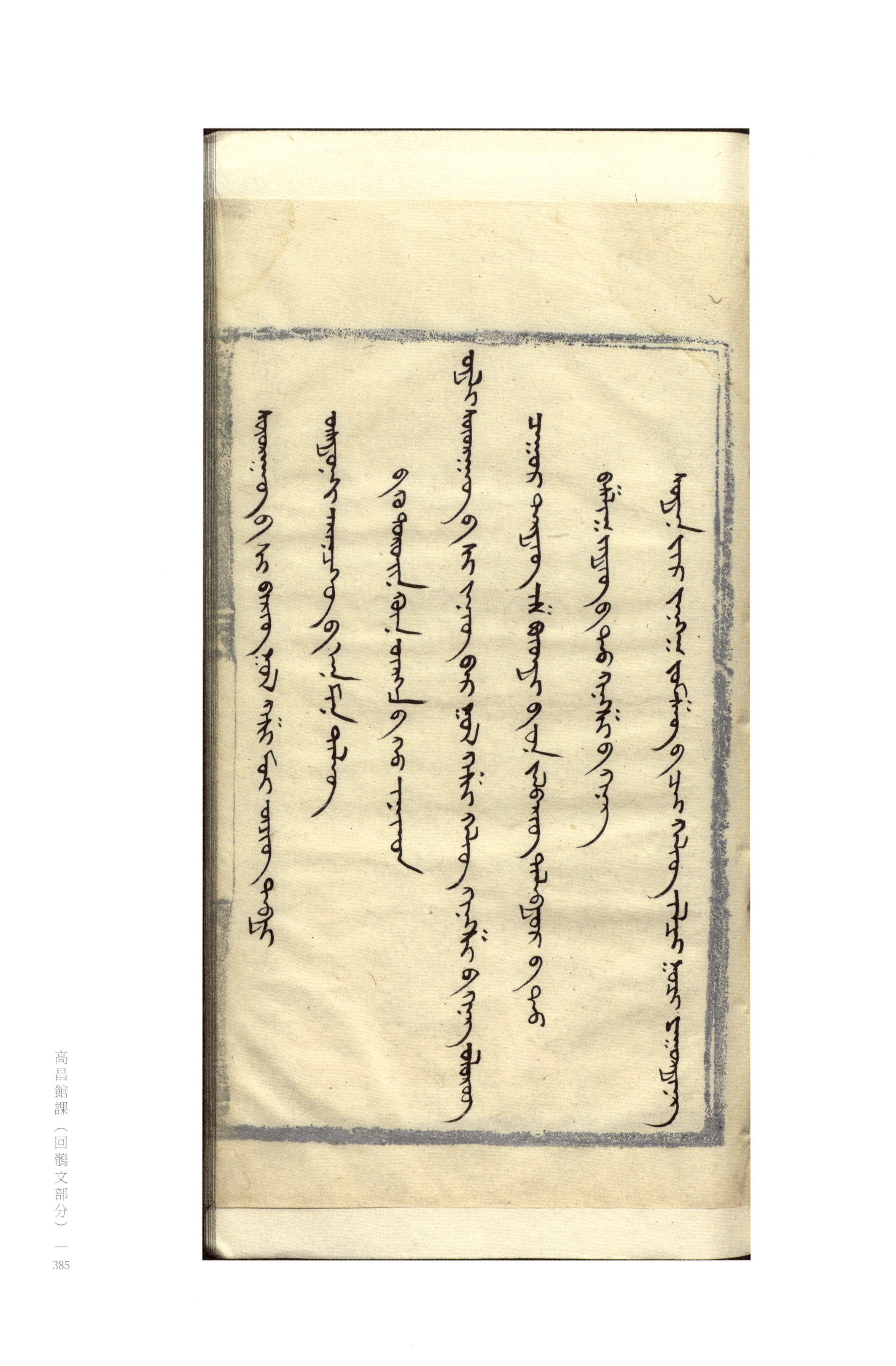

大明皇帝洪福前速壇馬黑麻叩頭

奏我小奴婢遠居邊方効力年

久今專差哈只荅剌罕赴

金闕下朝見為因道路開通常川

差人往来今聞得

朝廷好名聲有我子孫照依前例

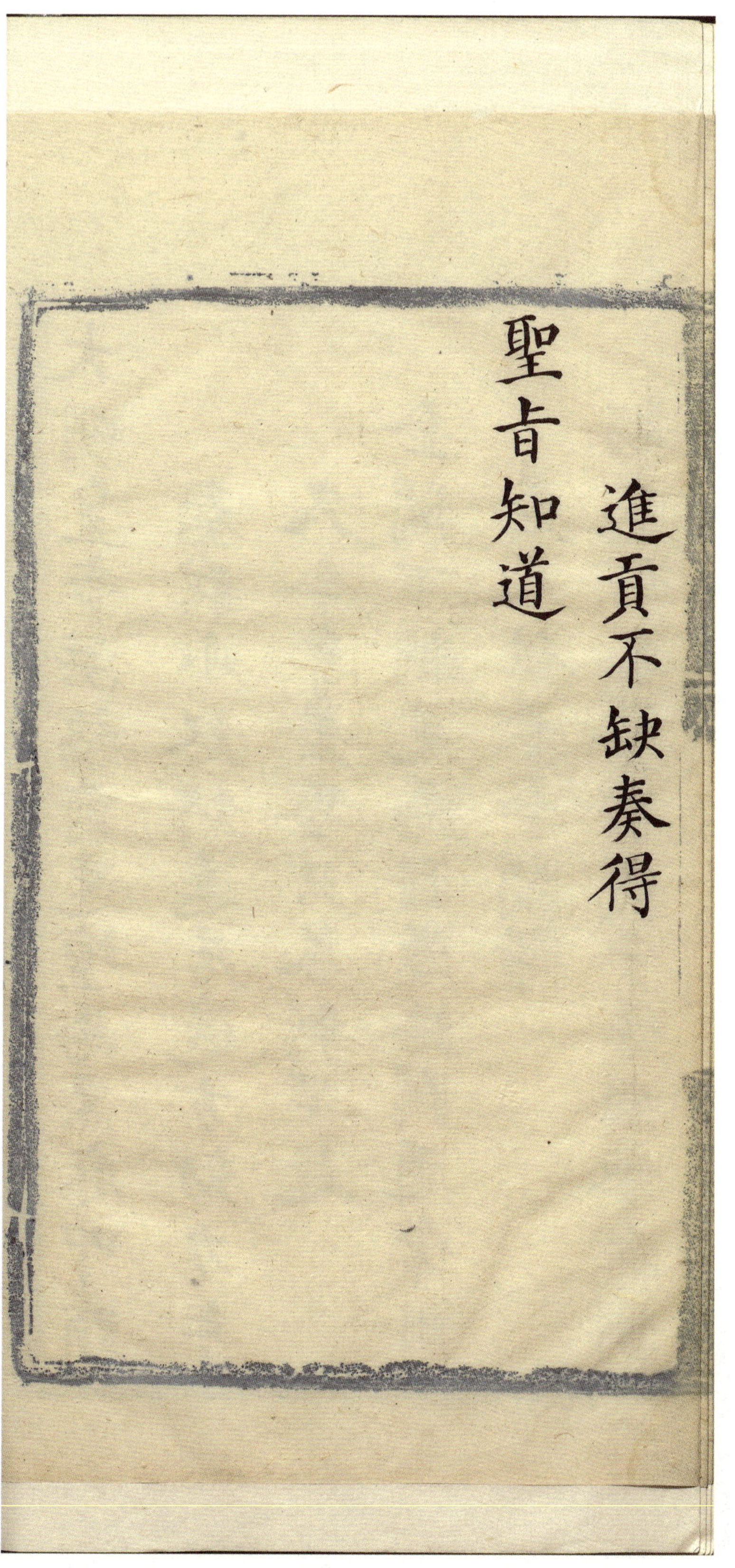

進貢不缺奏得

聖旨知道

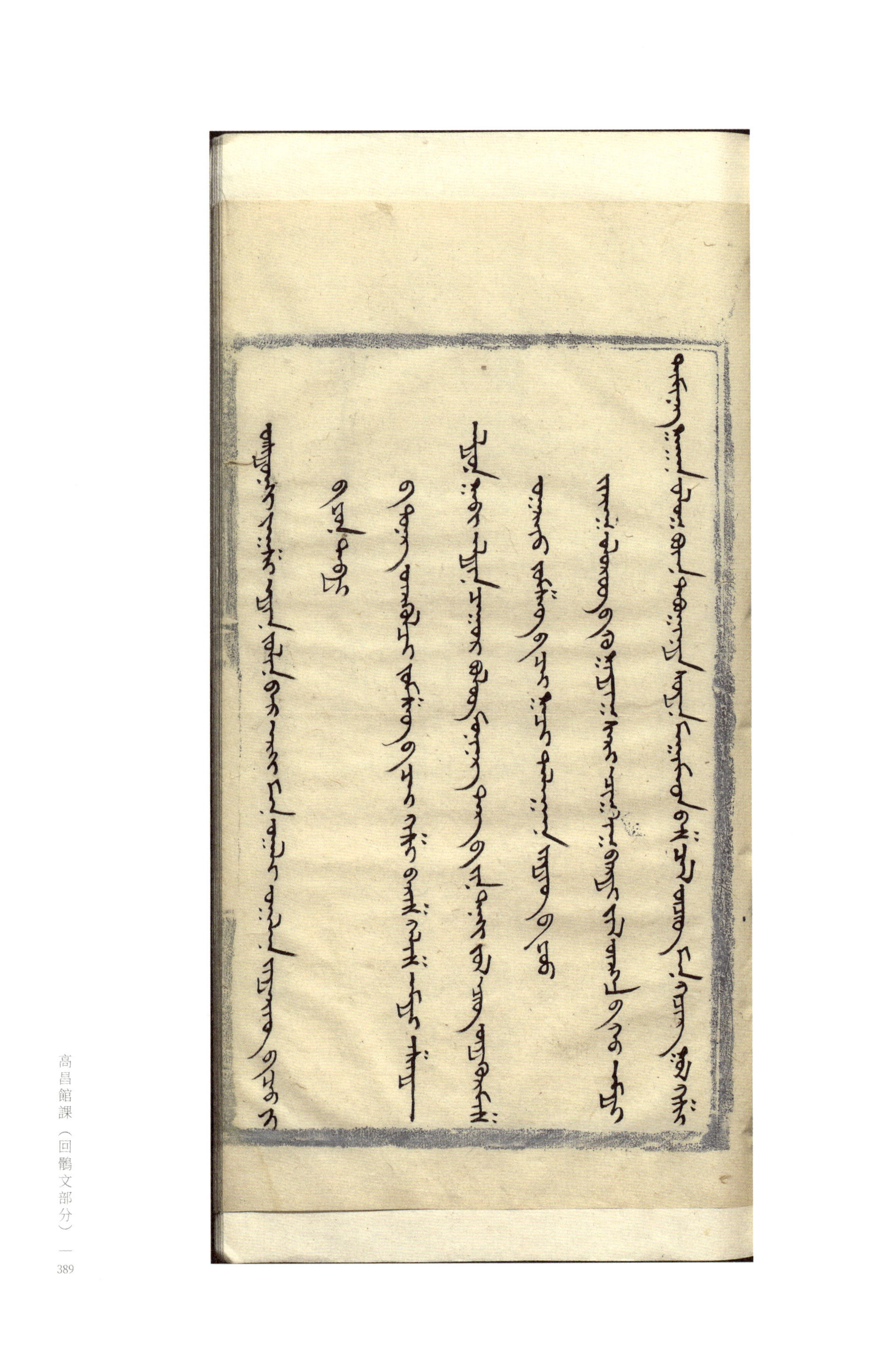

兀端地面鎮撫阿思蠻奏奴婢

仰賴

天皇帝主人洪福地方安穩夷衆快

樂今差頭目阿力進貢獅子一

項哈剌虎剌一項赴

金闕前叩頭以表奴婢誠敬不敢

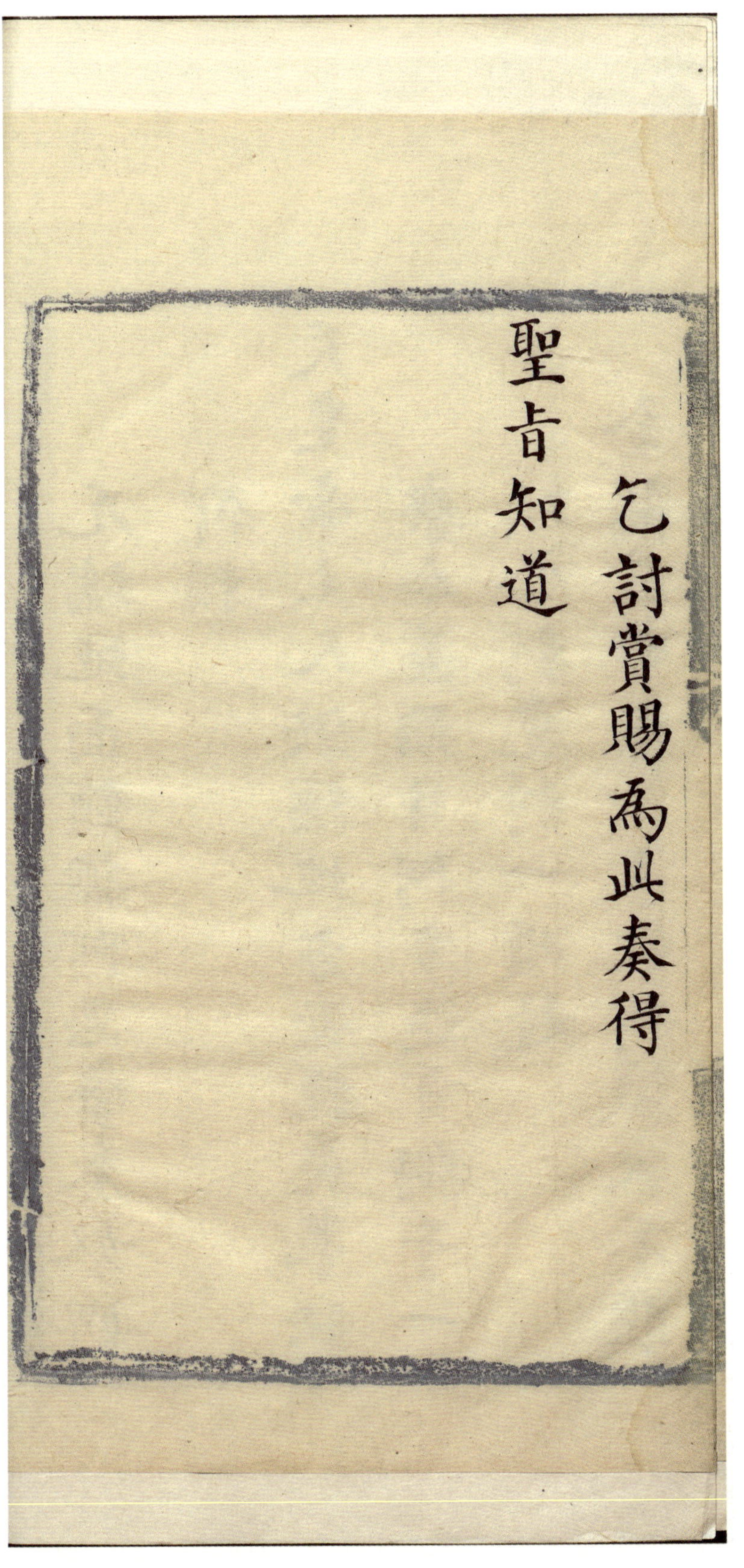
乞討賞賜爲此奏得
聖旨知道

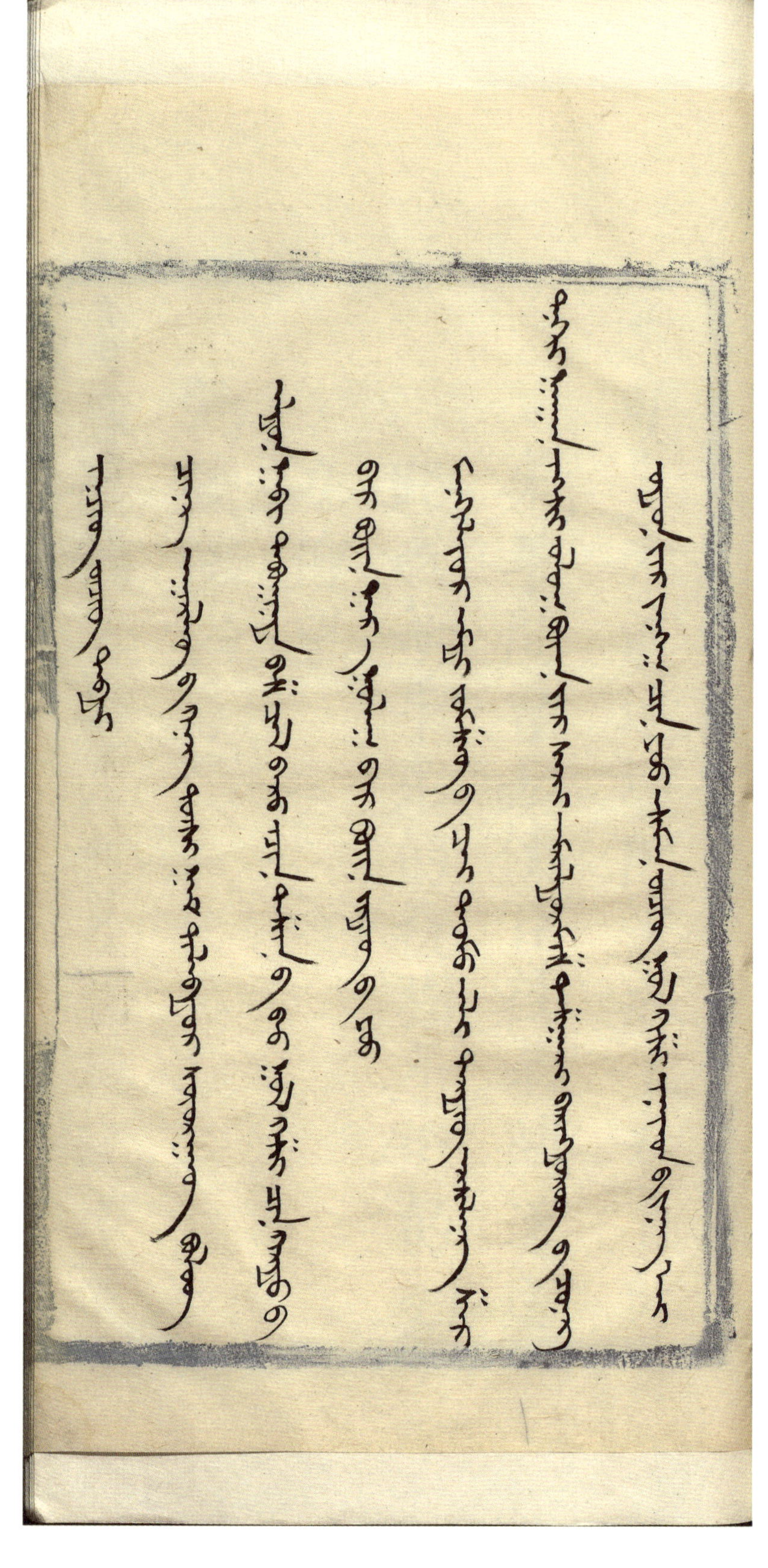

大明皇帝前速壇阿黑麻王奏自比
先年間曾差使臣往来開通道
路我每年老的祝讚年小的効
力仰望
朝廷洪福
上天可憐見今差火只法虎兒丁迭

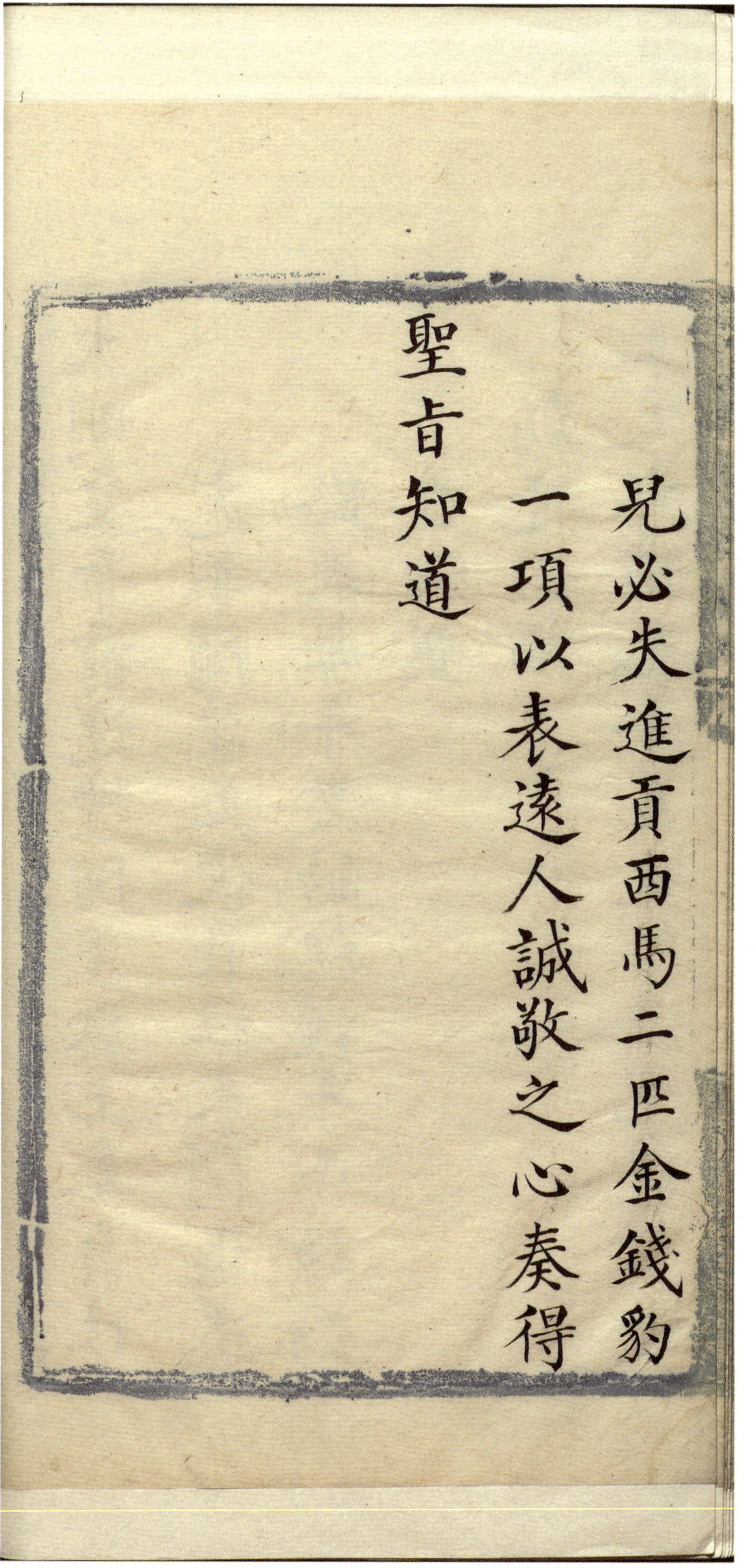

兒必失進貢西馬二匹金錢豹

一項以表遠人誠敬之心奏得

聖旨知道

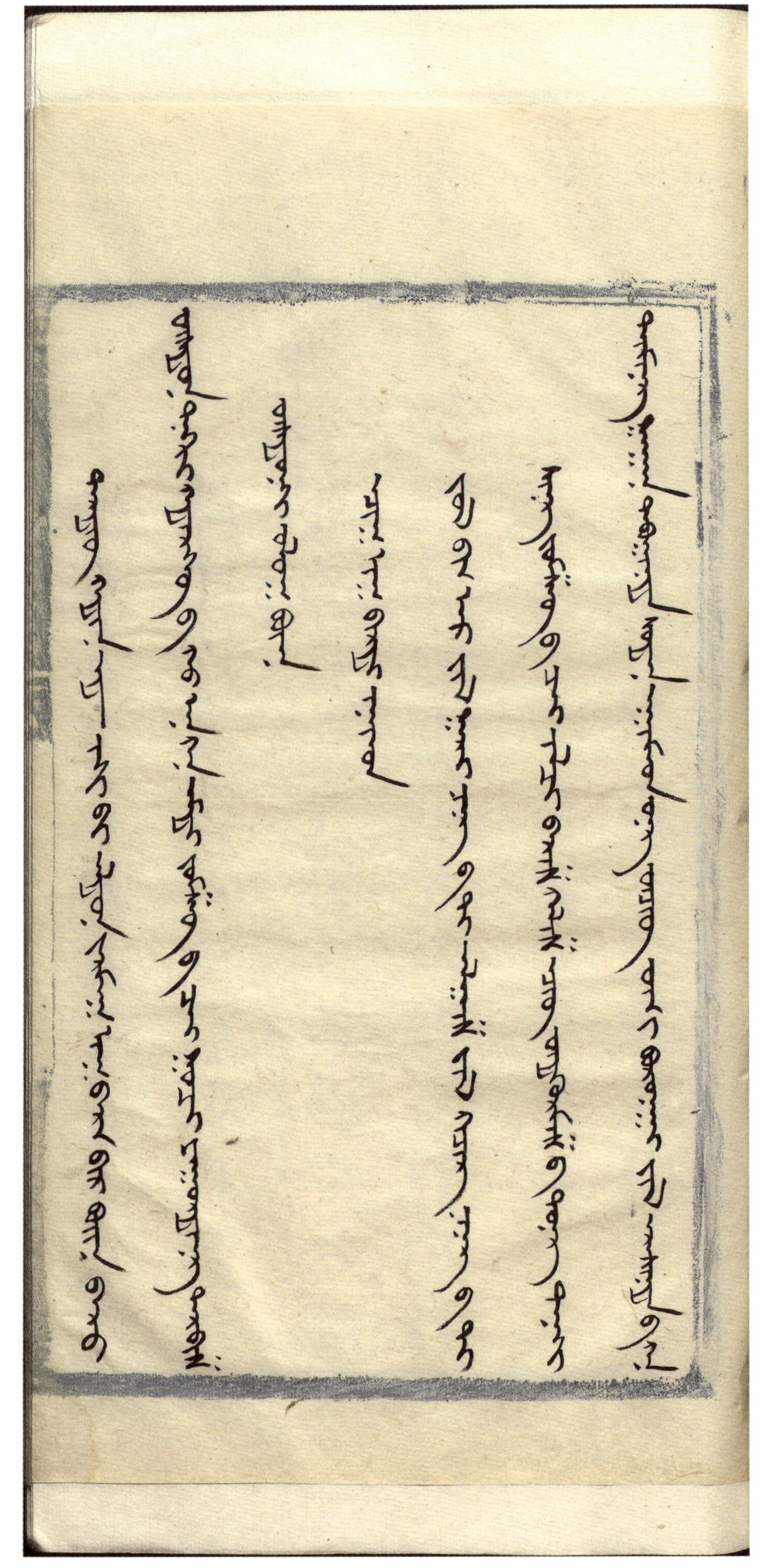

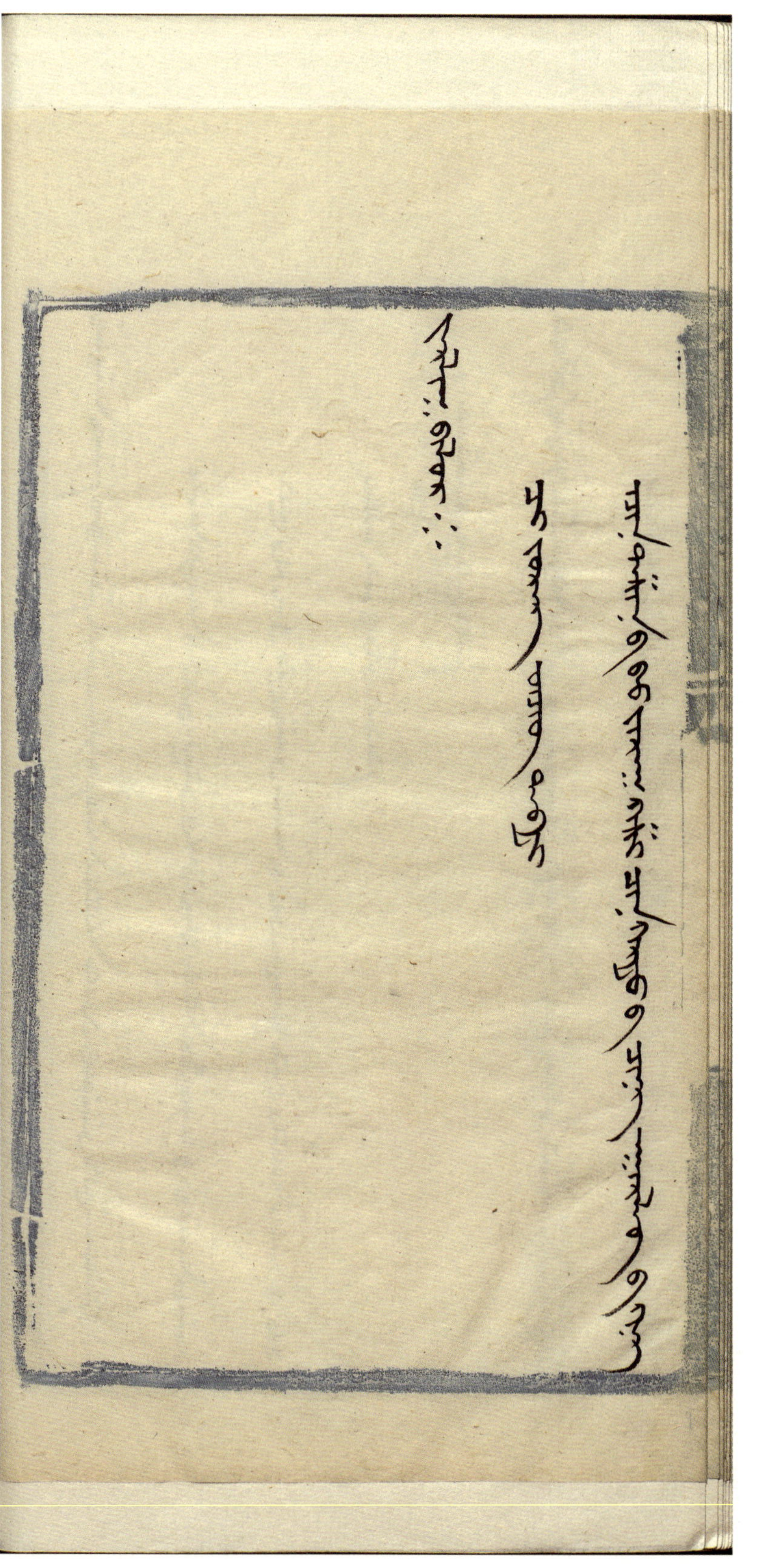

把丹沙地面馬哈麻差使臣哈

只等

大

明皇帝前叩頭奏奴婢在邊守護

晝夜用心今將小西馬二匹騸

馬二匹玉石二塊重五斤遣大

頭目赴京進貢望

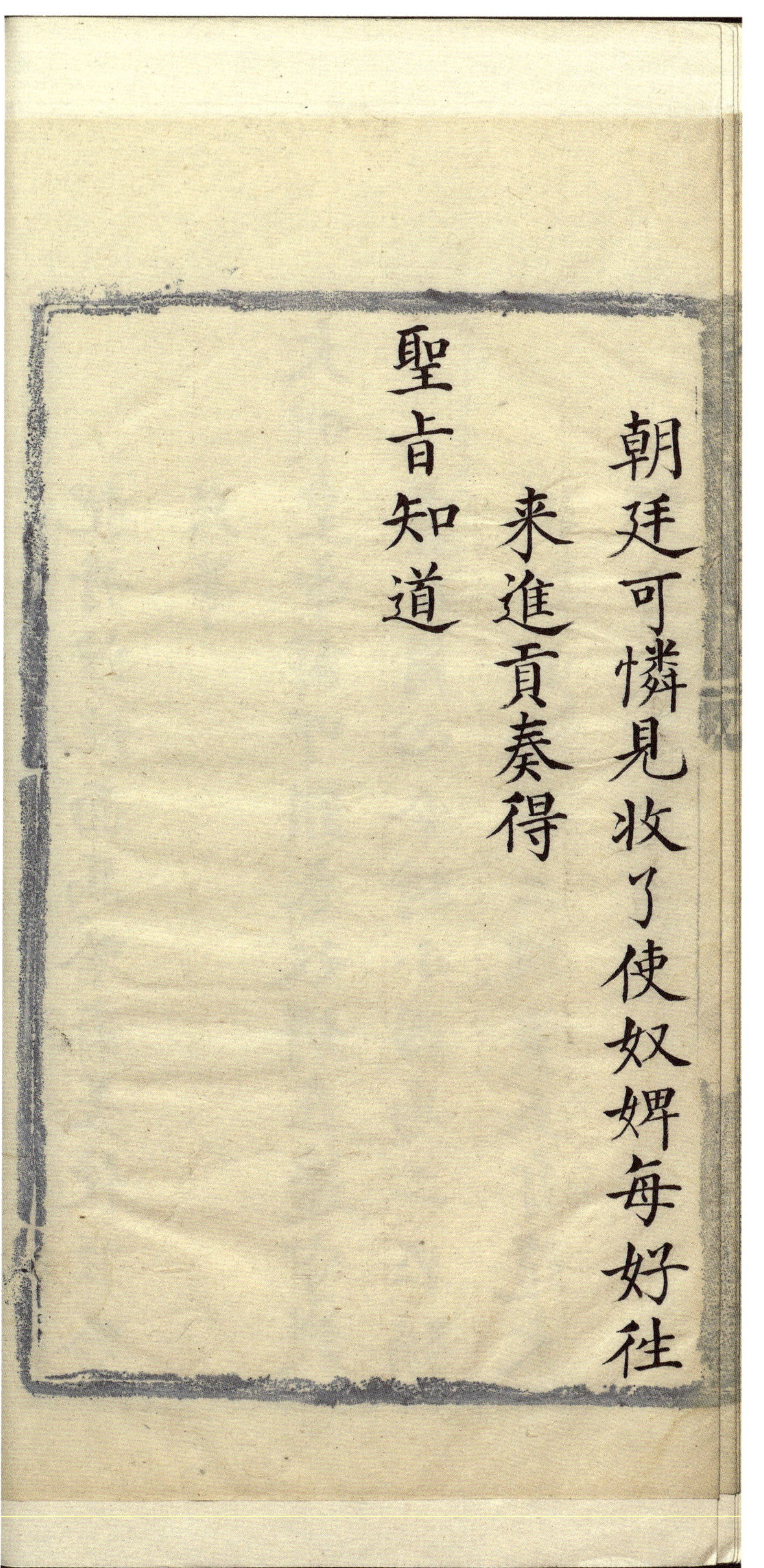

朝廷可憐見妝了使奴婢每好往
来進貢奏得
聖旨知道

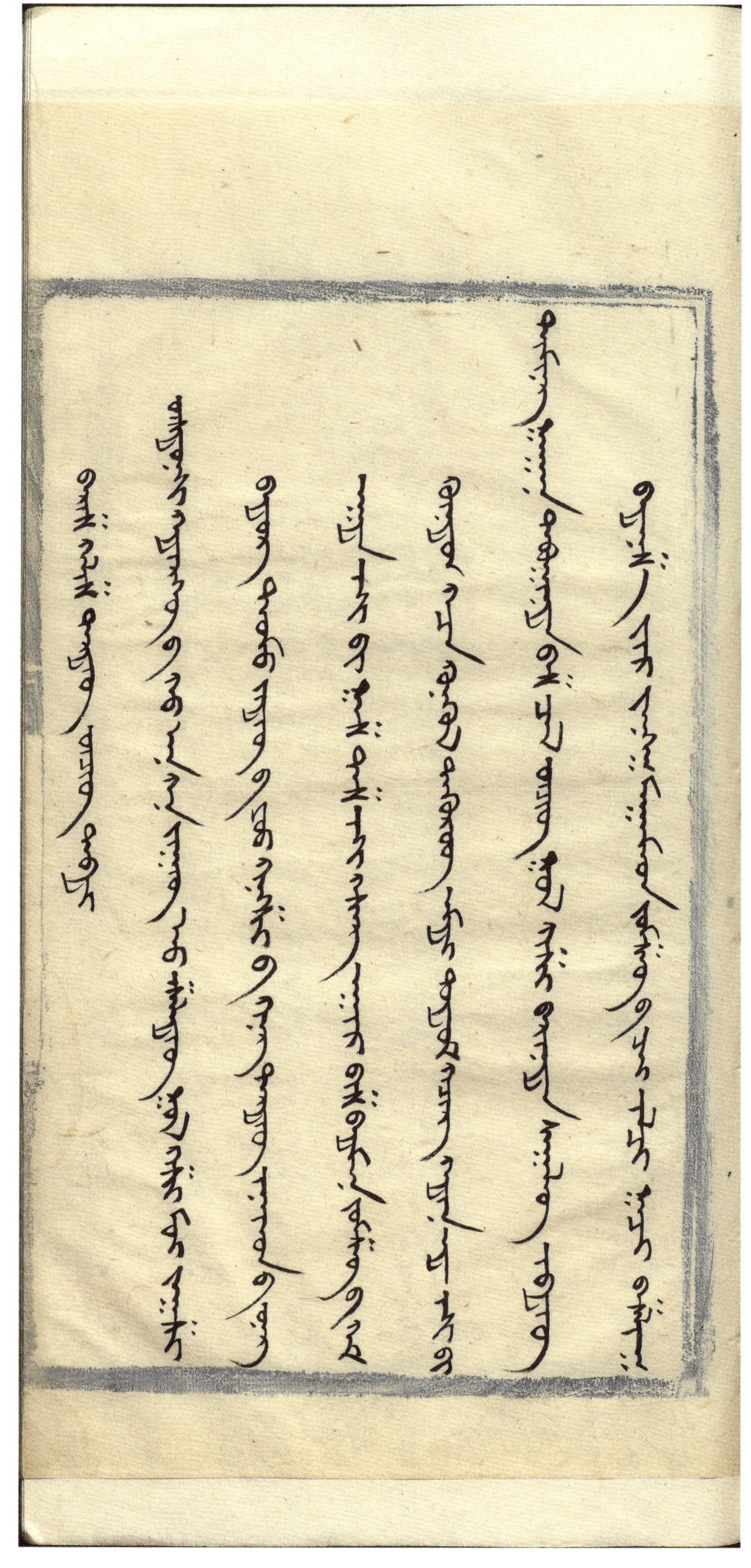

滿剌阿黑麻王差来使臣敏哈

禿等

大明皇帝洪福前叩頭奏有奴婢每

在邊効力年久多有功勞進貢

不缺如今仍照舊例專差使臣

進貢各樣方物與同文書去了

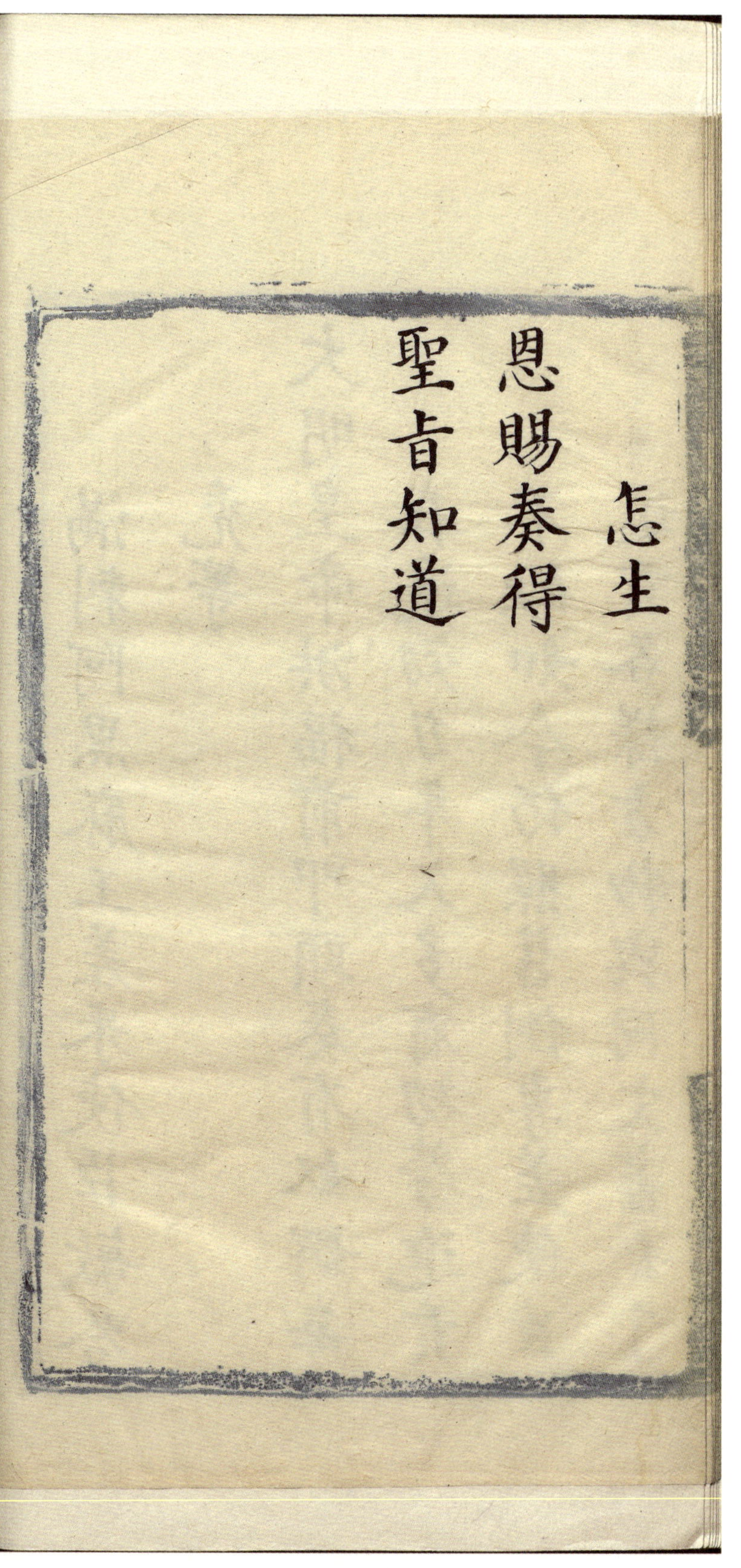

怎生

恩賜奏得

聖旨知道

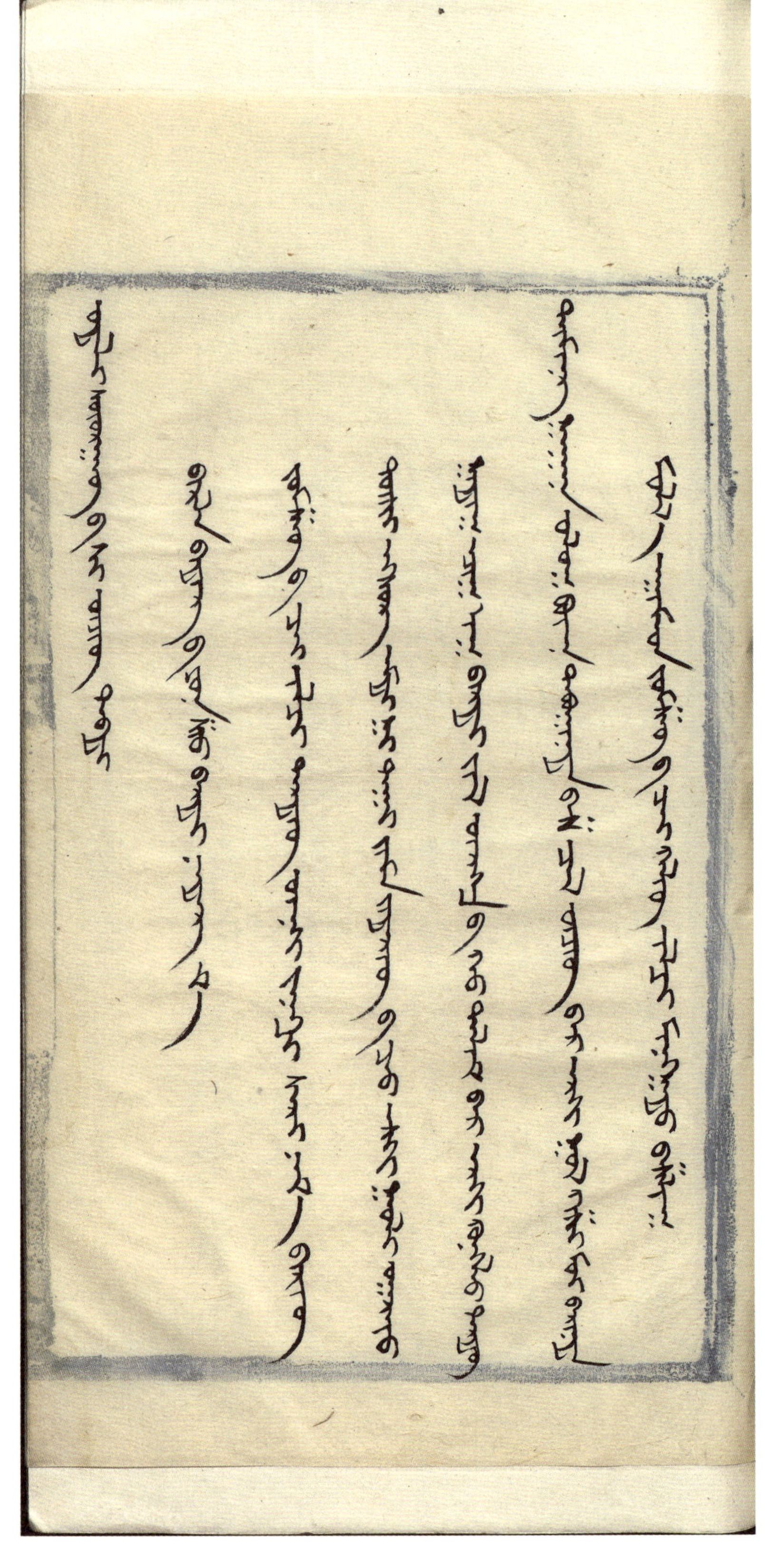

曲先地面乙也思王奏今仰望
天皇帝洪福地方安穩人民快樂奴
婢每感戴不盡今備土産方物
專差頭目罕完赴
金闕下求討衣服胸背段子并磁
碗磁碟等件奏得

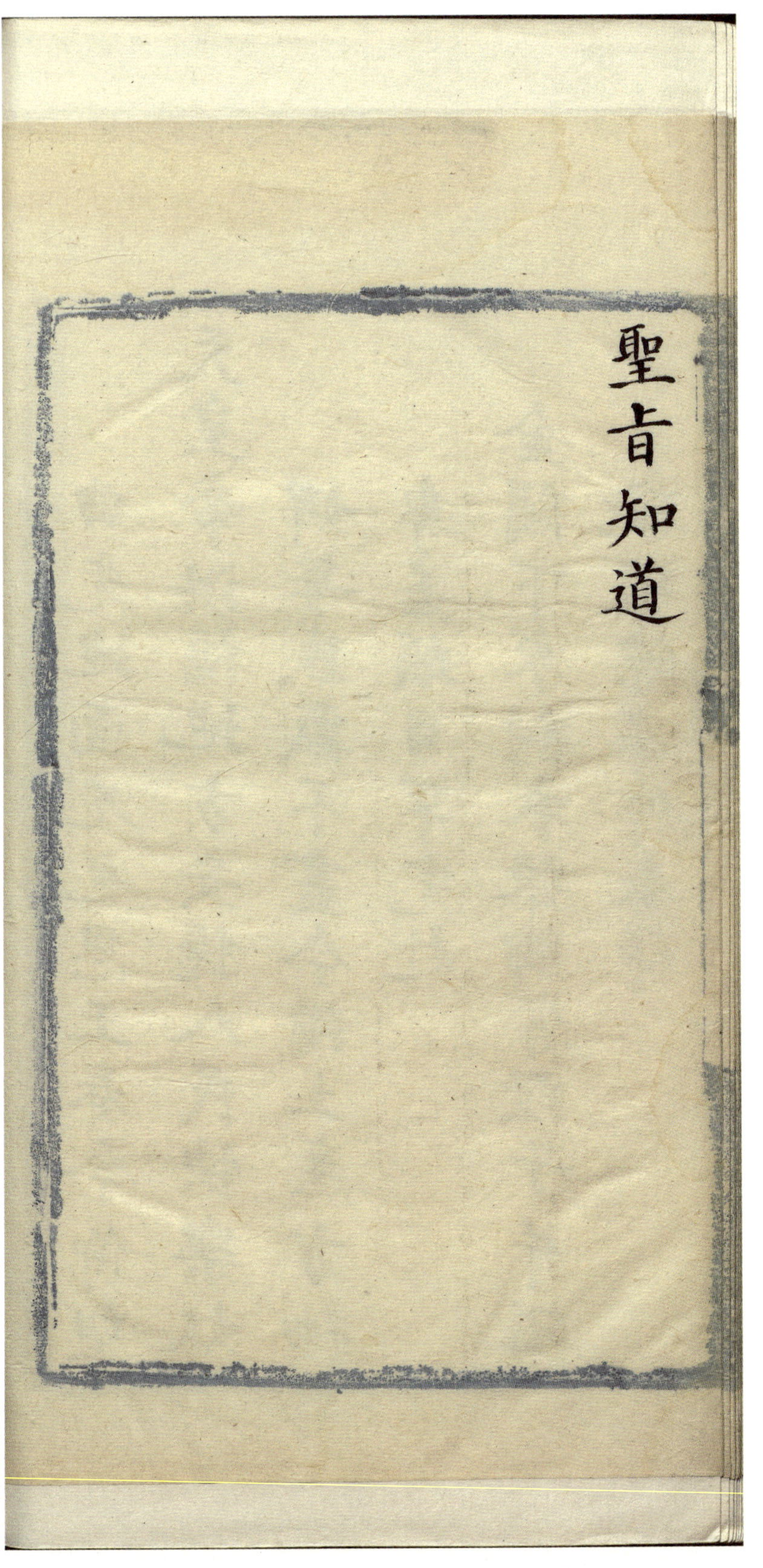
聖旨知道

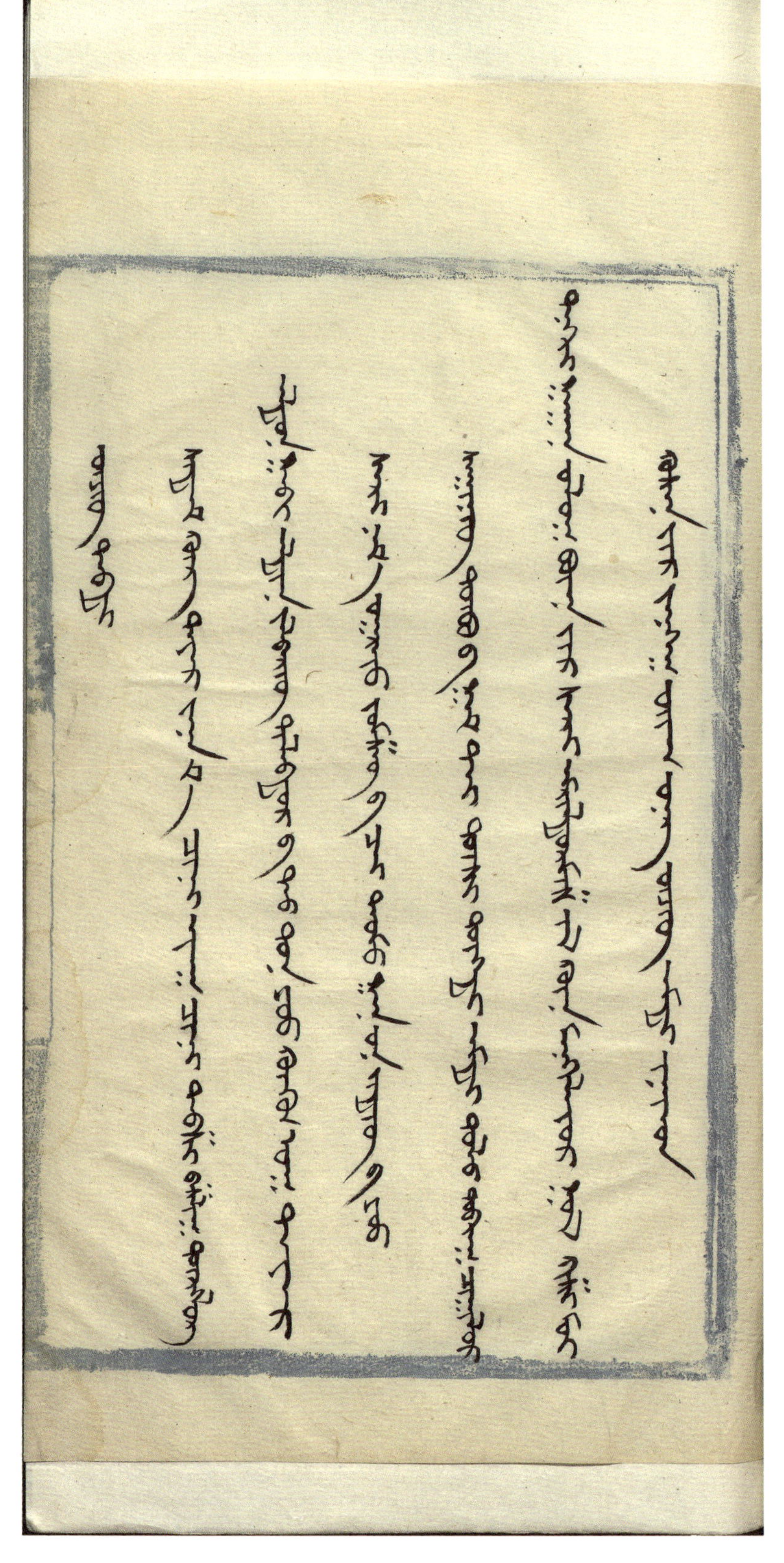

土魯番地面馬哈木王叩頭
奏奴婢地方艱難無好土産
懼怕
朝廷法度不曾進貢奴婢每有
罪了望
天皇帝憐憫饒了使遠人好往來
進貢今奏得

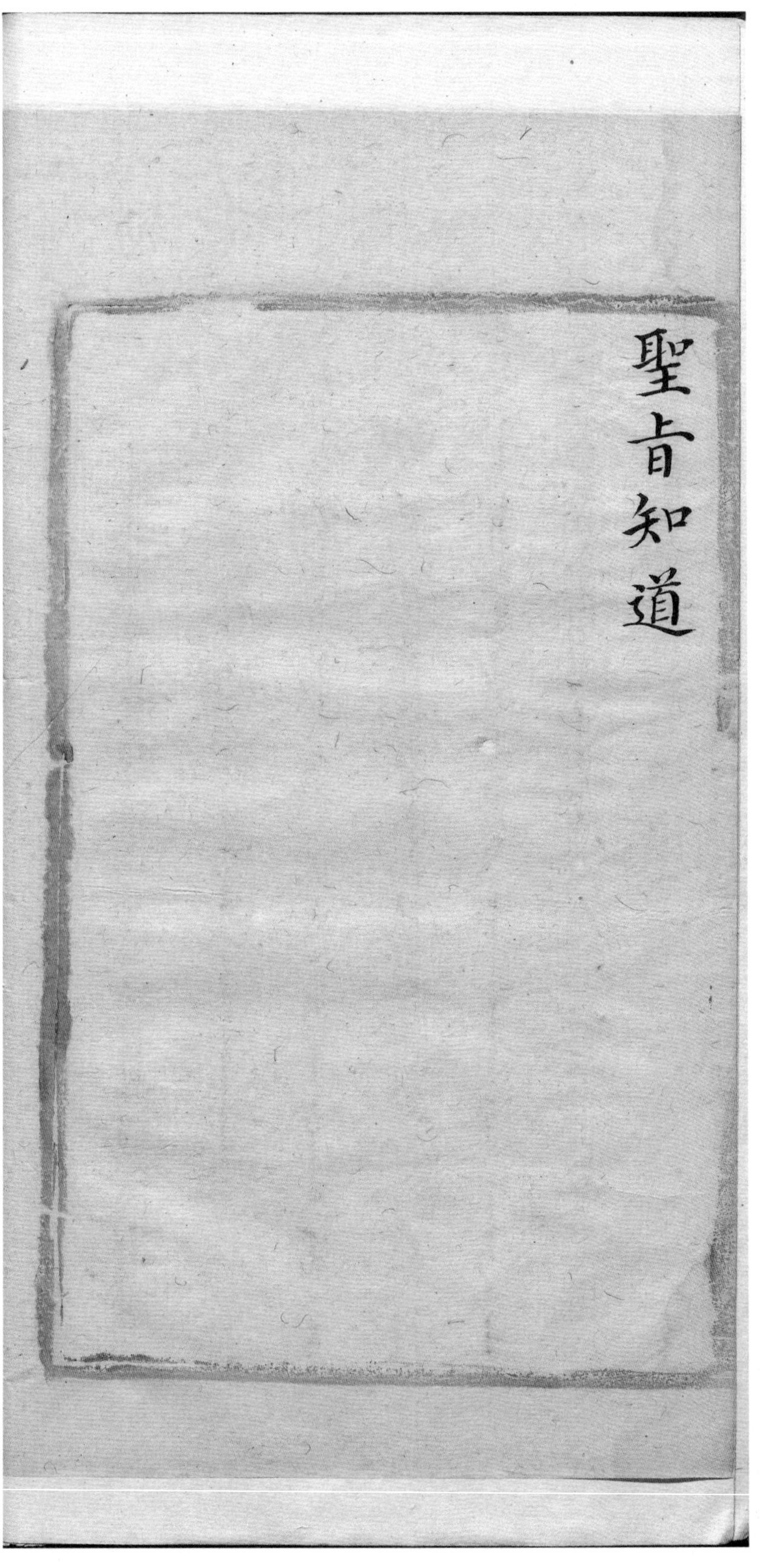
聖旨知道

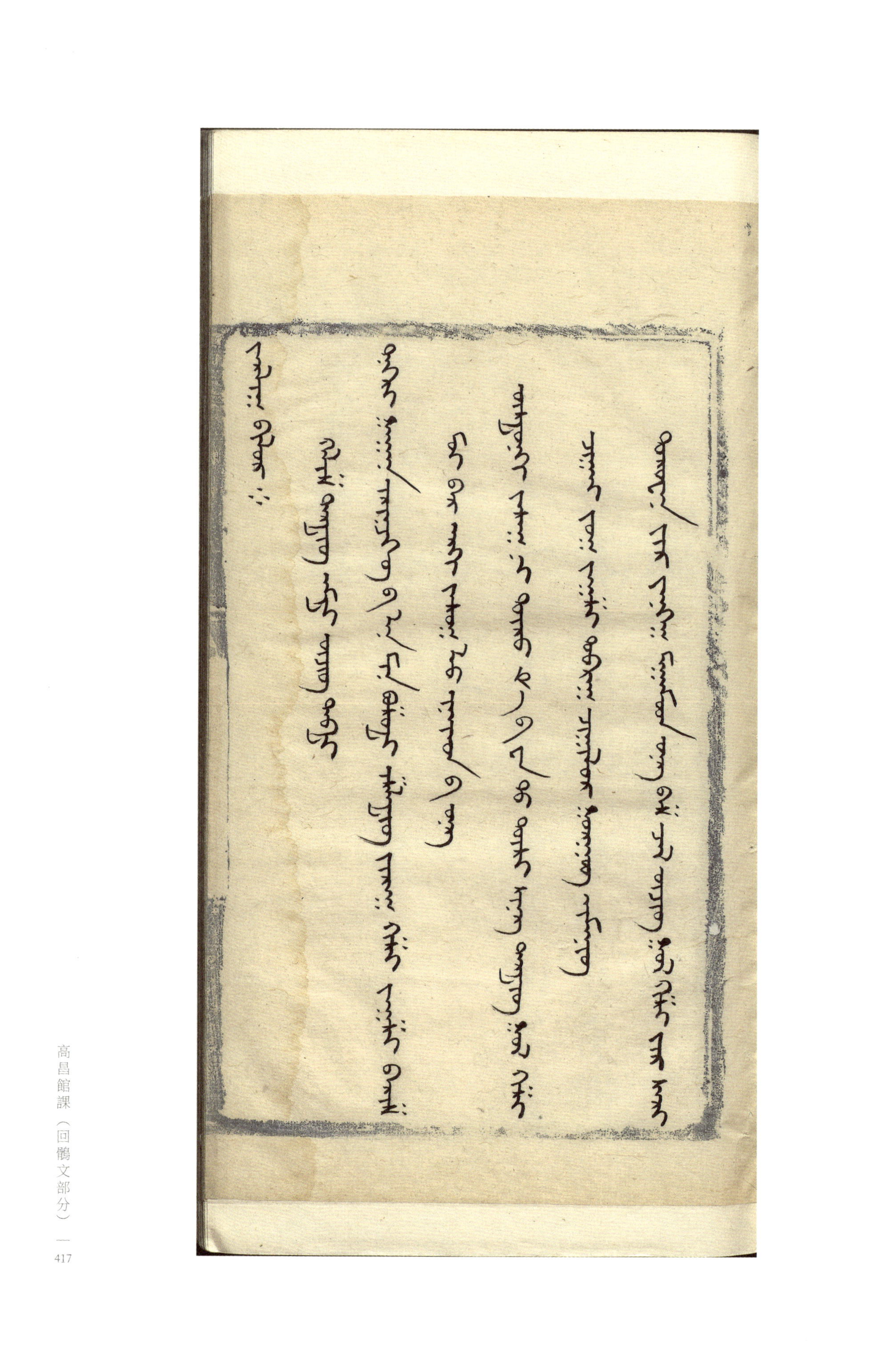

乜端地面指揮火只捨黑叩
頭奏令照前人事例進貢獅
子一項小駝二隻與同文書
去了怎生
恩賜奏得
聖旨知道

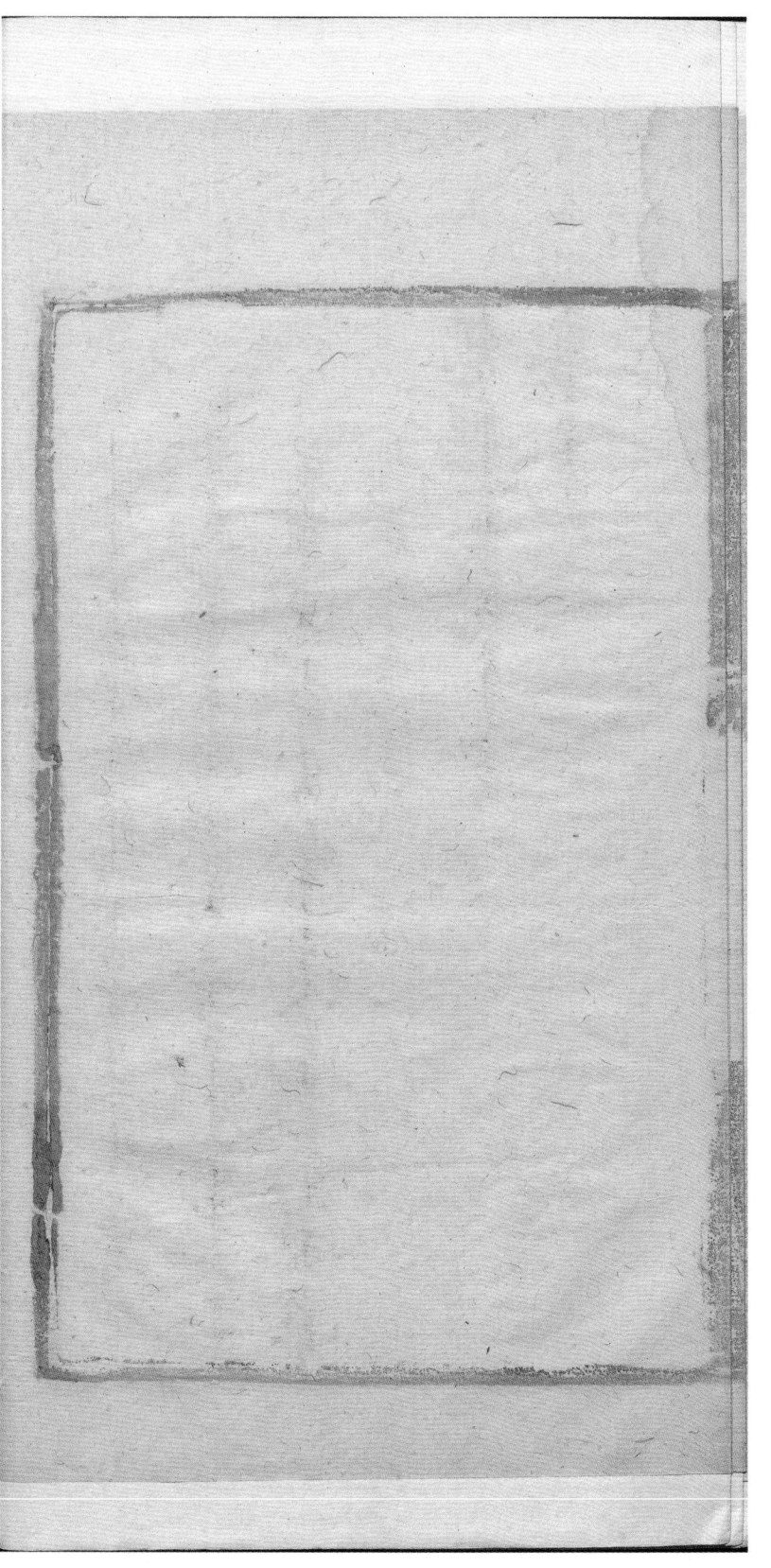

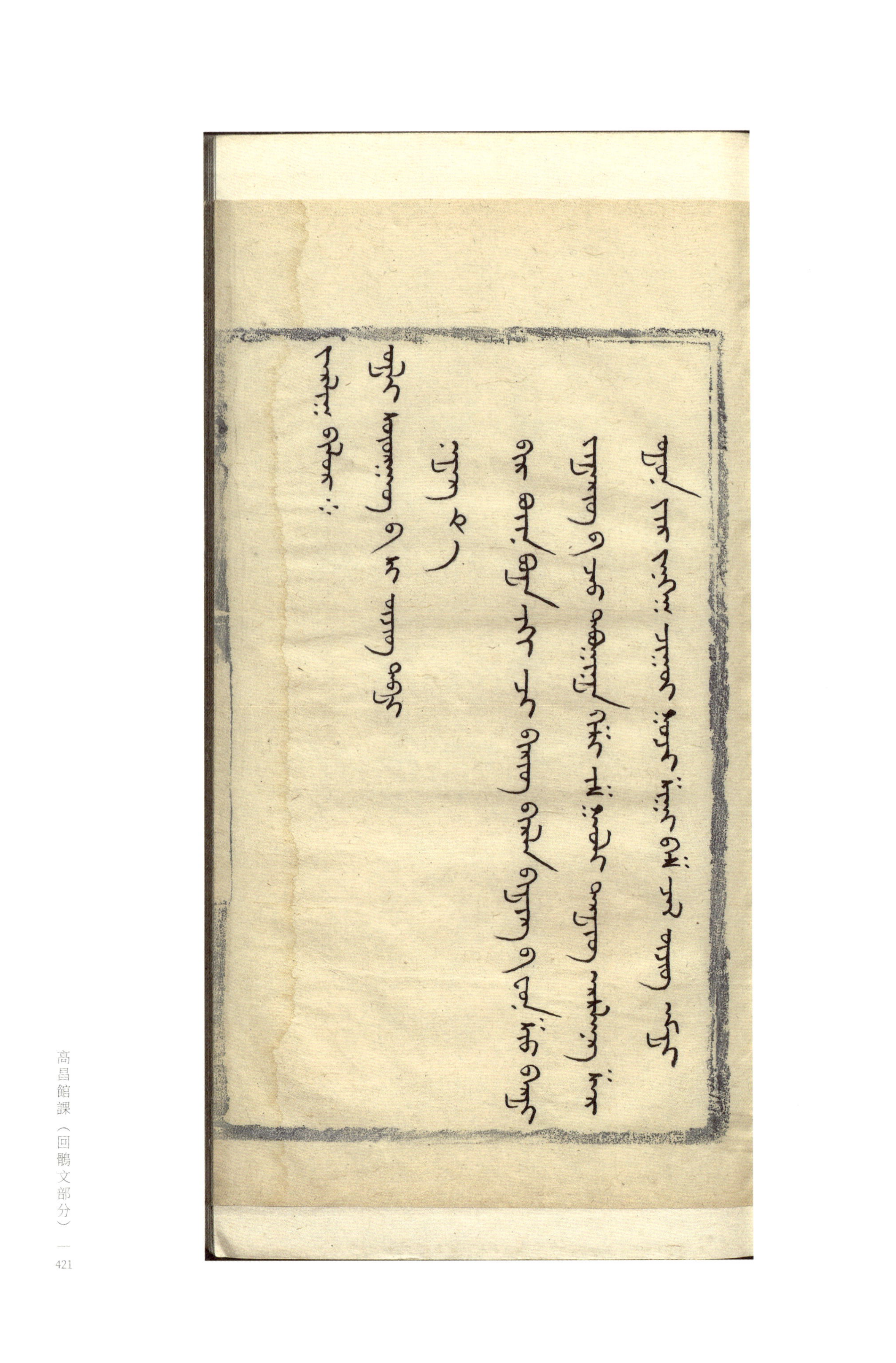

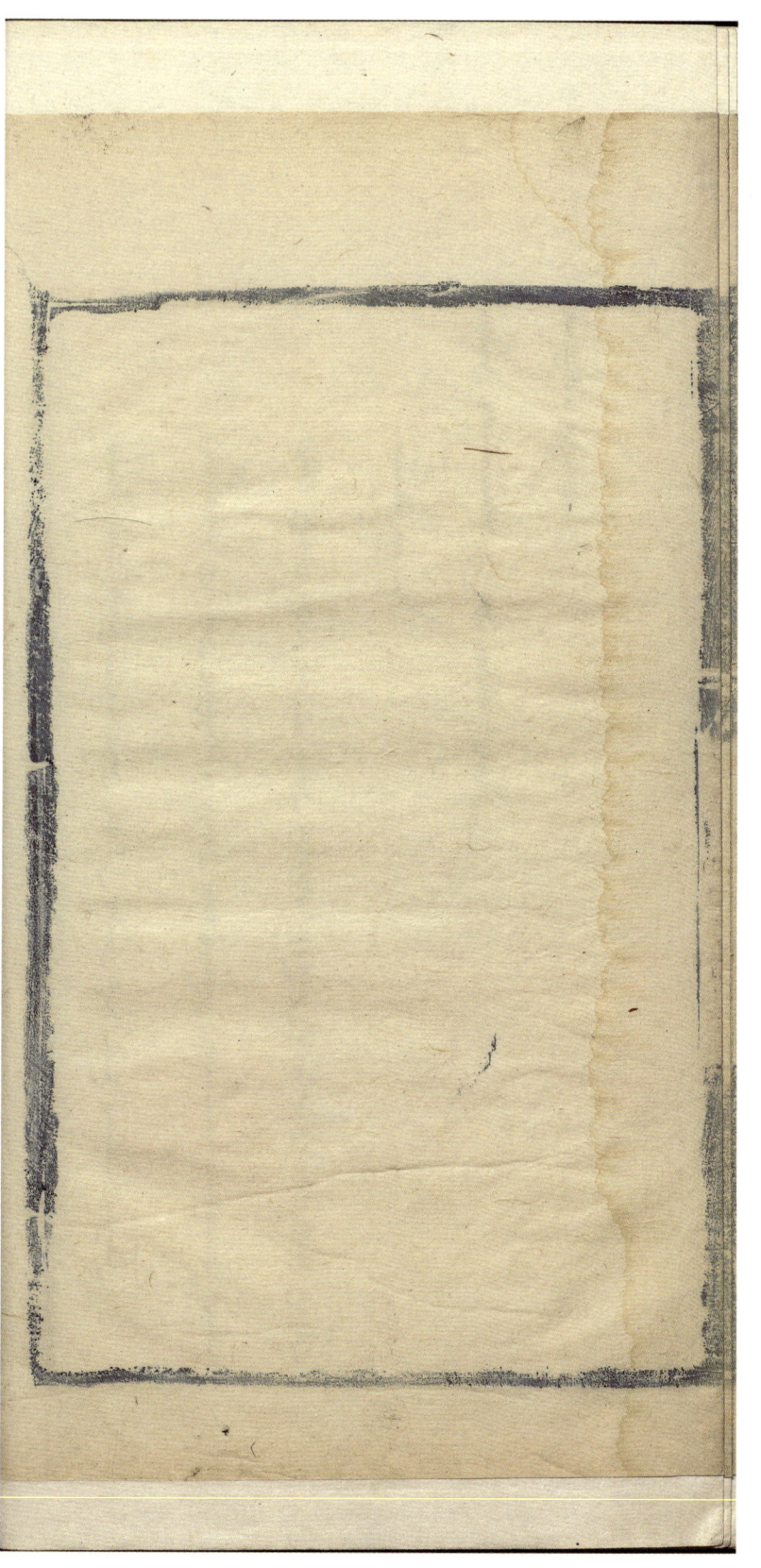

黑婁地面指揮阿力平章叩
頭奏今仰望
天皇帝好名聲進貢土産方物去
了就乞討各色織金叚子并
湯瓶馬鞊怎生
恩賜奏得
聖旨知道

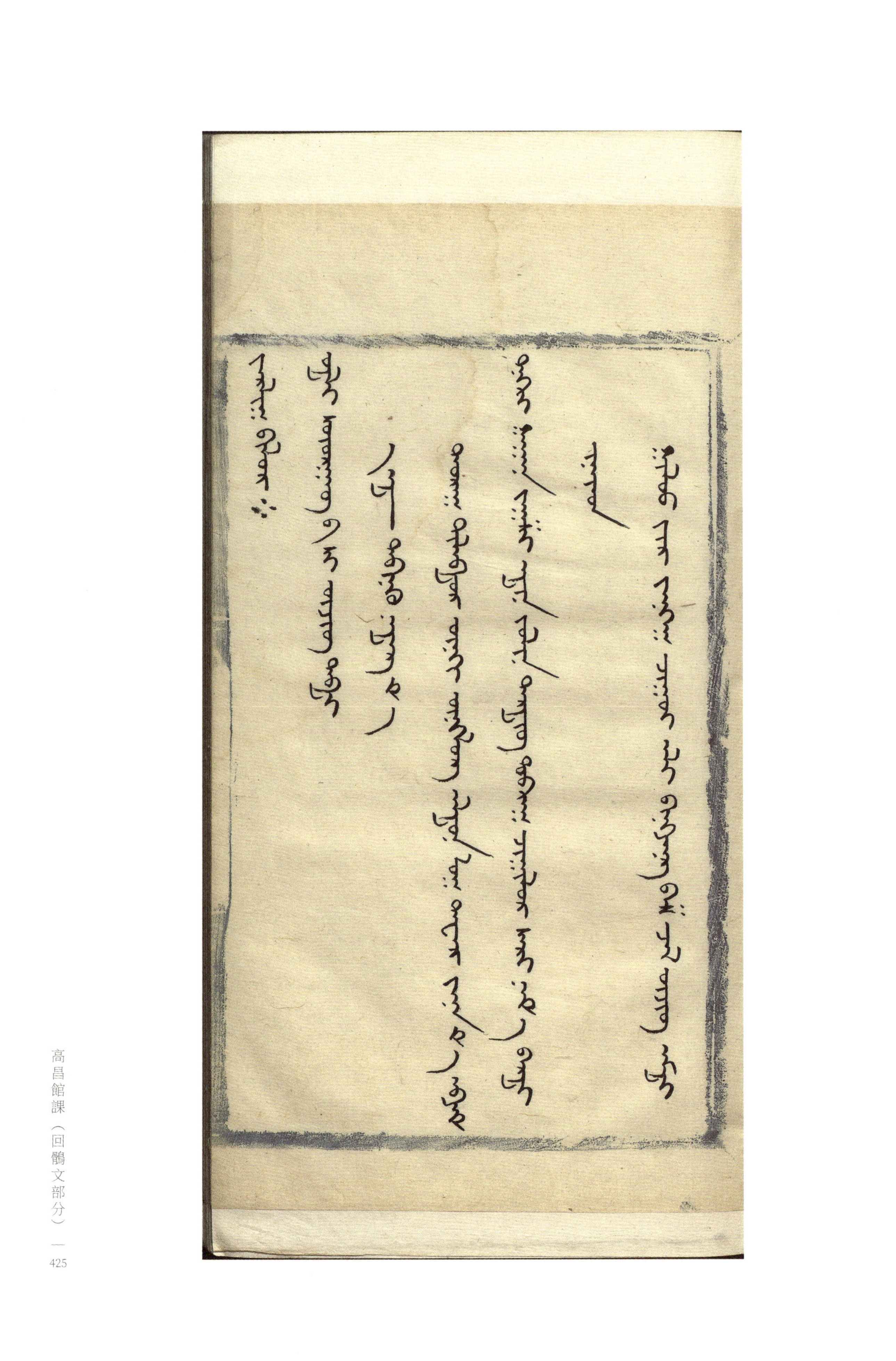

大
明皇帝洪福前忠順王陜巴奏
奴婢祖父以来年年進貢不
缺皆蒙
朝
廷厚恩至今感戴不盡如今
仍照比先舊例專差使臣都
督罕慎等進貢大西馬四匹
阿魯骨馬二匹眼鏡二十面

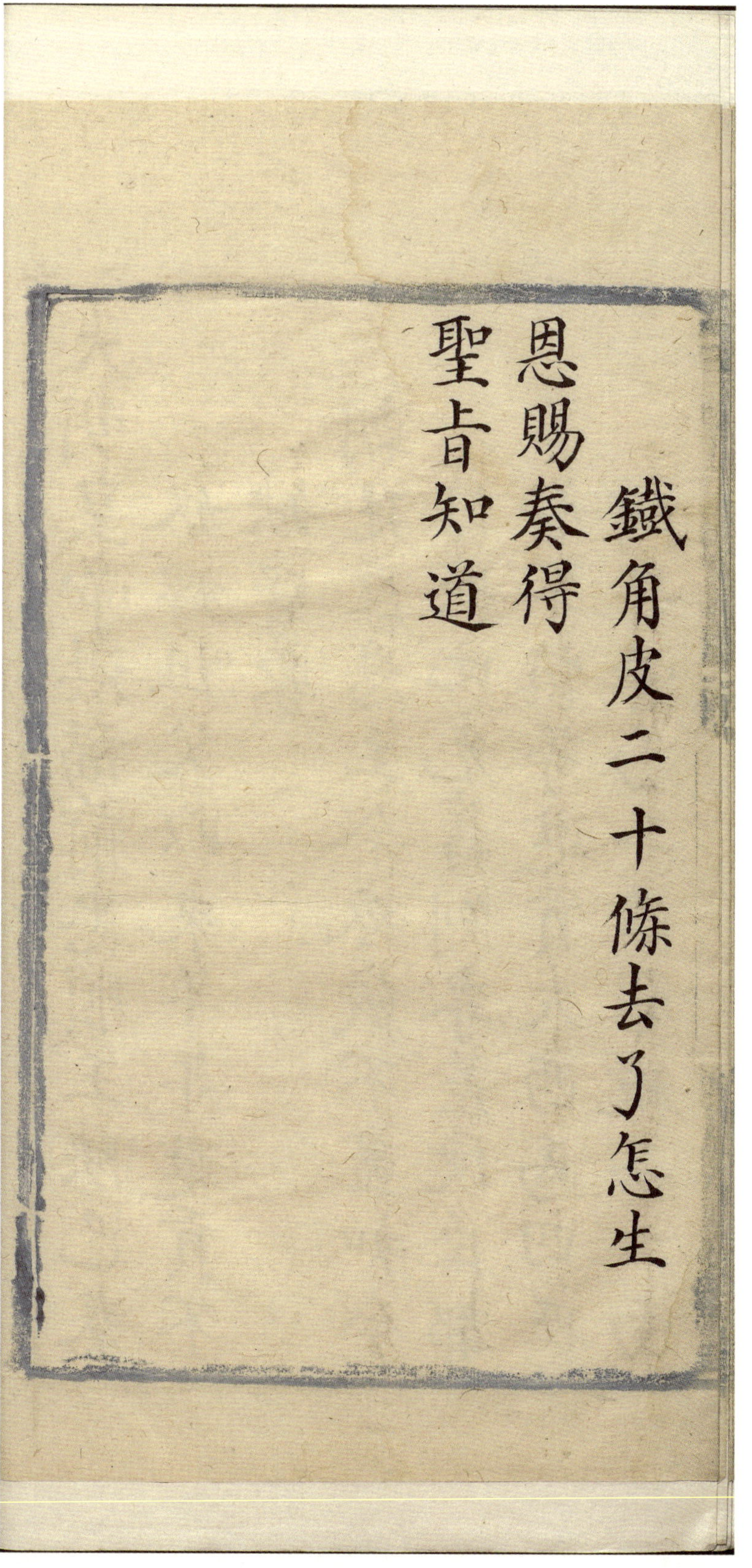

鐵角皮二十條去了怎生

恩賜奏得

聖旨知道

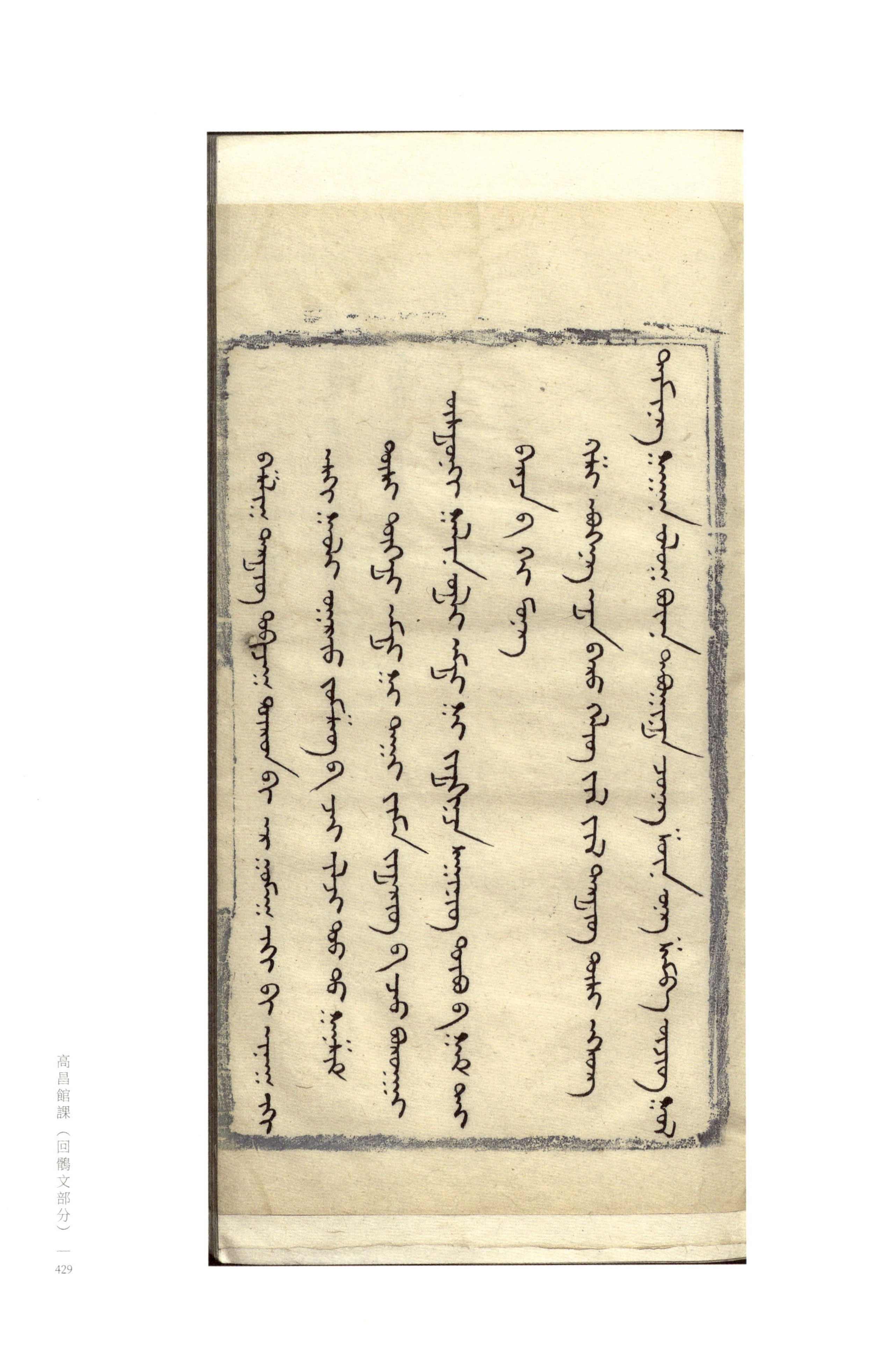

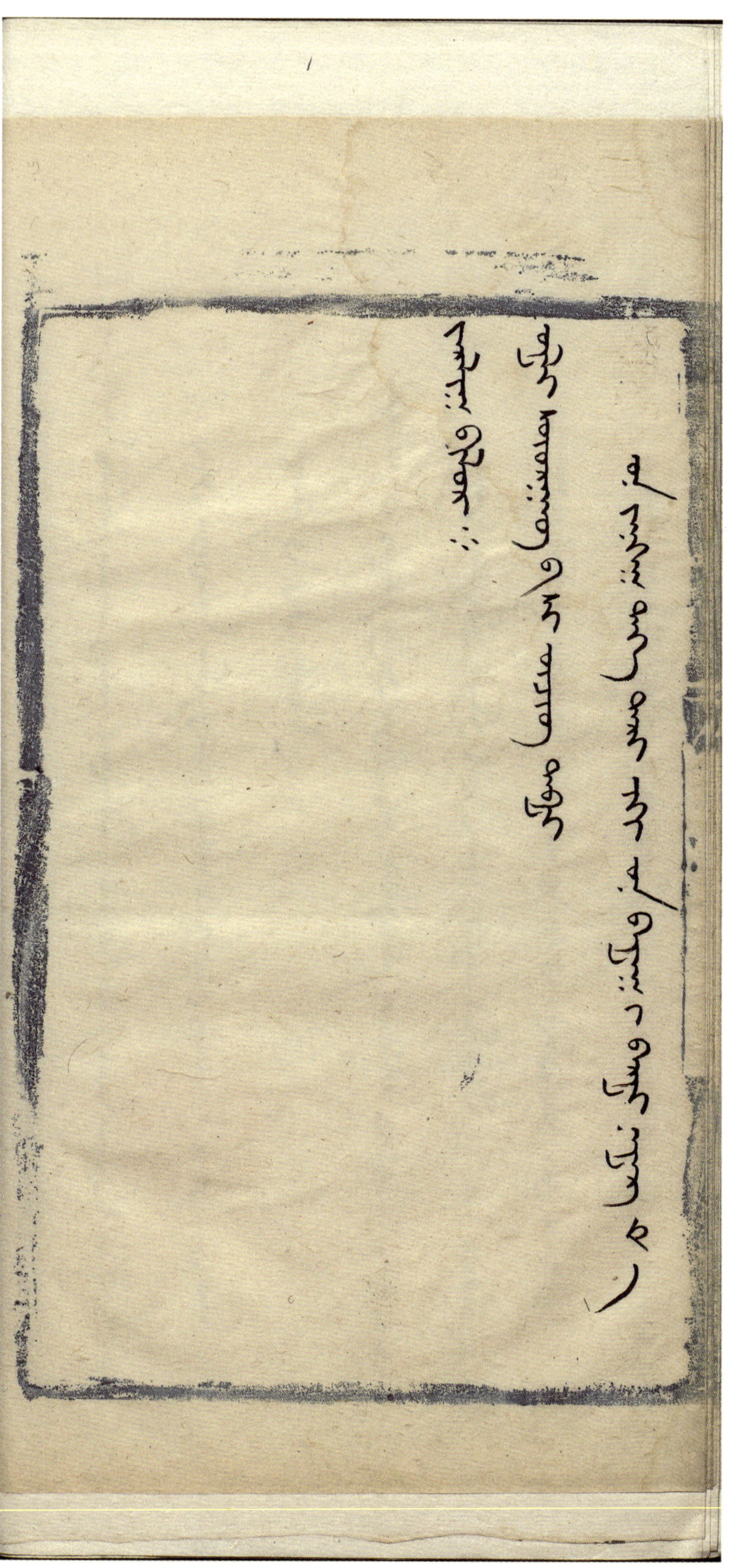

大明皇帝洪福前速魯壇馬黒麻
王奏如今地方安穩夷衆快
樂仰賴
朝廷洪福奴婢每皆得安生今
專差弟馬哈木等進貢獅子
一項金錢豹一項鑌鐵腰刀
二把魚牙靶刀四把玉石二

塊與同文書去了就乞討大
紅蟒龍叚子通袖膝襴叚子
并金銀湯瓶各色花素紵絲
望
賜與的奏得
聖旨知道

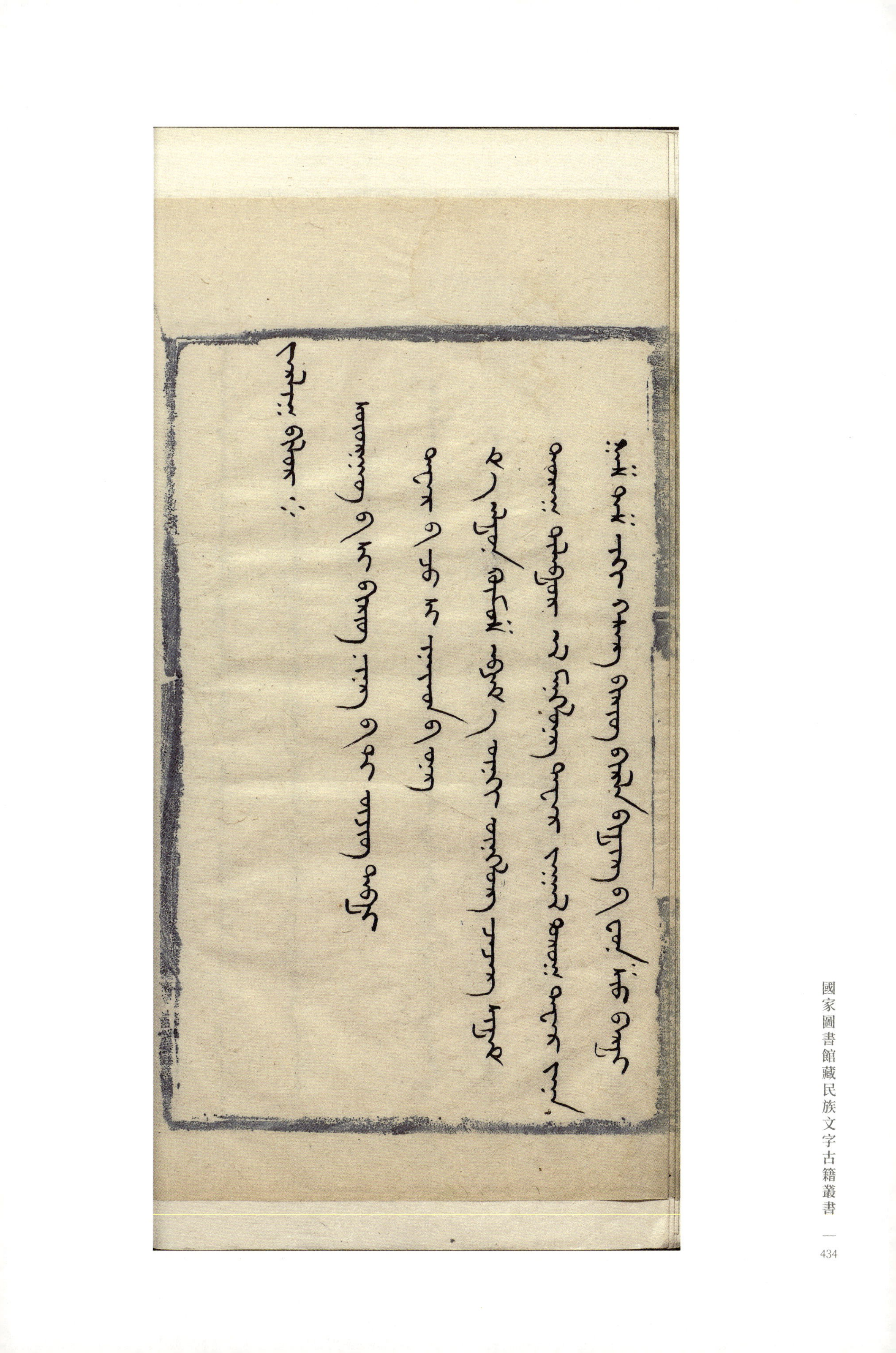

大
明皇帝洪福前速壇滿速兒王
奏奴婢祖父在時曾差人往
来進貢不絶近年因地方艱
難不曾進貢奴婢每有罪了
如今仍照舊例進貢土産各
様方物專差使臣叅政象加
失里等赴

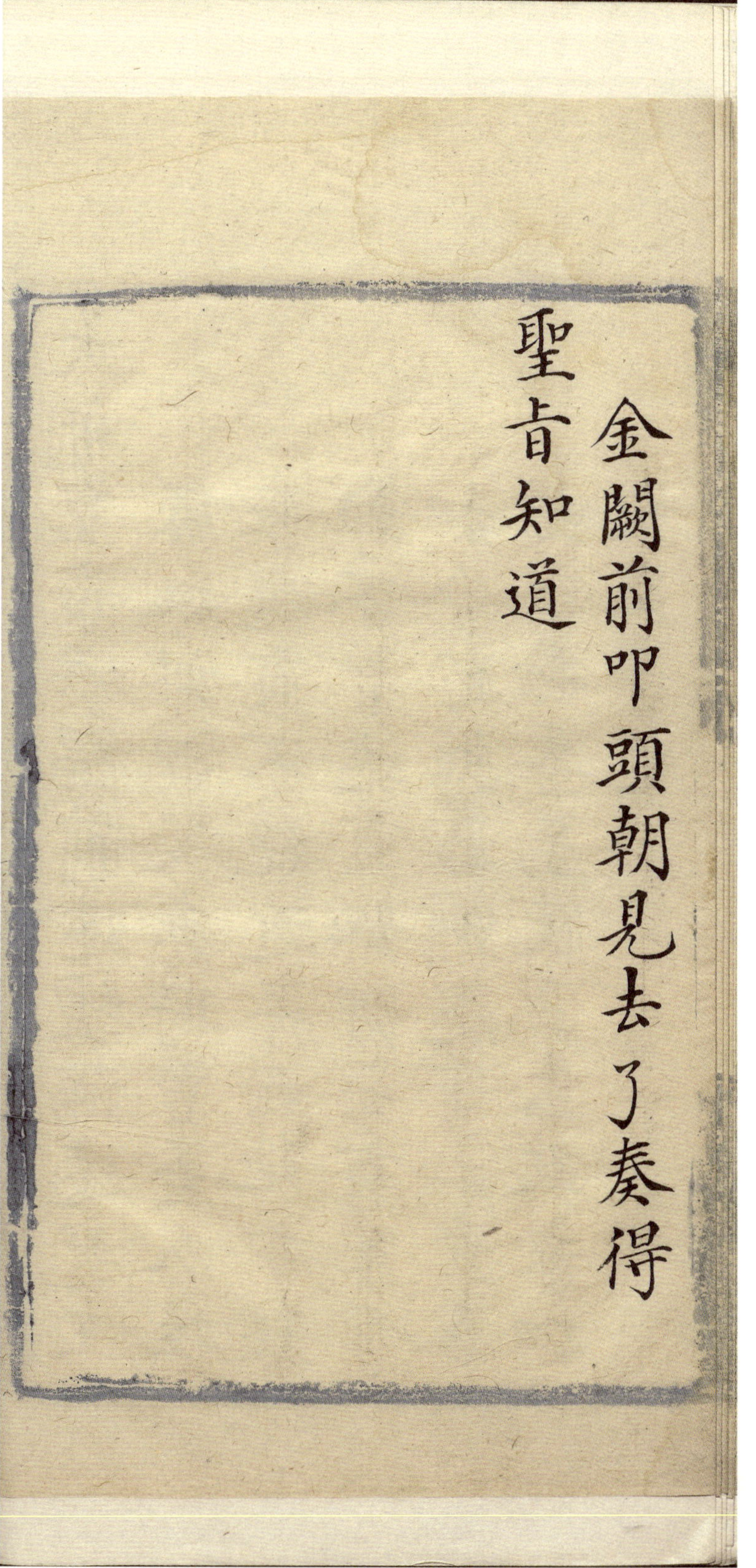

金闕前叩頭朝見去了奏得

聖旨知道

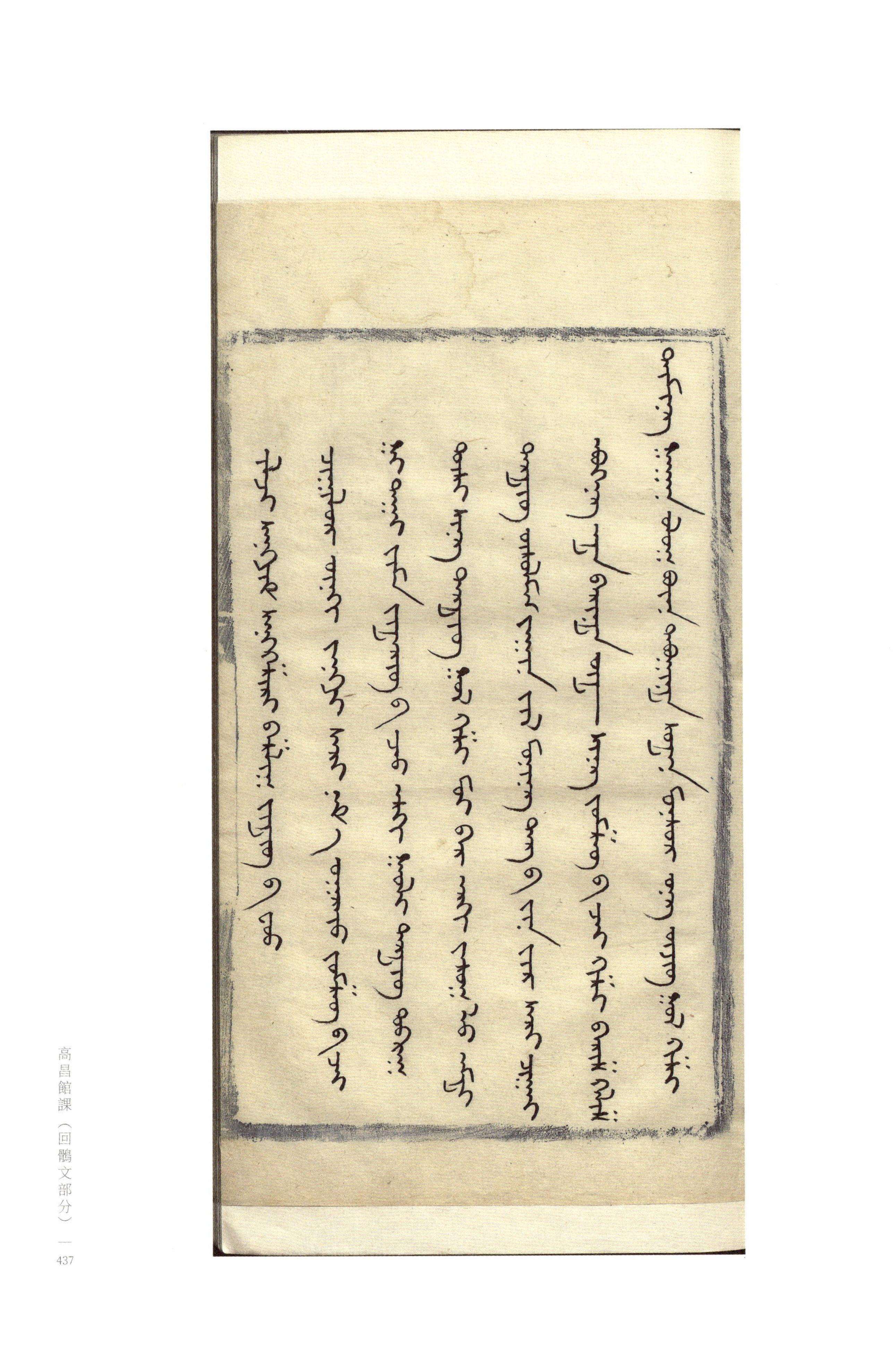

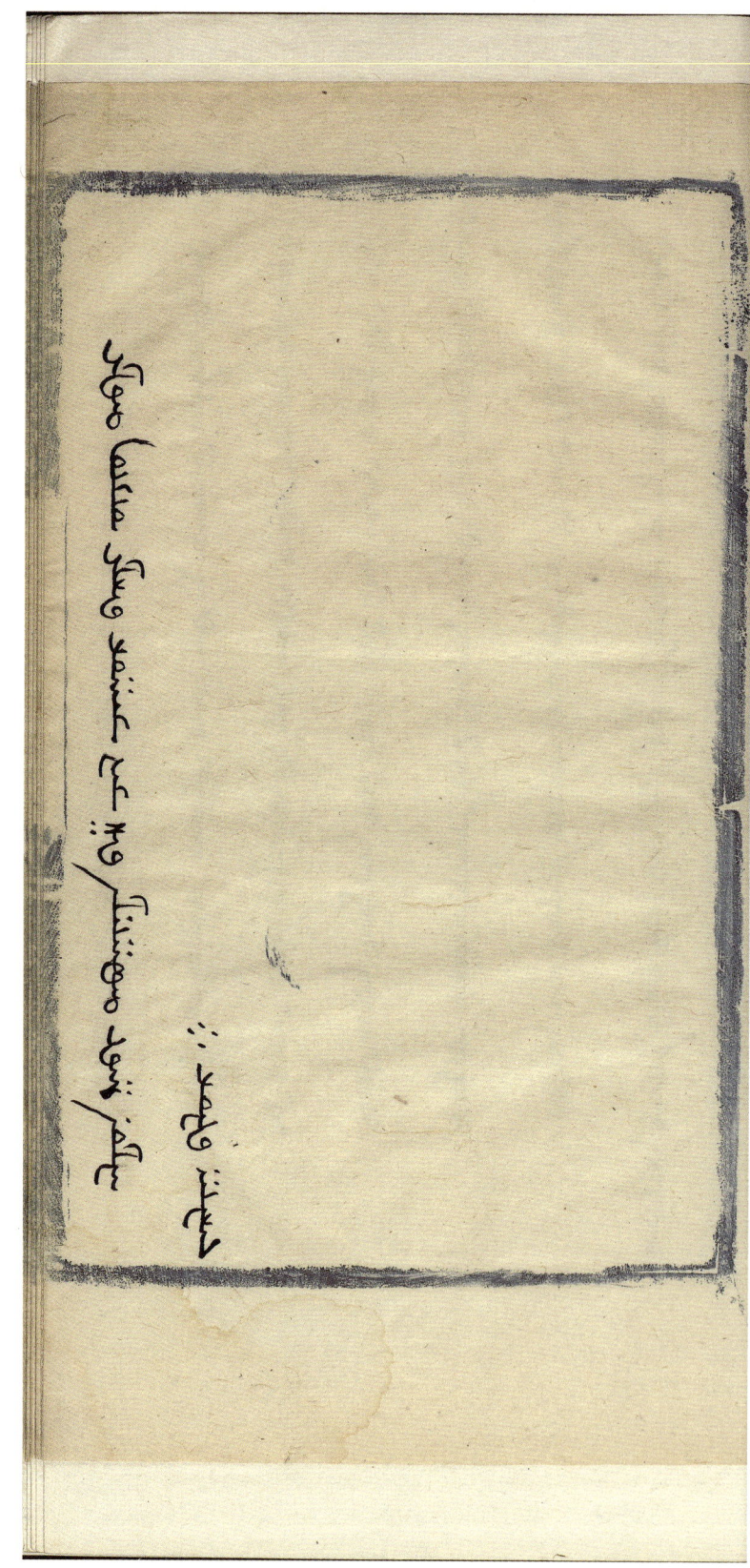

土魯番地面也先卜花王叩
頭奏今仰望
天皇帝好名聲專差正使都督昂
克字羅火只忽辛敏哈秃副
使指揮馬哈麻火只法虎兒
丁等進貢騸馬十匹哈剌虎
剌一項小駝二隻去了伏望

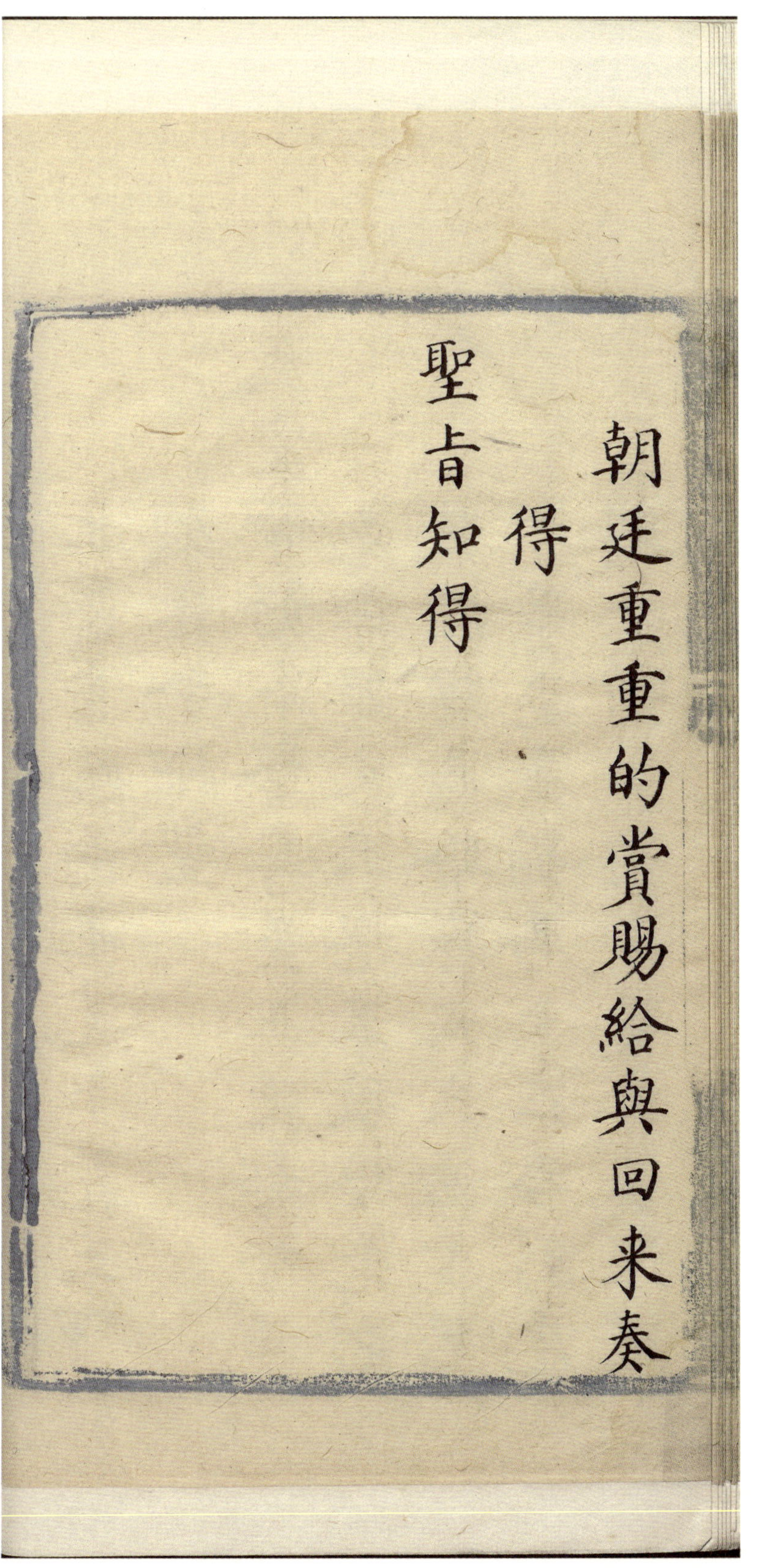

朝廷重重的賞賜給與回来奏

得

聖旨知得

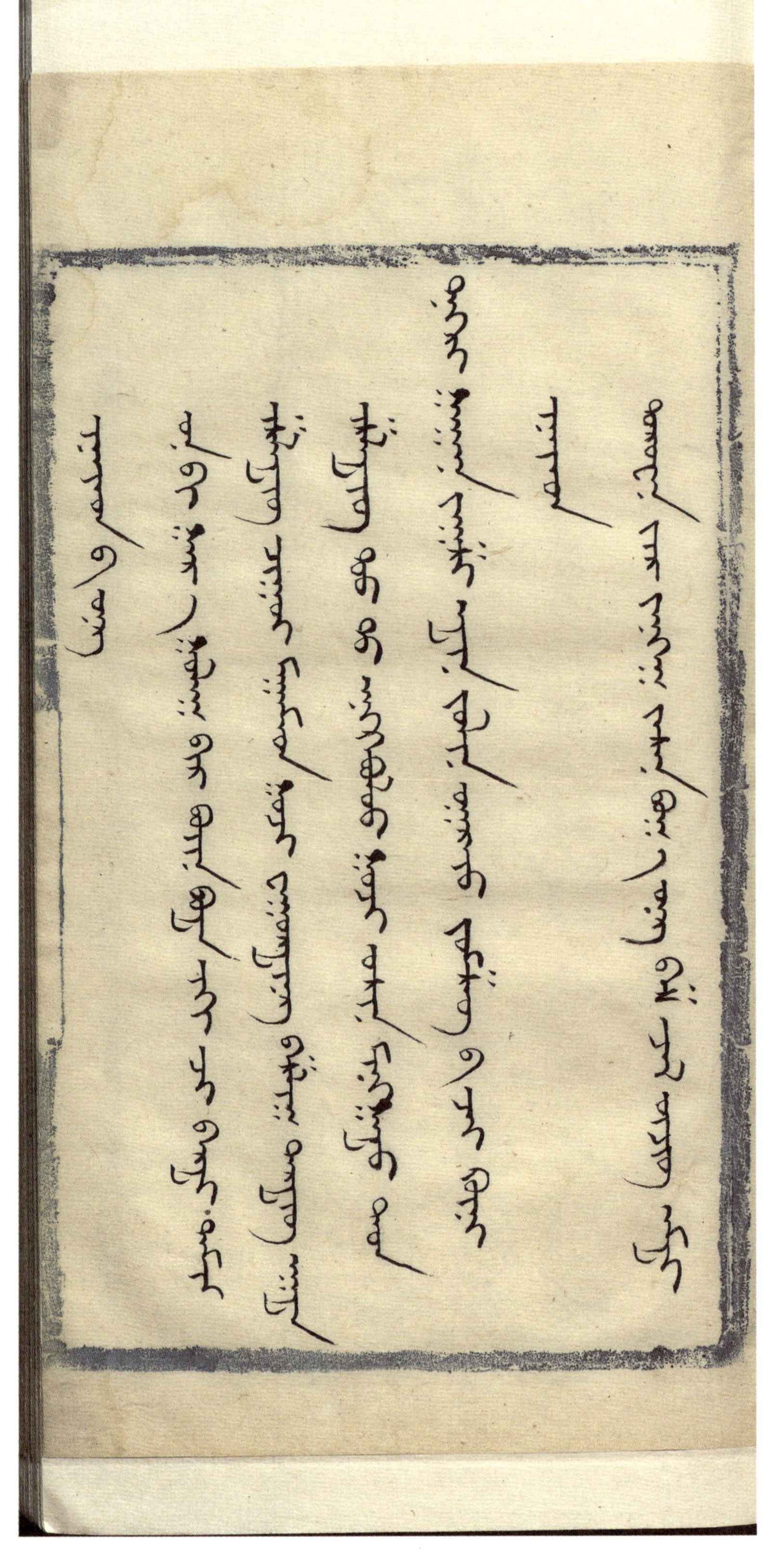

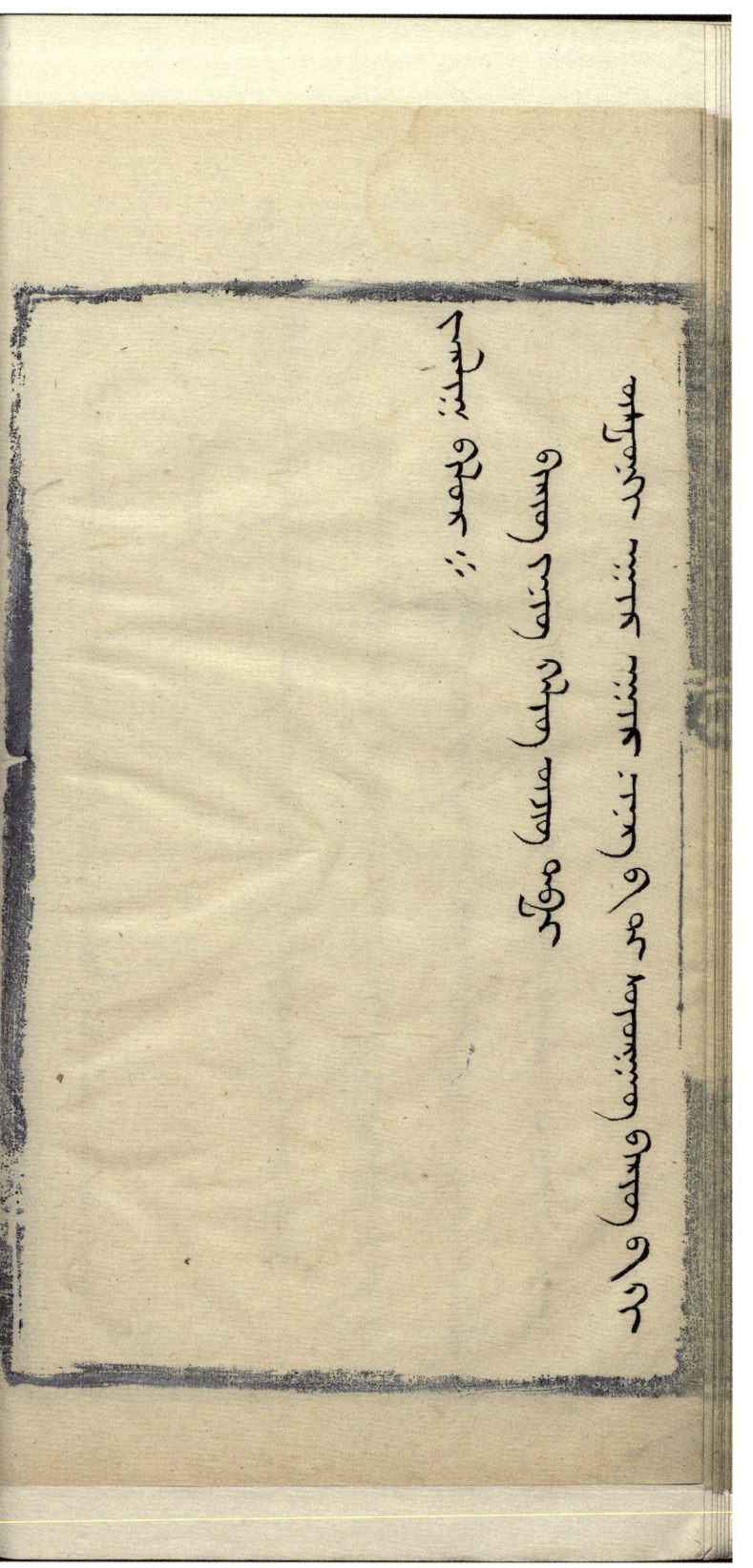

高昌地面阿黑麻王奏爲乞
討事如今奴婢缺少大紅織
金紵綵黄花叚子番器帽金
銀洗面盆專差使臣都督賽
亦虎仙進貢珊瑚二枝瑪瑙
二塊羚羊角二枝番紅花五
十斤與同文書去了怎生

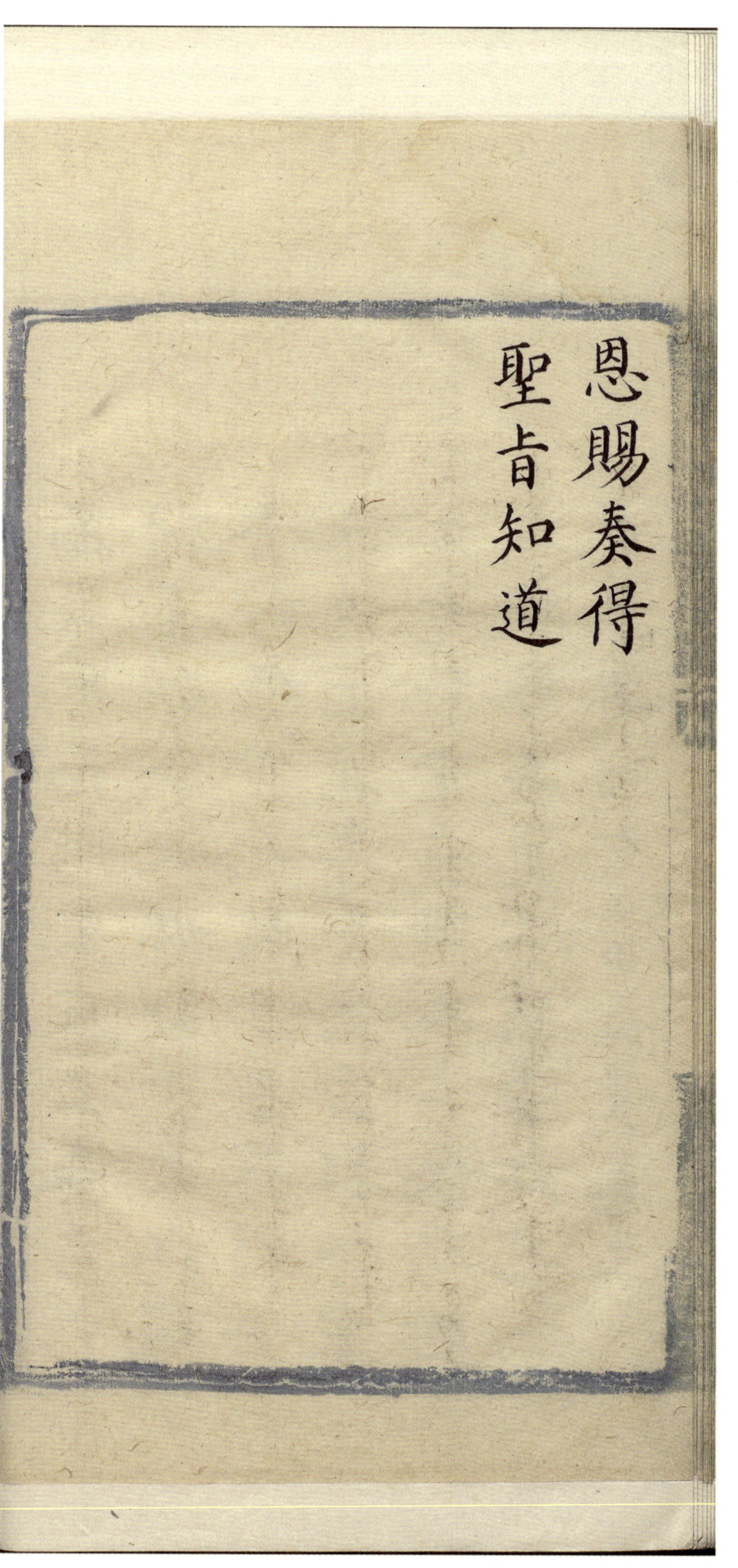
恩賜奏得
聖旨知道

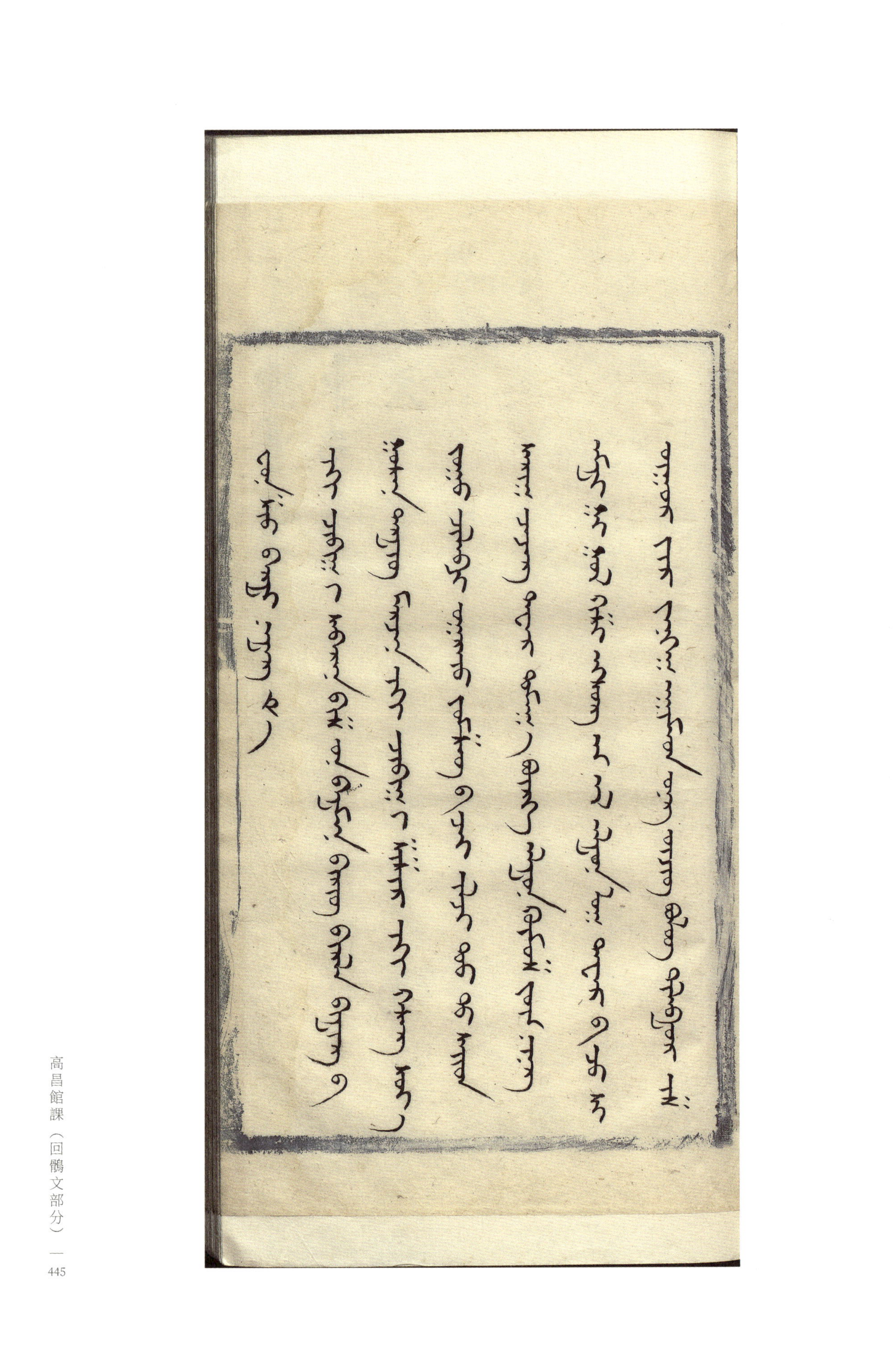

[illegible]

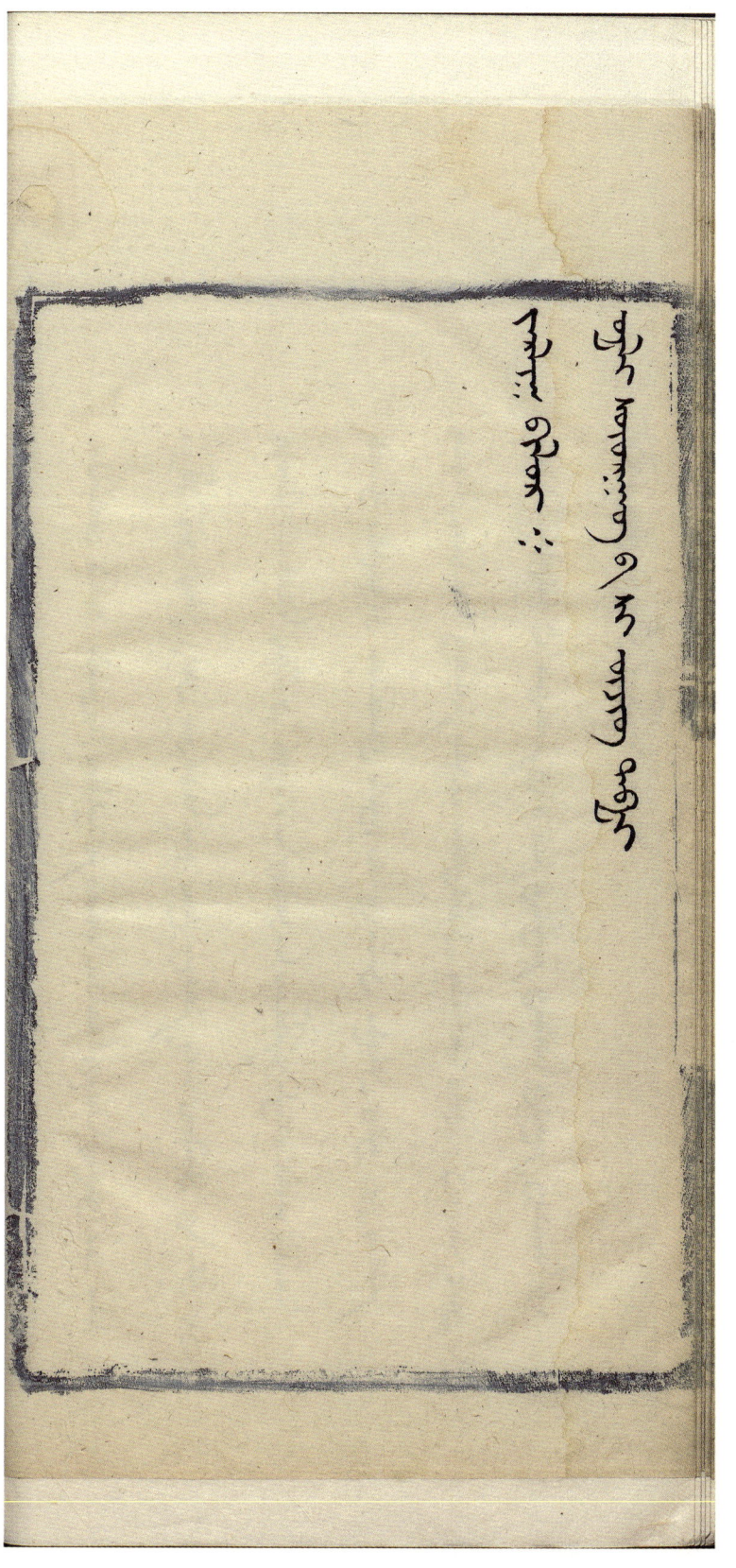

迤西地面都督土兒的叩頭
奏奴婢在邊守護年久多有
功勞至今未蒙陞賞今進貢
小西馬二匹花豹一項伏望
天皇帝照例陞賞使後人好効力
奏得
聖旨知道

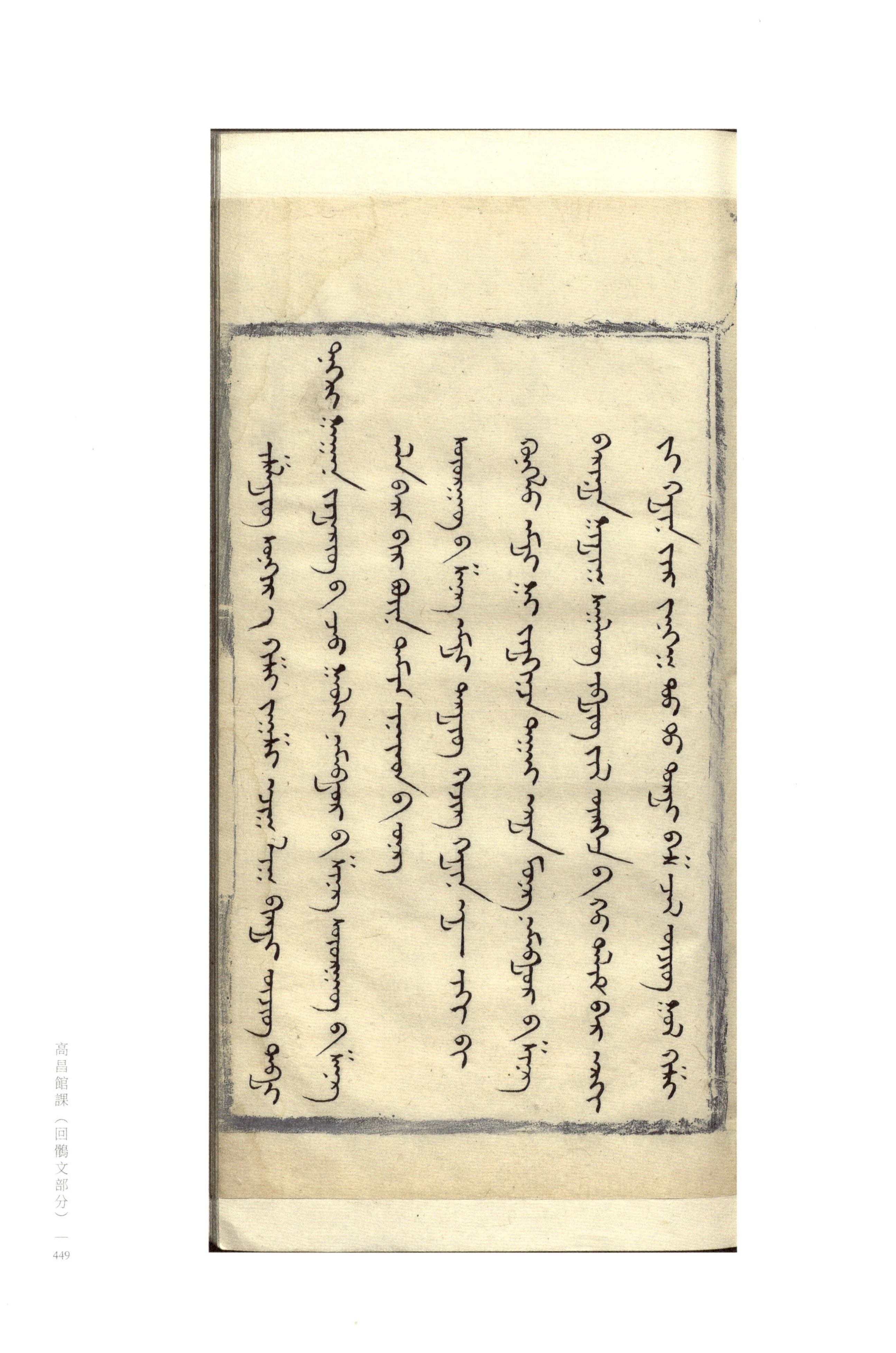

畏兀兒地面真鐵木兒王奏

奴婢是阿黑麻王子仰望

天皇帝主人洪福地方安穩馬匹

蕃盛今進貢大小騸馬二十

匹去了不敢乞討賞賜爲此

奏得

聖旨知道

西域地面賽亦倒剌伯斤奏
奴婢是阿黑麻王的妃年年
進貢不缺如今缺少織金黃
花段子銷金幔子金臺盞銀
湯瓶虎皃斑絹等物望
賜與的奏得
聖旨知道

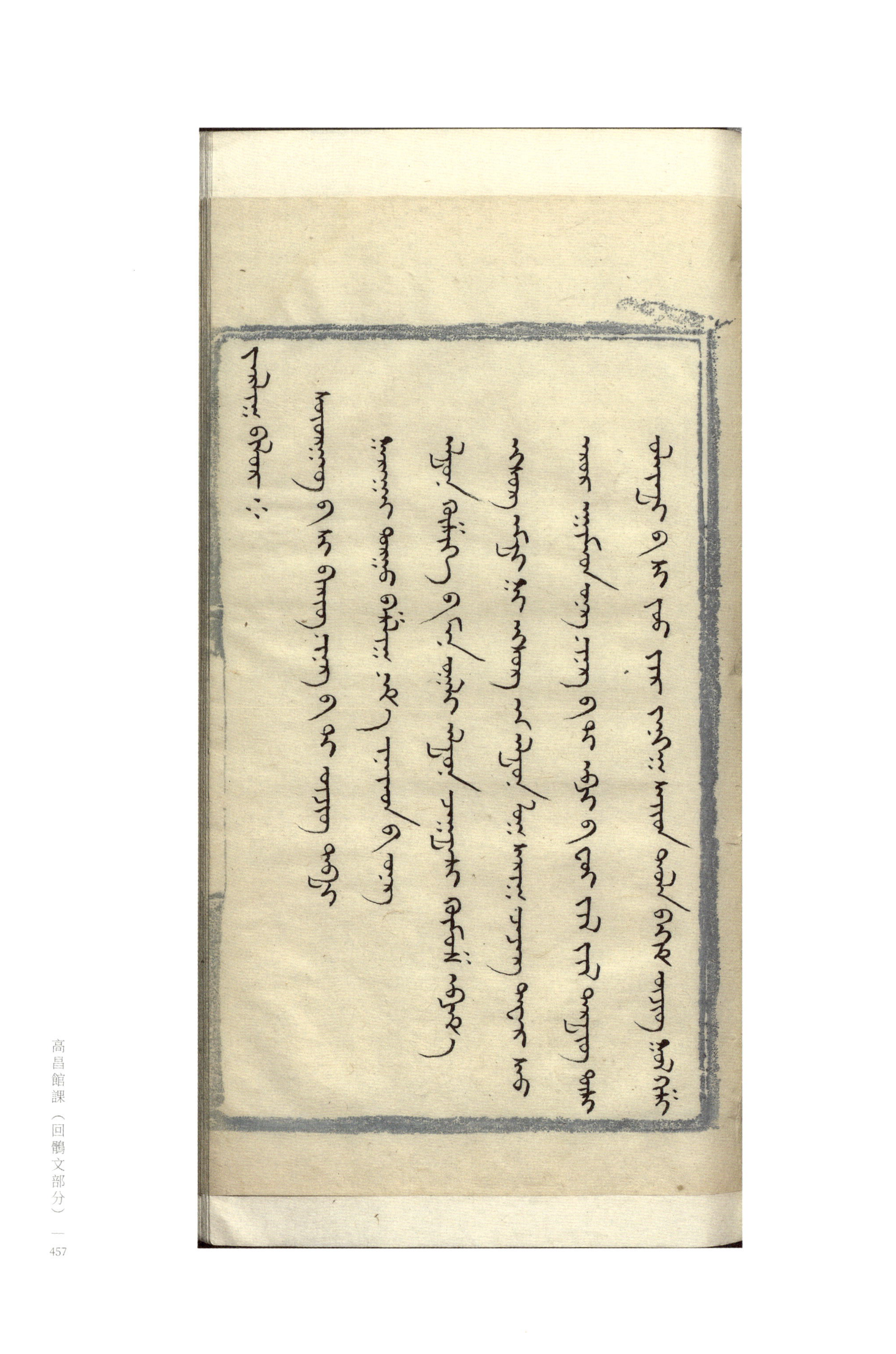

大明皇帝洪福前高昌國王阿黑
麻奏自祖以来常川差人赴
京進貢蒙
天朝重賞奴婢每感戴不盡如今
仍照比先年間舊例専差都
督卜答失力等進貢獅子一
項金錢豹一項騸馬九匹并

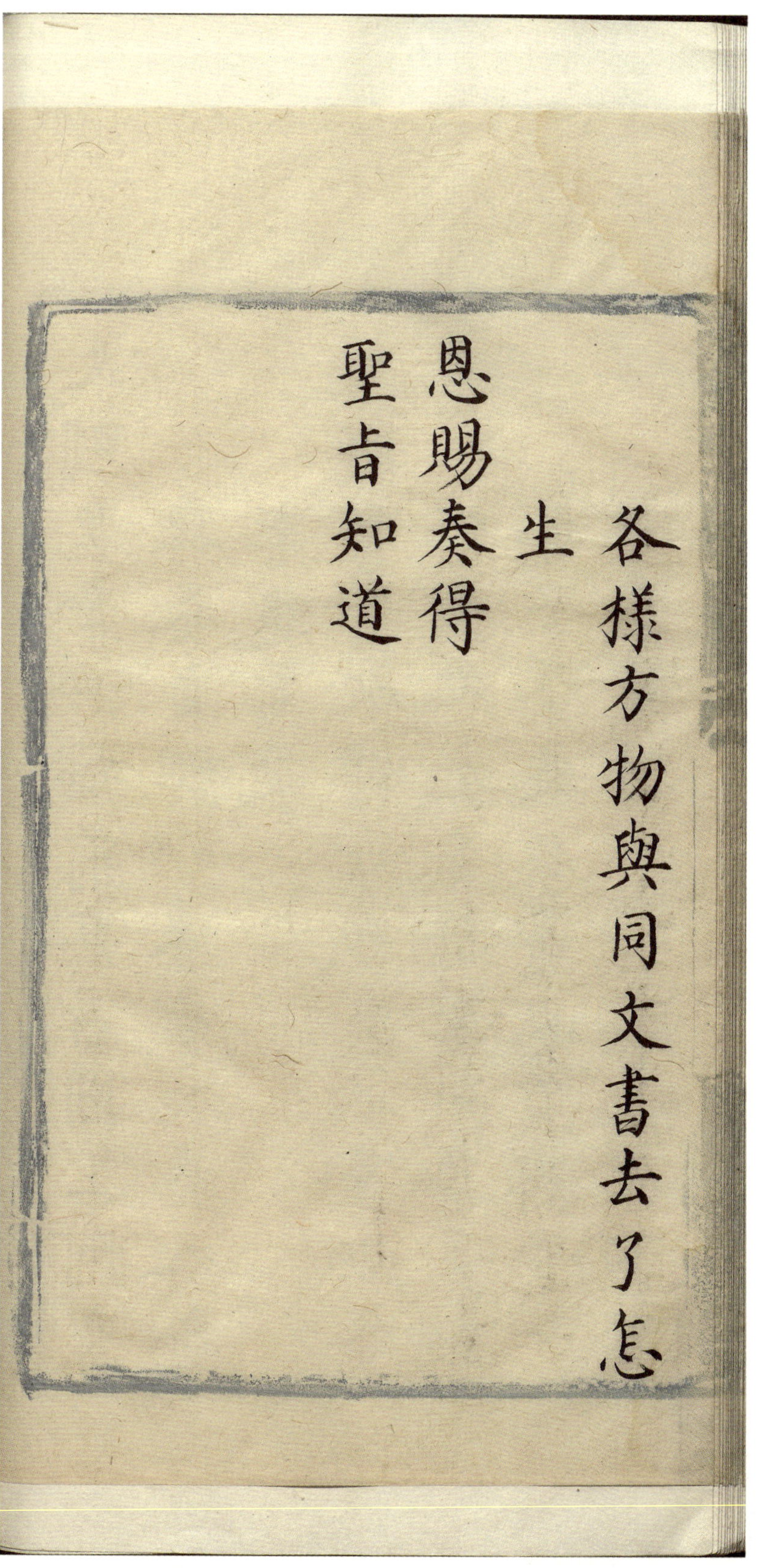
各樣方物與同文書去了怎
生
恩賜奏得
聖旨知道

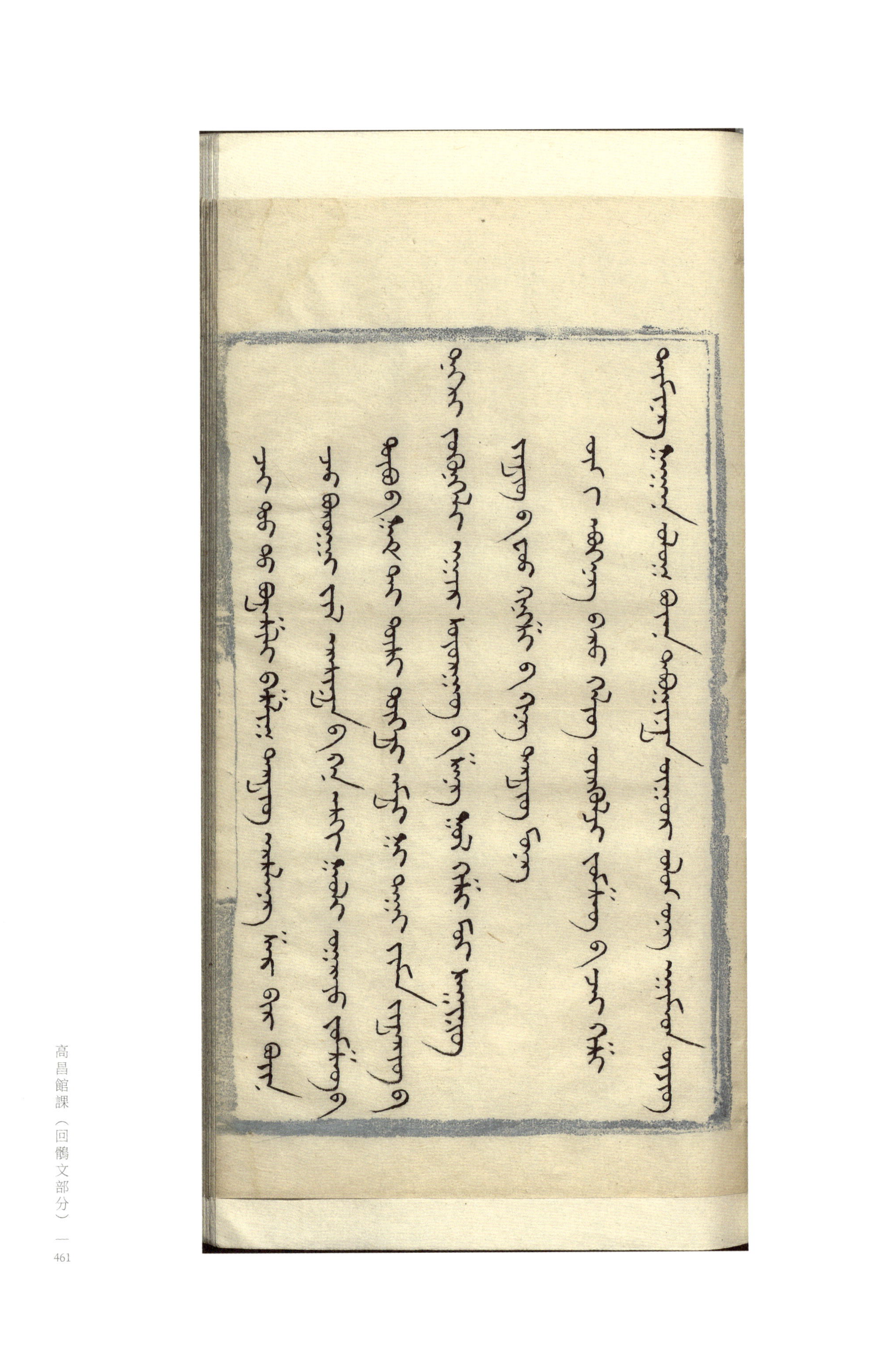

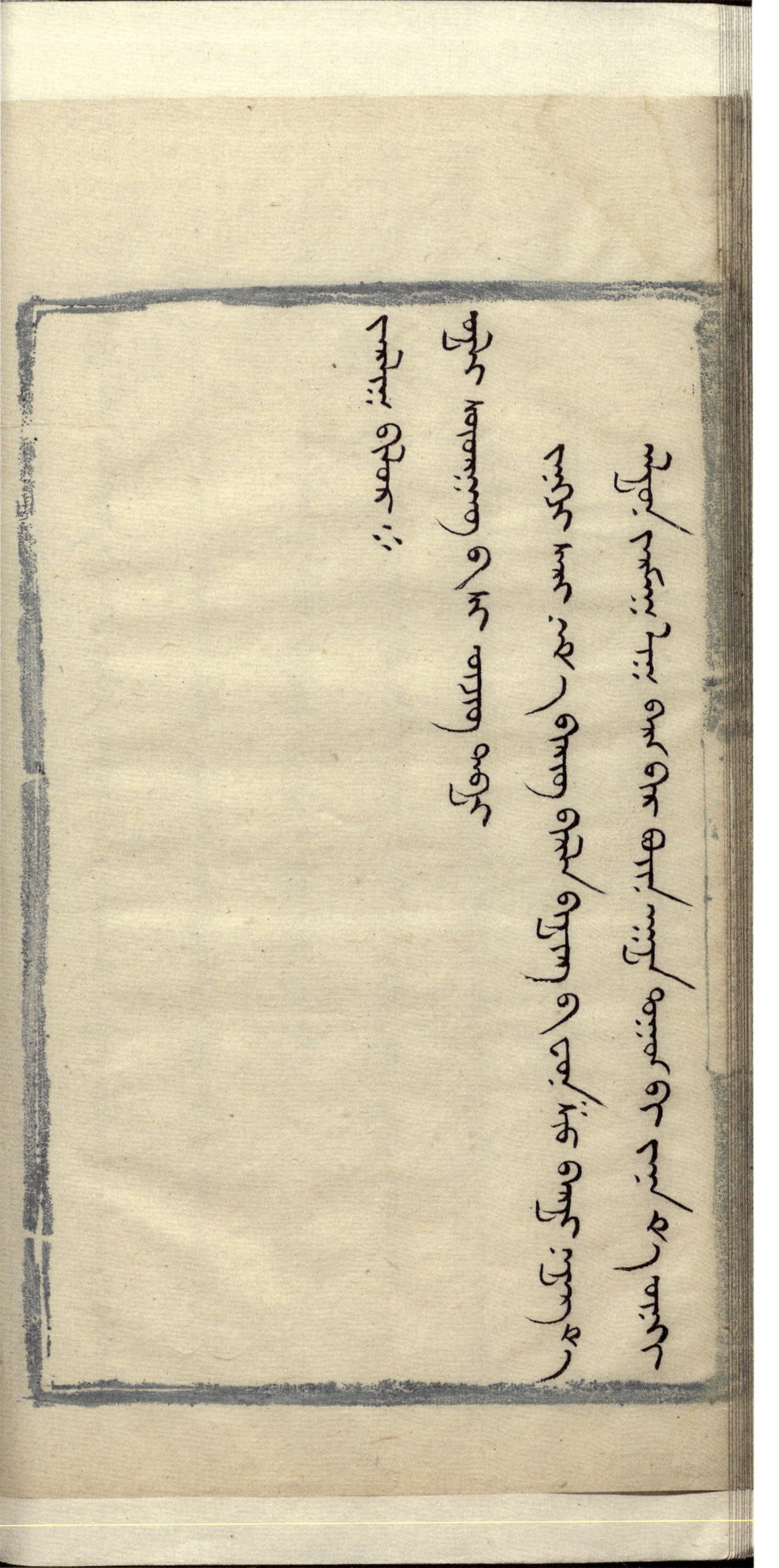

把丹沙地面真鉄木兒王奏
小奴婢遠居西域進貢不絶
近年以来賞賜都减少了如
今專差使臣都督昂克孛羅
等進貢馬匹方物去了就乞
討大紅織金蟒龍段子通袖
膝襴段子花素紵絲虎兒斑

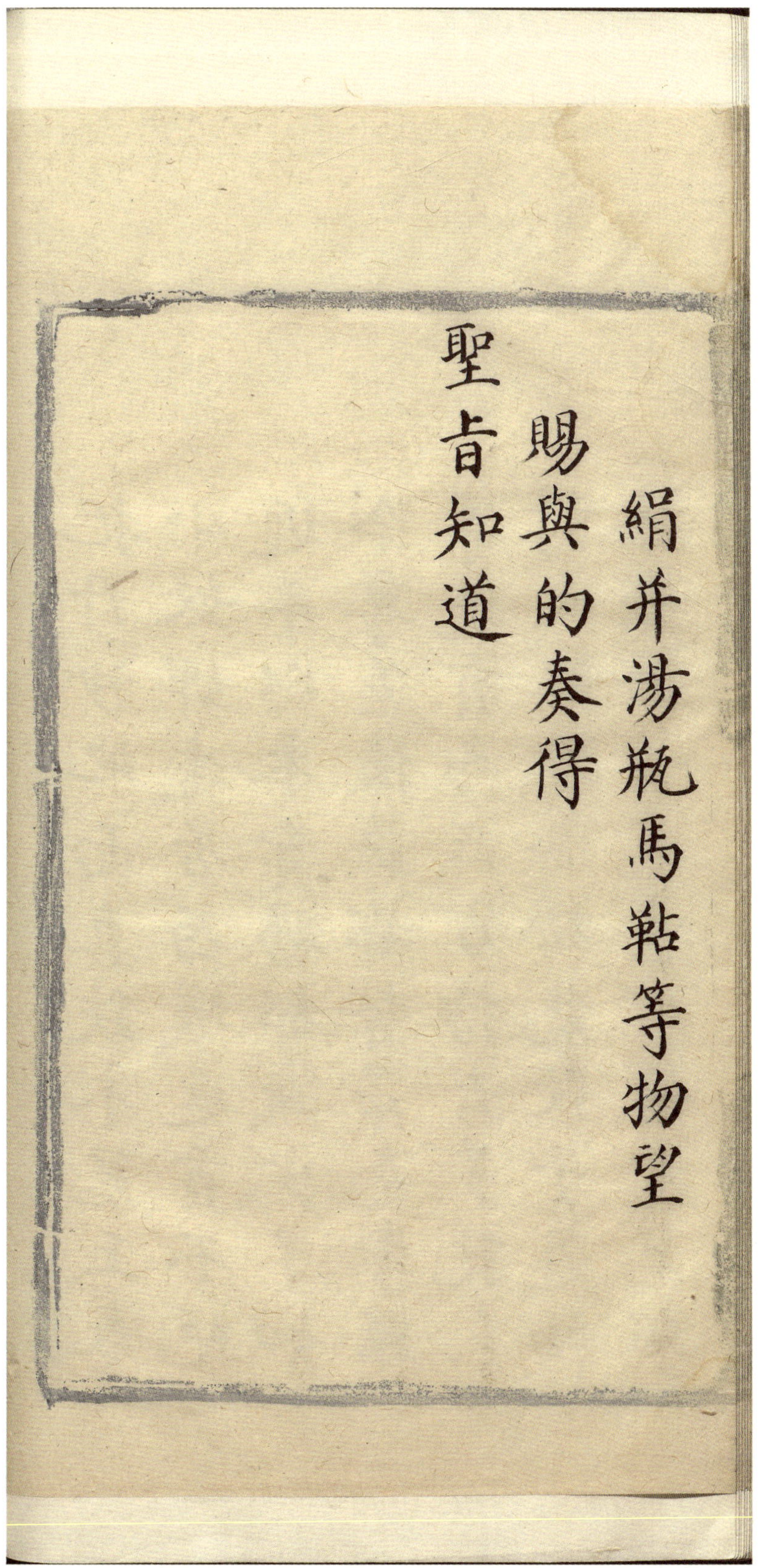

絹并湯瓶馬鞊等物望

賜與的奏得

聖旨知道

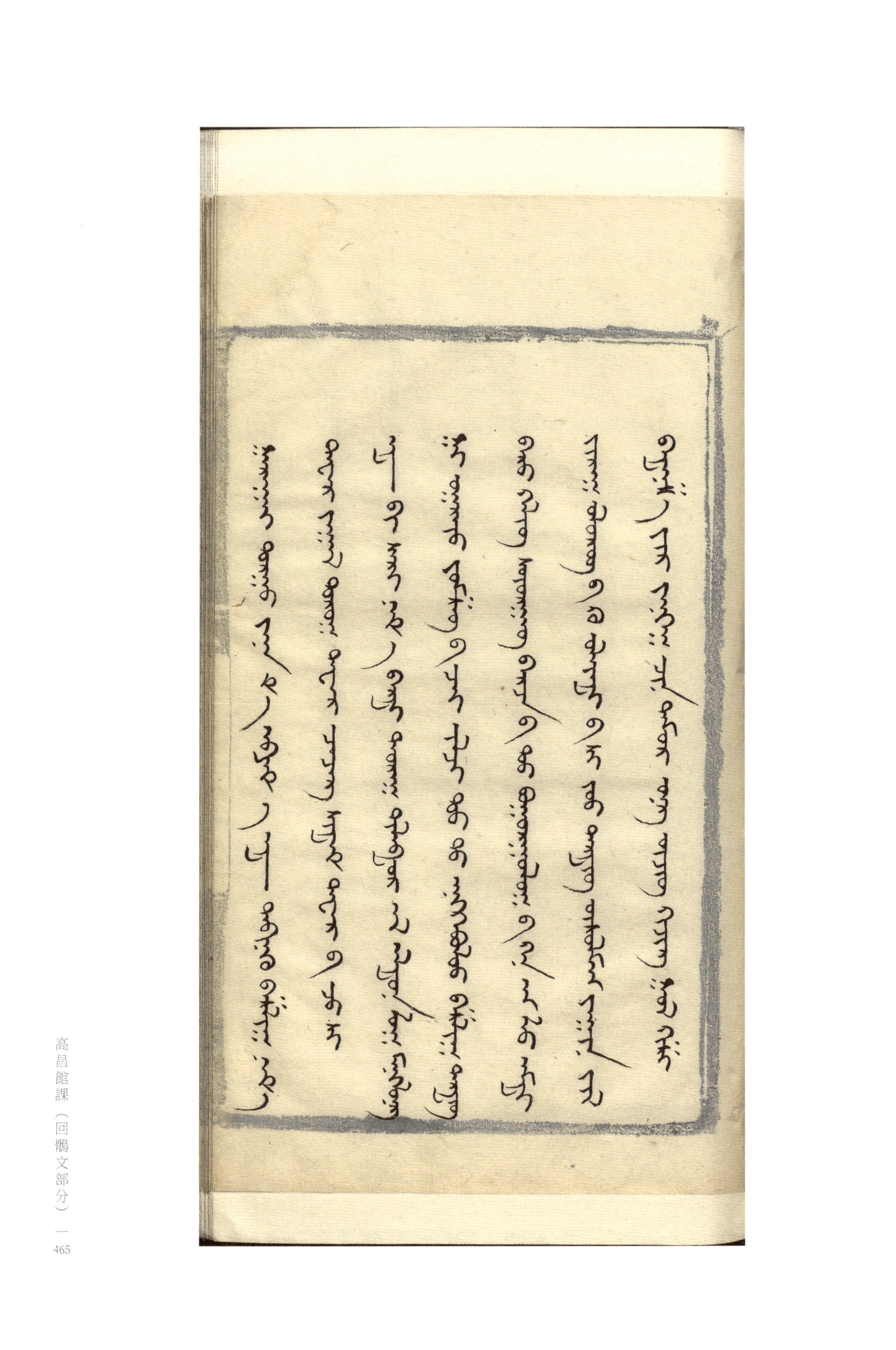

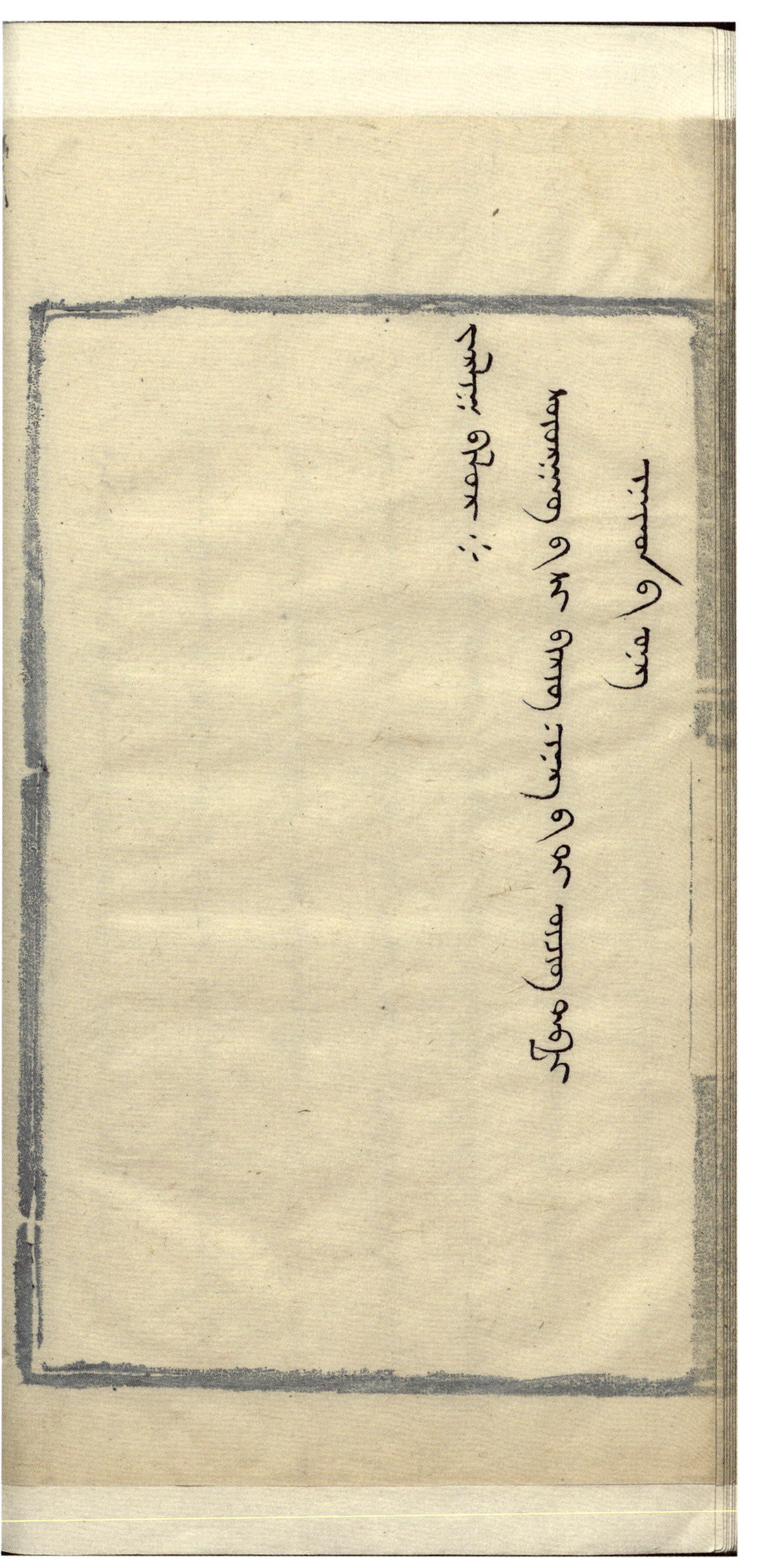

迤西地面乜也思王奏自比
先年間奴婢祖父在時曾差
人徃来進貢近年因地方艱
難不曾進貢如今仍照舊例
差頭目火只忽辛等進貢西
馬四匹鉄角皮五十條去了
望

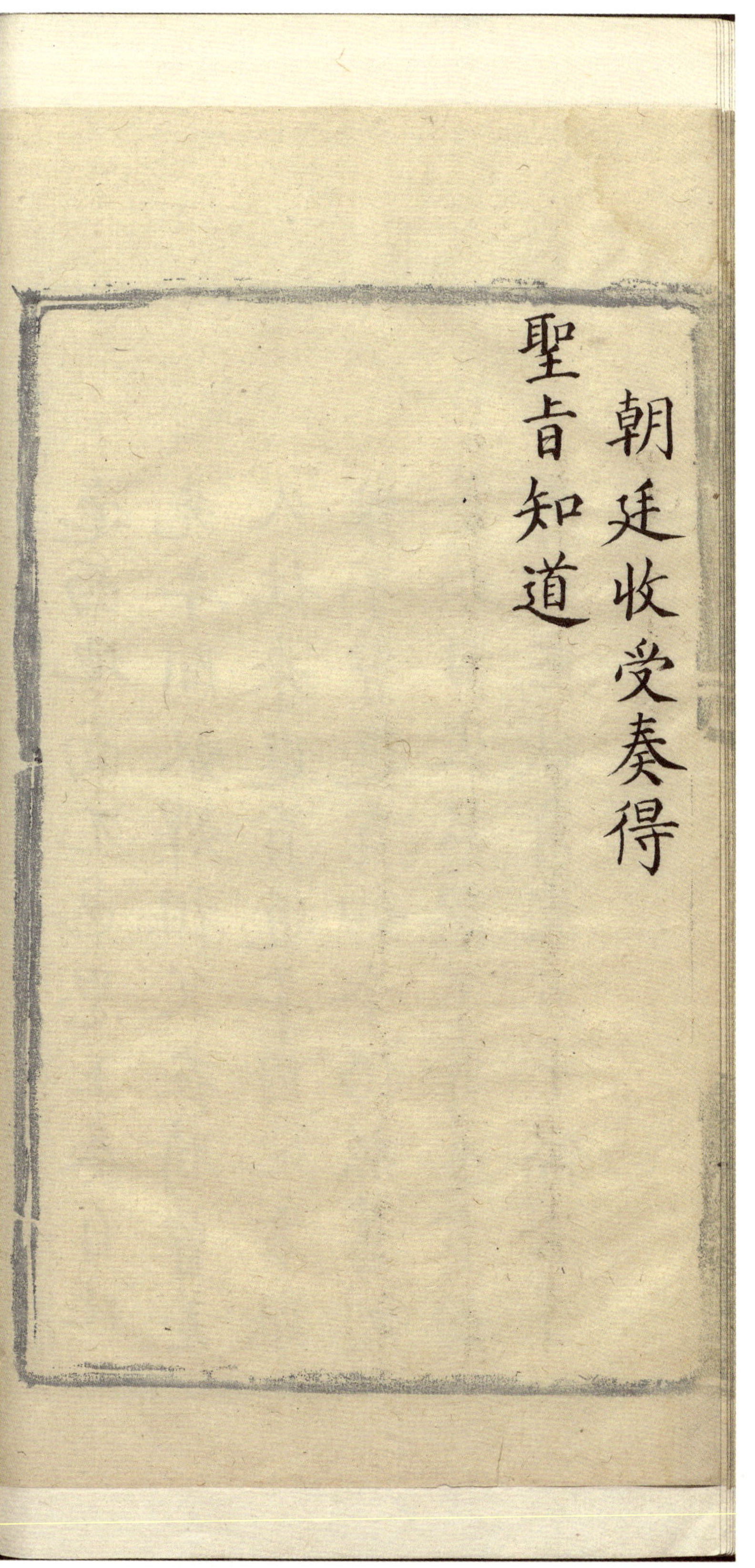
朝廷收受奏得
聖旨知道

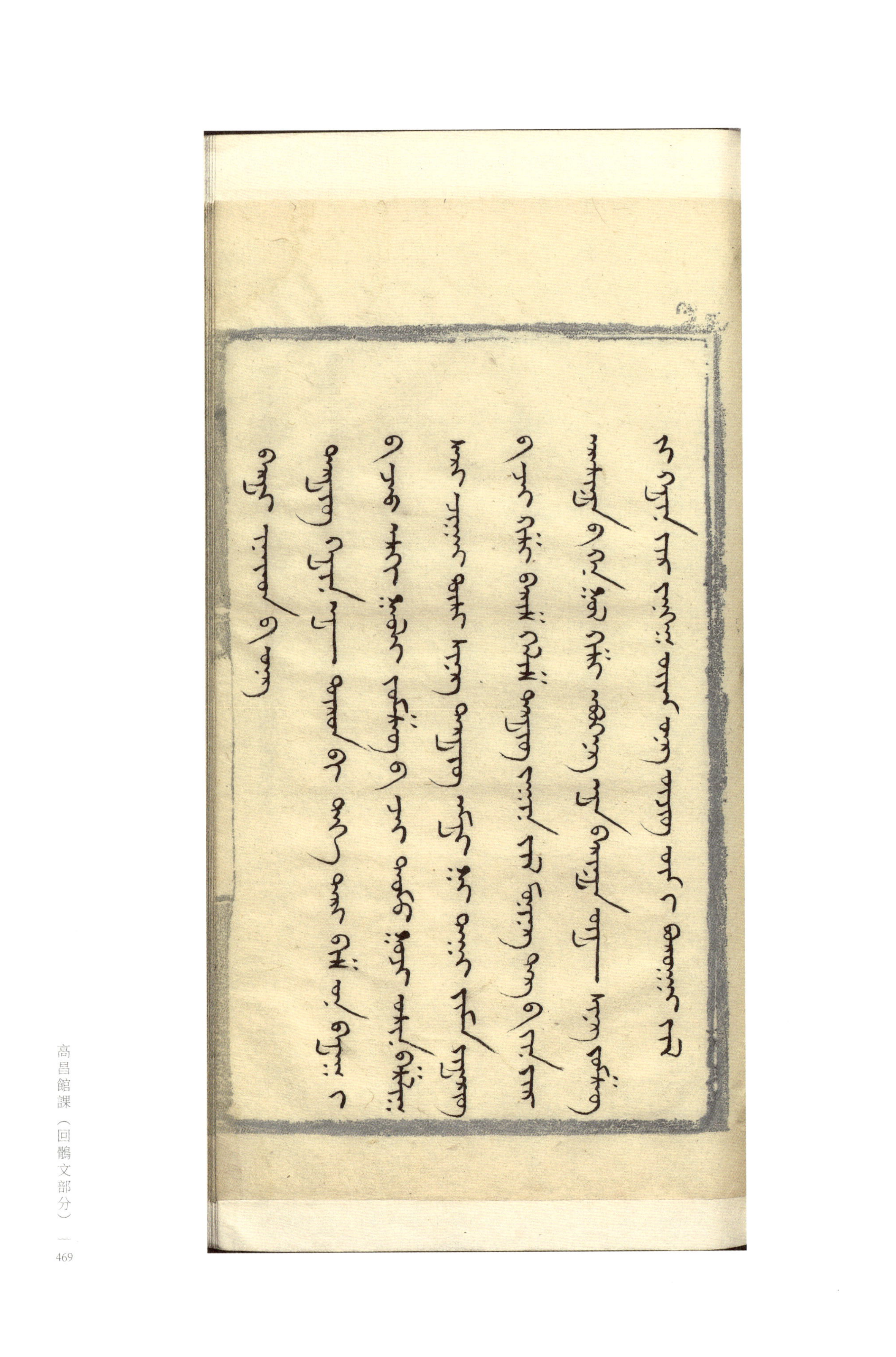

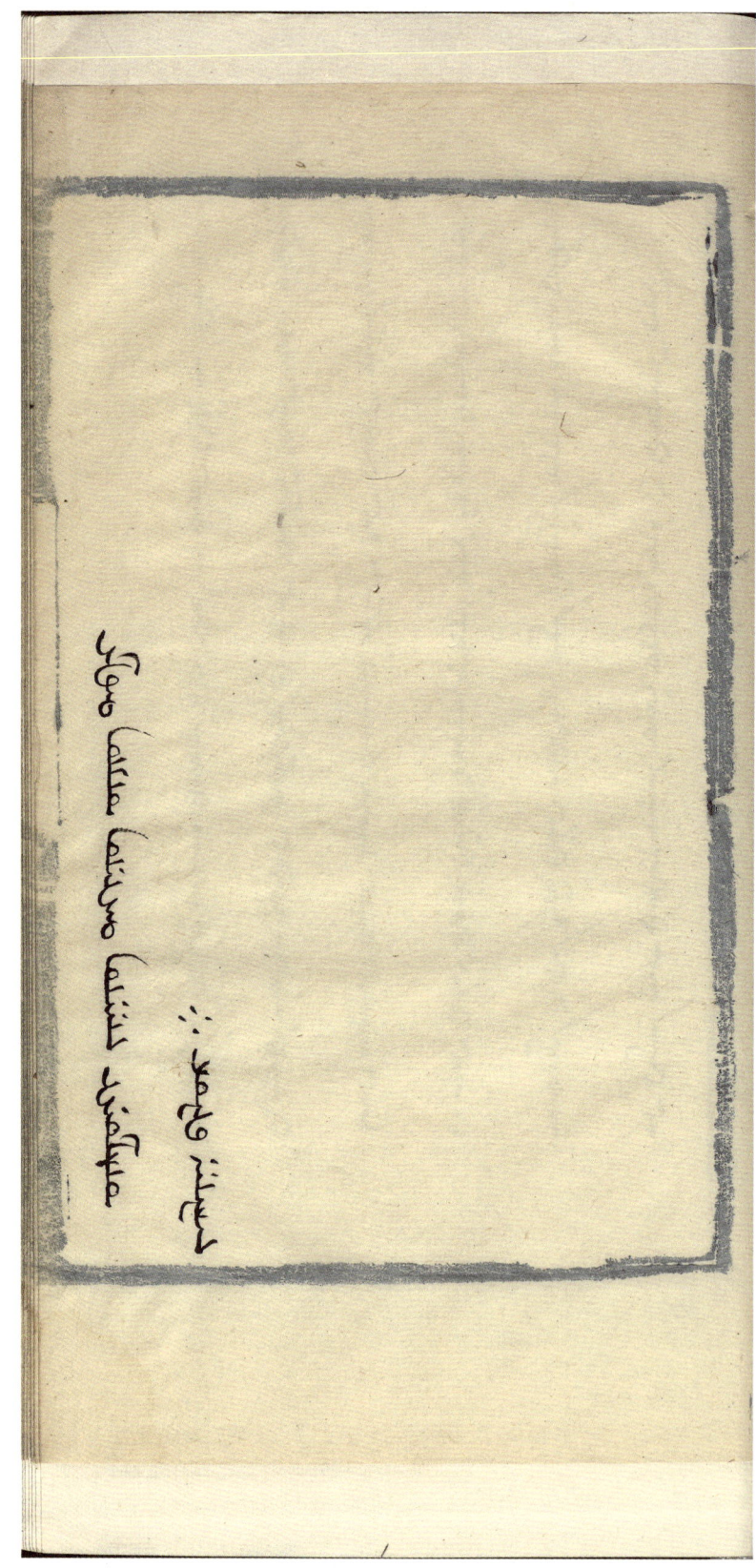

曲先地面馬黑麻王奏奴婢

遠居邊方與

朝廷効力多年至今未陞賞今

專差長男馬哈木進貢各様

方物赴

金闕前叩頭朝見去了伏望

天皇帝憐憫遠人多有功勞照例

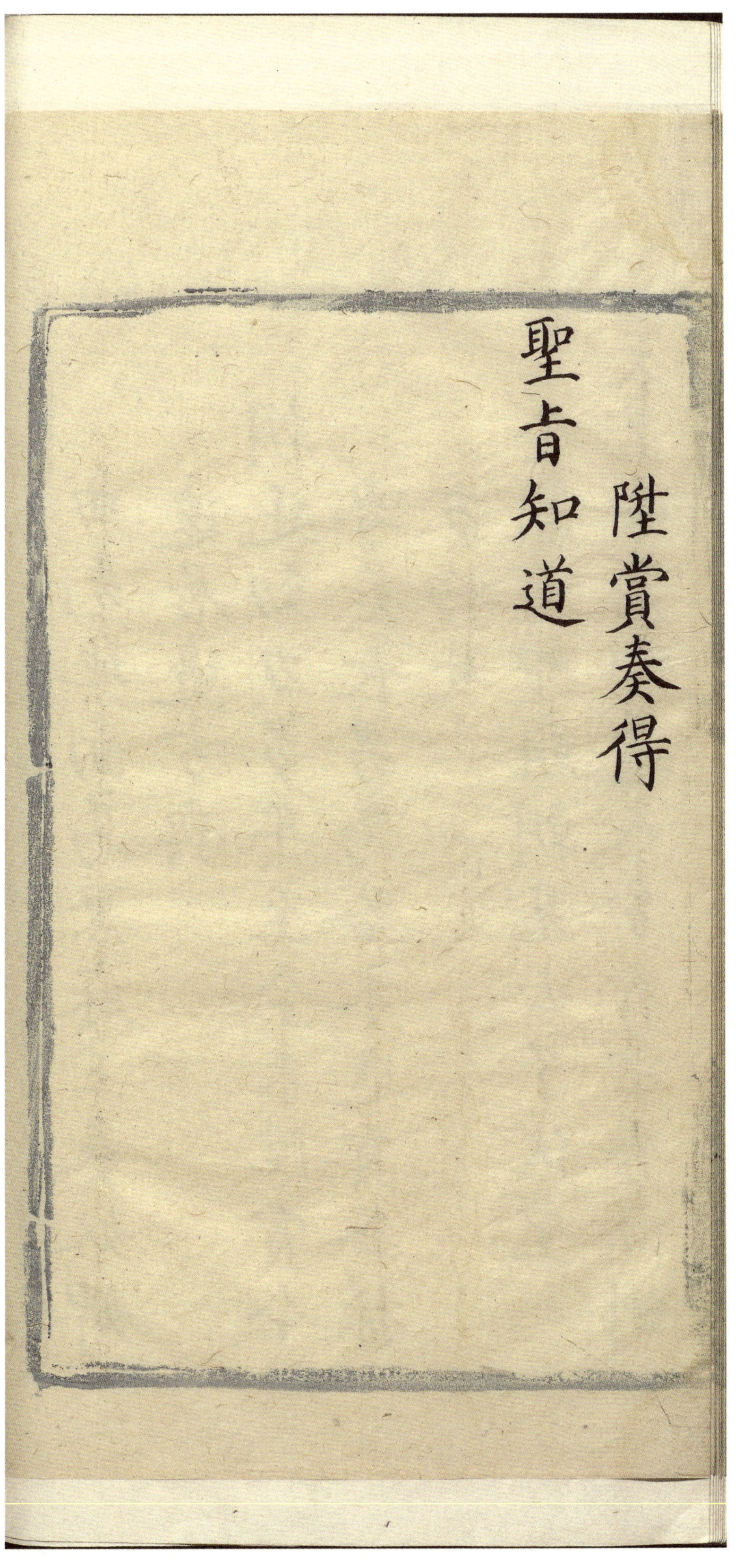
陞賞奏得
聖旨知道

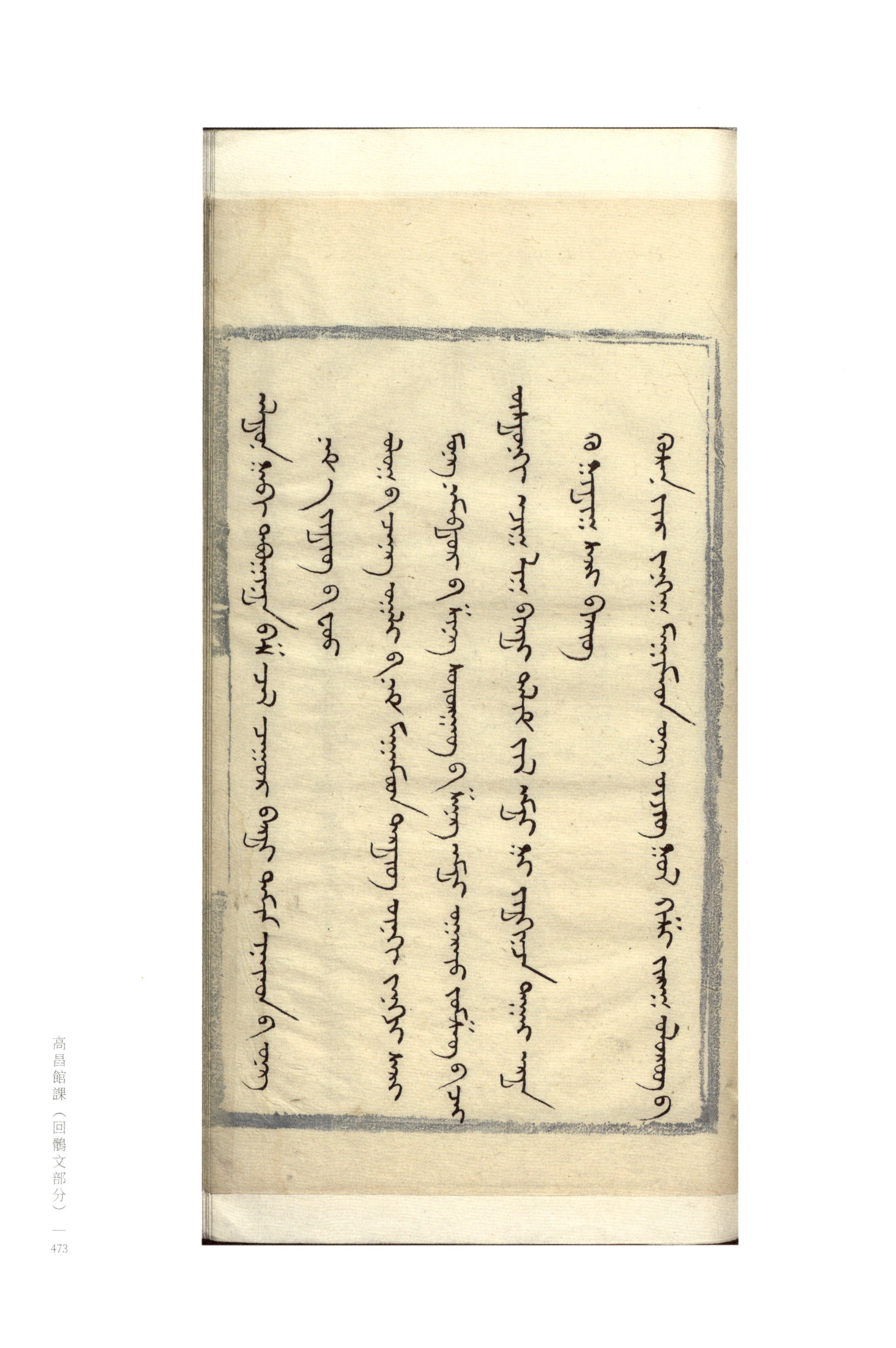

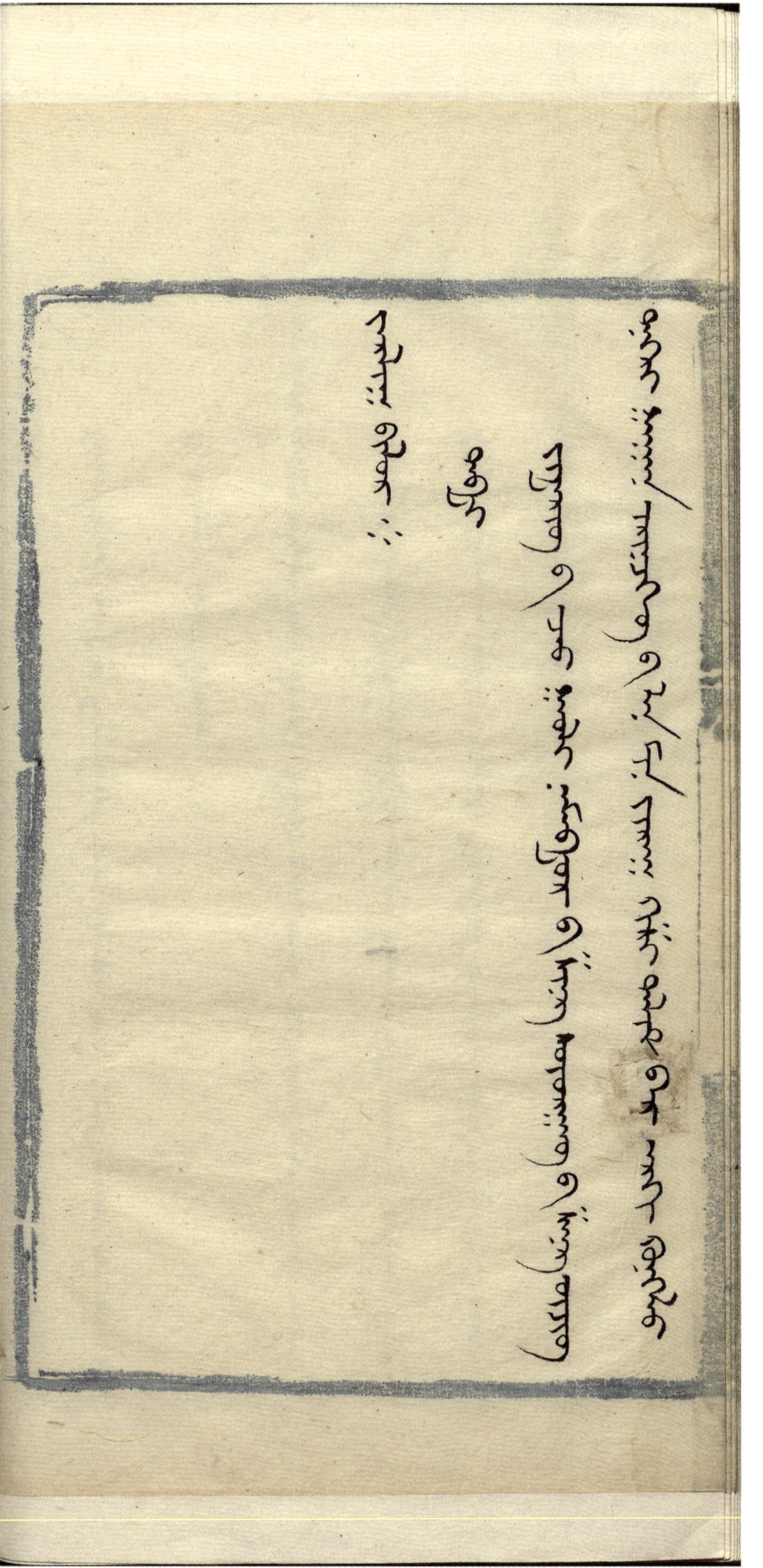

速壇阿力王說與都督罕慎
等今差你每去
天朝進貢途中經過衙門不許無
道理如違犯了理法定罪不
饒如今
天皇帝的法度遠近夷人皆都懼
怕因此說與你每知道

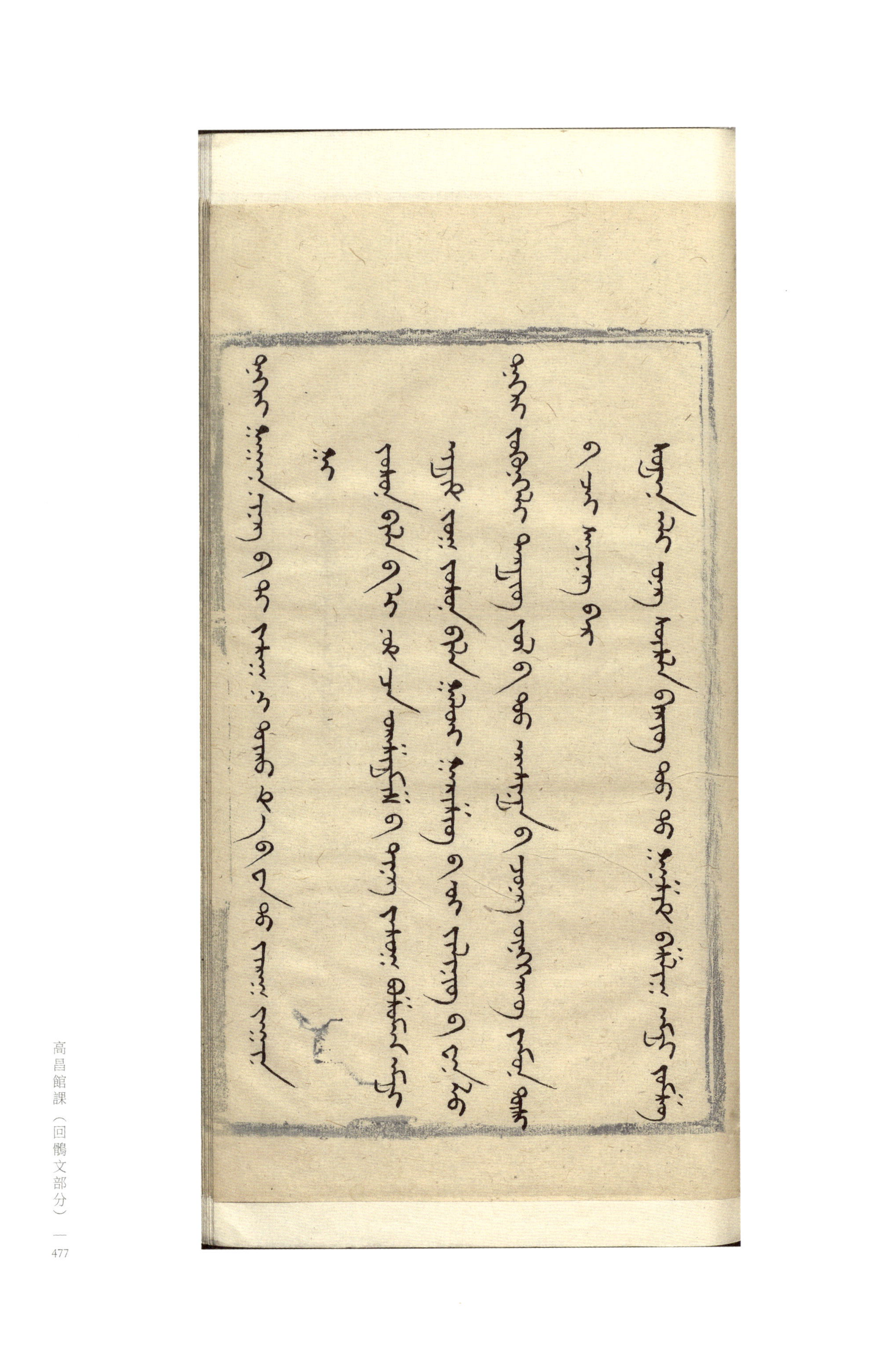

哈剌懷地面也先卜花王叩
頭奏今仰慕
朝廷好名聲特差頭目皮兒馬
哈麻等進貢珊瑚二枝瑪瑙
二塊番紅花五十斤硇砂二
十斤就乞討大紅織金胸背
叚子通袖膝襴叚子湯瓶馬

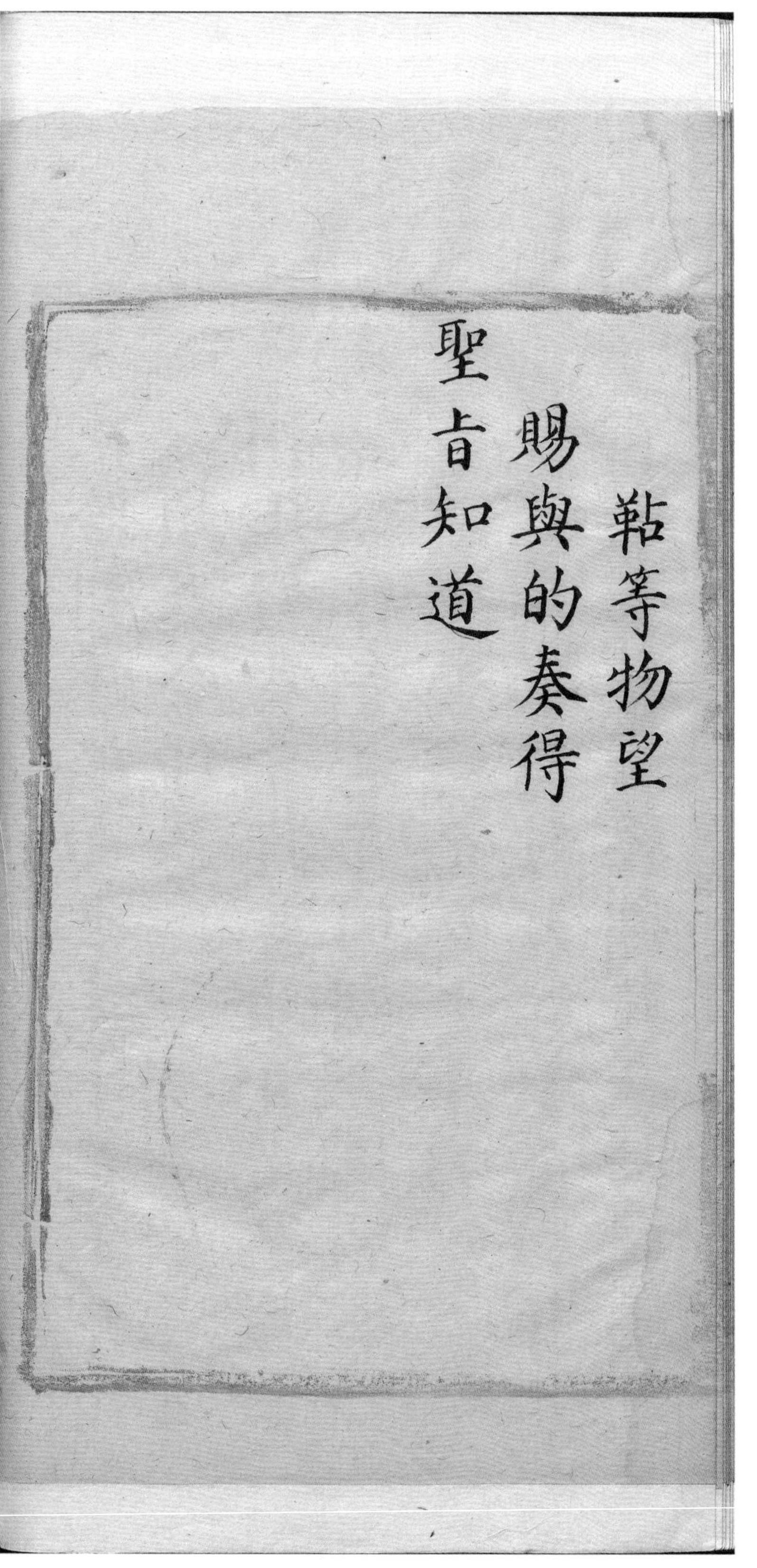
鞊等物望
賜與的奏得
聖旨知道

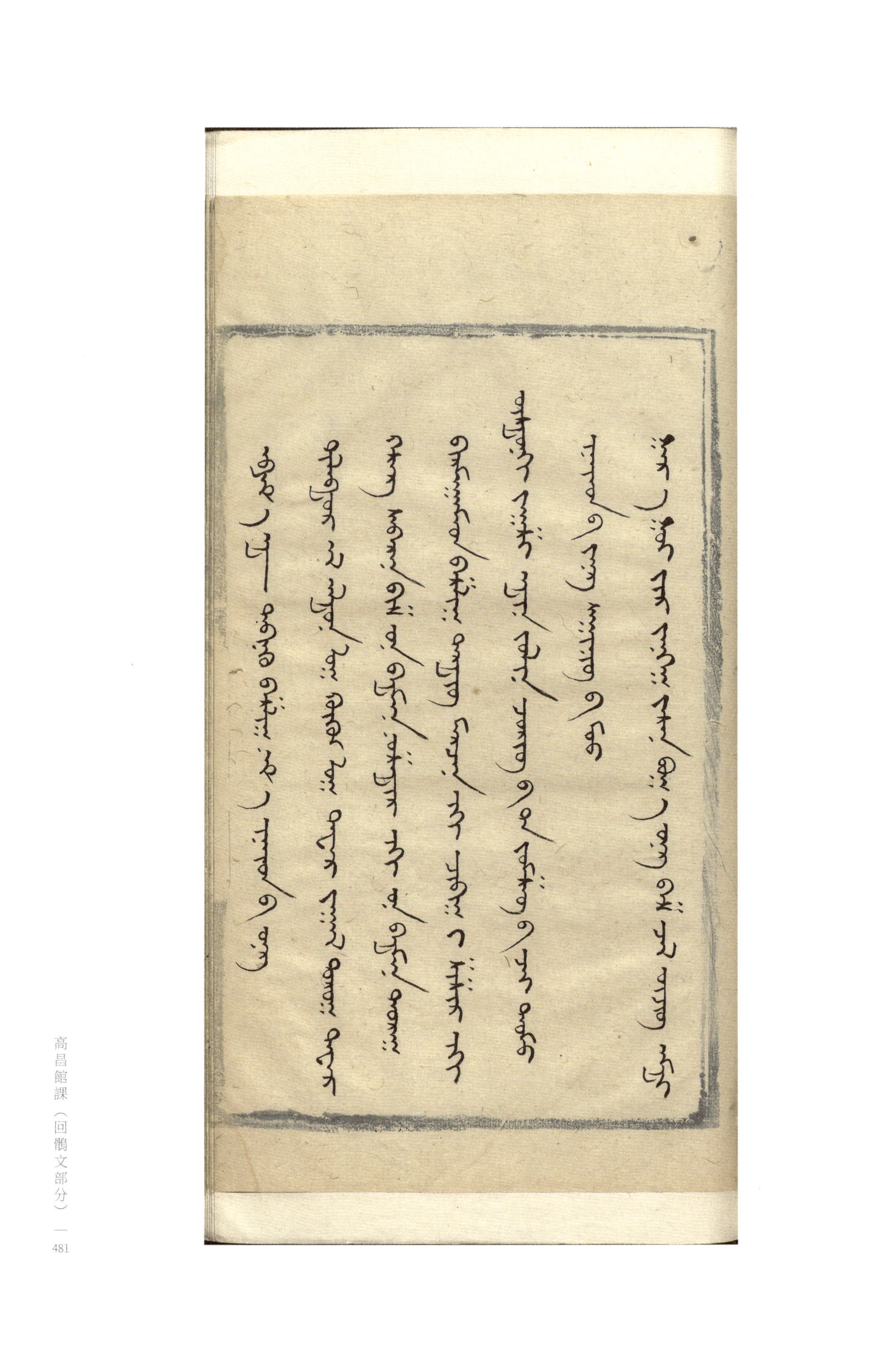

柳城地面指揮哈林叩頭奏
奴婢在邊効力年久未蒙重
賞如今進貢西馬二匹騸馬
六匹以表奴婢誠敬伏望
天皇帝主人憐憫遠人多有功勞
重重的賞賜使後人好効力
奏得

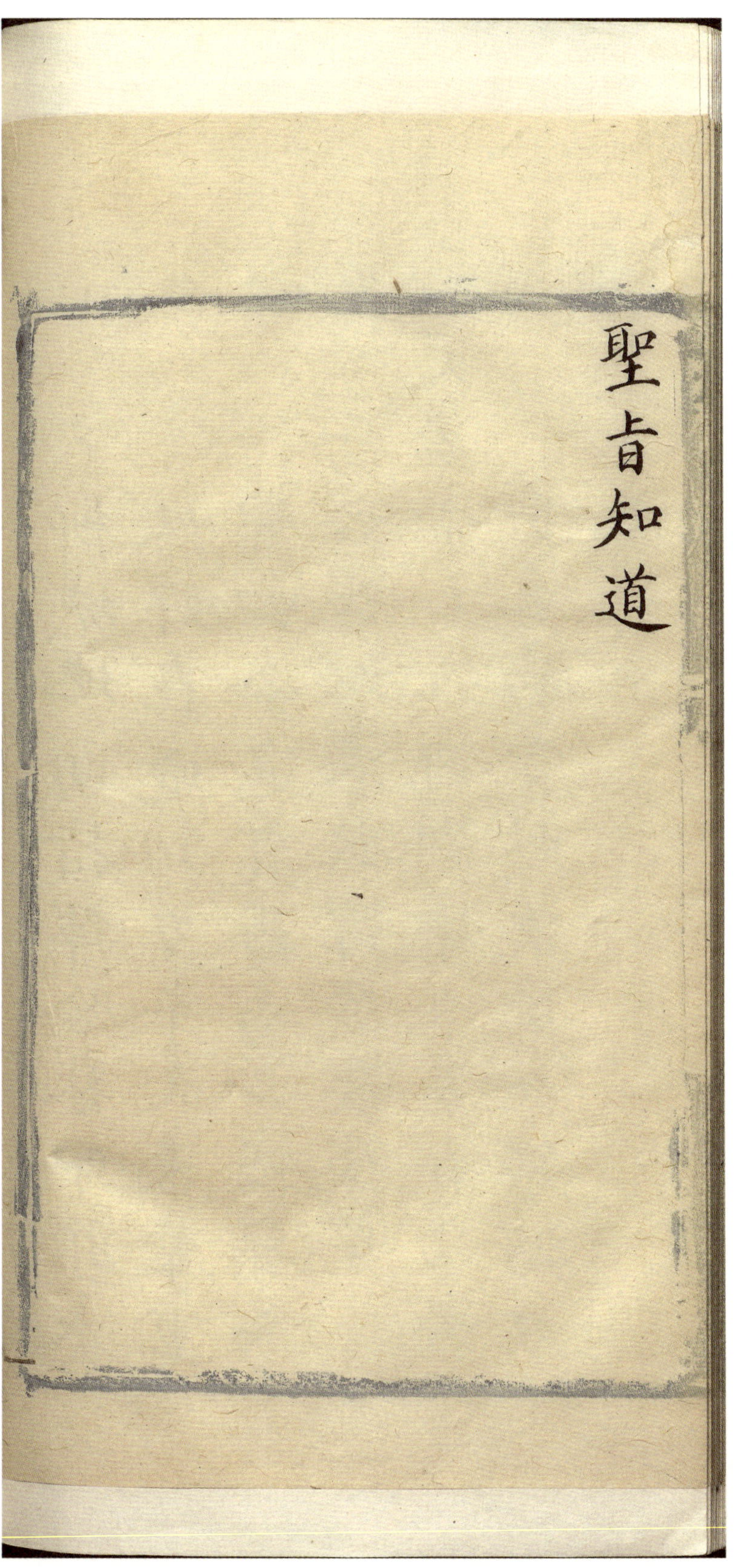
聖旨知道

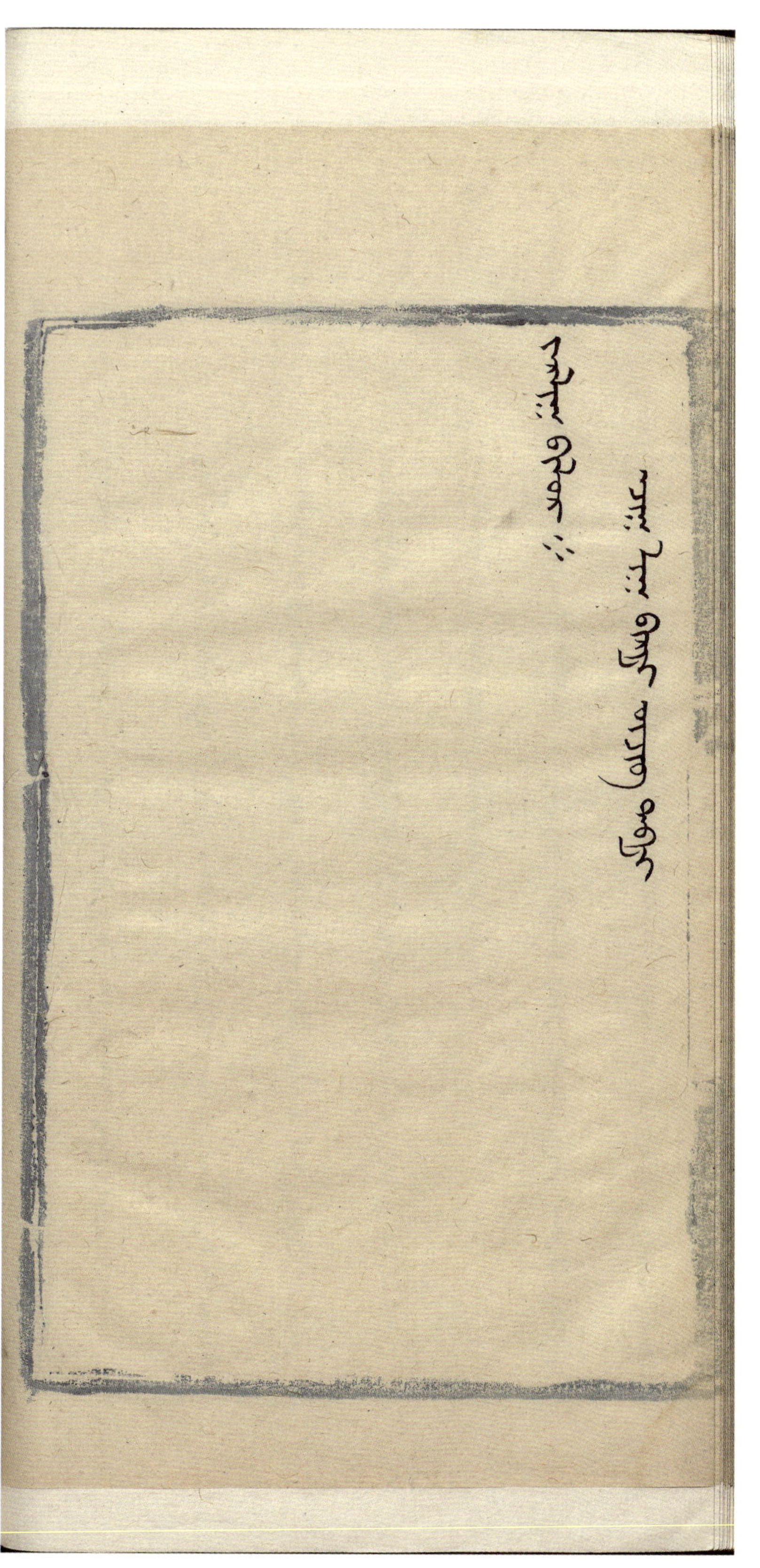

乜端地面指揮亦卜剌欣叩
頭奏奴婢是忠順王的頭目
常往来進貢途中多受勞苦
如今地方艱難仰望
天皇帝憐憫賞賜些叚絹物件奴
婢每好往来進貢怎生
恩賜奏得

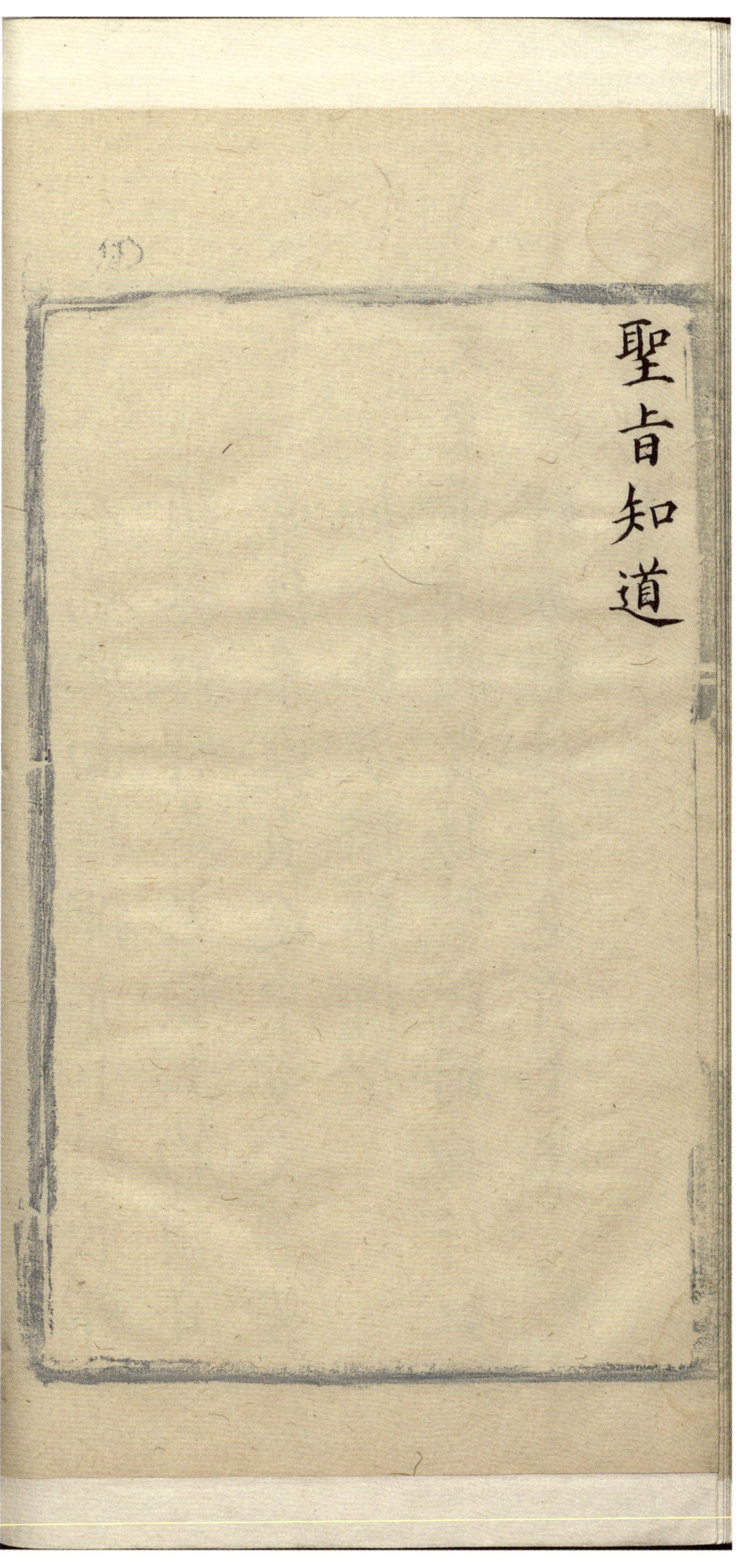
聖旨知道

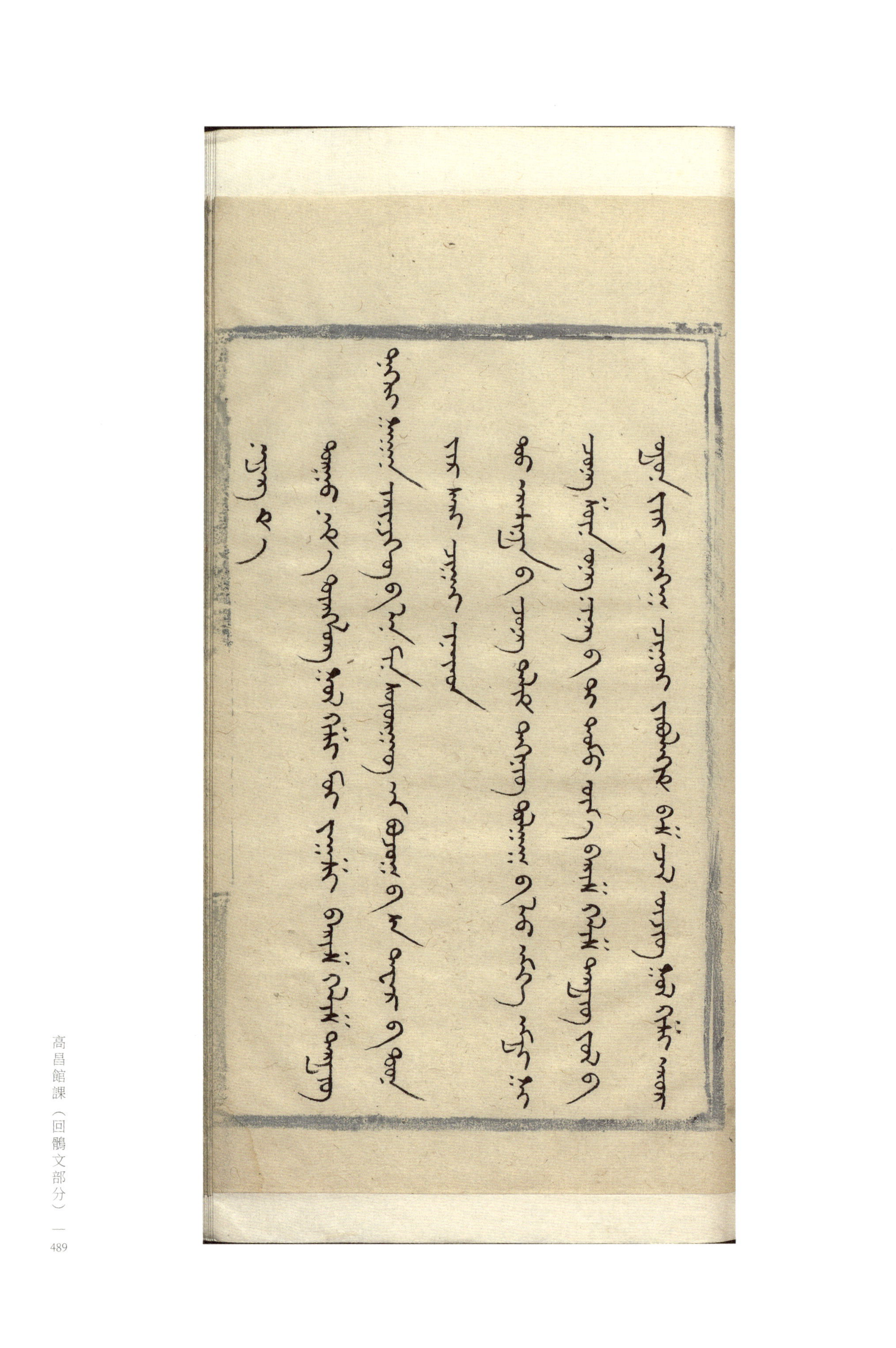

剌术地面鎮撫阿思蠻叩頭

奏奴婢每仰賴

天皇帝主人洪福夷衆快樂地方

安穩今進貢阿魯骨馬二匹

哈剌虎剌一項花豹一項鑌

鐵腰刀二把金鋼鑽一百塊

與同文書去了不敢乞討賞

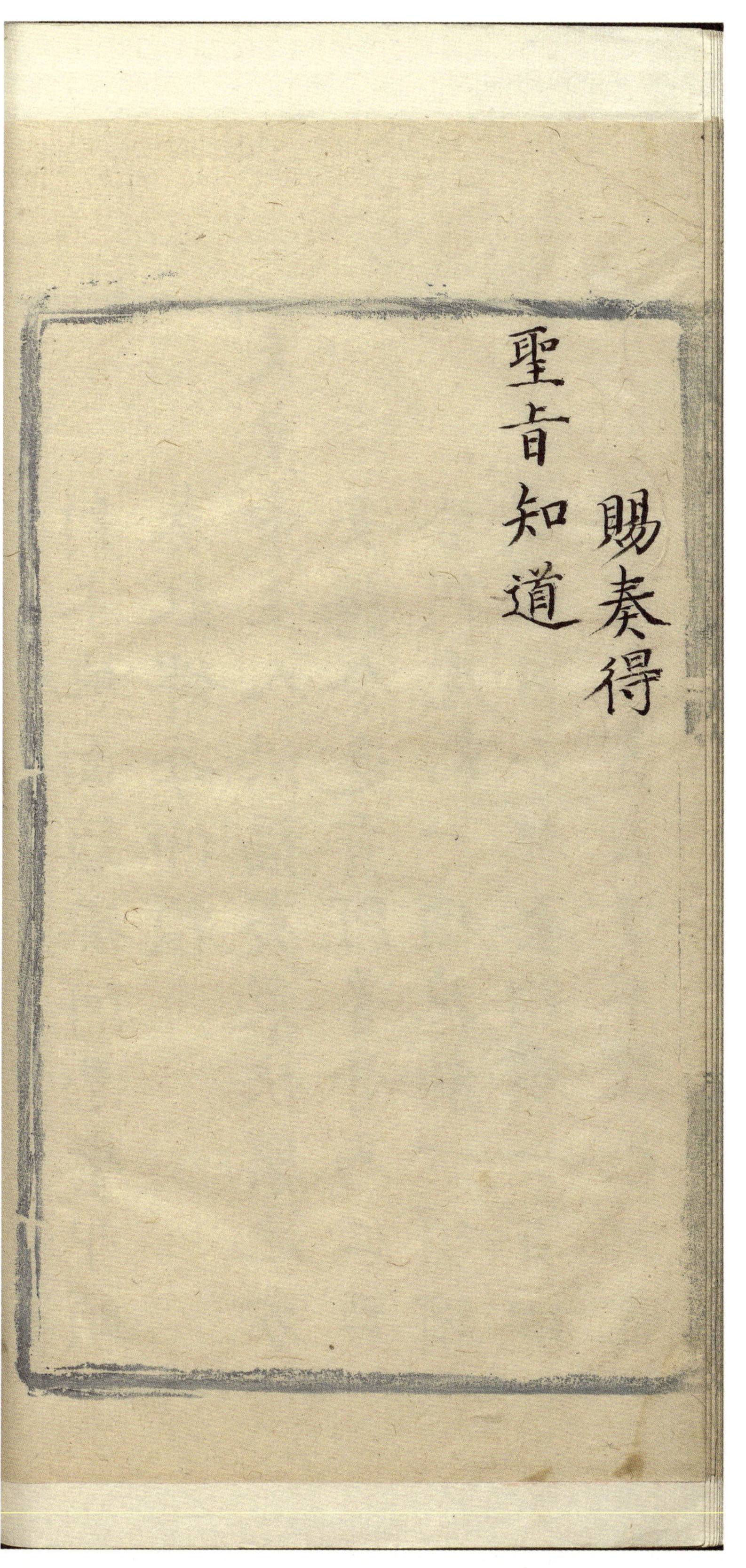
賜奏得
聖旨知道

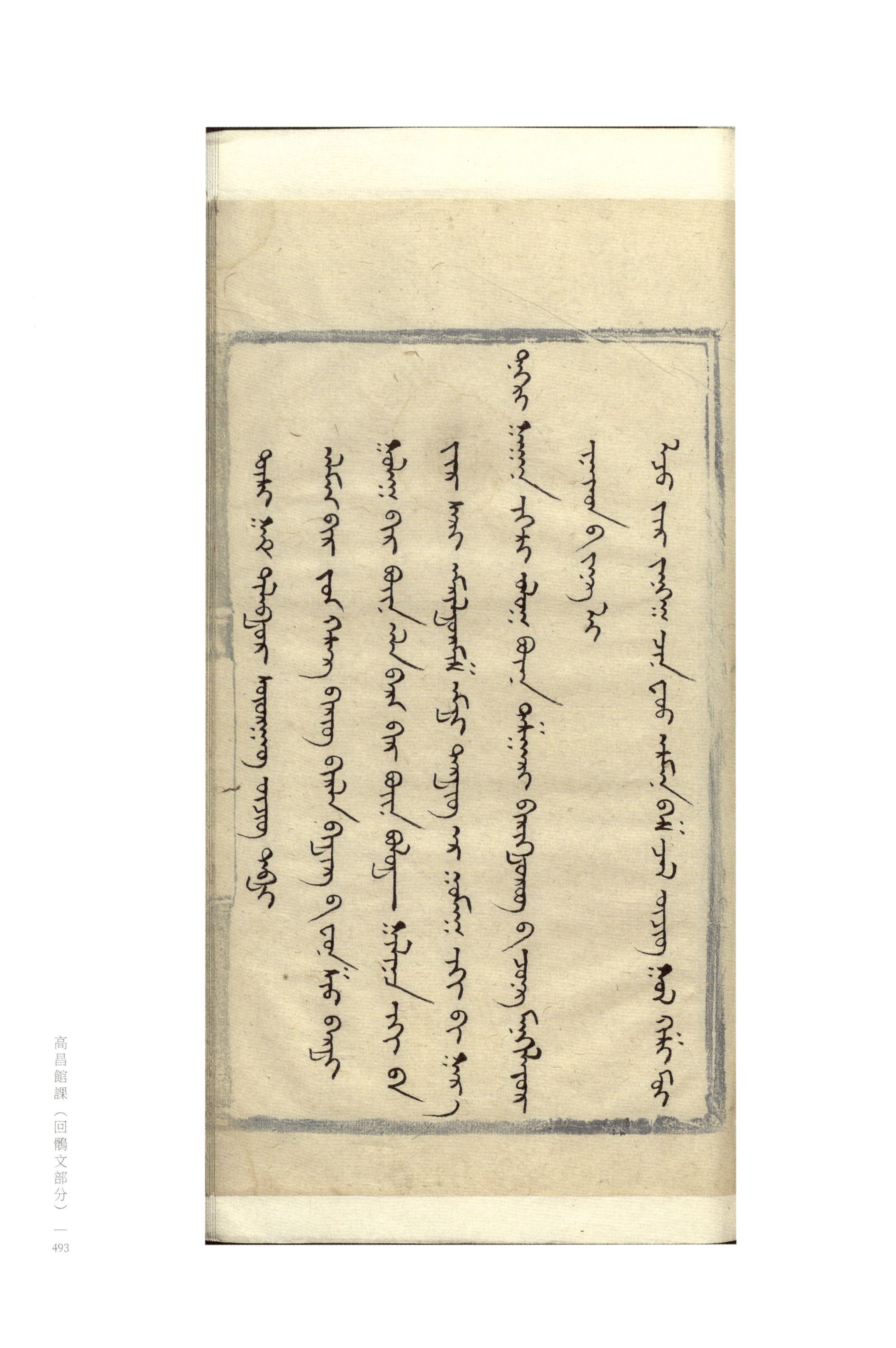

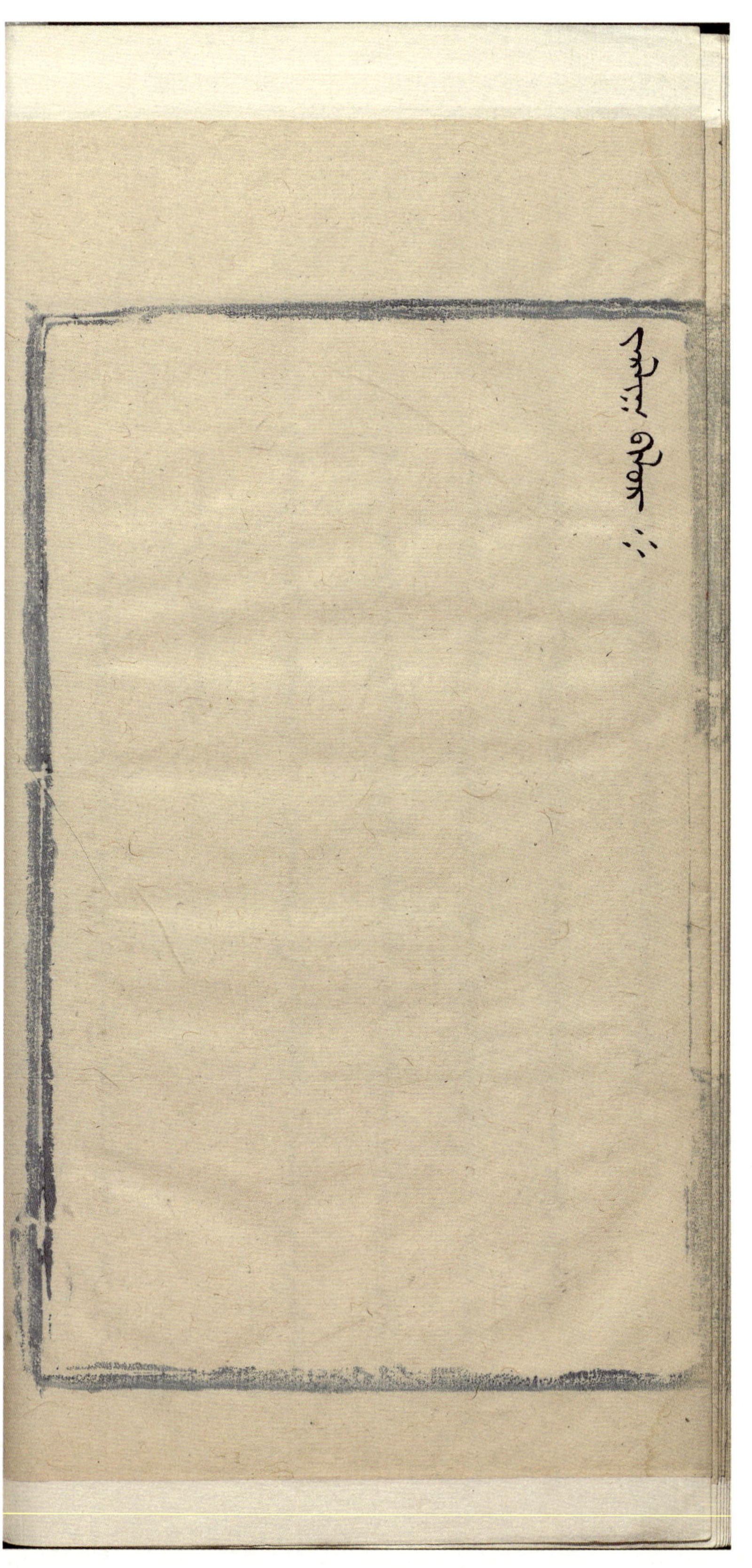

火州地面千户亦思麻因叩
頭奏奴婢是安定衛所管的
頭目在邊効力年久未蒙陞
賞羊兒年土魯番搶掠也曾
効力仰望
天皇帝憐憫照例加陞都指揮職
事奴婢在邊好用心補報今

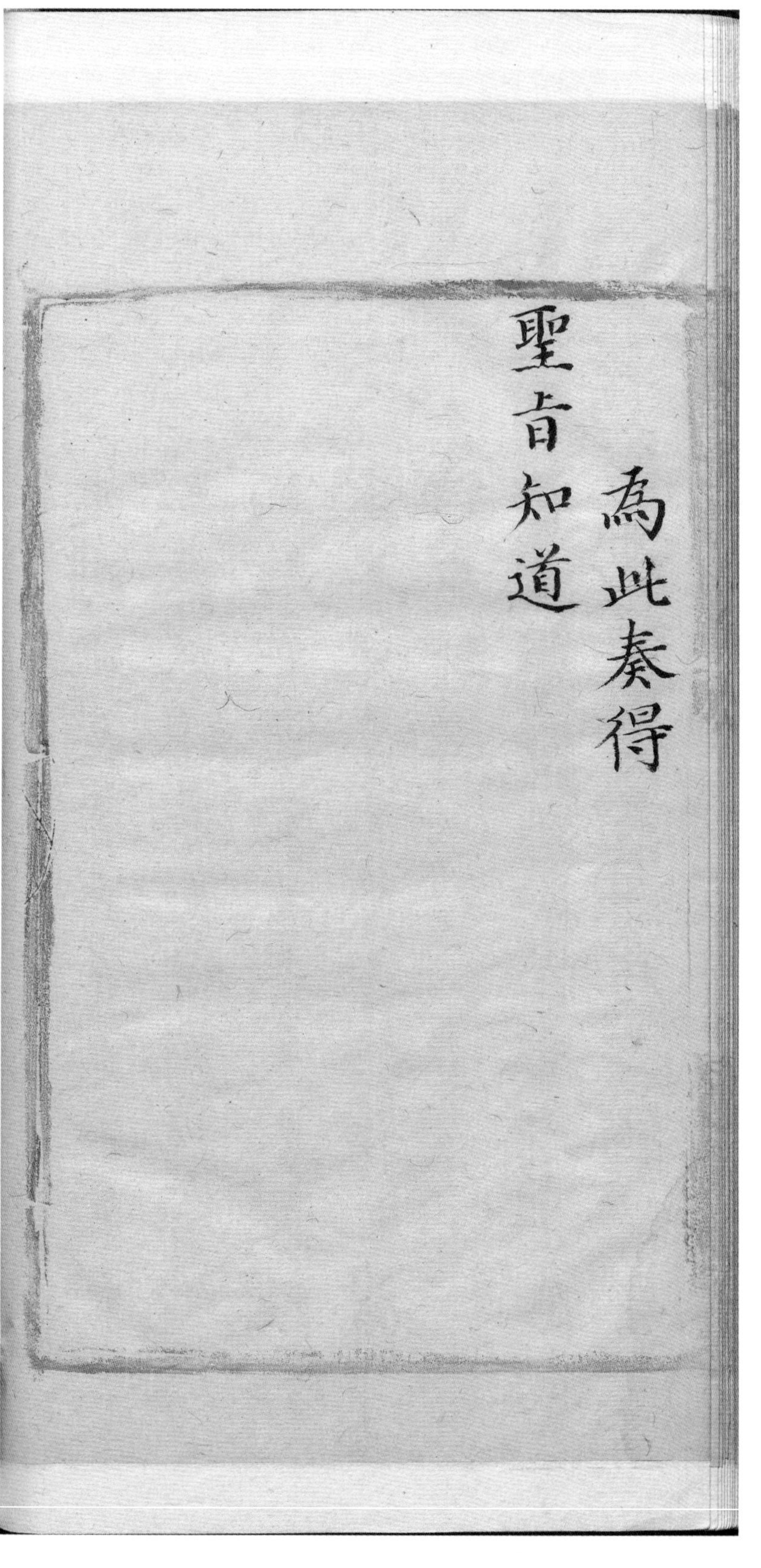
爲此奏得
聖旨知道

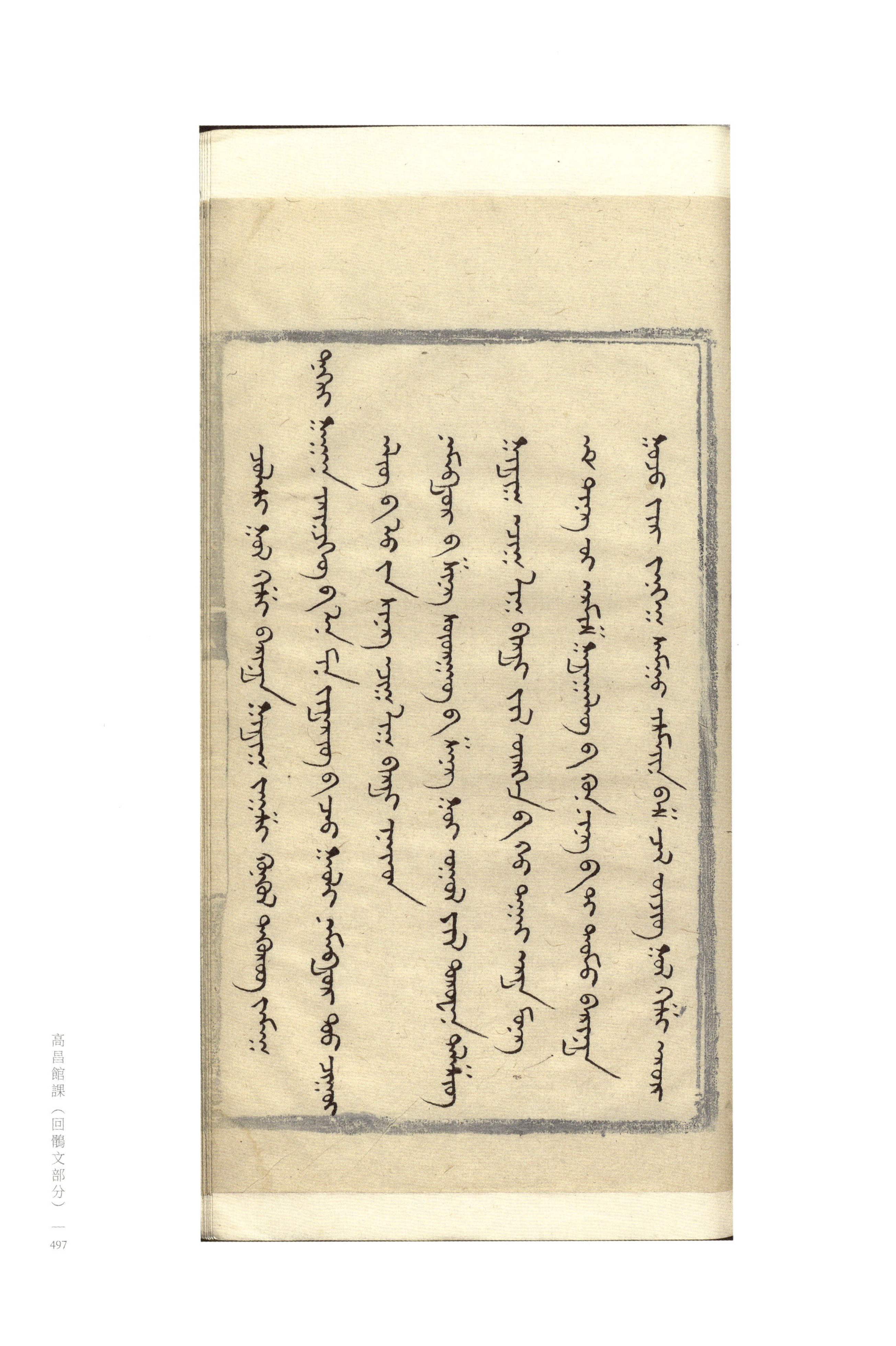

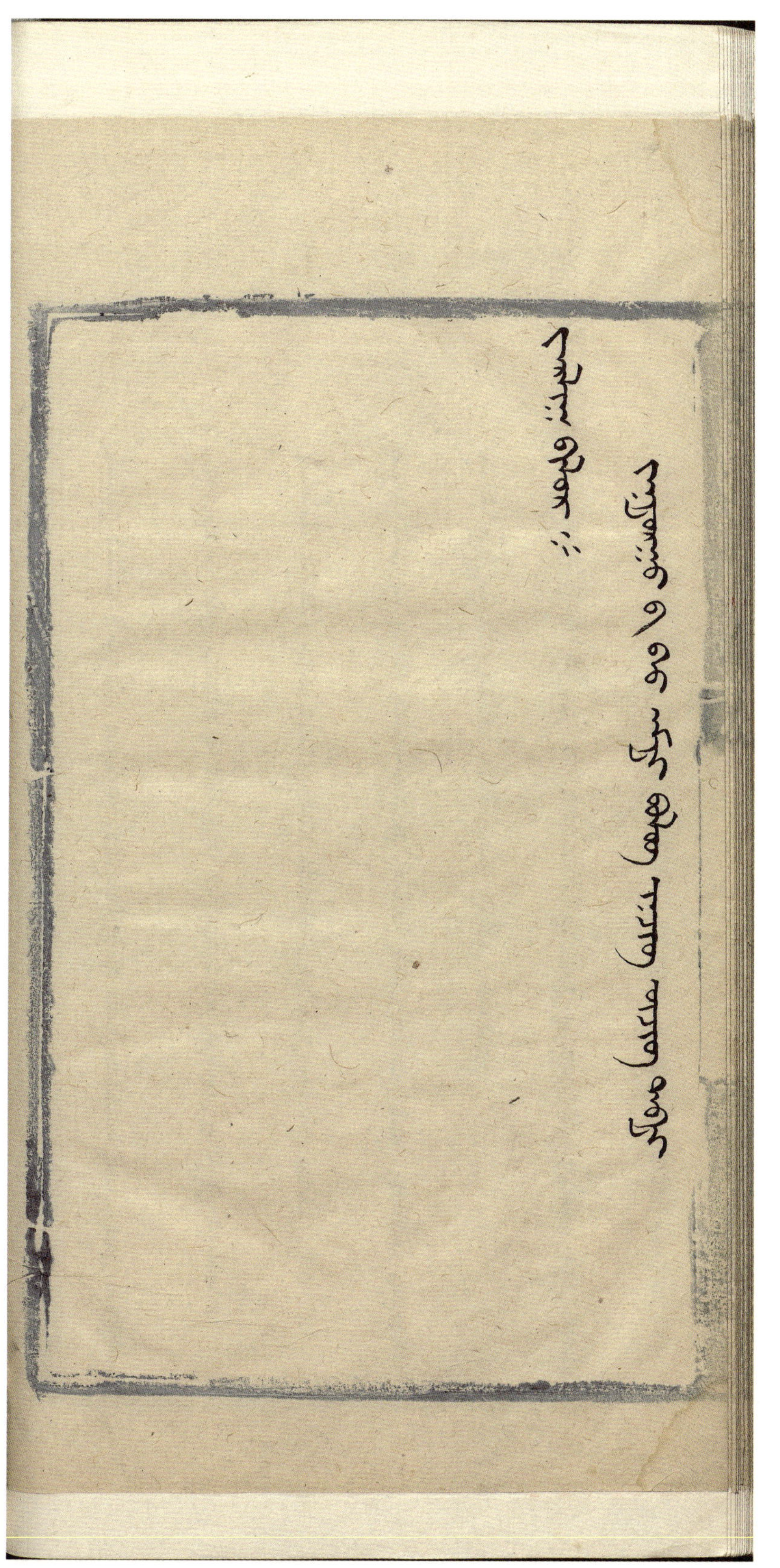

高昌地面馬黑麻王奏為進
貢事奴婢祖父在時往来進
貢不絕如今仍照舊例專差
使臣都督昂克孛羅等進貢
大西馬十匹花豹一項珊瑚
四枝瑪瑙二塊并各樣方物
去了怎生

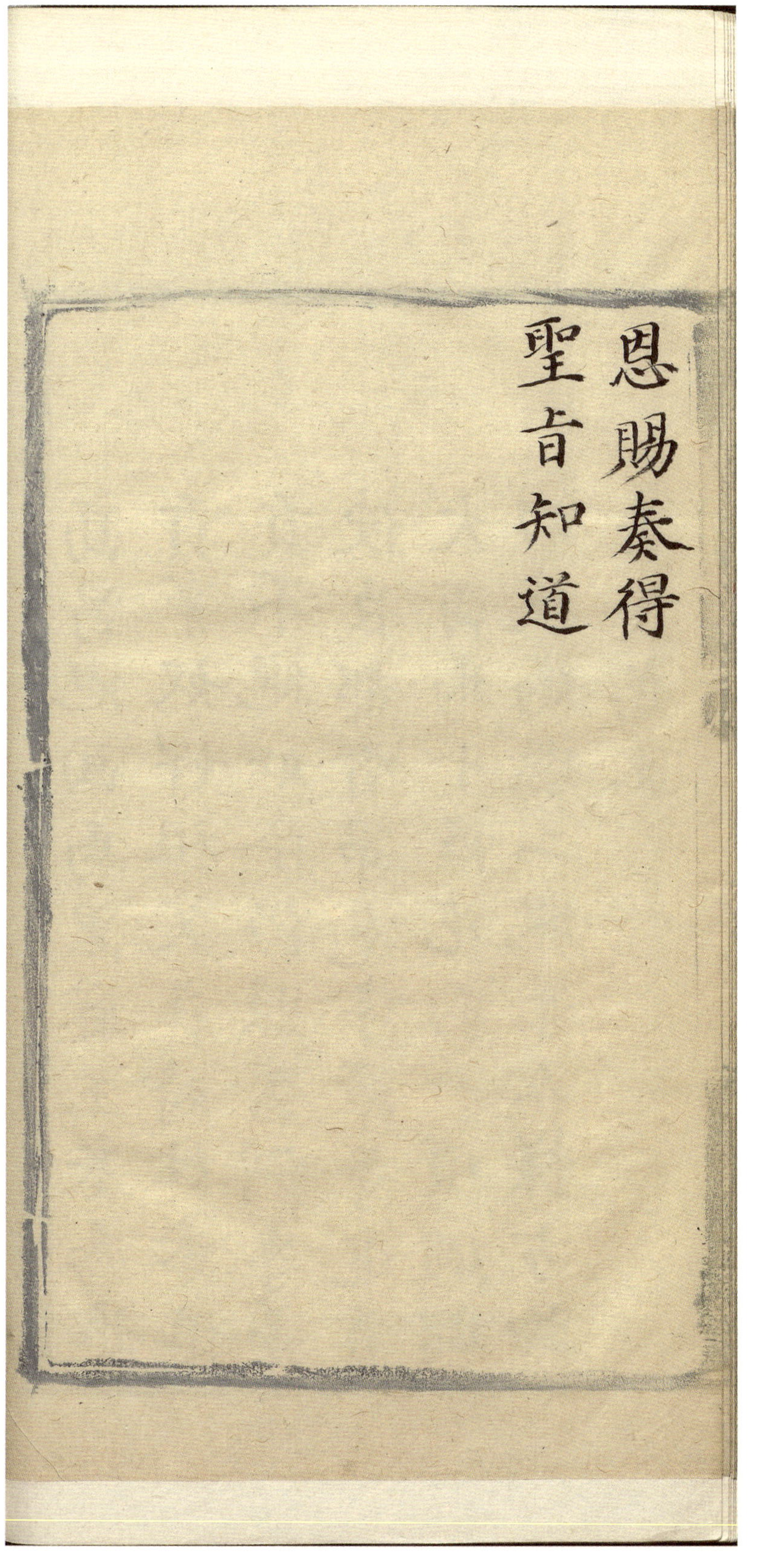
恩賜奏得
聖旨知道

哈密地面羽奴思王奏奴婢
遠居邊方蒙
朝廷厚恩至今感戴不盡專差
使臣參政象加失里等進貢
金鋼鑽一百塊鑌鐵腰刀四
把銀鼠皮五十張騸馬六匹
去了伏望

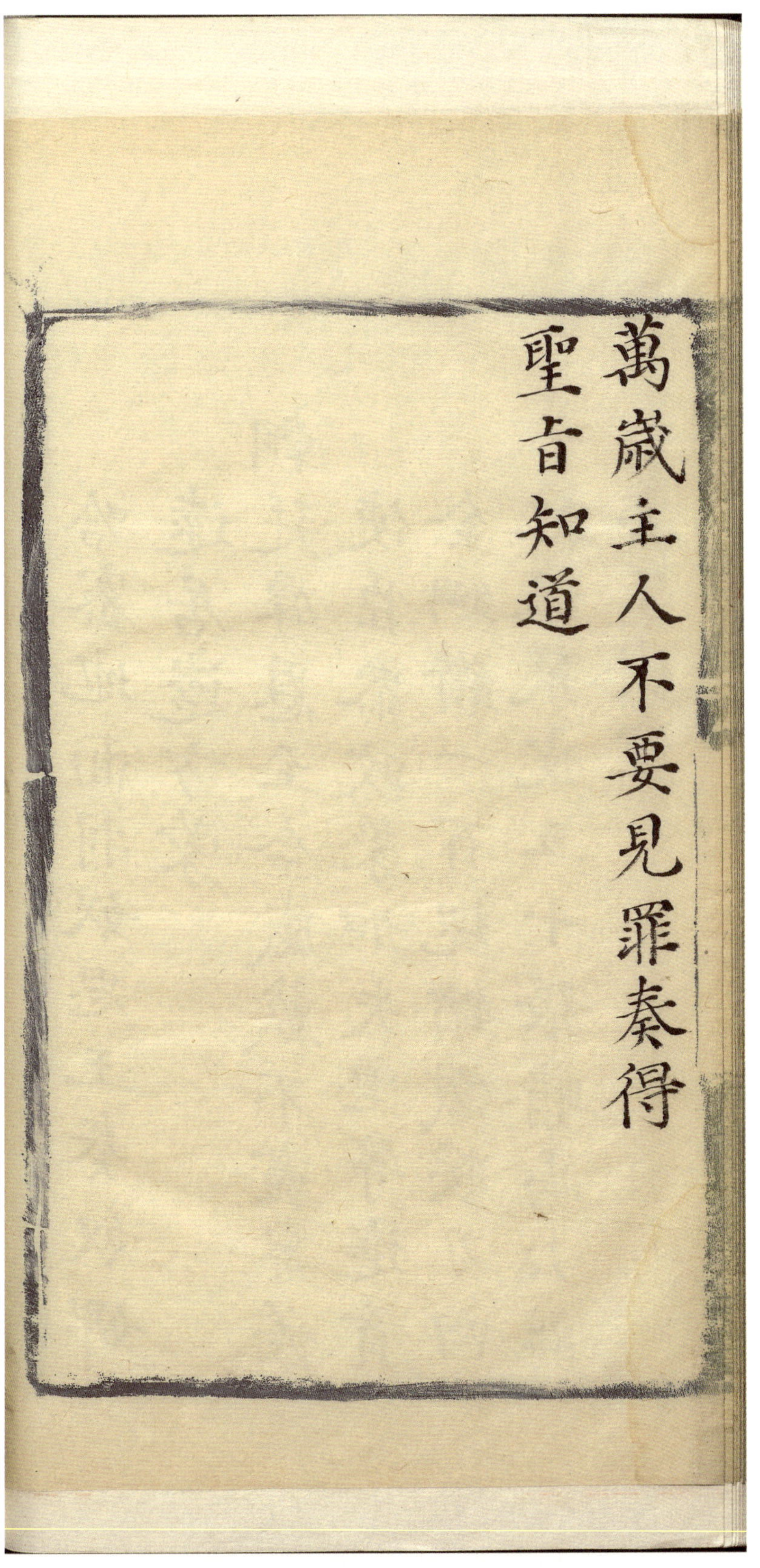
萬歲主人不要見罪奏得
聖旨知道

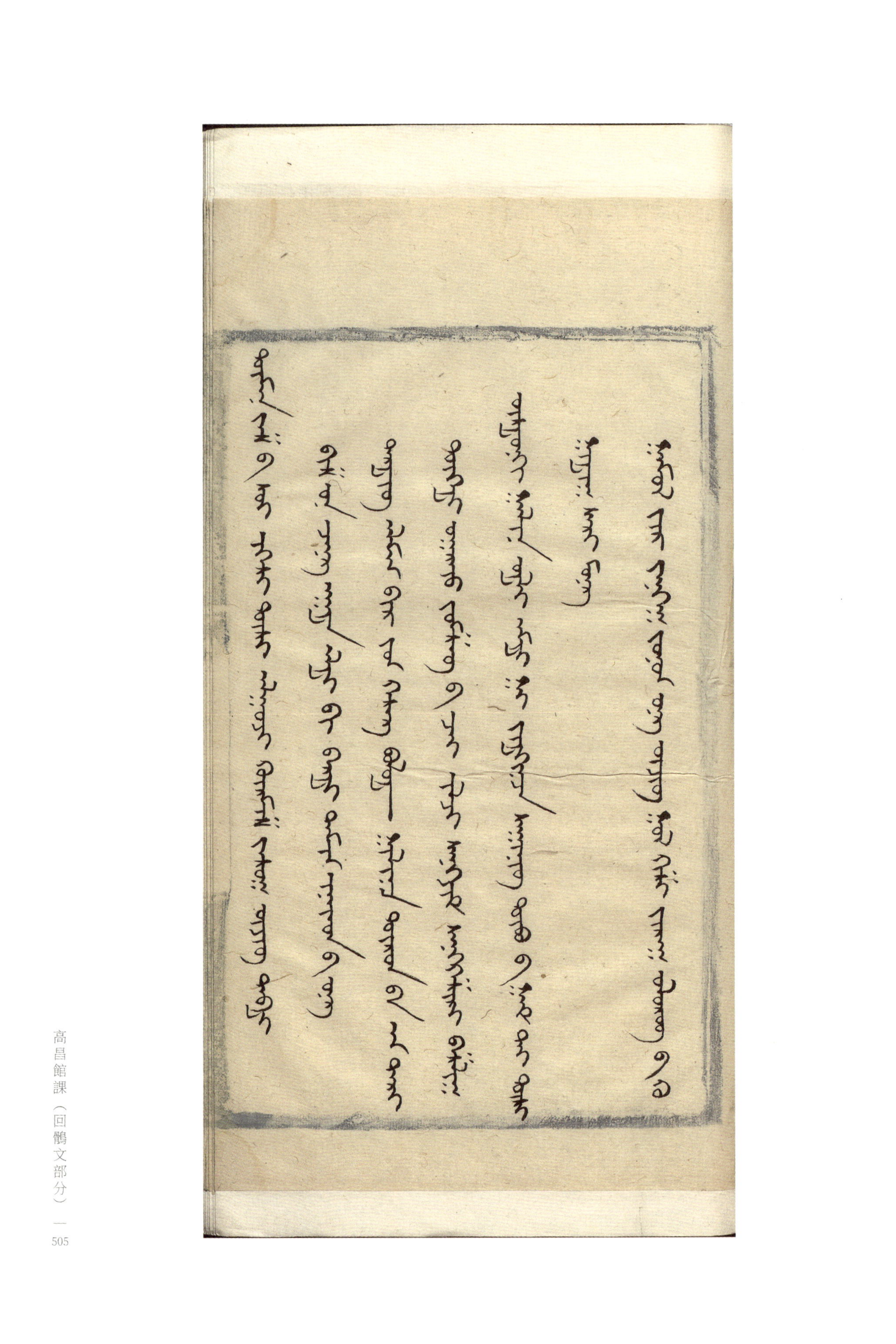

大明皇帝洪福前也先卜花王奏
奴婢累世蒙
朝廷厚恩重賞至今進貢不缺
奴婢長男火只雅牙在邊曾
有功勞未蒙陞賞伏望
萬歲主人憐憫照例陞授都督職
事使奴婢每好在邊方効力

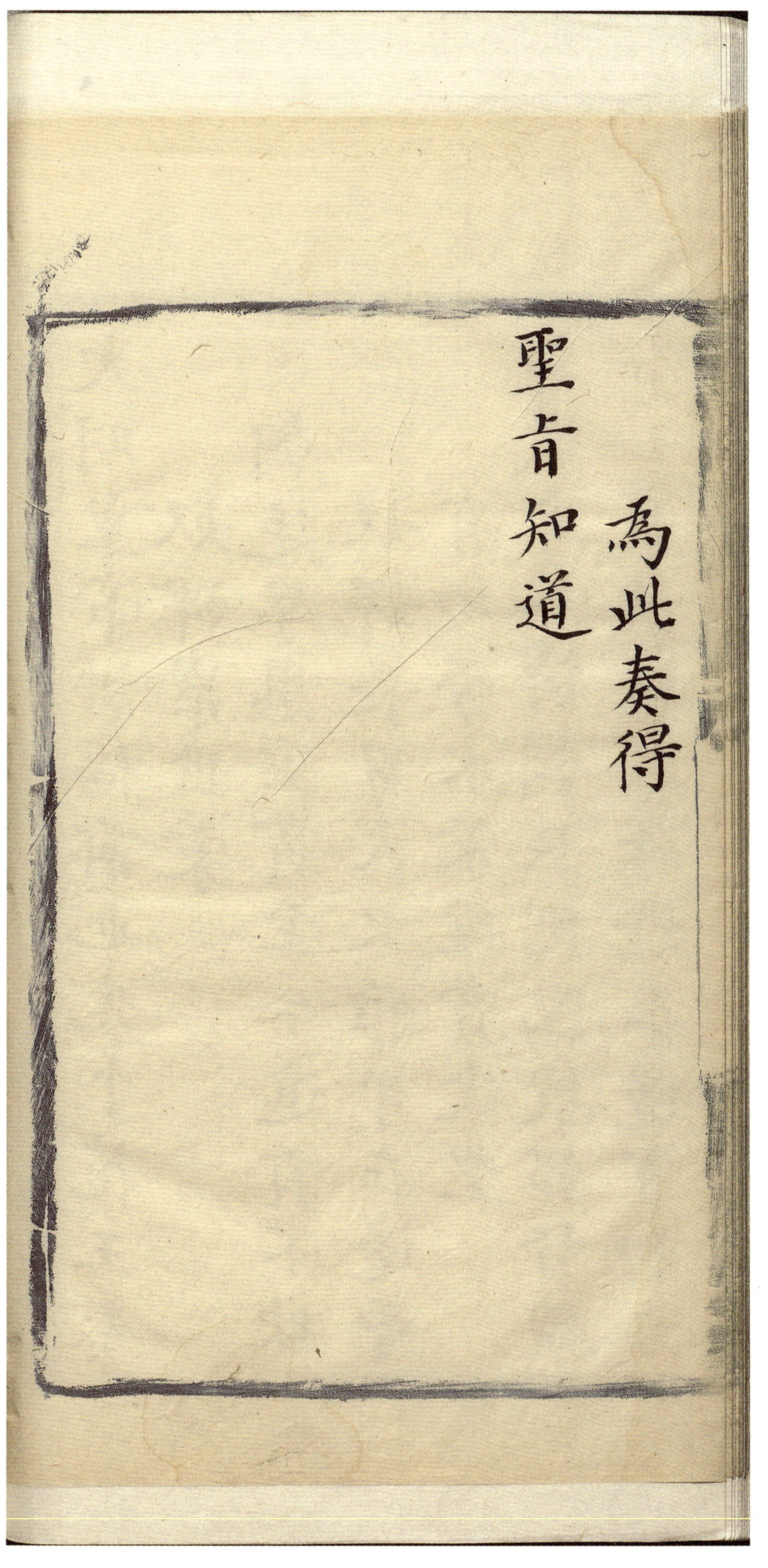
爲此奏得
聖旨知道

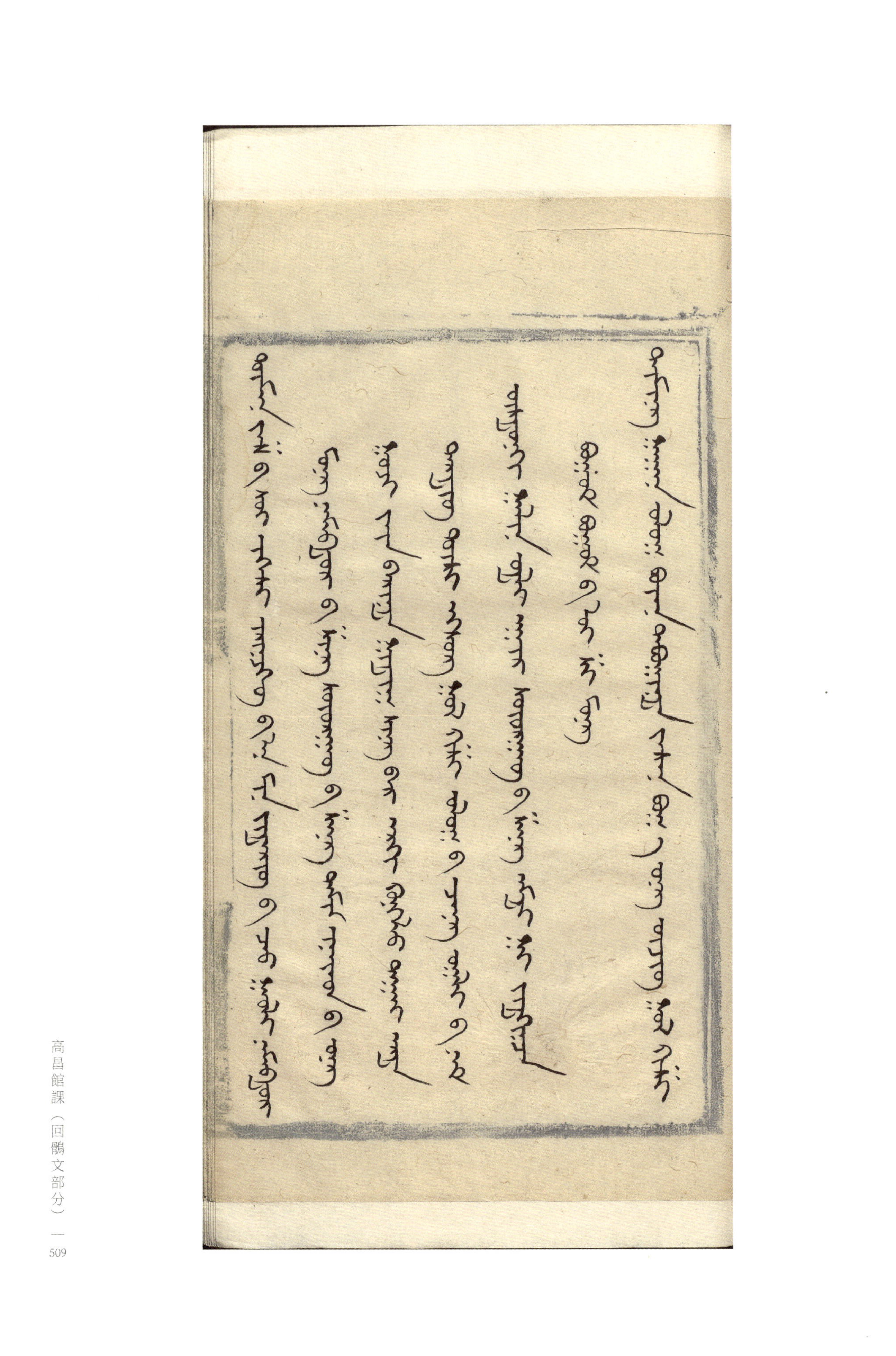

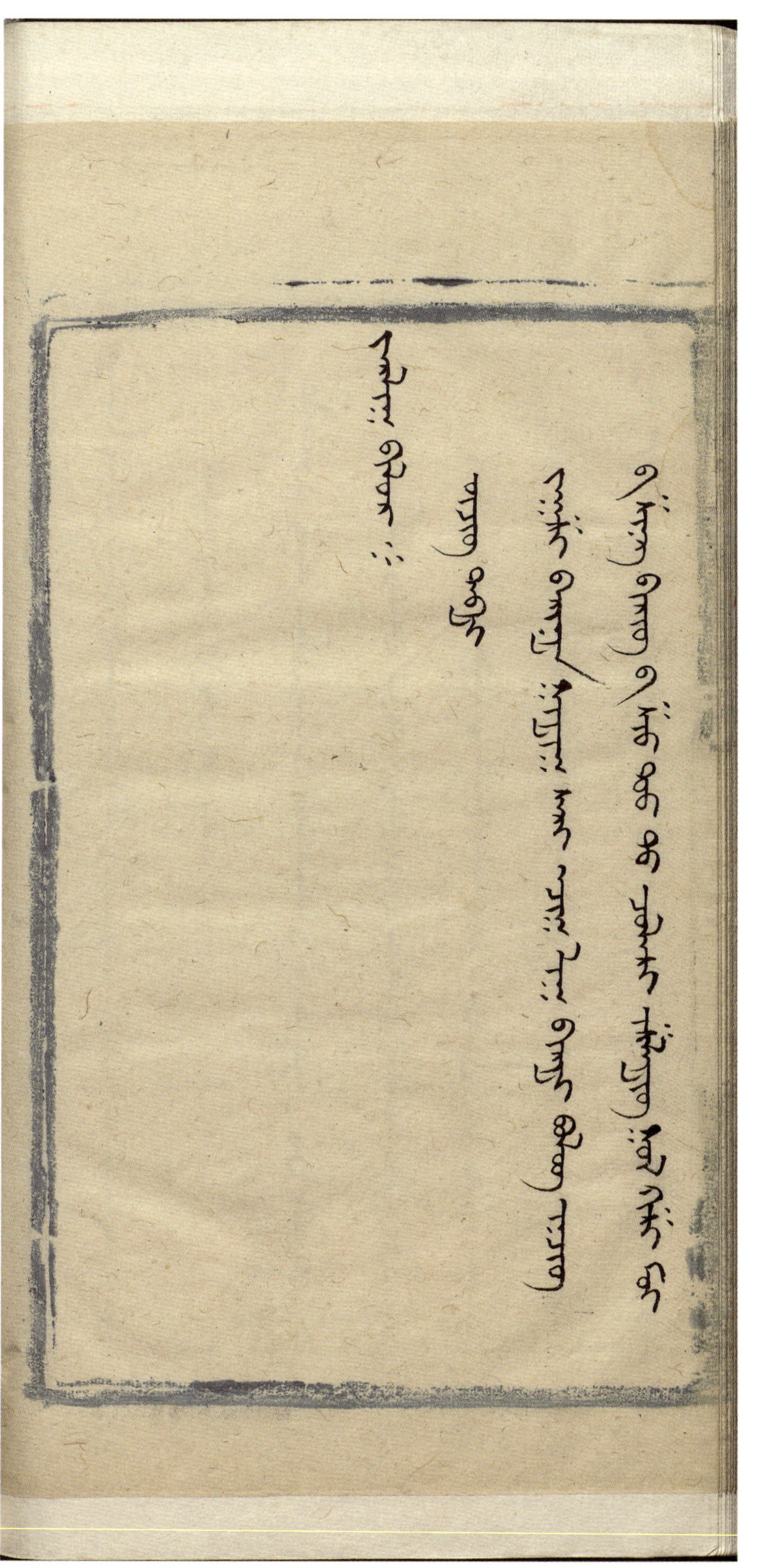

哈剌懷地面馬哈木王奏奴
婢在邊効力二十多年賞蒙
重賞今進貢西馬四匹小駝
一隻仰望
天皇帝仍照舊例給賞回來奴婢
每感戴不盡奏得
聖旨知道

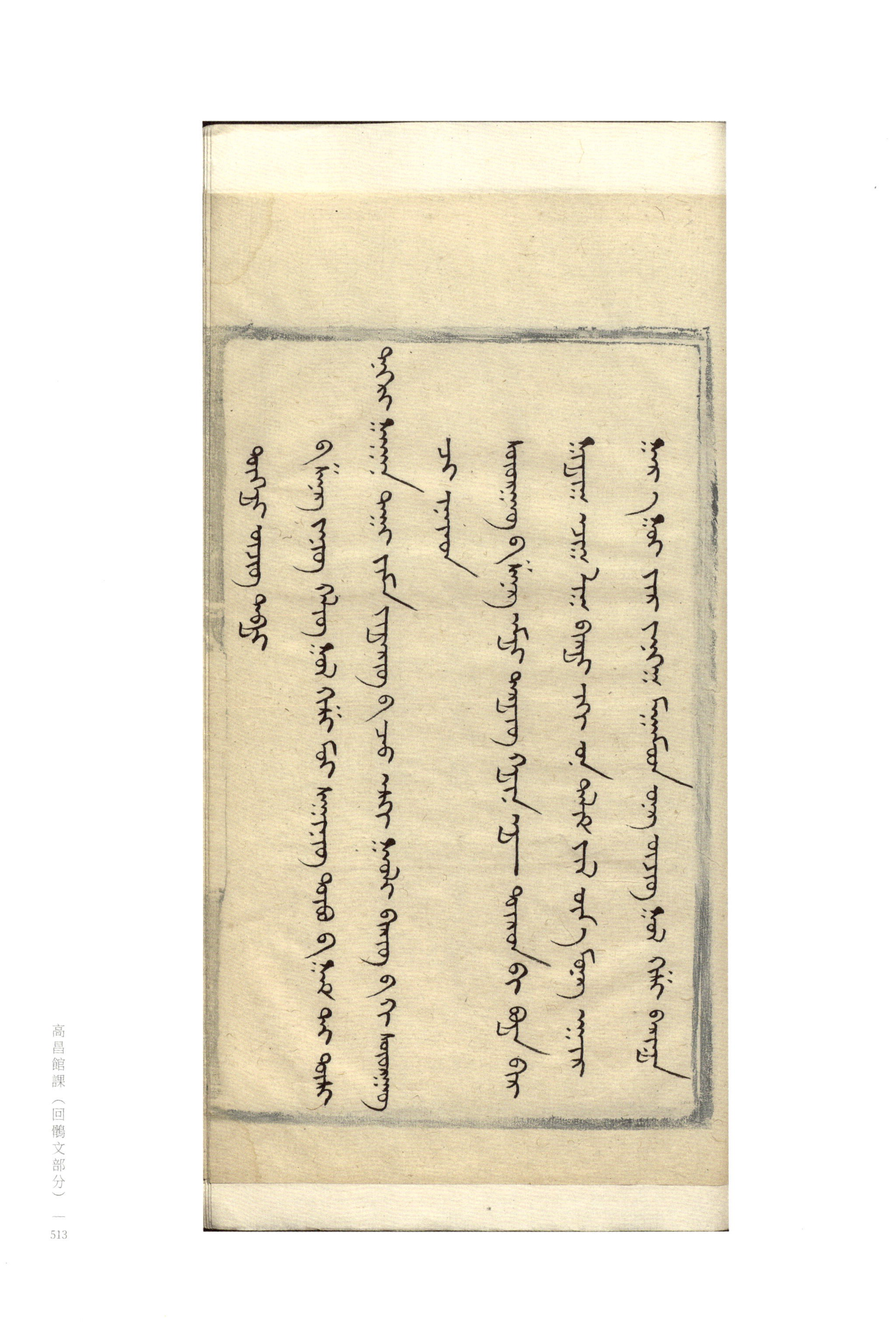

曲先地面兀也思王奏仰
望
天皇帝洪福地方安穩奴婢每感
戴令專差火只忽辛敏哈秃
等進貢各樣方物與同文書
去了奏得
聖旨知道

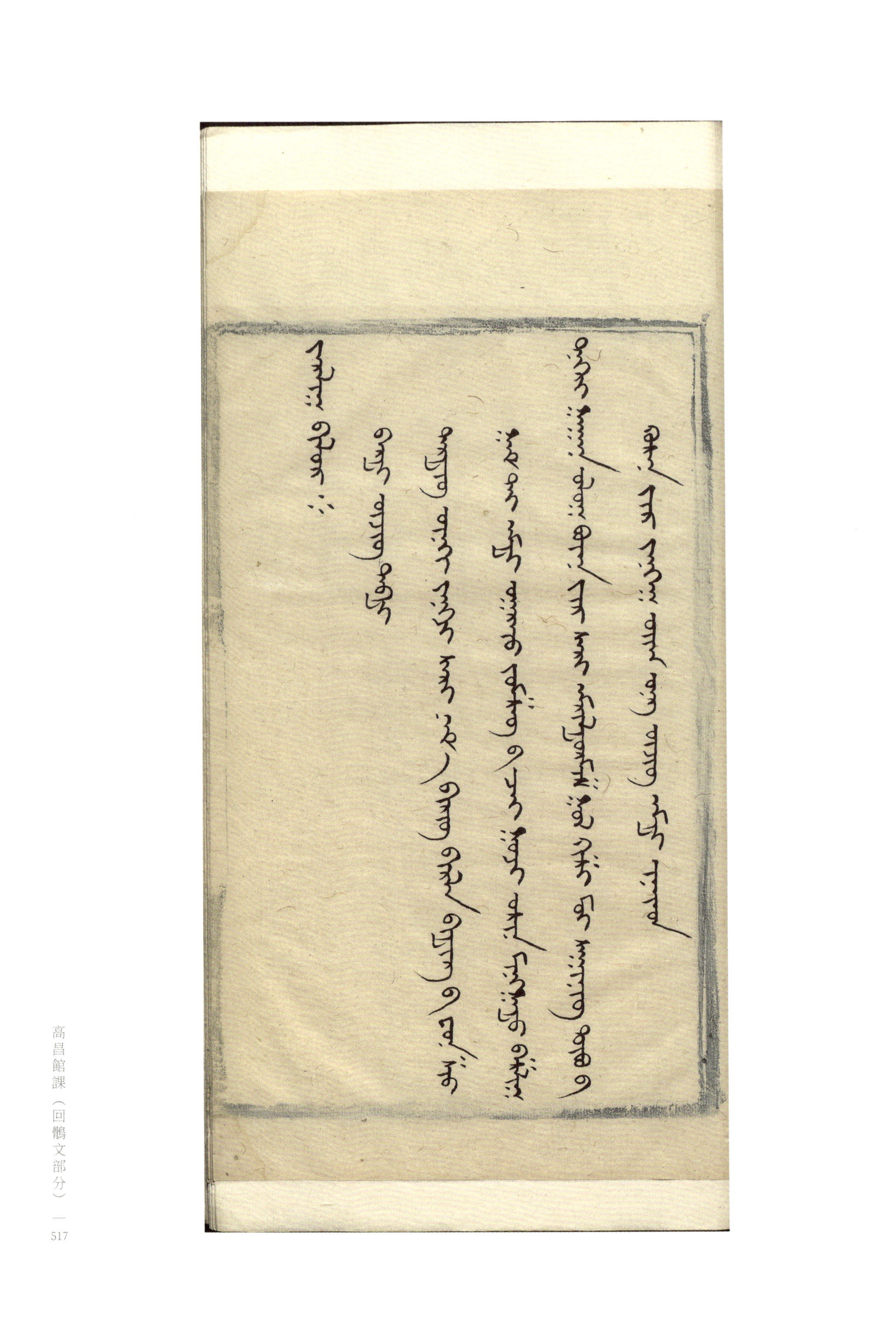

柳城地面都督賽亦虎仙奏近
年以来地方艱難奴婢又往来
進貢途中辛苦伏望
天皇帝可憐見賞賜些應用的物
件使奴婢每好往来進貢爲
此奏得
聖旨知道

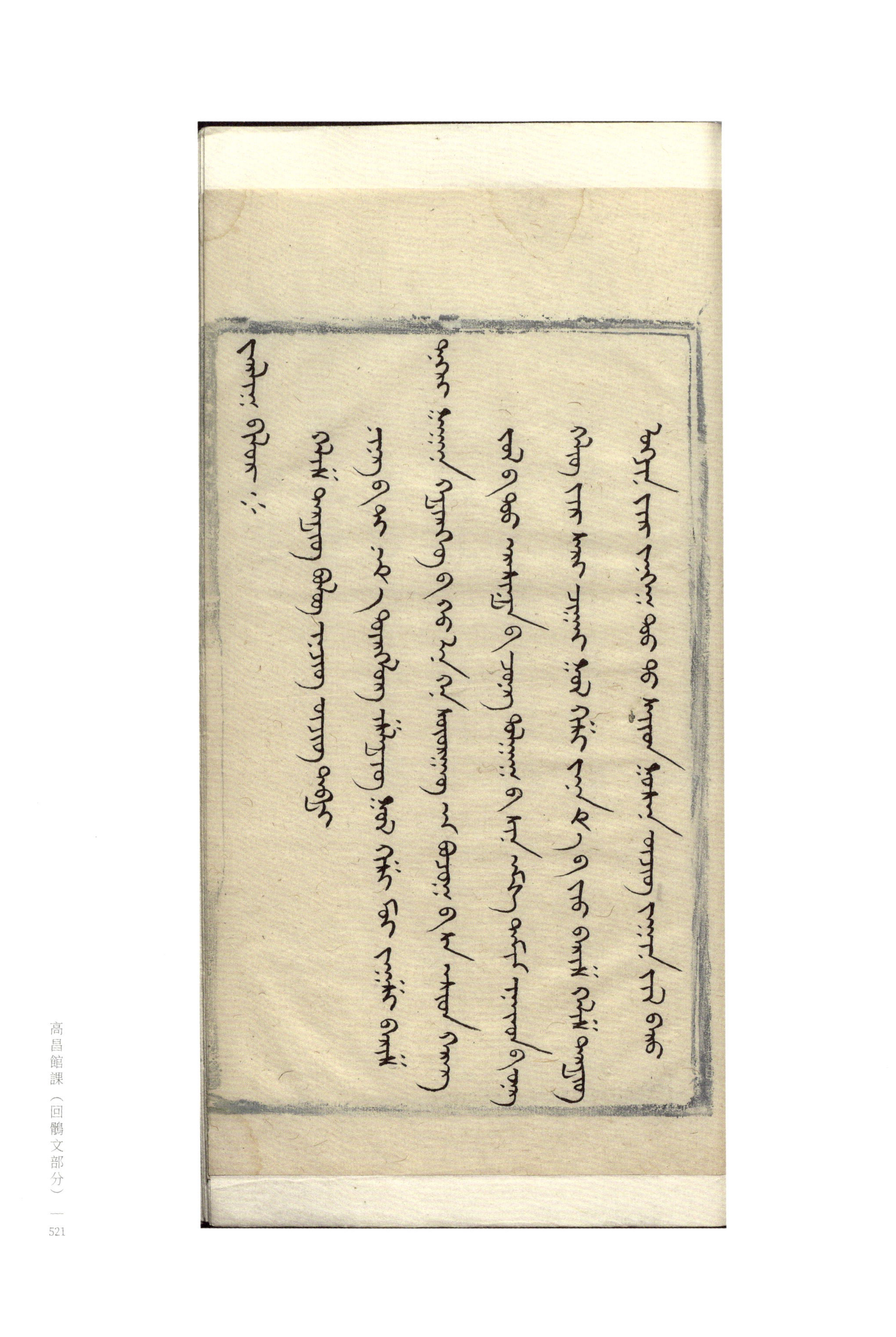

兀端地面指揮哈林叩頭奏
奴婢在邊守護土魯番都不
敢来搶了因此連年道路開
通往来進貢不絶令進貢土
產方物去了怎生
恩賜奏得
聖旨知道

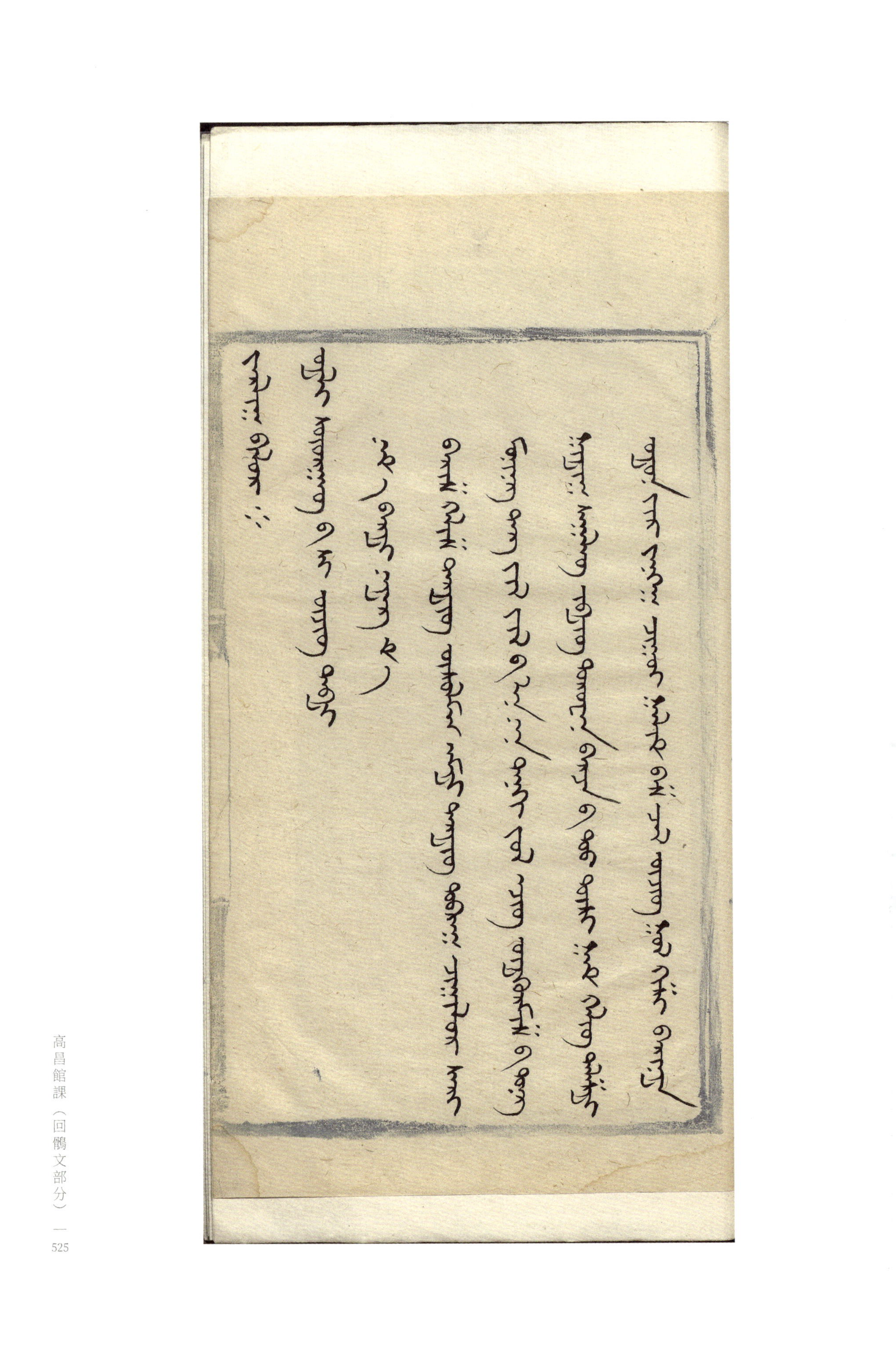

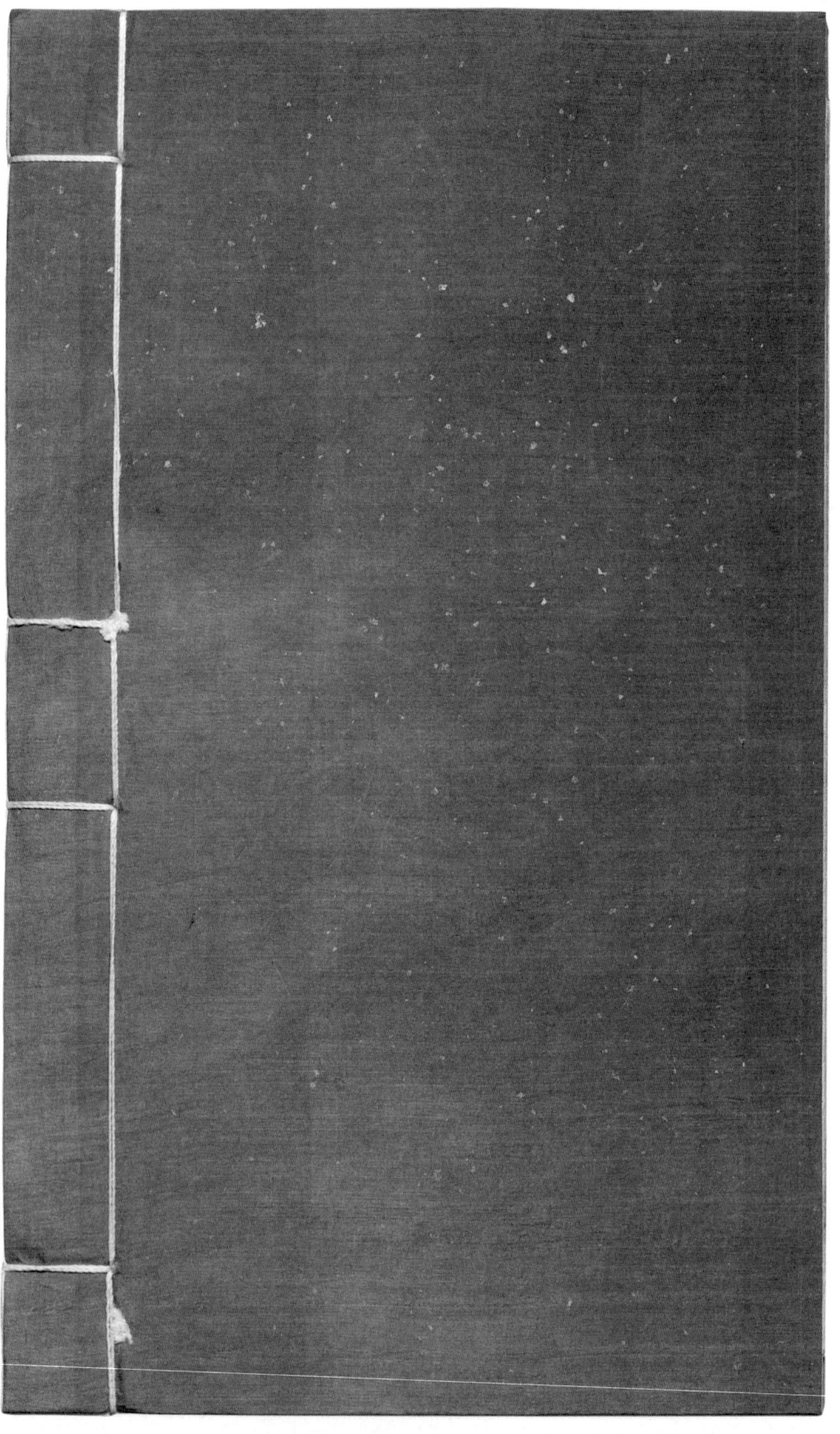